Preguntas para la Certificación PMP®

800 preguntas con explicaciones de respuesta
alineadas con la Guía del PMBOK® 6ta Edición

pablolledó
PL projectManagement

Datos de catalogación bibliográfica

Pablo Lledó

Preguntas para la certificación PMP®: 800 preguntas con explicaciones de respuesta

1a ed. – Estados Unidos: el autor, 2019.

426 p. ; 26x21 cm.

ISBN-978-0-9995073-1-5

1. Administración. 2. Management.

Editor: Pablo Lledó

Figuras: Paul Leido

Para: Pime

¿Preguntas para la certificación PMP®?

Cada vez existen más organizaciones que requieren que sus administradores de proyectos cuenten con la certificación internacional Project Management Professional (PMP) del PMI®. Al obtener esta certificación, podrás demostrar al mundo que estás capacitado en dirección de proyectos y tu nombre será incluido en un grupo prestigioso de profesionales certificados.

Este libro está especialmente diseñado para aquellos profesionales que quieran practicar con preguntas para rendir la certificación PMP®. Las 800 preguntas son las mismas que se encuentran en el <u>Curso online Director de Proyectos</u> y en el <u>Simulador PMP®</u> desarrollados por Pablo Lledó y son diferentes a las del libro <u>Director de Proyectos</u>.

Pablo Lledó es Project Management Professional (PMP, Project Management Institute), Master of Science in Project Analysis, Finance and Investments (University of York, Inglaterra), MBA en Dirección de Proyectos (Universidad Francisco de Vitoria, España), MBA en Negocios Internacionales (Universitat de Lleida, España) y Licenciado en Economía (Universidad Nacional de Cuyo, Argentina).

Actualmente es Director de <u>Pablolledo.com LLC</u>, PMI R.E.P., empresa especializada en Project Management.

Pablo, fundador de varias empresas en marcha y profesor de prestigiosas Universidades, es autor de más de 10 libros sobre Gestión de Proyectos. En los últimos años ha sido seleccionado como expositor en congresos internacionales del Project Management Institute y ganó el *"PMI Distinguished Contribution Award"*.

Las ventajas de estudiar de este libro son:

* Conocer preguntas actualizadas para superar la certificación PMP® con éxito
* Desarrollar un plan personalizado de estudio
* Detectar falencias en los conocimientos específicos para rendir el examen

¿Para qué comprar este libro si lo puedo conseguir gratis?

Debido a la piratería informática y a la falta de ética profesional, es probable que este libro llegara a tus manos sin que lo hayas comprado, ya sea en formato electrónico o con fotocopias. Te recordamos que eso es ilegal.

Te invitamos a comprar este libro en Amazon para seguir alimentando tu buena conducta profesional.

A cambio de tu inversión, Pablo Lledó estará a tu disposición para contestar personalmente cualquier tipo de consulta sobre este libro. Le podrás escribir a pl@pablolledo.com colocando tu código de compra en el asunto.

Materiales complementarios

Si no quisieras marcar las páginas de este libro a medida que vayas respondiendo las preguntas, puedes bajar una plantilla electrónica desde www.pablolledo.com/plantillas

El Simulador PMP y el Curso online Director de proyectos **NO** están incluidos con la compra de este libro. Los mismos, se pueden adquirir por separado desde:

www.pablolledo.com

Contenidos

PRÓLOGO 7

INTRODUCCIÓN 9

   Preguntas de simulación 10

   Características de la certificación PMP® 11

   ¿Por qué rendir la certificación PMP®? 12

   Características de las preguntas de examen 12

   Recomendaciones para resolver los exámenes: 16

   ¿Listo para empezar? 16

1.   DIAGNÓSTICO 17

   1.1   Preguntas 17

   1.2   Respuestas 23

2.   MARCO 27

   2.1.   Preguntas 27

   2.2.   Respuestas 32

3.   PROCESOS 35

   3.1.   Preguntas 35

   3.2.   Respuestas 39

4.   INTEGRACIÓN 41

   4.1.   Preguntas 41

   4.2.   Respuestas 46

5.   ALCANCE 49

   5.1.   Preguntas 49

   5.2.   Respuestas 55

6.   CRONOGRAMA 59

   6.1.   Preguntas 59

   6.2.   Respuestas 66

7.   COSTO 71

   7.1.   Preguntas 71

   7.2.   Respuestas 76

8.   CALIDAD 81

   8.1.   Preguntas 81

   8.2.   Respuestas 87

9.   RECURSOS 89

   9.1.   Preguntas 89

   9.2.   Respuestas 95

10.   COMUNICACIONES 99

   10.1.   Preguntas 99

   10.2.   Respuestas 105

11.   RIESGOS 109

    11.1.   Preguntas 109

    11.2.   Respuestas 116

12. ADQUISICIONES 119

    12.1.   Preguntas 119

    12.2.   Respuestas 125

13. INTERESADOS 129

    13.1.   Preguntas 129

    13.2.   Respuestas 135

14. INICIO 139

    14.1.   Preguntas 139

    14.2.   Respuestas 146

15. PLANIFICACIÓN 151

    15.1.   Preguntas 151

    15.2.   Respuestas 167

16. EJECUCIÓN 175

    16.1.   Preguntas 175

    16.2.   Respuestas 190

17. CONTROL 199

    17.1.   Preguntas 199

    17.2.   Respuestas 213

18. CIERRE 223

    18.1.   Preguntas 223

    18.2.   Respuestas 229

19. FINAL 1 233

    19.1.   Preguntas 233

    19.2.   Respuestas 290

20. FINAL 2 327

    20.1.   Preguntas 327

    20.2.   Respuestas 386

RECOMENDACIONES 420

    Recomendaciones para el examen 420

    Preguntas frecuentes sobre la certificación 423

    ¿Cómo gestionan proyectos los buenos PMP®? 425

PRÓLOGO

La certificación de Project Management Professional (PMP®), administrada y otorgada por el Project Management Institute (PMI) se ha convertido en los últimos años de manera contundente, en la certificación profesional más reconocida para aquellos que dedicamos nuestra actuación profesional al Project Management o Dirección, Administración, Gerencia o Gestión de Proyectos.

Tal vez este sencillo hecho, el que los hispanohablantes no podamos ponernos de acuerdo en el nombre comúnmente aceptado para nuestra profesión, pone en perspectiva la complejidad de escribir acerca de la Dirección de Proyectos en español y más aún en el marco de los estándares del PMI®, cuyo idioma de origen es el inglés. El trabajo que Pablo Lledó ha hecho al conjuntar en un solo documento preguntas de simulacro, merece por ese solo hecho, nuestro mayor reconocimiento. Sin embargo, el autor, no se ha conformado con cerrar la brecha que existía en herramientas de preparación para el examen, sino que lo ha hecho con la habilidad y soltura que solo un historial de más de diez libros en el ámbito de la Dirección de Proyectos le puede dar.

A lo largo de varios años que tengo involucrado en los procesos de asesoramiento e instrucción de candidatos a la certificación PMP®, he tenido la oportunidad de revisar, utilizar y recomendar muchos libros, exámenes simulacro, sitios de Internet, cursos y alguno que otro artilugio extra, que ayuden en la preparación para el examen de certificación, pero todos ellos en idioma inglés. Este libro es una herramienta desarrollada en idioma español que permite una adecuada preparación para aquellos candidatos que se han decidido por sustentar el examen en este idioma.

La capacidad de un país de ejecutar correctamente sus proyectos de desarrollo, infraestructura, empresariales, etc., es directamente impactada por la cantidad de profesionales en dirección de proyectos que ejercen de manera correcta su profesión, siguiendo mejores prácticas y estándares. Esta liga indisoluble entre desarrollo y educación, será probablemente una de las mejores razones para agradecer que autores como Pablo Lledó se multipliquen en nuestra región.

Roberto Toledo, PMP®

* * * *

/////

- - - - - - -

INTRODUCCIÓN

Para la elaboración de este libro el autor se basó principalmente en la versión vigente de la Guía de los Fundamentos de la Dirección de Proyectos (Guía del PMBOK®, Sexta Edición, año 2017).

Además, el autor reconoce que algunas preguntas del libro fueron inspiradas en la lectura de libros para preparar la certificación PMP® de autores reconocidos como Rita Mulcahy, Michael Newell, Joseph Phillips, Kim Heldman, Tony Johnson, John Estrella, Olivier Lehmann y Christopher Scordo. Estos autores fueron los principales mentores, no sólo para que el autor aprobara su certificación PMP®, sino para hacer realidad el primer libro en español sobre esta temática.

"PMI", "PMBOK" y "PMP" son marcas registradas por el Project Management Institute Inc. (PMI). El PMI® no ha participado en la edición de este libro. Cualquier error conceptual es de exclusiva responsabilidad de su autor.

Preguntas de simulación

Este libro solamente incluye **preguntas de simulación en español** especialmente diseñadas para aquellos profesionales que quieran prepararse para rendir la certificación internacional PMP®. Los usuarios de este libro deberían haber estudiado el marco teórico desde la Guía del PMBOK® del PMI® y desde el libro Director de Proyectos de Pablo Lledó.

En cada capítulo encontrarás preguntas y explicaciones del porqué de cada respuesta.

En la tabla a continuación se presenta un resumen de estas preguntas.

#	EXAMEN	Temas	Cantidad Preguntas
1	Diagnóstico	Todos	20
2	Marco Conceptual	Conceptos generales	15
3	Procesos	5 Grupos de Procesos	15
4	Integración	Gestión de la Integración	15
5	Alcance	Gestión del Alcance	15
6	Tiempo	Gestión del Tiempo	15
7	Costo	Gestión de los Costos	15
8	Calidad	Gestión de la Calidad	15
9	Recursos	Gestión de los Recursos Humanos	15
10	Comunicaciones	Gestión de las Comunicaciones	15
11	Riesgos	Gestión de los Riesgos	15
12	Adquisiciones	Gestión de las Adquisiciones	15
13	Interesados	Gestión de los Interesados	15
14	Inicio	Grupo de procesos de inicio	25
15	Planificación	Grupo de procesos de planificación	50
16	Ejecución	Grupo de procesos de ejecución	50
17	Control	Grupo de procesos de monitoreo y control	50
18	Cierre	Grupo de procesos de cierre	25
19	Examen Final 1	Todos	200
20	Examen Final 2	Todos	200
		TOTAL	**800**

Para practicar con más preguntas de simulación, en www.pablolledo.com podrás adquirir simuladores que incluye más preguntas elaboradas por otros autores.

Características de la certificación PMP®

El examen consiste en 200 preguntas de opción múltiple para responder en un máximo de 4 horas.

No se califica con puntaje negativo las respuestas incorrectas.

> ☝ *Como no se califica con puntaje negativo, deberías contestar TODAS las preguntas aunque no estés seguro de la respuesta correcta.*

Hay 25 preguntas encubiertas que no se califican, pero al no saber cuáles son estas preguntas debes responder todo el examen. Estas preguntas encubiertas se utilizan a modo de prueba para futuros exámenes.

El puntaje de aprobación es variable, pero deberías obtener tu certificación PMP® si contestas correctamente un mínimo de 80% de las preguntas.

El idioma original del examen es inglés, pero se puede optar por traducir las preguntas al español. Esta alternativa es muy útil para los alumnos de habla hispana. Si rindes en computadora, las preguntas vendrán en inglés y con un simple clic las puedes traducir al español, pasando del español al inglés en cualquier momento.

El examen de PMP® lo administra en forma exclusiva el PMI® y se puede rendir en cualquier instituto que posea computadoras para rendir exámenes internacionales bajo la red Prometric. La fecha del examen la fija el alumno. Para mayor información: www.prometric.com/pmi/

Toda la información sobre el costo del examen y para hacerse miembro del PMI® la puede obtener en www.pmi.org.

> ✍ *El PMI® suele cambiar las características del examen, los requisitos de aplicación, los precios y los porcentajes de aprobación.*

> ☺ *Rendir por segunda vez es más barato. Por lo tanto, no te desanimes si crees que no aprobarás en tu primer intento.*

¿Por qué rendir la certificación PMP®?

Las principales razones para rendir este examen son:

- ✓ **Certificación internacional** para demostrar conocimientos en la dirección de proyectos
- ✓ **Requisito** excluyente de algunas empresas multinacionales
- ✓ Inversión para obtener un **retorno económico ($$$)**
- ✓ **Ser mejores** directores de proyectos para lograr proyectos exitosos

Esta última razón debería ser tu principal objetivo.

Recuerda que lograr proyectos exitosos significa:

- ✓ Tener un **cliente satisfecho**
- ✓ Culminar el **alcance** acordado entre las partes
- ✓ Cumplir con los **plazos, presupuestos y calidad**
- ✓ Trabajar con **recursos humanos** comprometidos con el proyecto
- ✓ No cometer errores de interpretación por mala **comunicación**
- ✓ Prevenir en lugar de reparar, con una buena gestión de **riesgos**
- ✓ No desgastarnos con procesos de **adquisiciones** y contrataciones que nos traban el proyecto
- ✓ Gestionar correctamente los múltiples **interesados** del proyecto

Características de las preguntas de examen

Las 200 preguntas del examen PMP® se distribuyen entre cinco grupos de procesos. En la tabla a continuación se resume la cantidad de preguntas por área.

Área	% Preguntas
Inicio	13%
Planificación	24%
Ejecución	31%
Monitoreo y control	25%
Cierre	7%
TOTAL	**100%**

> ✎ *La mayoría de los que rendimos el examen sólo tuvimos **dudas** en el 20% de las preguntas (40 preguntas).*

A continuación, veremos algunos ejemplos de las distintas tipologías de preguntas que encontrarás en el examen.

? Situacionales

1. Luego de 30 días de ejecución de un proyecto de construcción, un contratista le comunica que uno de los insumos solicitados en el proyecto tendrá un retraso de 3 días. ¿Qué es lo MEJOR que puedes hacer como Director del Proyecto?

    A. Ignorarlo porque no es un retraso significativo
    B. Informar al Gerente Funcional lo antes posible
    C. Informar al Cliente para evaluar alternativas
    D. Reunirse con el equipo para evaluar alternativas

La mayoría de las preguntas del examen son situacionales porque te entrenarán para ser un buen director de proyectos desde el punto de vista práctico.

? Varias respuestas correctas

2. Estás por comenzar un proyecto para la planificación de un túnel subfluvial en el cuál no tienes demasiada experiencia. ¿Qué es lo que deberías hacer?

    A. Contactarte con otros directores de proyectos con experiencia en túneles subfluviales
    B. Aplicar todos los procesos de la Guía del PMBOK®
    C. Analizar los registros históricos de la empresa sobre proyectos similares
    D. Identificar a todos los interesados

Aquí hay varias respuestas correctas o verdaderas. ¿Cuál debo marcar? Siempre te concentrarás en la opción más correcta.

> ☝ *Al existir varias respuestas correctas, debes leer siempre _TODAS_ las posibles respuestas antes de marcar la que creas correcta.*

? Información irrelevante

3. Al recorrer 1000 kilómetros en tu vehículo por la Ciudad de Mendoza se consumen 90 litros de gasolina a un costo de $1,50 por litro. Basado en estos datos estimas los costos de movilidad en un proyecto de transporte con la siguiente herramienta:
>   *A. Economías de escala*
>   *B. Estimación paramétrica*
>   *C. Estimación ascendente*
>   *D. Estimación análoga*

Te encontrarás con varias preguntas con información complementaria que no es necesaria para poder responder.

> ✍ *No te dejes engañar con preguntas que tienen información irrelevante*

? Las que no sé

4. Se han identificado 34 interesados en tu proyecto para la forestación de zonas desérticas. Señale la respuesta CORRECTA:
>   *A. Existen 561 canales de comunicación*
>   *B. El número de interesados es muy grande para una buena comunicación*
>   *C. Existen 578 canales de comunicación*
>   *D. Falta información para poder contestar*

> ✍ *¡No importa cuánto estudies, siempre habrá preguntas que no sabrás cómo responder! El día del examen te encontrarás con varias preguntas cuyos contenidos teóricos no estaban en la Guía del PMBOK® u otros libros que hayas estudiado.*

? Integración

5. ¿Cuándo finaliza el proceso para la estimación del cronograma?
>   *A. Las estimaciones de tiempo se pueden realizar en cada uno de los paquetes de trabajo*
>   *B. Cada paquete de trabajo está definido en el diccionario de la EDT*
>   *C. Se han implementado técnicas PERT y CPM*
>   *D. Han finalizado los procesos de gestión de riesgos durante el grupo de procesos de planificación*

Para contestar algunas preguntas no basta con conocer un tema en particular, sino que será necesario vincular varias áreas del conocimiento.

¿Ya quieres saber las respuestas correctas? ¡Pero si todavía no has estudiado nada!

> *Si quieres ser PMP® no basta con practicar preguntas y aprender respuestas. Consejo:*
>   *1º Leer y estudiar los procesos de la Guía del PMBOK®*
>   *2º Estudiar el libro Director de Proyectos de Pablo Lledó complementando la Guía del PMBOK®*
>   *3º Practicar con preguntas de simulación de diferentes autores*
>
> *Recuerda que para poder rendir este examen no basta con estudiar, sino que debes tener experiencia laboral sobre la aplicación de buenas prácticas de dirección de proyectos.*

Sin embargo, como sé que sigues muy ansioso te daré las respuestas correctas de esas 5 preguntas.

# Pregunta	Respuesta correcta	Explicación
1	D	A es incorrecta. B suele ser una mala práctica. C debería realizarse después de D.
2	C	A podría ser correcta si no estuviera C. D es verdadera, pero eso se realizará después de C. B es incorrecta.
3	B	A, C y D son incorrectas
4	A	B, C y D son incorrectas. Estudiar capítulo de Gestión de las Comunicaciones. $[34 \times 33] / 2 = 561$
5	D	A y B son incorrectas. C podría ser si no estuviera la opción D. Para poder responder no basta con estudiar el capítulo de tiempos, sino que hay que integrarlo con el capítulo de riesgos.

Recomendaciones para resolver los exámenes:

✓ Pensar en grandes proyectos. Por ejemplo, 5000 empleados, presupuesto de $1000 millones de dólares, plazo estimado de cinco años, etc. De esa forma tendrán sentido todos los procesos de la Guía del PMBOK® y varias de las preguntas del examen.

✓ Identificar rápidamente la pregunta en los textos largos, generalmente suele estar sobre el final del párrafo.

✓ LEER SIEMPRE LAS 4 OPCIONES antes de contestar. Recuerda que podrían haber varias respuestas verdaderas, si no lees todas las opciones la probabilidad de aprobar el examen es baja.

✓ Eliminar rápidamente las respuestas incorrectas.

✓ Responder según la Guía del PMBOK®, no tu experiencia. Muchas veces lo que hacemos en la práctica no es lo que deberíamos hacer en nuestros proyectos.

✓ Si no conoces la respuesta, contesta algo y marca la pregunta para revisión. Durante el examen en cualquier momento podrás volver a cambiar alguna respuesta.

✓ La respuesta a marcar no siempre es gramaticalmente correcta.

✓ Controlar la angustia con las preguntas que no sabes, marca alguna respuesta al azar y continua como si nada hubiera pasado.

El tiempo promedio para responder cada pregunta es de 1 minuto 12 segundos. Sin embargo, si practicas siempre con 1 minuto en promedio, podrás dedicar esos 40 minutos de tiempo extra para repasar las preguntas más dudosas una vez que respondiste todo el examen.

¿Listo para empezar?

En los próximos capítulos encontrarás 800 preguntas en 20 exámenes para reforzar tu preparación para rendir la certificación PMP®.

Te recomiendo que hagas los exámenes siguiendo el orden en que se presentan en este libro para optimizar el aprendizaje.

EXAMEN

1. DIAGNÓSTICO

En este capítulo encontrarás 20 preguntas para que fijes tu propia línea base de conocimiento.

Cantidad de preguntas: 20
Tiempo para responder: 18 minutos
Puntaje para aprobar: 75% (15 respuestas correctas)

1.1 Preguntas

01.01 Pedro, director de proyectos de una empresa de telecomunicaciones, no consigue el soporte de un profesional que trabaja en el departamento de ingeniería para que revise los planos de una nueva instalación. Pedro ha enviado varias solicitudes a María, gerente del departamento de ingeniería de la empresa de telecomunicaciones, pero María no le presta atención a estas solicitudes. ¿Qué tipo de organización es ésta?

A   Matricial fuerte
B   Proyectizada
C   Funcional
D   Co-ubicación

01.02   Usted está trabajando en las fases de iniciación del proyecto y su patrocinador le ha aprobado el acta de constitución del proyecto. ¿Qué será lo próximo que deberá realizar antes de pasar a las fases de planificación?

A   Contratar a todos los miembros del equipo del proyecto
B   Desarrollar la estructura de desglose del trabajo (EDT)
C   Desarrollar el cronograma del proyecto
D   Completar el registro de interesados

01.03   El proyecto está llegando a su fin, por lo que usted está desarrollando un documento con las lecciones aprendidas. ¿Quiénes deberían participar en estas lecciones?

A   El equipo del proyecto
B   Interesados
C   La alta gerencia
D   Los miembros de la Oficina de Dirección de Proyectos (PMO)

01.04   En su empresa trabajan con un software potente y tableros de control para automatizar los informes de avance a lo largo del ciclo de vida del proyecto. ¿Cuál de los siguientes enunciados NO es una herramienta automatizada para el seguimiento del proyecto?

A   Plan de gestión de cambios
B   Sistema de gestión de la configuración
C   Sistema de control de cambios
D   Sistema de autorización del trabajo

01.05   En un proyecto para modernizar las comisarías de una Ciudad, los patrocinadores y ejecutores del proyecto están discutiendo el alcance. ¿Cuál será la línea base del alcance en ese proyecto?

A   Presupuesto, Cronograma, Métricas de calidad
B   Enunciado del alcance, EDT, Diccionario de la EDT
C   Enunciado del alcance, Documentación de requisitos, matriz de rastreabilidad de los requisitos
D   Enunciado del alcance de las adquisiciones, Documentación de requisitos, Entregables aceptados

01.06   Usted está validando el alcance de un proyecto que consiste en transformar los datos de los sistemas transaccionales de su empresa en información estructurada para generar alertas. ¿Qué es lo que está realizando?

A   Validar que se ha alcanzado la calidad de los requerimientos
B   Controlar los cambios en el alcance del proyecto
C   Validar que se han alcanzado todos los objetivos del proyecto
D   Obtener la aprobación formal de los entregables por parte del patrocinador

01.07   Luego de identificar las actividades, secuenciarlas en diagramas de red y desarrollar el cronograma, se da cuenta que el proyecto tiene holgura negativa. ¿Qué alternativas debería considerar?

A   Intensificación y gestión de holguras
B   Ejecución rápida y nivelación de recursos
C   Intensificación y ejecución rápida
D   Ejecución rápida y simulación de Monte Carlo

01.08   Según los datos de la siguiente tabla, ¿Cuál es la holgura total de la actividad E?

Actividad	Duración (días)	Predecesora
Inicio	0	-
A	10	Inicio
B	8	Inicio
C	5	A
D	4	B
E	15	C y D
Fin	0	E y F

A   0 días
B   5 días
C   3 días
D   2 días

01.09   Su proyecto de construcción debe finalizar en 24 meses. Para el seguimiento y control está utilizando la técnica del valor ganado. Ya han pasado 6 meses y estos son los indicadores parciales: BAC = 1000, PV = 300, AC = 200 y EV = 160. ¿Cuál sería el costo estimado a la finalización (EAC)?

A   1000
B   1200
C   1250
D   1160

01.10 Los ingenieros que están trabajando en la estimación de costos de una actividad del proyecto que no se ha realizado muchas veces en el pasado, le han dado los siguientes estimados: más probable $430, optimista $350 y pesimista $540. ¿Cuál sería el costo estimado de esa actividad según PERT?

A   540
B   435
C   440
D   430

01.11 El principal entregable de su proyecto será producir 10 mil barras de carbono que se utilizarán en la industria de energías renovables. Cada barra debería medir 300 cm. Se ha firmado un contrato con el cliente que permite diferencias en las barras de hasta +/- 10 cm. Por su parte, usted ha definido límites de control de +/- 5 cm. Mientras el proyecto está en ejecución, le entregan los siguientes resultados de las primeras 10 barras de carbono: 300, 298, 301, 303, 302, 302, 301, 304, 301, 302. ¿Qué debería hacer?

A   Investigar las causas por las cuáles el proceso está fuera de control
B   Nada, porque todas las barras están dentro de los límites de tolerancia
C   Re-definir los límites de control
D   Re-calibrar la herramienta que se está utilizando para medir las barras

01.12 Su proyecto es tan complejo que ha decidido desarrollar una matriz RAM. ¿Qué significa esto?

A   Establecer la trazabilidad de los requerimientos
B   Definir la probabilidad e impacto de los riesgos del proyecto
C   Estructura de desglose de los recursos del proyecto
D   Definir las responsabilidades de los miembros del equipo

01.13 Durante la ejecución de su proyecto para investigar sobre la elaboración de baterías de larga duración, está atravesando por varios conflictos. ¿Cuál es la causa más común de conflictos en la dirección de proyectos?

A   Discusiones técnicas
B   Agenda
C   Personalidad
D   Equipos virtuales

01.14 Usted es director de un proyecto para el bien social y tiene a otros 15 interesados en ese proyecto. Durante la ejecución del proyecto se está asegurando que los interesados reciban sus requisitos de información en tiempo y forma. ¿Cuántos son los canales de comunicación?

A   105
B   16
C   120
D   15

01.15 Lucrecia está dirigiendo su proyecto de redes satelitales con un estilo de liderazgo bastante autocrático y disfrutando de un poder por penalidad. Lucrecia ha designado a Carlitos como consultor externo para que sea el moderador de las reuniones de avance del proyecto. ¿Qué debería hacer Carlitos durante esas reuniones?

A   Permanecer neutral para facilitar las reuniones
B   Influenciar a los miembros del equipo para que apoyen todas las decisiones de Lucrecia
C   Negociar con los miembros del equipo para cumplir con los objetivos del proyecto
D   Apoyar a los miembros del equipo cuando no están de acuerdo con las decisiones de Lucrecia

01.16 Durante el proceso de identificación de riesgos de un proyecto de equipamiento de un estadio olímpico, se ha contactado a diferentes expertos para que den sus opiniones. ¿Cuál de las siguientes técnicas nos asegura que no existan opiniones dominantes entre esos expertos?

A   Análisis FODA
B   Simulación de Monte Carlo
C   Consenso de panel
D   Delphi

01.17   Usted está trabajando en la fase de ejecución de un proyecto de desarrollo de una App para celulares y ha anotado en el registro de riesgos la posibilidad de que uno de los programadores de alta jerarquía abandone el proyecto para irse a trabajar a otra empresa. Si esto ocurriese, el proyecto sufrirá retrasos y su cliente quedará disconforme. La decisión que han tomado en relación a este evento riesgoso es dejarlo en la lista de observación y tomar acciones correctivas una vez que el riesgo ocurra. ¿Qué tipo de respuesta al riesgo ha realizado?

A   Explotar
B   Aceptación pasiva
C   Aceptación activa
D   Transferir

01.18   Una de las actividades del proyecto se ha subcontratado con un proveedor y han firmado dos contratos: uno de precio fijo y otro de costos reembolsables. La actividad ya tiene un avance del 50% y el director de proyectos recomienda una re-negociación de esos contratos con el proveedor para combinarlos en uno sólo. ¿Qué tipo de contrato podría ser el resultado de esa negociación?

A   Orden de compra
B   Suma global
C   Reembolso de costos más un porcentaje del costo
D   Tiempo y materiales

01.19   Durante la ejecución de un proyecto de re-ingeniería de procesos, los vendedores están enfrentando graves riesgos de costos. ¿Qué tipo de contrato seguramente han firmado las partes?

A   Precio fijo
B   Reembolso de costos
C   Reembolso de costos más un porcentaje del costo
D   Precio fijo más ajuste de precio económico

01.20   Usted está llevando a cabo un seguimiento de los impactos del proyecto en los interesados y detecta que será necesario mejorar la estrategia de gestión de los interesados. Por tal motivo, decide revisar la matriz de compromiso de los interesados. ¿Cuáles suelen ser los niveles de compromiso de los interesados?

A   No colabora, influyente, marginal, colabora
B   Desconoce, se resiste, neutral, apoya, líder
C   Poder, legitimidad, urgencia
D   Inactivo, Discrecional, Demandante, Dominante, Peligroso, Dependiente, Críticos

***** *

1.2   Respuestas

01.01 C   - Pedro tiene poca autoridad para disponer de los recursos de la empresa, por lo que se trata de una organización funcional donde los gerentes funcionales tienen mayor autoridad que los DP. / En una organización matricial fuerte el DP tiene más autoridad que el gerente funcional. / En una organización proyectizada no hay departamentos funcionales, sino departamentos por proyectos. / La co-ubicación significa colocar a todos los miembros del equipo en un mismo lugar físico. / (Ejecución; Marco conceptual)

01.02 D   - Los grupos de procesos de iniciación incluyen el acta de constitución del proyecto y el registro de interesados. / La EDT y el cronograma se realizan durante la planificación. / Algunos miembros del equipo de proyecto se contratarán durante la ejecución del proyecto. / (Iniciación; Procesos)

01.03 B   - Los interesados son todas las personas u organizaciones afectadas por el proyecto y sus opiniones son muy importantes para recopilar durante las lecciones aprendidas. / El equipo del proyecto desarrollará el documento de lecciones aprendidas, pero necesitarán la retroalimentación de los interesados: ¿Qué se hizo bien? ¿Qué se podría haber hecho mejor?, etc. / Tanto la alta gerencia como algunos miembros de la PMO podrían ser interesados en el proyecto. / (Cierre; Integración)

01.04 A   - El plan de gestión de cambios describe la forma en que se administrarán los cambios, pero no es una herramienta automatizada para el seguimiento de los cambios del proyecto. / El sistema de gestión de la configuración, el sistema de control de cambios y el sistema de autorización del trabajo, son subsistemas del sistema automatizado PMIS (sistemas de información para la dirección del proyecto). / (Monitoreo y control; Integración)

01.05 B   - En el enunciado del alcance se definen los entregables, las tareas necesarias para realizar esos entregables y se explicitan los límites del proyecto. La estructura de desglose del trabajo (EDT) divide al proyecto en menores componentes o entregables para facilitar la planificación. En el diccionario de la EDT se detallan los contenidos de cada componente de la EDT. Estos tres documentos (alcance, EDT, diccionario EDT) forman la línea base del alcance. / El presupuesto, cronograma y las métricas de calidad se realizan después de haber definido la línea base del alcance. / Los requisitos son una entrada para desarrollar la EDT. / Los entregables aceptados son una salida de validar el alcance que ocurre durante el monitoreo y control del proyecto. / (Planificación; Alcance)

01.06 D - La validación del alcance es el proceso de obtener la aprobación formal de los entregables del proyecto por parte de los interesados. / (Monitoreo y control; Alcance)

01.07 C - Holgura del proyecto negativa significa que la fecha planificada es superior a la que ha determinado el cliente. Por lo tanto, deberíamos analizar técnicas para comprimir el cronograma acortando su duración sin modificar el alcance ni reducir la calidad. Las dos técnicas más utilizadas para acelerar un proyecto son la intensificación (crashing) y la ejecución rápida (fast tracking). La intensificación consiste en agregar más recursos y la ejecución rápida en realizar actividades en paralelo. / (Planificación; Tiempo)

01.08 D - Holgura total: tiempo máximo que se puede retrasar una actividad sin retrasar la duración final del proyecto. Ruta A-C-E = 30; Ruta B-D-E = 27; Ruta crítica B-D-F = 32. Si E se retrasa 2 días, la ruta A-C-E sería de 32 días y pasaría a ser la ruta crítica. / (Planificación; Tiempo)

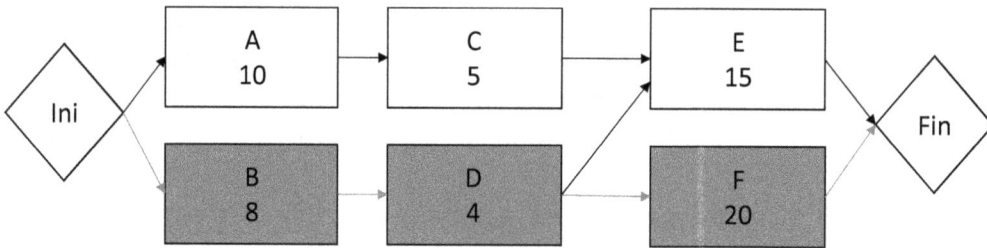

01.09 C – En las preguntas de valor Ganado por lo general se mantienen las siglas en inglés: BAC (Budget at complete), PV (Plan value), AC (Actual Cost), EV (Earned value), EAC (Estimate at complete). Si no hay otro tipo de información, deberíamos suponer que la misma ineficiencia en costos hasta el momento, se podría mantener hasta la finalización. Primero calculamos el CPI (cost performance index): CPI = EV / AC = 160 / 200 = 0,8. Al ser el CPI menor que 1, indica que el proyecto está gastando más de lo realizado hasta ese momento. Luego, el EAC se puede calcular de la siguiente forma: EAC = BAC / CPI = 1000 / 0,8 = 1250. / (Monitoreo y control; Costo)

01.10 B PERT = (Optimista + 4 x Más Probable + Pesimista) / 6 = (350 + 4x430 + 540) / 6 = 435. / (Planificación; Costo)

01.11 A   – Regla de los 7: si 7 o más muestras están por encima o por debajo de la media, el proceso está fuera de control. Las barras 3 a la 10 están por encima de la media de 300cm, por lo que el proceso está fuera de control y debería investigar las causas para corregir el proceso. / (Monitoreo y control; Calidad)

01.12 D   – RAM (responsibility assignment matrix) es un diagrama matricial para asignar las responsabilidades de los miembros del equipo, como por ejemplo la matriz RACI (Responsible, Accountable, to be Consulted, to be Informed). / (Planificación; Recursos)

01.13 B   – Las principales causas de conflicto se originan por problemas de agenda, cambio de prioridades y falta de recursos. Debido a esas causas de conflicto, algunas personas podrían cambiar su estado anímico, pero "la personalidad" no suele ser la causa raíz de los problemas. / (Ejecución; Recursos)

01.14 C   – El Director de proyectos más los 15 interesados serían 16 personas. Canales de comunicación = (N x (N-1)) / 2 = (16 x 15) / 2 = 120. / (Monitoreo y control; Comunicaciones).

01.15 A   – Podría ser que Lucrecia, conociendo sus limitaciones como facilitadora y sus debilidades en cuanto a manejo de poder y estilo de liderazgo, haya contratado a Carlitos, no como director de proyectos, sino como facilitador de las reuniones. Un buen facilitador debería permanecer neutral en las reuniones y colaborar para la toma de decisiones consensuadas cuando sea necesario. / (Ejecución; Comunicaciones)

01.16 D   – Técnica Delphi: se separa físicamente a los miembros del grupo que se va a entrevistar, para reducir las influencias interpersonales. Las opiniones de cada experto son procesadas por un coordinador general y se vuelven a enviar a todos los miembros del grupo manteniendo el anonimato de los involucrados. El coordinador le informa a cada uno de los participantes las razones que justifican distintas opiniones y les solicita que re-evalúen su respuesta para profundizar el análisis. Este proceso de retroalimentación iterativo continúa hasta que no hay más cambios que realizar. / Consenso de panel: se entrevista a todas las personas en un mismo lugar físico, corriendo el riesgo de que los perfiles extrovertidos se superpongan sobre los más introvertidos; o que los comentarios del jefe se superpongan a los del empleado. / (Planificación; Riesgo)

01.17 B   – Aceptar: no cambiar el plan original. Una aceptación activa consiste en dejar establecida una política de cómo actuar si ocurre el evento negativo. Por otro lado, en una aceptación pasiva, no se planifican acciones o reservas con anticipación, sino que se actúa sobre el riesgo una vez que aparece. / Explotar: realizar acciones para concretar la oportunidad para el beneficio del proyecto. / Transferir: trasladar el impacto negativo del riesgo hacia un tercero. / (Ejecución; Riesgo)

01.18 D   – Contrato por Tiempo y Materiales: tienen un componente variable (ej. cantidad de horas) + un componente fijo (ej. precio de la hora). / Orden de compra: documento que emite el comprador para pedir mercaderías al vendedor. / Suma global es sinónimo de contrato por precio fijo. / (Ejecución; Adquisiciones)

01.19 A   – Vendedor es sinónimo a proveedor, mientras que el comprador sería el proyecto. El contrato más riesgoso para el vendedor sería precio fijo y el menos riesgoso el de reembolso de costos más un porcentaje del costo. (Ejecución; Adquisiciones)

01.20 B   – Los cinco niveles de compromiso de los interesados con el proyecto suelen ser: desconoce, se resiste, neutral, apoya, líder. / La matriz de estrategias cooperación-impacto tiene cuatro categorías: no colabora, influyente, marginal y colabora. / Según el "Salience model" hay tres atributos de los interesados: poder, legitimidad y urgencia. En función de cómo se combinan estos atributos, los interesados se pueden agrupar en siete categorías: Inactivo, Discrecional, Demandante, Dominante, Peligroso, Dependiente, Críticos. / (Monitoreo y control; Interesados)

* * * * *

EXAMEN

2. MARCO

Cantidad de preguntas: 15
Tiempo para responder: 18 minutos
Puntaje para aprobar: 80% (12 respuestas correctas)

2.1.   Preguntas

02.01   El patrocinador está discutiendo con el director del proyecto la mejor forma de integrar un proyecto de radiodifusión a uno de los programas estratégicos de la compañía. ¿Cuál será el principal rol del patrocinador?

A   Coordinar la oficina de gestión de proyectos (PMO)

B   Negociar los recursos con la alta gerencia y proporcionarlos al director del proyecto

C   Definir los procesos para establecer el cronograma y presupuesto

D   Decidir cuáles son los proyectos estratégicos de la compañía

02.02   Usted está gestionando la construcción de una carretera que atravesará cuatro ciudades de un país. El proyecto ha sido subdividido en cuatro sub-proyectos menores, uno por cada ciudad. Cada sub-proyecto tiene asignado un director de proyectos con total autoridad para gestionar sus recursos de manera autónoma. Todos los directores de proyecto deben enviar a usted los reportes de avance de manera quincenal. ¿Cuál sería su rol en este proyecto?

A   Gerente funcional del departamento de ingeniería
B   Gerente de portafolio
C   Líder de proyecto
D   Gerente de Programa

02.03   Su empresa deportiva se dedica a la producción de botines de fútbol. Para la próxima temporada lanzarán un nuevo botín para darle más comba a la pelota al momento del impacto. Una vez que el producto esté en el mercado se venderá de manera indefinida. Esto sería: _____

A   Un trabajo operativo porque la empresa se dedica a la producción de botines
B   Una tarea repetitiva porque no se ha definido una fecha límite para vender los botines
C   Una indefinición entre proyecto y trabajo operativo
D   Un proyecto porque la empresa no ha fabricado ni vendido este tipo de botines en el pasado

02.04   El patrocinador se niega a firmarle el acta de constitución de proyectos hasta que usted no justifique con un caso de negocios lo que quieren realizar. ¿Qué debería presentar al patrocinador?

A   Información que justifique que será un buen proyecto de inversión
B   Cronograma y presupuesto detallado
C   Plan integral para la dirección de proyectos
D   Justificación de los principales procesos de la guía del PMBOK® que serán necesarios para alcanzar un proyecto exitoso

02.05   Una organización ha contratado a un coordinador de proyectos para ejecutar un proyecto que está siendo gestionado por diferentes departamentos funcionales. ¿Qué tipo de organización matricial es esta?

A   Fuerte
B   Débil
C   Balanceada
D   Ajustada

02.06   Usted ha sido nombrado como director de un proyecto de diseño industrial en una empresa muy tradicionalista con más de 100 años de antigüedad. ¿Cuál debería ser su principal habilidad para lograr un proyecto exitoso?
A   Conocimientos técnicos en diseño industrial
B   Estar familiarizado con las costumbres de la empresa
C   Comunicación
D   Negociar con la alta gerencia para que implementen nuevas herramientas de dirección de proyectos

02.07   Su jefe se está quejando porque los objetivos que han definido en la declaración del alcance no son SMART. Esto significa que los objetivos: _____
A   Fueron definidos con más detalle de lo necesario para proyectos ágiles
B   Fueron demasiado exigentes, por lo que será imposible poder alcanzarlos
C   Deberían ser específicos, medibles, realizables, realistas y de tiempo limitado.
D   No son inteligentes

02.08   Se están implementando metodologías ágiles en un proyecto de informática. ¿Cuál podría ser una interrelación de fases muy utilizada dentro del ciclo de vida del proyecto en relación a otros proyectos convencionales?
A   Secuencial
B   Iterativas o adaptativas
C   Solapadas
D   Lógica dura

02.09   Un proyecto está atravesando varios cambios. ¿Durante qué fase del ciclo de vida de proyectos los interesados suelen tener menor poder de influencia?
A   Cierre
B   Ejecución
C   Planificación
D   Inicio

02.10   Usted es director de un proyecto de modernización en una planta industrial. Los miembros de su equipo pertenecen a los departamentos de Finanzas, Operaciones y Comercialización. Por su parte, cada miembro del equipo reporta los avances de proyecto de manera directa a su jefe de departamento. ¿En qué tipo de organización está trabajando?
A   Matricial
B   Proyectizada (Orientada a proyectos)
C   Descentralizada
D   Funcional

02.11 En su organización quieren implementar mejoras de procesos para la gestión de portafolios, programas y proyectos. ¿Cuál de los siguientes ítems no es un modelo para la mejora de procesos?

A   OPM3
B   CMMI
C   Malcolm-Baldrige
D   Bruce-Tuckman

02.12 Usted está trabajando para el Ministerio de Salud de su país en un proyecto de inclusión social para prestar servicios a los más necesitados. Durante la fase de iniciación identifica claramente los factores ambientales y los activos de los procesos de la organización para no re-inventar la rueda. ¿Cuál será un activo de los procesos de la organización del Ministerio de Salud?

A   Bases de datos con los salarios del personal del Ministerio
B   Cultura organizacional
C   Distribución geográfica de las instalaciones y recursos
D   Condiciones del mercado del sector de la salud

02.13 Usted es el director de un proyecto para mejorar el cambio climático y su principal cliente es una empresa del sector privado. Por su parte, su patrocinador trabaja en la misma empresa que usted. Para que el proyecto sea exitoso debería completarse dentro de las siguientes restricciones aprobadas previamente por la alta gerencia, el cliente, el patrocinador y usted.

A   Alcance, tiempo, costo, recursos, calidad y riesgo
B   Alcance, tiempo y calidad
C   Alcance, cronograma y presupuesto
D   Valor actual neto, Tasa interna de retorno, Periodo de recupero de la inversión

02.14 Juan Work tiene total autoridad en un proyecto internacional para el desarrollo de una red de oficinas virtuales. Además, Juan puede definir y negociar los recursos necesarios para llevar a cabo ese proyecto. Tanto Juan como sus miembros claves del equipo trabajarán a tiempo completo desde el inicio hasta el final. ¿Qué tipo de organización será la que mejor se ajuste a este proyecto?

A   Matricial equilibrada
B   Matricial débil
C   Orientada a proyectos
D   Funcional

02.15 En relación al trabajo del proyecto, usted está recibiendo datos de desempeño, información de desempeño e informes de desempeño. Por lo general, ¿en cuál de los siguientes ítems se obtienen los datos de desempeño del trabajo?

A   Project Management Operations
B   Oficina de dirección de proyectos
C   Project Management Organization
D   Project Maturity Organization

*****

2.2. Respuestas

02.01 B   - El patrocinador es el vínculo entre el proyecto y la alta gerencia y su principal rol es proporcionar los recursos y aprobar formalmente el proyecto para su puesta en marcha. / La PMO podría tener un gerente diferente al patrocinador. / El DP debe definir los procesos adecuados de gestión de proyectos. / La alta gerencia define los programas y proyectos estratégicos. / (Inicio; Marco Conceptual)

02.02 D   - Un programa es un conjunto de proyectos relacionados que se gestionan en conjunto. En este ejemplo, la construcción de la carretera sería el programa que incluye cuatro proyectos (uno en cada ciudad). / (Monitoreo y control; Marco Conceptual)

02.03 D   - Esto es un proyecto por ser un esfuerzo temporal (producto finalizado antes de la próxima temporada) que se lleva a cabo para crear un producto único (nuevo modelo de botín). / (Planificación; Marco Conceptual)

02.04 A   - Antes de trabajar con los procesos y planes para la dirección de proyectos (incluyendo el cronograma y presupuesto) es necesario justificar en un caso de negocios el análisis costo-beneficio que justifique la inversión. Los beneficios podrían ser no monetarios como mejoras en imagen empresarial, ambiente laboral, satisfacción del cliente, etc. / (Inicio; Marco Conceptual)

02.05 B   - Un coordinador de proyectos tiene poca autoridad para la toma de decisiones y esto es común en organizaciones matriciales débiles, donde los gerentes funcionales tienen más autoridad que el coordinador de proyectos. / (Ejecución; Marco Conceptual)

02.06 C   - Una de las principales habilidades interpersonales del DP es saber comunicar. / La negociación es muy importante, pero no es necesario implementar siempre nuevas herramientas. / Los conocimientos técnicos o compartir costumbres pueden ser de gran ayuda, pero más importante es saber comunicar. / (Ejecución; Marco Conceptual)

02.07 C   - Objetivos SMART significa Specific (específico), Measurable (medible), Achievable (realizable), Realistic (realista) y Time-Bound (limitado en tiempo). / (Planificación; Marco Conceptual)

02.08 B   - En proyectos de metodologías ágiles se puede utilizar cualquiera de las secuencias que se mencionan en esta pregunta. Sin embargo, una característica particular en relación a otros proyectos suelen ser las secuencias iterativas o adaptativas. Por ejemplo, al finalizar A comienza B, y al finalizar B comienza nuevamente A. / (Ejecución; Marco Conceptual)

02.09 A   - Al inicio es cuando los interesados más pueden influir con cambios. Los costos de esos cambios van incrementando a medida que avanza el proyecto, por lo que en las fases finales (ej. cierre) el poder de influencia de los interesados es muy bajo o nulo. / (Cierre; Marco Conceptual)

02.10 D   - Si los miembros del equipo reportan a sus gerentes funcionales, seguramente el DP tiene poca autoridad sobre esos recursos y está trabajando en una organización funcional. / En una organización descentralizada, la autoridad es delegada a lo largo de la cadena de mando. / (Monitoreo y control; Marco Conceptual)

02.11 D   - Bruce Tuckman es el autor del modelo de las fases de desarrollo de equipo: formación, tormenta, normalización, desempeño, disolución. No es considerado un modelo para mejoras del proceso. / OPM3: Organizational Project Management Maturity Model. / CMMI: Capability Maturity Model Integration. / Malcolm-Baldrige: modelo para evaluar el sistema de gestión de la calidad en base a Liderazgo, Planificación estratégica, Orientación al cliente y al mercado, Información y análisis, Orientación a los recursos humanos, Gestión de los procesos y Resultados del negocio. / (Planificación; Marco Conceptual)

02.12 B   - La cultura organizacional, distribución geográfica de recursos y condiciones de mercado son factores ambientales. / La base de datos con los salarios del personal de la organización, son base de conocimiento corporativa que forman parte de los activos de los procesos de la organización. / (Inicio; Marco Conceptual)

02.13 A   - El éxito de un proyecto se logra al cumplir con las líneas base aprobadas previamente por los principales interesados. Para alcanzar el éxito, debería completar el proyecto dentro de las restricciones de alcance, tiempo, costo, recursos, calidad y riesgo. / (Ejecución; Marco Conceptual)

02.14 C   - En una organización orientada a proyectos el DP tiene: gran autoridad, gran disponibilidad de recursos, control para gestionar el presupuesto, trabajo a tiempo completo. / (Planificación; Marco Conceptual)

02.15 B   - PMO significa Project Management Office (Oficina de dirección de proyectos). / (Planificación; Marco Conceptual)

*****

EXAMEN

3. PROCESOS

Cantidad de preguntas: 15
Tiempo para responder: 18 minutos
Puntaje para aprobar: 80% (12 respuestas correctas)

3.1.   Preguntas

03.01 En un proyecto de servicios, en qué proceso se verifica que se ha realizado todo el alcance acorde a los paquetes de trabajo de la EDT y se han cumplido todos los requerimientos definidos por los principales interesados.
A   Cerrar el proyecto
B   Validar el alcance
C   Monitoreo y control
D   Aseguramiento de la calidad

03.02 Usted está aplicando una metodología integral para la dirección de un proyecto que ayudará a disminuir la congestión vehicular en su ciudad. Ya ha finalizado con dos procesos del grupo de procesos de iniciación. ¿A qué área del conocimiento corresponden estos procesos?
A   Alcance; Interesados
B   Integración; Alcance
C   Integración; Interesados
D   Alcance; Comunicaciones

03.03 Dr. Risk está gestionando los riesgos para el lanzamiento de un cohete espacial. ¿En qué grupo de procesos trabajará con más procesos de gestión de riesgos?
A   Ejecución
B   Monitoreo y control
C   Cierre
D   Planificación

03.04 ¿Cuál de los siguientes ítems NO es un proceso de la gestión de calidad de un proyecto?
A   Planificar la gestión de calidad
B   Mejora continua
C   Gestionar la calidad
D   Controlar la calidad

03.05 En su organización internacional siempre aplican el proceso de cierre del proyecto para recopilar lecciones aprendidas. ¿Cuál de los siguientes ejemplos NO aplica a este proceso?
A   Cerrar la fase de un proyecto
B   Cierre prematuro de un proyecto
C   Proyecto reactivado
D   Proyecto abortado

03.06 Por lo general, ¿cuál de los siguientes grupos de procesos es el que más tiempo se extiende a lo largo del ciclo de vida del proyecto?
A   Planificación
B   Ejecución
C   Cierre
D   Monitoreo y control

03.07 Josefina Franceschini ha sido nombrada directora de un proyecto para implementar la facturación electrónica en una empresa comercial. El patrocinador ha finalizado el primer proceso para la gestión integral del proyecto, formalizando el inicio del proyecto y el cargo de Josefina. ¿Cuál debería ser el próximo paso?
A   Identificar a los interesados
B   Elaborar el presupuesto
C   Desarrollar el acta de constitución del proyecto
D   Elaborar el cronograma

03.08 Un cliente muy sofisticado le ha solicitado el desarrollo de un dron con características de vuelo muy particulares. Todos los entregables del proyecto han sido verificados por su equipo y fueron aceptados por el cliente. Ahora, usted está revisando si el dron cumple con las características de vuelo especificadas en el plan de dirección de proyectos. ¿En qué grupo de procesos está trabajando?

A   Planificación
B   Ejecución
C   Cierre
D   Monitoreo y control

03.09 Usted está implementando herramientas modernas de dirección de proyectos en base a diferentes grupos de procesos. ¿Cuál de los siguientes ítems NO es un grupos de procesos según la Guía del PMBOK®?

A   Planificación
B   Ejecución
C   Cierre
D   Pre-factibilidad

03.10 ¿Qué debería considerar como entrada de la mayoría de los procesos de la dirección de proyectos?

A   Factores ambientales y activos de los procesos de la organización
B   Acta de constitución del proyecto e identificación de los interesados
C   Caso de negocio y acuerdos contractuales
D   Identificación de riesgos y análisis de los interesados

03.11 Usted está trabajando en la iniciación de un proyecto para el desarrollo de un nuevo videojuego. ¿Cuál de los siguientes ítems será el MENOS importante en esta etapa?

A   Alinear las expectativas de los interesados con los objetivos del proyecto
B   Dar visibilidad a los interesados sobre el alcance preliminar y objetivos estratégicos
C   Gestionar las expectativas de los interesados acorde al plan de dirección de proyectos
D   Mostrar cómo la participación de los interesados será fundamental para alcanzar el éxito

03.12 Salvador Gallego está trabajando con procesos de elaboración gradual y varias iteraciones. ¿En cuál de los siguientes grupos de procesos es más probable que esté trabajando Salvador?
A   Cierre
B   Planificación
C   Ejecución
D   Monitoreo y control

03.13 Usted está coordinando la dirección de un nuevo programa para la limpieza de un río altamente contaminado con residuos industriales. Para ello, quiere aplicar procesos relacionados con diez áreas del conocimiento acorde a la Guía del PMBOK®. ¿Cuál de los siguientes ítems NO es una de esas áreas del conocimiento?
A   Impacto ambiental
B   Integración
C   Riesgos
D   Interesados

03.14 Un proyecto involucrará a 300 trabajadores y otros 500 interesados externos. Su cliente ha solicitado una fecha cierta de cumplimiento del proyecto, por lo que usted decide aplicar todos los procesos para la gestión del tiempo. ¿En cuál de los siguientes grupos de procesos tendrá más procesos para trabajar?
A   Ejecución
B   Planificación
C   Monitoreo y control
D   Cierre

03.15 En relación al trabajo del proyecto, usted está recibiendo datos de desempeño, información de desempeño e informes de desempeño. Por lo general, ¿en cuál de los siguientes ítems se obtienen los datos de desempeño del trabajo?
A   Procesos de control
B   Control general del proyecto
C   Comunicaciones del proyecto
D   Ejecución del proyecto

*****

3.2.   Respuestas

03.01 A   - Al cerrar el proyecto o una de sus fases, confirmamos si se ha realizado todo el trabajo de la EDT y si se han cumplido los requerimientos para el éxito del proyecto. / (Cierre; Procesos)

03.02 C   - Los dos procesos de la iniciación son Desarrollar el Acta de constitución del proyecto (Integración) e Identificar a los interesados (Interesados). / (Inicio; Procesos)

03.03 D   - Durante el grupo de procesos de planificación hay cinco procesos relacionados con la gestión de riesgos: planificación, identificación, análisis cualitativo, análisis cuantitativo, plan de respuesta al riesgo. / (Planificación; Procesos)

03.04 B   - Según la guía del PMBOK® los tres procesos de la gestión de calidad son: planificar la gestión de calidad, gestionar la calidad y controlar la calidad. / Los temas relacionados con mejora continua forman parte del análisis del proceso dentro del aseguramiento de la calidad. / (Ejecución; Procesos)

03.05 C   - El proceso de cierre aplica tanto para el proyecto como un todo como para una fase del mismo. / Los cierres prematuros o abortos, también son ejemplos de cierre de proyectos. / Un proyecto que se reactiva, si ya había sido cerrado con anterioridad, puede tratarse como el inicio de un nuevo proyecto. / (Cierre; Procesos)

03.06 D   - Existe una interrelación entre todos los grupos de procesos. El grupo de monitoreo y control se lleva a cabo a lo largo de todo el ciclo de vida del proyecto y abarca el resto de los grupos de procesos (inicio, planificación, ejecución, cierre). / (Monitoreo y control; Procesos)

03.07 A   - El primero proceso de la iniciación es realizar el acta de constitución del proyecto, esto ya fue realizado al nombrar a Josefina como DP. Luego, se recomienda la identificación de los interesados. / Para elaborar el cronograma y presupuesto, antes hay que definir el alcance. / (Inicio; Procesos)

03.08 C   - Si los entregables han sido verificados por el equipo y aceptados por el cliente, podemos inferir que los procesos de validar el alcance y control de calidad han finalizado (Monitoreo y control) y el producto final está terminado. Lo que está haciendo el director del Proyecto es la verificación del producto final para compararlo con la línea base del alcance, esto forma parte del proceso de cierre del proyecto. / (Cierre; Procesos)

03.09 D   - La pre-factibilidad suele ser una fase de la formulación y evaluación de proyectos de inversión. En la Guía del PMBOK® esto podría formar parte de la Concepción y caso de negocio, previo a la iniciación. / Los cinco grupos de procesos de la dirección de proyectos son: inicio, planificación, ejecución, monitoreo y control, cierre. / (Planificación; Procesos)

03.10 A   - Los factores ambientales y los activos de los procesos de la organización suelen ser una entrada de la mayoría de los procesos de la dirección de proyectos. / (Inicio; Procesos)

03.11 C   - Gestionar las expectativas de los interesados es muy importante, pero corresponde al grupo de procesos de ejecución. / Todo el resto de los ítems corresponden al grupo de procesos de iniciación. / (Inicio; Procesos)

03.12 B   - La planificación suele requerir de varias iteraciones y elaboración gradual. Por ejemplo, para elaborar el plan de dirección de proyectos, se realizarán varias iteraciones para ir obteniendo información gradual de las distintas áreas del proyecto: interesados, alcance, tiempo, costo, calidad, recursos, comunicaciones, riesgos y adquisiciones. / (Planificación; Procesos)

03.13 A   - Las diez áreas de conocimiento son: Integración, Alance, Tiempo, Costo, Calidad, Recursos, Comunicaciones, Riesgos, Adquisiciones e Interesados. / (Planificación; Procesos)

03.14 B   - De todos los procesos sobre gestión del tiempo, la mayoría están relacionados con el grupo de procesos de planificación. / (Planificación; Procesos)

03.15 D   - Los datos de desempeño son observaciones directas sin procesar que se obtienen durante la ejecución del proyecto (ej. % de avance de una actividad). / La información de desempeño son datos de desempeño procesados, recopilados de varios procesos de control (ej. estado de los entregables). / Los informes de desempeño son reportes físicos o electrónicos (ej. estado de avance del proyecto) que se obtienen durante el control general o las comunicaciones del proyecto. / (Ejecución; Procesos)

EXAMEN

4. INTEGRACIÓN

Cantidad de preguntas: 15
Tiempo para responder: 18 minutos
Puntaje para aprobar: 80% (12 respuestas correctas)

4.1.   Preguntas

04.01   Tu Proyecto se encuentra en plena ejecución y está sufriendo retrasos porque la autoridad gubernamental no aprueba los permisos necesarios por burocracia interna. Si el proyecto sigue con esos retrasos, no vas a cobrar el bono de incentivo por cumplimiento. Te diriges al departamento de aprobaciones gubernamentales para averiguar la causa de ese retraso y te encuentras con una amiga de la secundaria. Tu amiga te comunica que tu expediente está entre los últimos de la lista y no lo van a aprobar hasta dentro de 60 días. Sin embargo, ella puede hacerte el favor de colocar tu expediente entre los primeros para que lo revisen en los próximos días. ¿Qué deberías hacer?

A   Aceptar el favor de tu amiga para poder cobrar el incentivo y repartirlo entre los miembros del equipo de proyecto que lo están necesitando

B   Agradecer a tu amiga, pero no aceptar el favor porque si alguien la descubre pondría en riesgo su situación laboral

C   Aceptar el favor de tu amiga porque el gobierno debería ser mucho más ágil en el proceso de revisión de expedientes

D   Rechazar el favor de tu amiga porque perjudicaría el tiempo de revisión del resto de los expedientes

04.02 Varios miembros de su organización están planificando un proyecto para el lanzamiento de un nuevo producto al mercado. Mientras trabajan con el desarrollo del cronograma hay discusiones por falta de autoridad. ¿Qué documento puede estar faltando?

A   Estructura de desglose del trabajo (EDT)
B   Estructura de desglose de recursos
C   Registro de riesgos
D   Acta de constitución del proyecto

04.03 A usted lo nombran director de un proyecto que ya está en marcha y tiene varias dudas de cómo deberían avanzar con la ejecución y cierre del proyecto. ¿Qué documento debería revisar?

A   Acta de constitución del proyecto
B   Plan para la dirección del proyecto
C   Caso de negocios
D   Ciclo de vida del proyecto

04.04 Joaquín Vengoechea es director de un proyecto de auditoría financiera que tiene un 90% de avance y está por finalizar. El cliente de Joaquín, Lucila Gamboa, solicita un cambio antes de la finalización. Joaquín dice que ese cambio implicará un mayor alcance, tiempo y costo. Lucila dice que ese cambio forma parte del alcance original del proyecto, por lo que no aceptará un nuevo presupuesto. ¿Qué es lo primero que debería hacer Joaquín?

A   Aceptar el cambio para lograr una satisfacción del cliente
B   Revisar el plan para la dirección del proyecto
C   Enviar una solicitud formal de cambio al Comité integrado de cambios
D   Finalizar el proyecto lo antes posible y luego negociar ese cambio de alcance con el cliente

04.05 Ramiro RR ha sido asignado como director de un proyecto que implicará una inversión de varios millones de dólares. Ramiro convoca a los miembros claves del proyecto para una reunión donde se formalice comenzar con la planificación del proyecto. ¿Qué es lo primero que debería hacer RR?

A   Confirmar que todos los participantes de la reunión hayan leído previamente el acta de constitución
B   Publicar el acta de constitución en un lugar de fácil acceso para los interesados
C   Asegurarse que el acta de constitución del proyecto esté firmada por el patrocinador
D   Convocar a esa reunión al cliente y patrocinador

04.06 Suresh trabaja como director de proyectos en una fundación internacional que ejecuta programas para el bien social. Este año van a ayudar en la reparación de una escuela de un barrio de bajos ingresos. ¿Cuál de los siguientes activos de los procesos de la organización será de MAYOR utilidad para Suresh?

A   Información histórica de otras escuelas reparadas en años previos
B   Planes de marketing de la Fundación
C   Coyuntura política y económica
D   Sistema de información de la dirección de proyectos (PMIS)

04.07 Ricky Vals fue nombrado director de proyectos para organizar una gira internacional con un grupo musical. Luego de 15 días de trabajo, Ricky finaliza un documento de 30 páginas que denomina "Acta de Constitución del Proyecto". Ese documento es enviado a Joe Valenzuela, patrocinador del proyecto, para su firma. Joe lo encuentra demasiado extenso al documento y solicita a Ricky que le envíe un resumen de una página para su revisión y aprobación. ¿Cuál de los siguientes ítems debería excluir Ricky de esa página?

A   Descripción de los paquetes de trabajo
B   Nivel de autoridad del director de proyecto
C   Necesidad del negocio
D   Riesgos de alto nivel

04.08 Un requerimiento de cambio solicitado por uno de los miembros del equipo de proyecto fue rechazado la semana pasada. Hoy usted descubre que el miembro del equipo ejecutó sus tareas como si ese cambio hubiera sido aprobado. Para mitigar este problema de comunicaciones, ¿A través de qué proceso se deberían comunicar a los interesados el estado de los requerimientos de cambio?

A   Monitorear y controlar el trabajo
B   Realizar control integrado de cambios
C   Verificar el alcance
D   Reportes de estado del proyecto

04.09   Usted está a cargo de la PMO de su empresa que gestiona varios programas y proyectos utilizando recursos compartidos. Los nuevos proyectos han crecido en los últimos meses a un ritmo superior al crecimiento de los recursos disponibles, lo que está deteriorando el clima laboral en su organización. ¿Qué es lo primero que debería hacer?

A   Implementar un módulo para la gestión de programas en el software de gestión de proyectos que utiliza la empresa

B   Implementar un software para la gestión de programas y proyectos que facilite la asignación de recursos compartidos

C   Contratar más personal para poder gestionar los nuevos proyectos de la empresa

D   Analizar información cuantitativa uniforme de todos los proyectos para comprender el problema de los recursos compartidos

04.10   La empresa NuncaGano.net, por lo general selecciona proyectos en base al M.D.O. (Método de los Dígitos Oscilantes o Manómetro). Para la selección de su próximo proyecto ha decidido mejorar el proceso, por lo que va a considerar varios criterios. ¿Cuál será el PEOR proyecto para seleccionar de la siguiente tabla?

Criterio	Peso	Proyecto A	Proyecto B	Proyecto C	Proyecto D
Imagen	20%	6	6	2	4
Recursos disponibles	30%	7	4	1	4
Valor actual neto (VAN)	50%	1	2	5	5
Sinergia con otros proyectos	40%	5	3	6	5

A   Proyecto C
B   Proyecto D
C   Proyecto B
D   Proyecto A

04.11   Durante la reunión de avance del proyecto los miembros del equipo están discutiendo sobre diferentes alternativas técnicas para recortar la duración del proyecto. Hay dos posturas muy diferentes que no logran consenso entre los diferentes bandos que han entrado en conflicto. ¿Qué es lo primero que debería hacer el Director de Proyectos?

A   Analizar el impacto de cada alternativa en el presupuesto del proyecto
B   Enviar una solicitud de cambio al comité de cambios
C   Registrar el conflicto en el registro de incidentes
D   Seleccionar la alternativa que recorte la duración del proyecto en mayor cantidad de días

04.12   Usted está elaborando un plan integral para la ejecución, monitoreo, control y cierre del proyecto. ¿Cuál de los siguientes ítems es un documento de soporte del proyecto que NO forma parte del plan para la dirección del proyecto?

A   Registro de riesgos
B   Plan de gestión de los cambios
C   Línea base de costos
D   Plan de gestión de los interesados

04.13   Usted es el director de un proyecto sobre mejoras educativas en una Escuela privada. Durante la presentación de los avances del proyecto al Directorio de la Escuela, el Presidente del Directorio recomienda algunas acciones preventivas que impactarán en el alcance del proyecto. ¿Qué debería hacer?

A   Escribir un requerimiento de cambio
B   Negociar con el Directorio la exclusión de esos cambios para mantener el alcance original
C   Actualizar el plan de dirección del proyecto para incluir esos cambios
D   Implementar los cambios lo antes posible para mitigar riesgos

04.14   En su empresa están utilizando un sistema de información para la gestión de un proyecto de servicios. Ya han definido cómo se identificarán las características funcionales del servicio, cómo se controlarán los cambios y cómo se verificará si el servicio cumple con los requisitos. ¿Cuál de los siguientes ítems NO es una actividad de la gestión de la configuración?

A   Identificación de la configuración
B   Seguimiento del estado de la configuración
C   Configuración del sistema de autorización del trabajo
D   Auditorías de la configuración

04.15   Eres el director de uno de los proyectos estratégicos de tu organización. La línea base de alcance, tiempo y costo fue aprobada por la alta gerencia y patrocinador. El proyecto está en ejecución con más de 50% de avance y el gerente financiero de la empresa te envía un email comunicándote que tu proyecto tendrá una reducción presupuestaria para poder cumplir con otros proyectos prioritarios de la compañía. ¿Qué deberías hacer?

A   Cancelar el proyecto por el bien de la empresa
B   Poner el proyecto en espera hasta que se consigan más fondos
C   Negociar el presupuesto con el patrocinador y gerente financiero
D   Re-asignar los miembros del equipo a otros proyectos prioritarios

*****

4.2.   Respuestas

04.01   D   - Aceptar el favor va en contra de la "Equidad" donde estaríamos perjudicando a las otras personas con acceso inequitativo a la información y sin permitir igualdad de oportunidades. La equidad es uno de los valores del código de conducta de cualquier PMP®. Rechazar el favor para ser equitativo con el resto de las personas sería la respuesta correcta y esto forma parte de la integridad del Director de Proyectos. / Rechazar el favor por temor a que tu amiga pierda su empleo, no sería el principal motivo para declinar a ese ofrecimiento. / (Ejecución; Integración)

04.02   D   - Si hay problemas de autoridad, es probable que no se haya realizado el acta de constitución donde se nombra al director del proyecto. / La EDT, desglose de recursos y registro de riesgos, son documentos necesarios para el desarrollo del cronograma. / (Planificación; Integración)

04.03   B   - En el plan para la dirección del proyecto encontrará los lineamientos generales para la ejecución, monitoreo, control y cierre del proyecto. Este documento integra todos los planes y líneas bases de los procesos de planificación. / (Ejecución; Integración)

04.04   B   - Lo primero que debe hacer es verificar si ese cambio forma parte de la línea base del alcance. En el plan para la dirección del proyecto encontrará todas las líneas base. Luego de verificar si ese cambio forma parte del alcance original o no, podrá evaluar otras alternativas. / (Monitoreo y control; Integración)

04.05   C   - El acta de constitución no está completa sin la firma del patrocinador o los interesados claves. El acta firmada significa la autorización formal para comenzar con la planificación del proyecto. / No deberíamos publicar el acta de constitución si no ha sido firmada. / En esa reunión (kick-off meeting) no es necesario convocar a cliente y patrocinador, suele ser una reunión entre los miembros claves del equipo de planificación. / Antes de enviar el acta de constitución para la lectura de los interesados, debería asegurarse que tenga la firma del patrocinador. / (Inicio; Integración)

04.06   A   - La coyuntura política y económica serán muy importantes para el nuevo proyecto, pero no es un activo de los procesos de la organización, sino un factor ambiental. / El PMIS y Planes de marketing son activos muy importantes, pero podrían ser demasiado genéricos para este proyecto en particular. / Lo primero que debería hacer Suresh es revisar la información histórica y lecciones aprendidas de proyectos similares. / (Inicio; Integración)

04.07 A   - El acta de constitución no incluye la descripción de los paquetes de trabajo. Eso suele ser parte del desarrollo de la EDT, que forma parte de la planificación. Cabe aclarar que el responsable de realizar el Acta de Constitución del proyecto es el patrocinador, pero en la práctica es normal que el patrocinador solicite colaboración al DP para elaborar ese documento. / (Inicio; Integración)

04.08 B   - A través del control integrado de cambios se analizan todas las solicitudes de cambio y se comunica su aprobación o rechazo. / El DP seguramente detectó este desvío a través del monitoreo del trabajo y los reportes de estado del proyecto. / Verificar el alcance consiste en solicitar aprobación formal al patrocinador de los entregables del proyecto. / (Monitoreo y control; Integración)

04.09 D   - Lo primero que debe hacer es analizar la información cuantitativa para comprender mejor el problema. Luego, podría evaluar alternativas de nuevos software o adicionar más recursos. / (Ejecución; Integración)

04.10 C   - El proyecto B es el PEOR por ser el del puntaje ponderado más bajo. / Proyecto A = 20% x 6 + 30% x 7 + 50% x 1 + 40% x 5 = 5,8 / Proyecto B = 20% x 6 + 30% x 4 + 50% x 2 + 40% x 3 = 4,6 / Proyecto C = 20% x 2 + 30% x 1 + 50% x 5 + 40% x 6 = 5,6 / Proyecto D = 20% x 4 + 30% x 4 + 50% x 5 + 40% x 5 = 6,5 / (Inicio; Integración)

04.11 C   - Lo primero que debería hacer es registrar el conflicto en el registro de incidentes durante la reunión. Luego de la reunión, podría evaluar los impactos de cada alternativa y la necesidad de enviar una solicitud de cambio. / (Ejecución; Integración)

04.12 A   - El registro de riesgos es un documento complementario al plan para la dirección de proyectos. El plan de gestión de los riesgos forma parte del plan para la dirección de proyectos. / El plan de gestión de cambios, líneas base (alcance, cronograma, costos) y plan de gestión de los interesados forman parte del plan integral de dirección de proyectos. (Planificación; Integración)

04.13 A   - Lo primero que debe hacer el DP es escribir un requerimiento de cambio especificando los impactos de esos cambios en las variables del proyecto (alcance, tiempo, costo, calidad, recursos, riesgos). / Negociar la exclusión de los cambios es falso. / Implementar los cambios rápidamente es falso. / Si la solicitud de cambio fuera aprobada por el Comité de cambios, luego debe actualizar el plan para la DP. / (Monitoreo y control; Integración)

04.14 C   - El sistema de autorización del trabajo es un subsistema del PMIS dónde se explicitan los procedimientos para notificar cuándo debe comenzar cada trabajo. / La identificación, seguimiento, verificación y auditoría de la configuración, son actividades de la gestión de la configuración que pertenecen al proceso de realizar el control integrado de cambios. / (Monitoreo y control; Integración)

04.15 C   - Lo primero que debería hacer es reunirse con el patrocinador y gerente financiero para discutir el recorte presupuestario y los impactos del proyecto estratégico en la organización. / No debería cancelar, suspender o re-asignar recursos por la comunicación de un gerente funcional, sin discutirlo previamente con su patrocinador. / (Ejecución; Integración)

*****

–––––

/////

EXAMEN

5. ALCANCE

Cantidad de preguntas: 15
Tiempo para responder: 18 minutos
Puntaje para aprobar: 80% (12 respuestas correctas)

5.1.   Preguntas

05.01   A usted lo contrataron para reemplazar el personal de atención al pasajero de un hotel por robots automatizados. La EDT definida originalmente en ese proyecto ha cambiado para aprovechar nuevas tecnologías disponibles en el mercado. Estos cambios fueron aprobados formalmente por el Comité integrado de cambios. ¿Cuál de los siguientes ítems será MENOS probable que requiera actualizaciones?

A   Acta de constitución del proyecto
B   Actividades
C   Cronograma
D   Riesgos

05.02 Marcio es el director de proyectos para la construcción de un tren de alta velocidad que superará los 400km por hora. Marcio y su equipo de proyectos han elaborado la EDT con un gran nivel de detalle incluyendo cuentas de control para facilitar los procesos de monitoreo y control. ¿Cuál de los siguientes ítems NO podrá controlar Marcio en base a las cuentas de control?

A   Calidad
B   Tiempo
C   Costo
D   Hitos

05.03 Una Universidad está realizando una investigación para desarrollar un nuevo diseño de cascos con collar para evitar daños cerebrales en impactos de motocicleta. Durante la investigación están estudiando el comportamiento de los pájaros carpinteros con el patrocinio de uno de los grandes productores de motocicletas. El proyecto lleva más de un 80% de avance y un miembro clave de su equipo justifica que es necesario un cambio de alcance para estudiar también el comportamiento de otros animales. ¿Cuál debería ser el próximo paso del Director del proyecto?

A   Validar que el estudio de otros animales esté comprendido dentro de los términos de referencia del contrato firmado con el patrocinador
B   Asegurarse que cualquier cambio en el alcance pase por el control integrado de cambios
C   Incluir las nuevas especies en la investigación, siempre y cuando la muestra sea significativa para no afectar la calidad del entregable final
D   Finalizar la investigación en base a pájaros carpinteros y luego negociar con el patrocinador un nuevo contrato para incluir otras especies.

05.04 Florencia es la directora de un proyecto de construcción de servidores bajo el mar para bajar costos de calefacción y está trabajando en el departamento de ingeniería. Florencia envía el documento con el alcance detallado de los requerimientos técnicos de esos servidores para la aprobación formal de Carlos, gerente del departamento de informática. ¿En qué proceso se encuentra el proyecto?

A   Controlar el alcance
B   Validar el alcance
C   Controlar la calidad
D   Recopilar requisitos

05.05   Durante la planificación para la remodelación de un resort para ancianos se ha decidido adjuntar a la EDT un diccionario de la EDT. ¿Qué ítems suele incluir ese documento para cada paquete de trabajo?

A   Declaración del alcance, valor actual neto y tasa interna de retorno

B   Declaración del trabajo, hitos, métricas de calidad, recursos necesarios, costo estimado

C   Registro de riesgos, valor ganado, porcentaje de avance

D   Descripción del alcance, registro de riesgos, costo estimado, reserva para contingencias mediante la simulación de Monte Carlo

05.06   Durante la fase de ejecución de un proyecto relacionado con la destrucción masiva de armas químicas, Martincho, miembro del equipo, envía un entregable para la aprobación formal del cliente. Sin embargo, el cliente no acepta ese entregable porque dice que no cumple con los requerimientos para evitar daños ambientales. ¿Qué es lo primero que debería hacer el Director del Proyecto?

A   Enviar una solicitud de cambio para cambiar el alcance de ese entregable

B   Revisar el contrato y reunirse con Martincho para investigar porqué el entregable fue rechazado

C   Solicitar una reunión con su cliente para discutir el problema

D   Cambiar el contrato con su cliente

05.07   Un médico lo ha contratado para planificar un proyecto relacionado con implantes mamarios. Luego de varias iteraciones ya han acordado la línea base del alcance. ¿Qué incluye esto?

A   Enunciado del alcance del proyecto, EDT y diccionario de la EDT

B   Enunciado del alcance del producto y requisitos del producto

C   Enunciado del alcance del proyecto y requisitos del producto

D   EDT, cronograma y presupuesto

05.08   Usted es el director de un proyecto que consiste en organizar la feria tecnológica más grande del mundo y sólo le quedan 3 meses de planificación. En estos momentos se encuentra analizando los principales entregables y el trabajo relacionado, organizando la EDT, dividiendo los entregables en sub-entregables y paquetes de trabajo, asignando códigos de identificación a los componentes de la EDT y verificando que los diferentes niveles de la EDT sea el adecuado. ¿Qué es lo que está realizando?

A   Definir el alcance

B   Descomposición

C   Recopilar requisitos

D   Planificar la gestión del alcance

05.09 Usted es el Director de un proyecto que consiste en trasladar todas las operaciones físicas de su Banco a transacciones móviles mediante plataformas tecnológicas. Durante una reunión para recopilar requisitos, diez interesados claves del proyecto discutieron diferentes alternativas tecnológicas. Cuatro interesados seleccionaron la tecnología A, tres interesados propusieron la tecnología B y el resto de los interesados solicitaron más tiempo para evaluar otras tecnologías. Al finalizar la reunión, usted optó por implementar la tecnología A. ¿Qué técnica grupal de toma de decisiones fue la que ha adoptado?

A   Unanimidad
B   Mayoría
C   Dictadura
D   Pluralidad

05.10 Durante la ejecución de un proyecto de nanotecnología están utilizando una tabla como la que se presenta a continuación. ¿Qué es esa tabla?

#	Descripción del requisito	Metas y objetivos	Objetivos del proyecto	Entregables	Diseño del producto	Estado
1.1						
1.2						
1.2.1						
1.2.2						
2.1						
2.1.1						
2.1.2						
2.1.3						
2.2						

A   Estructura de desglose del trabajo
B   Enunciado detallado del alcance
C   Enunciado del trabajo
D   Matriz de trazabilidad de los requisitos

05.11 El Gran Toledo está trabajando como director de un proyecto de exploración de aguas profundas oceánicas y tiene un contrato de precio fijo. El principal cliente del proyecto es un fondo de inversión multinacional que ha solicitado unos pequeños ajustes en el alcance del proyecto para poder explorar a mayor profundidad. Toledo está de acuerdo con el nuevo alcance, ya que será muy beneficioso para todos los interesados del proyecto. Sin embargo, Toledo reconoce que esos ajustes impactarán en un mayor alcance y presupuesto. ¿Qué debería hacer el Gran Toledo?

A Aceptar los pequeños ajustes que propone el cliente, gestionar el proyecto en función del nuevo alcance y facturar los costos adicionales por separado

B Revisar la documentación relacionada con el alcance y contrataciones. Si no llega a un acuerdo con su cliente, aplicar métodos alternativos de resolución de conflictos: negociación, arbitraje, mediación, peritaje, procedimiento precautorio, pre-arbitral, etc.

C Juntarse con su patrocinador para analizar la mejor manera de comunicar al cliente que no es posible incluir esos ajustes porque afectará el alcance del proyecto

D Aplicar la técnica del valor ganado para presentar alternativas a su cliente

05.12 Usted está trabajando durante la fase de ejecución para la instalación y puesta en marcha del telescopio más potente del mundo. Para mitigar la corrupción del alcance utilizan una EDT con gran nivel de detalle. ¿Cuál de los siguientes enunciados sería correcto?

A Cada paquete de trabajo puede estar asociado a varias cuentas de control

B Los paquetes de planificación son el nivel más bajo de la EDT

C Cada cuenta de control puede incluir uno o más paquetes de trabajo

D En la EDT deberían incluirse las tareas más importantes

05.13 En un proyecto que integra tecnologías móviles con energía solar en el transporte público de pasajeros, se ha elaborado un documento donde se definen los entregables y las tareas necesarias para realizar esos entregables. En ese documento se detalla en profundidad la descripción de los entregables, se explicitan los supuestos y los límites del proyecto. ¿Qué sería lo más importante a documentar en relación a los supuestos de ese proyecto?

A La fecha de vencimiento de los supuestos

B El impacto en el proyecto si no se cumplan los supuestos

C El responsable de la implementación de cada supuesto

D Una matriz de rastreabilidad de los supuestos

05.14   Un proyecto ha llegado a su fin y se están recopilando lecciones aprendidas. Entre los factores de éxito se destaca haber utilizado una EDT donde el total del trabajo de cada paquete de trabajo correspondía al acumulado para los niveles superiores, de esa forma los miembros del equipo no omitieron ningún entregable al cliente y no hubo necesidad de trabajos adicionales. ¿Cómo se denomina esto?

A   Regla del 100%
B   Diagrama de contexto
C   Diccionario de la EDT
D   Pensamiento lateral

05.15   Un laboratorio está desarrollando una droga que permitirá eliminar una epidemia. Los técnicos están discutiendo sobre la fiabilidad y servicio de post venta de esa droga. ¿Qué tipo de requisitos se están discutiendo?

A   Funcionales
B   De calidad
C   De negocio
D   No funcionales

* * * * *

5.2.   Respuestas

05.01 A   - La nueva EDT incorpora los cambios de alcance en el proyecto. El nuevo alcance podría implicar actualizaciones en las actividades, cronograma, presupuesto y riesgos. / El Acta de constitución del proyecto por lo general no cambia con cambios en el alcance. Si los cambios de alcance fueran muy significativos, se podría tomar la decisión de comenzar un nuevo proyecto y en ese caso particular podría cambiar el acta de constitución del proyecto. / (Monitoreo y Control; Alcance)

05.02 A   - Las cuentas de control serán de utilidad para controlar los costos y el avance de hitos y actividades del proyecto a nivel agregado. / Las cuentas de control no indican el cumplimiento de calidad de cada uno de los entregables. / (Monitoreo y Control; Alcance)

05.03 B   - Aunque el proyecto esté cercano a su fin, podríamos ser flexibles a posibles cambios en el alcance para una mayor satisfacción del cliente. Sin embargo, lo primero que hay que hacer es seguir los procesos establecidos en el control integrado de cambios como por ejemplo: 1º completar una solicitud de cambio justificando el cambio de alcance y el impacto en las variables del proyecto, 2º enviar la solicitud al comité integrado de cambios, 3º esperar una respuesta formal del comité de cambios, 4º actualizar las líneas base (alcance, tiempo, costo y calidad) en caso que la solicitud sea aprobada, 5º comunicar los cambios a los miembros del equipo y ejecutar el proyecto en base al nuevo alcance. / (Monitoreo y Control; Alcance)

05.04 B   - Validar el alcance incluye clientes internos. Cuando el DP envía un entregable a otro departamento (cliente interno) para su aprobación formal, estamos en el proceso de validar el alcance. / Para elaborar un documento con el alcance detallado del producto, previamente hay que recopilar requisitos. / En el control del alcance se monitorea el estado del proyecto y producto en relación a su línea base. / En el control de calidad se monitorea que cada uno de los entregables cumplan con las métricas de calidad. / (Monitoreo y Control; Alcance)

05.05 B   - El diccionario de la EDT por lo general no incluye ítems como: VAN, TIR, Valor ganado y simulación de Monte Carlo. / (Planificación; Alcance)

05.06 B   - Lo primero que debe hacer es investigar el problema internamente con el miembro de su equipo. Luego podría evaluar las otras alternativas. / (Monitoreo y Control; Alcance)

05.07 A   - La línea base del alcance incluye el enunciado del alcance del proyecto, la EDT y el diccionario de esa EDT. / Por lo general, el alcance del proyecto incluye el alcance del producto y sus requisitos. / La línea base del alcance no incluye el cronograma y presupuesto. / (Planificación; Alcance)

05.08 B   - La descomposición es una herramienta que divide el alcance del proyecto en menores entregables. Las actividades de la descomposición suelen ser analizar los entregables, organizar los diferentes niveles de la EDT, descomponer los niveles superiores de la EDT en menores entregables y paquetes de trabajo, asignar códigos de identificación y verificar que el grado de descomposición sea el adecuado para poder estimar luego el costo y duración de cada paquete de trabajo. / (Planificación; Alcance)

05.09 D   - Pluralidad: el grupo de personas más numeroso toma la decisión, aun cuando no se alcance la mayoría. / Unanimidad: todos están de acuerdo en una decisión. / Mayoría: más del 50% de los participantes apoyan una decisión. / Dictadura: una persona toma la decisión en nombre del grupo. Esta podría ser una respuesta correcta si no estuviera la opción Pluralidad. (Planificación; Alcance)

05.10 D   - En la matriz de trazabilidad de los requisitos se registran los atributos asociados con cada requisito como por ejemplo: identificador, descripción del requisito, justificación, responsable, prioridad, estado actual, fecha, complejidad, criterios de aceptación, etc. / (Ejecución; Alcance)

05.11 B   - Lo primero que debería hacer es revisar el alcance y contrato para negociar con su cliente un nuevo alcance y presupuesto. / Aceptar el alcance y facturar sin una aceptación previa del cliente no corresponde. / Rechazar el alcance no es lo primero que debería hacer. / La técnica del valor ganado no aplica en este contexto. / (Planificación; Alcance)

05.12 C   - Las cuentas de control pueden incluir uno o más paquetes de trabajo y se utilizan para controlar la gestión integrada del alcance, costo y cronograma. / Los paquetes de planificación están ubicados en la EDT por debajo de las cuentas de control y por encima de los paquetes de trabajo. / Los paquetes de trabajo son el nivel inferior de la EDT. / La EDT no incluye tareas o actividades. / (Monitoreo y control; Alcance)

05.13 B   - El enunciado del alcance del proyecto es el documento que incluye el alcance del proyecto y del producto, y es el resultado del proceso de definir el alcance. Los supuestos de ese documento se consideran verdaderos sin necesidad de una demostración y deberían describir el impacto potencial en el proyecto si no se cumplen. (Planificación; Alcance)

05.14 A   - Regla del 100%: los componentes de la EDT incluyen el 100% de los trabajos del proyecto. La suma de los trabajos de niveles inferiores de la EDT debe ser igual al 100% de su nivel superior. Una forma práctica de cumplir la regla del 100% es definiendo los componentes de la EDT en términos de entregables. / Diagramas de contexto: gráfico que representa los interesados fuera del sistema y su interrelación con el mismo. / Pensamiento lateral: en contraposición del pensamiento lógico rígido dónde una silla es para sentarse, un cuchillo para cortar, un libro para leer, etc., que limitan las soluciones posibles; el pensamiento lateral rompe con este patrón rígido provocando a la lógica para obtener ideas creativas e innovadoras que permiten la resolución de problemas de manera indirecta. / Diccionario de la EDT: se detalla el significado de cada componente de la EDT. / (Cierre; Alcance)

05.15 D   - Requisitos no funcionales: describen las cualidades necesarias para que el producto sea eficaz (ej. fiabilidad, seguridad, desempeño, servicio, soporte, etc.). / Requisitos funcionales: descripción del comportamiento del producto o servicio. / Requisitos de negocio: necesidades de alto nivel de la organización (ej. problemas, oportunidades, etc.). / Requisitos de calidad: criterios de aceptación para validar la finalización de un entregable. / (Planificación; Alcance)

*****

$-----$

/////

*****

EXAMEN

6. CRONOGRAMA

Cantidad de preguntas: 15
Tiempo para responder: 18 minutos
Puntaje para aprobar: 80% (12 respuestas correctas)

6.1.   Preguntas

06.01   El director de un proyecto de desarrollo de redes tecnológicas ha decidido intensificar su proyecto. ¿Qué significa esto?

A   Invertir más tiempo en las actividades que están retrasadas
B   Agregar recursos en las actividades de la ruta crítica
C   Re-planificar algunas actividades críticas para realizarlas en paralelo
D   Agregar horas extras a las actividades del proyecto

06.02 En función de los datos de la tabla a continuación, ¿Cuántos días dura el proyecto?

#	Nombre de tarea	Duración	Predecesoras
1	Inicio	0 días	
2	A	15 días	1FS
3	B	10 días	2FS
4	C	5 días	3FF - 2 días
5	D	6 días	4FS + 5 días
6	Fin	0 días	5FS

A   37
B   39
C   34
D   36

06.03 Diferentes integrantes de su equipo están realizado las actividades que se presentan en el gráfico a continuación. Los responsables de cada actividad están informando el estado de avance de las actividades. Cornelio presenta un informe donde estima terminar la actividad G con una duración total de 8 días, porque tiene que realizar otros proyectos. ¿Qué deberías hacer?

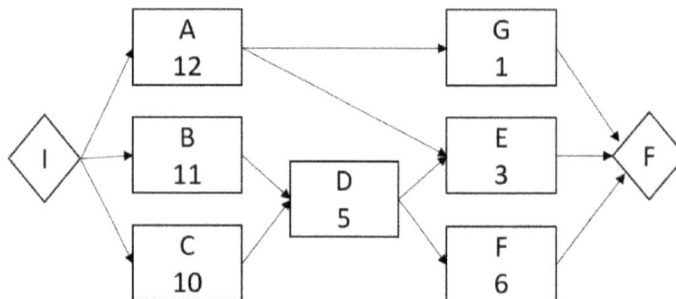

A   Realizar G en paralelo con E
B   No preocuparse porque la actividad G no es crítica y tiene holgura
C   Comunicar a Cornelio que su decisión pondrá en riesgo al proyecto
D   Despedir a Cornelio por ineficiente

06.04   Su proyecto tiene 5 actividades y 4 recursos disponibles como se presenta en el diagrama Gantt a continuación. Juan está sobre-asignado. ¿Cuál será la holgura de A y la duración del proyecto?

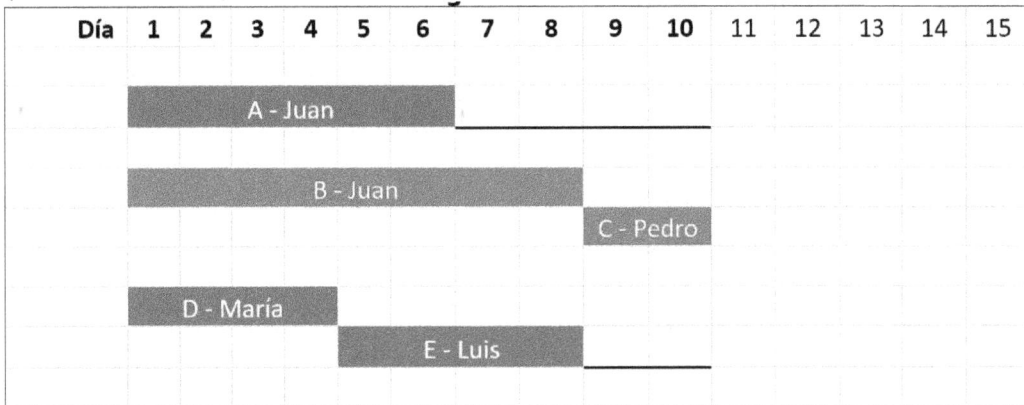

A   holgura 4 ; duración 10
B   holgura 0 ; duración 6
C   holgura 6 ; duración 10
D   holgura 0 ; duración 14

06.05   En su proyecto están aplicando la técnica de la cadena crítica como se presenta en el gráfico a continuación. ¿Cuál será la holgura o el colchón (buffer) de alimentación de la actividad C?

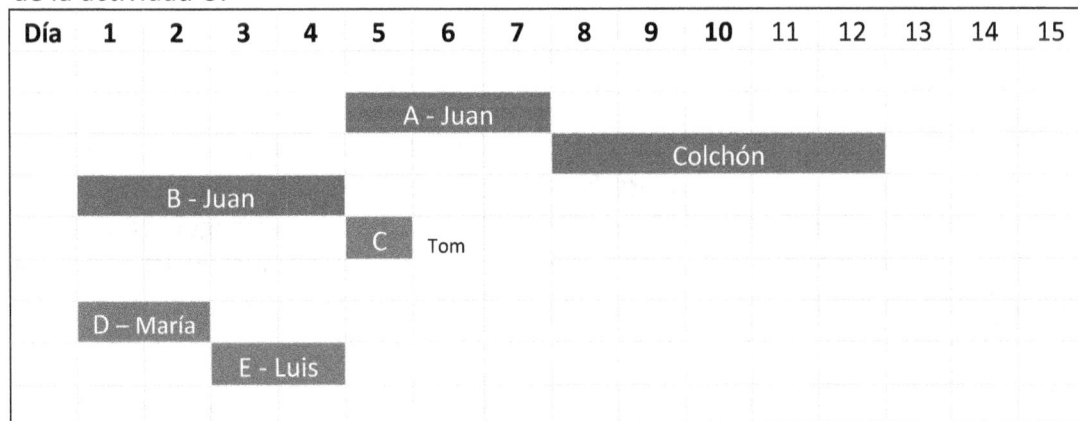

A   7 días
B   2 días
C   5 días
D   0 días

06.06 En tu organización utilizan una convención para el ES (fecha más temprana que puede comenzar una actividad) comenzando las primeras actividades en el día 1. ¿Cuál será la ES de la actividad E del proyecto que se presenta a continuación bajo esa convención?

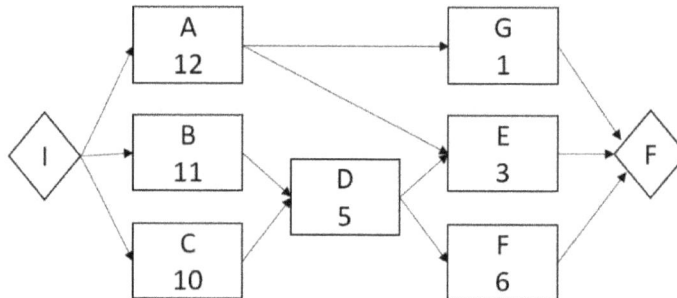

```
        A                    G
        12                   1

  I     B          D         E        F
        11         5         3

        C                    F
        10                   6
```

A   17
B   16
C   13
D   12

06.07 Debes enviar el cronograma preliminar del proyecto a tu patrocinador lo más rápido posible. ¿Cuál de las siguientes técnicas sería la más recomendada?
A   Paramétrica
B   PERT
C   Análoga
D   Análisis de reserva

06.08 En un proyecto de plantación de un viñedo en alta montaña, los ingenieros agrónomos no van a comenzar a instalar el riego por goteo hasta que los ingenieros civiles no hayan realizado los surcos por donde deben colocar las mangueras de riego. Esto está ocasionando retrasos en la fecha de finalización del proyecto. ¿Qué tipo de dependencia sería esto?
A   Lógica dura
B   Discrecional
C   Lógica blanda
D   Externa

06.09   Usted está trabajando en un proyecto para reducir el tiempo de traslado a la casa matriz de una empresa localizada en medio de una ciudad muy congestionada. En la actualidad el tiempo promedio que demora el personal para conmutar a la oficina es de 90 minutos. El proyecto consiste en utilizar drones automatizados para el transporte de pasajeros. Una vez implementado el proyecto, los ingenieros estiman que la duración más probable para llegar a la oficina será de 15 minutos. Por su parte, estiman que una duración optimista sería de 10 minutos y el peor de los escenarios sería demorar 30 minutos. ¿Cuál será el rango de duración de ese proyecto aplicando la técnica PERT con un intervalo de confianza del 99%?

A   10,00 ; 23,33
B   13,33 ; 20,00
C   6,67; 26,67
D   80 ; 100

06.10   Según el gráfico a continuación, ¿Cuál es la holgura libre de la actividad A?

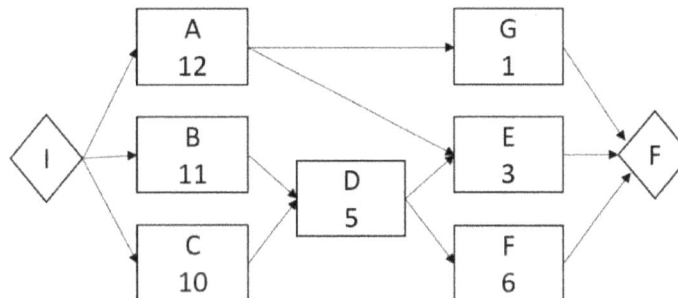

A   7
B   0
C   9
D   1

06.11   Para estimar la duración final del proyecto se realizaron 10.000 simulaciones al azar con la técnica de Monte Carlo para determinar qué pasaría con la duración del proyecto si cambia la duración de las actividades en base a tres escenarios posibles. Como resultado se obtuvo una duración más probable de 120 días y una desviación estándar de 20 días. En base a esta información, el director del proyecto firmará un contrato con el cliente con una duración estimada de 180 días. ¿Durante qué proceso se realizó este análisis de "qué pasa si"?

A   Desarrollar el cronograma
B   Definir actividades
C   Secuenciar actividades
D   Controlar el cronograma

06.12 En su empresa siguen trabajando con el desactualizado método AOA para desarrollar los cronogramas como se presenta en el proyecto a continuación. ¿Cuál será la ruta crítica?

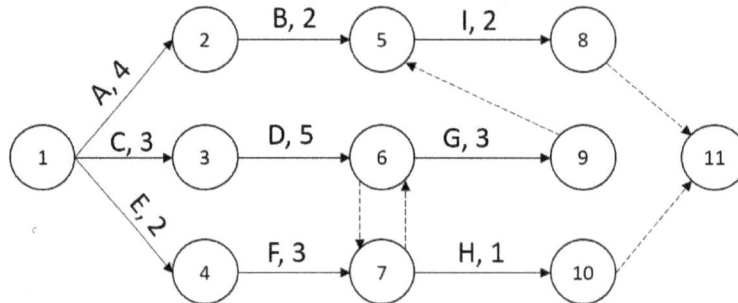

A   CDH
B   CDGI
C   EFGI
D   EFH

06.13 Durante la ejecución de un proyecto de tecnologías de la información, el Director del Proyecto les ha solicitado a los miembros de su equipo un cronograma de hitos. ¿Qué incluye este cronograma?
A   Resumen ejecutivo de las actividades para aplicar metodologías ágiles
B   Actividades para gestionar los avances del proyecto
C   Nivelación de recursos
D   Inicio o fin de los principales entregables

06.14 Carolina es la directora de un proyecto de desarrollo de juegos educativos y está revisando los indicadores SV y SPI. ¿En qué grupo de procesos está trabajando Carolina?
A   Planificación
B   Monitoreo y control
C   Inicio
D   Ejecución

06.15 El proyecto que se presenta a continuación tiene una holgura negativa de 3 días. Consultores externos le han presentado una tabla con los costos de cinco alternativas de intensificación para acortar la duración de las actividades. ¿Cuál será la mejor alternativa?

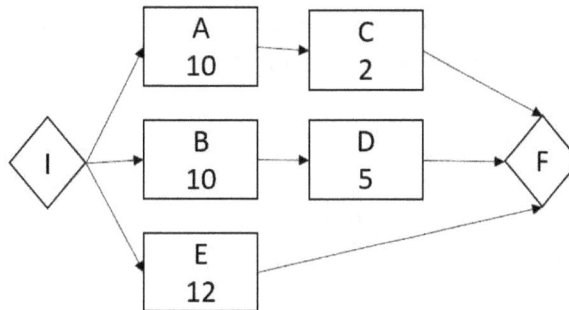

```
        ┌─────┐      ┌─────┐
        │  A  │ ───► │  C  │
        │ 10  │      │  2  │
        └─────┘      └─────┘
      ▲                     ╲
   ┌─┐    ┌─────┐   ┌─────┐   ┌─┐
   │I│ ─► │  B  │─► │  D  │─► │F│
   └─┘    │ 10  │   │  5  │   └─┘
      ╲   └─────┘   └─────┘  ▲
        └─────┐
        │  E  │ ───────────►
        │ 12  │
        └─────┘
```

Alternativa	Actividad	Días a acortar	Costo	Costo por día
1	A	3	500	166,67
2	B	2	500	250,00
3	D	1	700	700,00
4	B	3	1300	433,33
5	E	3	600	200,00

A   1
B   2 y 3
C   4
D   5

*****

6.2.   Respuestas

06.01 B   - Intensificación o crashing: agregar la menor cantidad de recursos posible para acortar la duración del proyecto. / Invertir más tiempo o agregar horas extras podrían ser respuestas correctas, sólo si se trabajara sobre actividades críticas. / Realizar actividades en paralelo sería "ejecución rápida (fast tracking). / (Planificación; Tiempo)

06.02 C   A+B = 25 días. La actividad C termina 2 días antes que finalice B, o sea en el día 23. D tiene 5 días de rezago después de C, por lo que comienza en el día 28 y termina en el día 34. (Planificación; Tiempo)

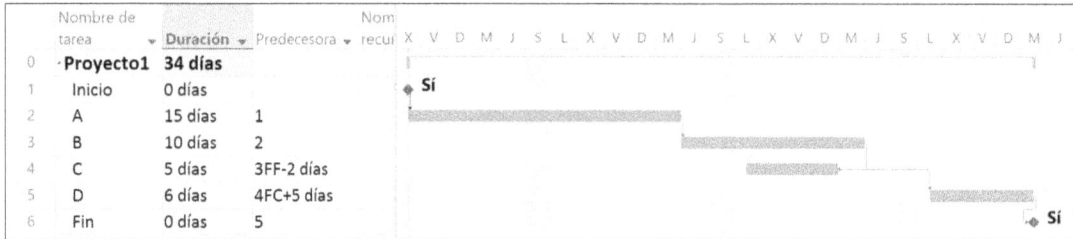

	Nombre de tarea	Duración	Predecesora	Nom recu	X V D M J S L X V D M J S L X V D M J S L X V D M J
0	·Proyecto1	34 días			
1	Inicio	0 días			◆ Sí
2	A	15 días	1		
3	B	10 días	2		
4	C	5 días	3FF-2 días		
5	D	6 días	4FC+5 días		
6	Fin	0 días	5		◆ Sí

06.03 C   - AG = 13 ; AE = 15 ; BDE = 19 ; BDF = 22 ; CDE = 18 ; CDF = 21. Aunque la actividad G tenga una holgura de 9 días, si pasa de 1 día a 8 días de duración, la holgura se acortará a sólo 2 días, por lo que el camino AG será casi crítico (20 días) y esto agregará riesgos al proyecto. / (Monitoreo y control; Tiempo)

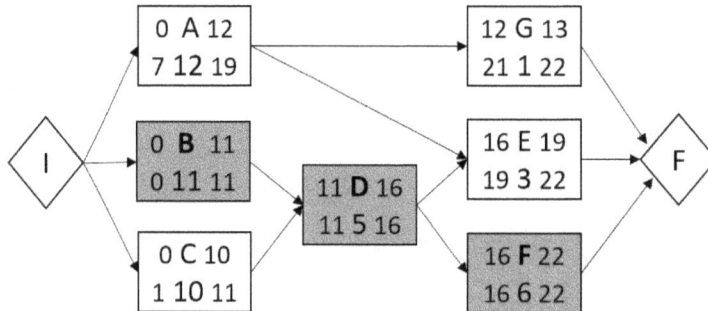

06.04 D - Juan es un recurso sobre-asignado que no podrá realizar las actividades A y B al mismo tiempo. Juan debería ser re-asignado para realizar A una vez que finalice B. La duración del proyecto se extenderá a 14 días y la actividad A será la ruta crítica con 0 holgura.

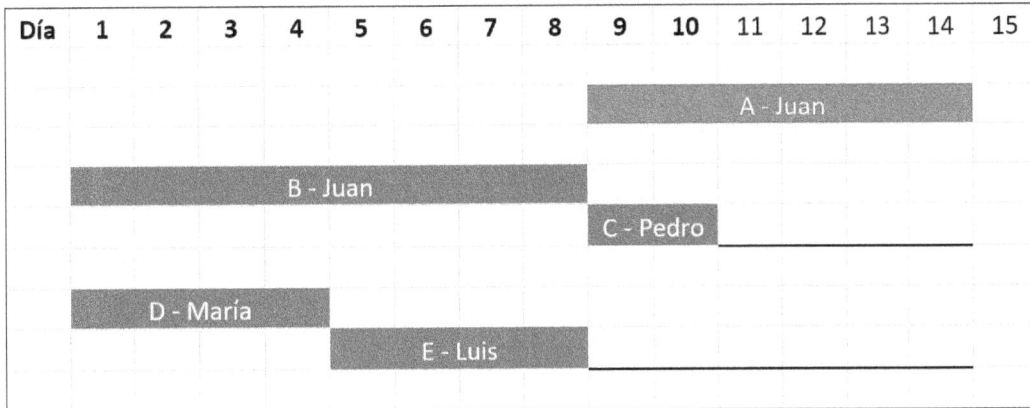

Día	1	2	3	4	5	6	7	8	9	10	11	12	13	14	15

A - Juan (días 9-14)
B - Juan (días 1-8)
C - Pedro (días 9-10)
D - María (días 1-4)
E - Luis (días 5-8)

06.05 B - La cadena crítica sería el camino B-A (7 días), o sea, el camino más largo considerando los recursos críticos. Además, se ha agregado un colchón (buffer) al proyecto como una reserva de contingencia por el posible retraso de actividades, por lo que la duración total del proyecto está planificada en 12 días. Los colchones de alimentación de la cadena crítica serían las holguras de las actividades C, D y E. La forma de cálculo de los colchones de alimentación es desde la finalización de la actividad hasta el final de la cadena crítica sin considerar el colchón del proyecto. Por lo tanto, C tiene una holgura de 2 días.

06.06 A - Si las actividades A, B y C comienzan en el día 1, el EF = ES + duración de actividad – 1. Luego, las actividades sucesoras tendrán un ES = EF de su predecesora + 1. La actividad E tiene 2 predecesoras (A y D), por lo que se considera la LF de D que es la más larga. Por lo tanto, ES de E sería el día 17. / En caso de que la convención fuera comenzar las actividades en el día 0, el ES de E sería el día 16. / Pablo Lledó explica en su libro ES de las primeras actividades comenzando en el día 0 que suele ser una convención muy utilizada. / (Planificación; Tiempo).

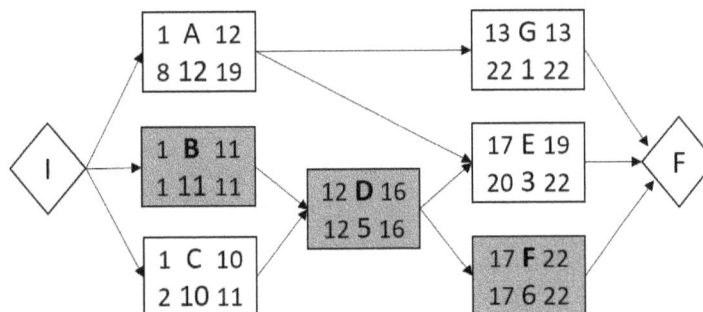

```
        1 A 12          13 G 13
        8 12 19         22 1 22

                1 B 11      17 E 19
  I             1 11 11     20 3 22        F
                    12 D 16
                    12 5 16
        1 C 10          17 F 22
        2 10 11         17 6 22
```

06.07 C   - La técnica más rápida para estimar la duración de actividades es la análoga, donde se realizan estimados en función de otras actividades similares realizadas en el pasado. / Las estimaciones paramétricas y PERT son más precias que la análoga, pero más costosas y lentas. / El análisis de reserva considera el riesgo de retraso de agenda agregando más tiempo a las actividades (o al proyecto). / (Planificación; Tiempo)

06.08 A   - Este es un ejemplo de lógica dura o dependencia obligatoria, o sea, no se puede colocar las mangueras antes de realizar los surcos. / La lógica blanda o discrecional, también llamada preferida o preferencial, significa que las actividades podrán realizarse en la secuencia que seleccionen los miembros del equipo. / No está claro en este ejemplo si se trata de secuencias externas. Por ejemplo, si el equipo encargado de realizar los surcos son contratistas externos y quienes instalan el riego son personas de la empresa, sería un caso de dependencia externa. Por otro lado, si tanto los ingenieros agrónomos como los civiles formaran parte de la misma empresa, sería un ejemplo de dependencia interna. / (Planificación; Tiempo)

06.09 C   - Ver resultados en las tablas a continuación. / (Planificación; Tiempo)

Optimista	Más probable	Pesimista
10	15	30

PERT = (Optimista + 4 x Más Probable + Pesimista) / 6 = (10 + 4*15 + 30) / 6 =   16,67

DE = (Optimista - Pesimita) / 6 = (30 - 10) / 6 =   3,33

Intervalo	Fórmula	Max	Min
68%	DE +/- 1 DE	13,33	20,00
95%	DE +/- 2 DE	10,00	23,33
99%	DE +/- 3 DE	6,67	26,67

06.10 B   - La holgura total de A es de 7 días: LS – ES ó LF - EF. Por otro lado, la holgura libre (demora permisible) es el tiempo máximo que se puede retrasar el comienzo de una actividad sin afectar el comienzo de su actividad sucesora. En este ejemplo, la holgura libre de A es 0, ya que si se retrasa 1 día, retrasará el comienzo de su sucesora G en un día. / (Planificación; Tiempo)

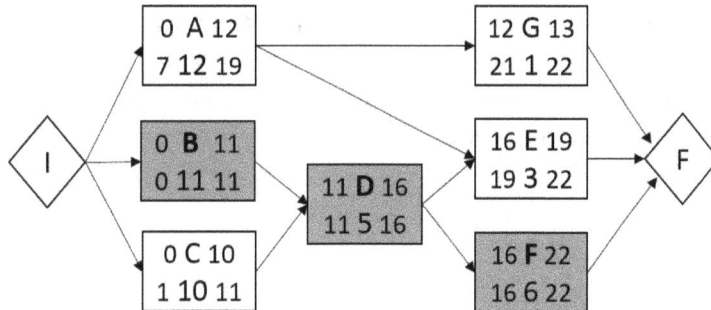

06.11 A   - Una herramienta para desarrollar el cronograma es el análisis de red que incluye técnicas cómo el análisis "que pasa si". / Las técnicas de modelado y "qué pasa sí" también se utilizan durante el control del cronograma para revisar diferentes escenarios teniendo en cuenta el riesgo. Sin embargo, el contexto de esta pregunta corresponde al grupo de procesos de planificación donde se desarrolla el cronograma. (Planificación; Tiempo)

06.12 B   - Las actividades se grafican en la flecha y las flechas punteadas son dummys que sólo indican secuencia. Rutas posibles: ABI = 8, CDGI = 13, CDH = 9, EFGI = 10, EFH = 6. La ruta crítica es el camino más largo CDGI con una duración de 13. / (Planificación; Tiempo)

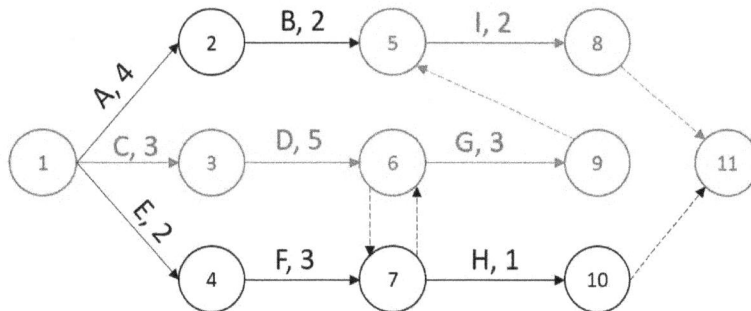

06.13 D   - Los hitos no tienen duración, sólo indican el inicio o finalización de los principales entregables del proyecto. El cronograma de hitos no incluye actividades con principio y fin. El cronograma de hitos es de utilidad para presentar un resumen ejecutivo de los avances de los entregables a la alta gerencia. (Ejecución; Tiempo)

06.14 B   - Algunos indicadores de la técnica del valor ganado son el SV (variación del cronograma) y SPI (índice de desempeño del cronograma) que se utilizan durante el monitoreo y control. Estos indicadores evalúan los desvíos de tiempo en relación a la línea base del cronograma. (Monitoreo y control; Tiempo)

06.15 B   - La ruta crítica es B-D de 15 días. Las únicas alternativas para acortar la duración del proyecto en 3 días serían: #4 acortar B en 3 días por $1300; #2 acortar B en 2 días + #3 acortar C en 1 día, por un total de $1200. Deberíamos seleccionar la alternativa de menor costo ($1200). (Planificación; Tiempo)

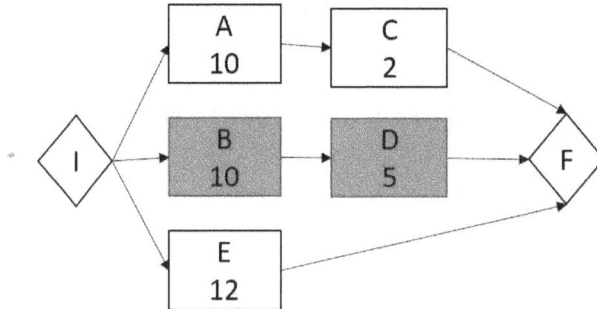

* * * * *

EXAMEN

7. COSTO

Cantidad de preguntas: 15
Tiempo para responder: 18 minutos
Puntaje para aprobar: 80% (12 respuestas correctas)

7.1.   Preguntas

07.01   Un proyecto de ampliación de canales fluviales para mitigar las inundaciones de una Ciudad está utilizando la curva S para su gestión. ¿Qué representa esta curva?
A   Presupuesto total acumulado a través del tiempo
B   Campana de Gauss
C   Pareto
D   Diagrama causa efecto

07.02   Para estimar los costos de un proyecto de interconexión de un corredor turístico se calcula un valor de $180,000 por kilómetro. ¿Qué tipo de estimación se está utilizando?
A   Análoga
B   Paramétrica
C   Ascendente
D   De arriba hacia abajo

07.03 Durante la ejecución de un proyecto para mejorar los sistemas de agua potable de una ciudad, se presenta el informe que se presenta a continuación. ¿Cuál será la variación del costo (CV) y el índice de desempeño del cronograma (SPI) al finalizar el mes 2?

| Acividad | Presupuesto | | | | | Al mes 2 | |
	Mes 1	Mes 2	Mes 3	Mes 4	Total	% Avance	Costo real
A	$ 1.000				$ 1.000	100%	$ 1.200
B	$ 2.000	$ 2.000			$ 4.000	75%	$ 3.500
C		$ 1.000	$ 2.000	$ 1.000	$ 4.000	25%	$ 1.200
D		$ 500	$ 2.000	$ 1.500	$ 4.000	50%	$ 2.000

A   CV = 150 ; SPI = 1,05
B   CV = 1,05 ; SPI = 150
C   CV = -2210 ; SPI = 0,58
D   CV = 250 ; SPI = 1,027

07.04 Estas trabajando como líder de un proyecto para apilar contenedores de manera automatizada. El proyecto está con un 50% de avance cuando uno de los miembros claves de tu equipo te informa que el TCPI es de 1,4. ¿Qué deberías hacer?
A   No preocuparte porque se ha gastado menos que lo planificado para el trabajo realizado
B   Intensificar las actividades críticas del proyecto
C   Mejorar la productividad o eficiencia de costos en el trabajo restante
D   Ejecución rápida

07.05 Usted está analizando en detalle los avances de una de las actividades del proyecto. El presupuesto total para esa actividad es de $2500. El plan era haber realizado un 60% de esa actividad al día de hoy y el avance real es del 50%. Hasta el momento ya han gastado $1100 en esa actividad. ¿En qué estado está esta actividad?
A   Atrasada en un 16,67% y dentro del presupuesto
B   Atrasada en un 10% y con sobrecosto
C   Atrasada en un 16,67% y con sobrecosto
D   Atrasada en un 10% y dentro del presupuesto

07.06   En tu organización han desarrollado una fórmula para una bebida isotónica en base a productos naturales para mejorar el rendimiento de atletas. El VAN y TIR de introducir ese producto al mercado son muy atractivos para los inversores. El primer nivel de desglose de la EDT contiene: producción de la bebida, campañas de marketing, sistema integrado de facturación y logística de distribución. Además, existen otros 6 niveles inferiores en la EDT hasta llegar a los paquetes de trabajo. ¿Qué deberías agregar en la EDT para hacer un seguimiento de los costos con la técnica del valor ganado?

A   Porcentaje de avance real de las actividades
B   Cuentas de control
C   Código de cuentas
D   Reservas de gestión

07.07   El director de un proyecto para una parada de planta de 20 días, le ha solicitado a los miembros de su equipo que re-planifiquen el costo de las actividades incluyendo riesgos. ¿Qué técnica deberían utilizar para esas nuevas estimaciones?

A   Análoga
B   Paramétrica
C   Por tres valores
D   Consenso

07.08   Durante la reunión de avance del proyecto le presentan un reporte con la siguiente información: presupuesto total $4000, valor planificado acumulado $3200, valor ganado $2500 y costo actual acumulado $2700. ¿Cuánto más se estima gastar en ese proyecto (ETC) suponiendo que se mantendrá el mismo nivel de ineficiencia?

A   1620
B   4320
C   3800
D   1500

07.09 En su empresa han realizado un estudio de pre-factibilidad sobre dos alternativas de inversión. En la tabla a continuación se presenta el flujo de beneficios netos de cada alternativa. Su patrocinador le ha aprobado un presupuesto máximo de $2000. La tasa de descuento es del 15% anual considerando el riesgo de ese tipo de proyectos y el riesgo país. ¿Qué es lo mejor que debería hacer?

Proyecto	Año 0	Año 1	Año 2	Año 3
A	-2000	1000	1000	1000
B	-2000	500	1000	1500

A   Solicitar a su patrocinador que seleccione uno de los proyectos, ya que ambos son iguales desde el punto de vista financiero
B   Seleccionar A porque su VAN es más alto que B
C   Seleccionar B porque su TIR es mejor que A
D   Implementar ambos proyectos porque el VAN de ambos es positivo

07.10   La empresa InviertoPoco.biz utiliza como único criterio para seleccionar entre proyectos la tasa interna de retorno. Usted tiene que seleccionar entre 4 proyectos respetando la política de su empresa. Todos estos proyectos tienen una duración de 5 años y su valor residual es igual a $0. El Proyecto A requiere una inversión de $100 y genera un ingreso anual neto de $60. El Proyecto B requiere una inversión de $200 y genera un ingreso anual neto de $96. El Proyecto C requiere una inversión de $60 y genera un ingreso anual neto de $24. El Proyecto D requiere una inversión de $90 y genera un ingreso anual neto de $27. ¿Cuál proyecto seleccionaría como el mejor?
A   Proyecto B
B   Proyecto A
C   Proyecto C
D   Proyecto D

07.11   Se está trabajando en la planificación de la modernización de andenes para los trenes de una ciudad. ¿Cuál de los siguientes ítems NO forma parte de la línea base de costos?
A   Reserva para contingencias de las actividades
B   Reserva para contingencias de los paquetes de trabajo
C   Cuentas de control
D   Reserva de gestión

07.12   Carlos Manuel ha utilizado el método "Por orden de magnitud (ROM)" para estimar los costos de un proyecto para la gestión integral de residuos domiciliarios. Se estima un valor base de $100 millones para este proyecto. ¿Cuál será el rango estimado por Carlos Manuel?

A   Entre $99 y $101 millones
B   Entre $95 y $110 millones
C   Entre $90 y $110 millones
D   Entre $75 y $175 millones

07.13   Usted está monitoreando el estado de los costos de un proyecto relacionado con la huella climática para actualizar los cambios en la línea S. ¿Cuál de los siguientes ítems será el que MENOS utilice durante esa fase del proyecto?

A   Gestion del valor ganado
B   Índice de desempeño del trabajo por completar (TCPI)
C   Estimación paramétrica
D   Análisis de reservas

07.14   Juan Ernesto está realizando el monitoreo y control del desempeño de los costos durante la implementación de una EPMO (Enterprise Project Management Office) de un Banco Internacional. Mientras analiza las variaciones de los costos, Juan Ernesto afirma que el rango de porcentajes de desviaciones aceptables tenderá a _____ a medida que aumente el trabajo realizado.

A   Aumentar
B   Permanecer constante
C   Disminuir
D   Aumentar progresivamente

07.15   Una consultora externa a su organización ha realizado un estudio de mercado por $100.000 para un proyecto que consiste en mejorar las prestaciones del sistema nacional de salud. Ya se ha pagado el 30% de ese estudio y el restante 70% se pagará dentro de 6 meses. El proyecto tiene una duración estimada de 12 meses. ¿Qué valor de ese estudio debería formar parte de los costos del proyecto para decidir si se debe llevar a cabo o no?

A   0
B   30.000
C   70.000
D   100.000

* * * * *

7.2.   Respuestas

07.01 A   - La Curva S es una representación gráfica de los costos acumulados del proyecto a través del tiempo y sirve para comparar el avance real con el avance planificado bajo la técnica del valor ganado. / (Monitoreo y control; Costo)

07.02 B   -Paramétrica: utilizar información histórica para estimar los costos futuros. Podrían ser modelos simples como valores históricos del costo por m2 construido; o modelos econométricos más complejos donde el costo depende de varias variables tales como m2, localización, clima, etc. / Análoga: utilizar costos de proyectos anteriores para estimar el costo del próximo proyecto. / Ascendente: descomponer la actividad en menores componentes para estimar con mejor precisión cada una de las partes inferiores y luego sumar los costos de abajo hacia arriba. / De arriba hacia abajo: se parte del costo total del proyecto y se distribuyen los costos para los paquetes de trabajo y actividades. / (Planificación; Costo)

07.03 D   CV = EV – AC = 5650 - 5400 = $250 ; SPI = EV / PV = 5650 / 5500 = 1,027 / (Monitoreo y control; Costo)

Acividad	Presupuesto (PV)					Al mes 2	
	Mes 1	Mes 2	Mes 3	Mes 4	Total	% Avance	AC
A	$ 500				$ 500	90%	$ 700
B	$ 1.500	$ 2.000			$ 3.500	80%	$ 2.500
C		$ 1.000	$ 2.000	$ 3.000	$ 6.000	30%	$ 1.200
D		$ 500	$ 1.000	$ 1.500	$ 3.000	20%	$ 1.000
Total	$ 2.000	$ 3.500	$ 3.000	$ 4.500	$ 13.000		$ 5.400 AC
PV	$ 2.000	$ 5.500	$ 8.500	$ 13.000			
		PV					

Acividad	Valor ganado (EV) = % avance x PV	
	Mes 2	
A	$ 450	90% x $500
B	$ 2.800	80% x $3500
C	$ 1.800	30% x $6000
D	$ 600	20% x $3000
Total	$ 5.650 EV	

07.04   C   - El TCPI mide la relación entre lo que falta trabajar (BAC – EV) y los fondos restantes (BAC – AC). Indica la eficiencia de costos necesaria para alcanzar el BAC (o el EAC). TCPI > 1 = malo, tenemos que mejorar la eficiencia para no exceder el presupuesto original. Por ejemplo, 1,4 significa que nos falta trabajar por un valor equivalente a $140 y solamente nos queda un presupuesto de $100. En otras palabras, con los fondos disponibles de $100 deberíamos incrementar la productividad en un 40% (poder producir por valor de $140); o deberíamos ahorrar $40 del trabajo total que falta realizar. (Monitoreo y control; Costo)

07.05   A   BAC = 2500; PV = 60% x 2500 = 1500; EV = 50% x 2500 = 1250; AC = 1100; CPI = EV / AC = 1250 / 1100 = 1,1364 (Proyecto dentro del presupuesto); SPI = EV / PV = 1250 / 1500 = 0,8333 (Retraso de 16,67%). / (Planificación; Costo)

07.06   B   - Las cuentas de control son niveles de una jerarquía superior a los paquetes de trabajo que se utilizan para controlar a nivel agregado los avances de alcance, tiempo y costo de varios componentes de la EDT. / En la EDT no hay actividades, ni sus porcentajes de avance. / Las reservas de gestión no forman parte de los cálculos de valor ganado. / (Planificación; Costo)

07.07   C   - La estimación por tres valores, como por ejemplo PERT, mejora el costo estimado al considerar incertidumbre y riesgo. / (Planificación; Costo)

07.08   A   BAC = 4000; PV = 3200; EV = 2500; AC = 2700; CPI = EV / AC = 0,9259; EAC = BAC / CPI = 4320; ETC = EAC – AC = 1620. / En caso de suponer que no se mantiene la ineficiencia según el CPI actual, la proyección de costos en base al presupuesto original sería: EAC = AC + (BAC – EV) = 4200 y ETC = EAC - AC = 1500. / (Monitoreo y control; Costo)

07.09   B   - Si sólo dispone un presupuesto de $2000 será necesario seleccionar uno de esos proyectos. Si bien la sumatoria del flujo nominal de ingresos netos de cada proyecto es igual a $3000, el proyecto A es mejor que B porque es preferible obtener $1000 en el año 1 y $1000 en el año 3, en lugar de $500 en el año 1 y $1500 en el año 3. / (Inicio; Costo)

Proyecto	Año 0	Año 1	Año 2	Año 3	VAN	TIR
A	-2000	1000	1000	1000	$ 283,23	23,38%
B	-2000	500	1000	1500	$ 177,20	22,01%

07.10 B   - Dado que cada proyecto genera una anualidad constate, la forma simple de estimar el mejor retorno sobre la inversión inicial será con la relación Anualidad / Inversión. Este ratio es de 60% para A, 48% para B, 40% para C y 30% para D. Por lo tanto, A tendrá una TIR más alta que los otros proyectos. / En el examen no se dispondrá de calculadora financiera o Excel para calcular la TIR. Si los proyectos duran 5 años y utilizáramos Excel, la TIR de cada alternativa, o sea la tasa de descuento que hace el VAN igual a cero será: A 53%, B 39%, C 29% D 15%. / Cabe destacar que no necesariamente el proyecto con mejor TIR es el de mejor VAN. En este ejemplo, se puede observar que el VAN de B sería el más alto, por lo que ese sería el mejor proyecto. Sin embargo, a los fines de la certificación PMP®, siempre debería seleccionar el proyecto de mayor TIR (Proyecto A). / (Inicio; Costo)

Proyecto	Inversión	Año 1	Año 2	Año 3	Año 4	Año 5	Anualidad / Inversión	TIR	VAN (10%)
A	-100	60	60	60	60	60	60%	53%	$ 127,45
B	-200	96	96	96	96	96	48%	39%	$ 163,92
C	-60	24	24	24	24	24	40%	29%	$ 30,98
D	-90	27	27	27	27	27	30%	15%	$ 12,35

07.11 D   - La reserva de gestión forma parte del presupuesto y el DP requiere autorización para utilizarla. Esta reserva no forma parte de la línea base de costo, por lo que no se considera en el cálculo del valor ganado. Cuando se consume parte de esta reserva de gestión para financiar trabajo imprevisto, es necesario incorporar este cambio en la línea base de costo. / (Planificación; Costo)

07.12 D   - Un método rápido y poco preciso para la estimación de costos es ROM (Rough order of magnitude), con niveles de precisión que suelen variar entre -25% y +75%. (Planificación; Costo)

07.13 C   - La estimación paramétrica es una herramienta de gran utilidad para estimar los costos del proyecto durante el grupo de procesos de planificación. / Durante el control de costos se gestionan los cambios de la línea base de costos (línea S) y se suele utilizar el análisis del valor ganado, TCPI y análisis de reservas. / (Monitoreo y control; Costo)

07.14 C   - El desempeño del costo evalúa la magnitud de la desviación con respecto a la línea base de costos para decidir si son necesarias acciones correctivas. En las fases iniciales del proyecto el rango de desviaciones de costos podría ser elevado, pero a medida que el trabajo se va completando el rango de desviaciones aceptables debería disminuir. / (Monitoreo y control; Costo)

07.15 A   - Si el estudio de mercado hay que pagarlo, se haga o no ese proyecto, se trata de un costo hundido que no debe formar parte de los costos para tomar la decisión de hacer o no hacer ese proyecto. / (Inicio; Costo)

*****

- - - - -

/////

*****

EXAMEN

8. CALIDAD

Cantidad de preguntas: 15
Tiempo para responder: 18 minutos
Puntaje para aprobar: 80% (12 respuestas correctas)

8.1.   Preguntas

08.01 Se está gestionando un proyecto para la implementación de nuevas prestaciones en el sistema de salud pública de un país. Luego de realizar varios controles de calidad sobre uno de los principales entregables, el gerente de calidad justifica la necesidad de una acción correctiva que afectará al plan de dirección de proyectos. ¿Qué es lo primero que deberías realizar en tu rol de director del proyecto?

A   Solicitar a los miembros del equipo que implementen la acción correctiva
B   Reunirte con tu cliente para explicar la necesidad de esa acción correctiva
C   Iniciar una solicitud de cambio
D   Evaluar los impactos de ese cambio en los plazos y costos del proyecto

08.02 Estás trabajando en la elaboración de un estudio de impacto ambiental que requiere analizar varias muestras de suelo. En el presupuesto del proyecto se ha considerado pagar un sobreprecio al laboratorio que analiza las muestras para que informe sobre cualquier contaminación en el suelo rápidamente y de esa forma evitar fallas en los entregables que se presentarán al cliente. ¿Qué tipo de costos son estos?

A   No conformidad
B   Internos por fallas
C   Hundidos
D   Conformidad

08.03 Cornelio Saav está trabajando como director de un proyecto de investigación sobre los impactos negativos y positivos de la rotación laboral. Su cliente le ha solicitado que los entregables tengan una calidad aceptable, sin embargo aún no han definido qué métricas utilizarán para definir "calidad aceptable". ¿Cuál de los siguientes ítems será de MENOR utilidad en la discusión que Cornelio está teniendo con su cliente?

A   Inspección sobre los resultados parciales de los entregables
B   Análisis costo-beneficio sobre los parámetros de calidad de los entregables finales
C   Diseño de experimentos con una prueba piloto con un grupo reducido de trabajadores
D   Estudios comparativos con otras investigaciones similares

08.04 En un proyecto para el relevamiento de las cuencas endorreicas de un continente, se están tomando muestras aleatorias para hacer inferencias sobre la población total. El director de proyectos recomienda realizar acciones correctivas porque se ha dado la regla de los siete. ¿Qué significa esto?

A   Siete muestras están por encima de la media
B   Siete muestras consecutivas están por encima o por debajo de la media
C   Siete muestras están por debajo del nivel máximo de tolerancia
D   La desviación estándar de todas las muestras es igual o mayor a siete

08.05 En su proyecto están implementando técnicas de Seis Sigma para la gestión de calidad de los entregables. ¿Cuál de los siguientes porcentajes es el que más se aproxima a los niveles de precisión de esa técnica?

A   99,99%
B   99,73%
C   95,45%
D   68,26%

08.06   Usted es el director de la construcción de un puente que deberá resistir vientos de hasta 120 millas por hora. Algunas partes para ensamblar ese puente las ha subcontratado con una empresa de servicios especializada. ¿Cuál de los siguientes ítems utilizaría para asegurarse que la empresa que provee esas partes cumpla con los requerimientos de calidad del proyecto?
A   Contrato de precio fijo
B   Auditorías de calidad
C   Diagrama de Pareto
D   Métricas de calidad

08.07   Mary Johns está utilizando un histograma para controlar la calidad de uno de los principales entregables en proyecto de producción masiva. ¿Cuál de las siguientes herramientas estará utilizando Mary?
A   Diagrama de Pareto
B   Diagrama de Ishikawa
C   Diagrama de control
D   Diagrama de flujo

08.08   Mario Barac está dirigiendo un proyecto para la producción de 1000 cuchillos artesanales. Cada cuchillo tiene un diseño único y deben ser empaquetados cuidadosamente a mano para ser exportados al exterior. Su cliente lo visita en la fábrica para examinar el estado de avance y le comunica que los cuchillos están en perfecto estado, pero el empaquetado no cumple con los estándares internacionales de exportación. Más de 500 cuchillos deberán ser re-empaquetados nuevamente, lo que ocasionará retrasos y sobrecostos en relación al plan original. Antes de volver a re-empaquetar esos cuchillos se investiga la causa raíz del problema y se detecta que debido a la falta de procesos, los empleados de la fábrica habían desarrollado su propio proceso de empaquetado. ¿Qué debería hacer Mario?
A   Aplicar medidas disciplinarias a quienes no cumplieron con las normas de calidad y contratar a nuevas personas más calificadas para ese trabajo
B   Contactar al departamento legal para solicitar asesoramiento de cómo gestionar este litigio con el cliente
C   Realizar una ejecución rápida para re-empaquetar los cuchillos sin retrasar la fecha de finalización del proyecto
D   Notificar a los interesados inmediatamente, aceptar la responsabilidad de esos errores y desarrollar un proceso para empaquetar acorde a las métricas de calidad acordadas con el cliente

08.09 La empresa Liti está fabricando baterías de litio para automotores eléctricos solicitados por la empresa Auti. Liti está perdiendo demasiado tiempo y dinero al aplicar reprocesos para poder cumplir con los requisitos de litio que ha solicitado Auti. ¿Qué tipo de costos de calidad está enfrentando Liti?

A   Costos de prevención
B   Fallas externas
C   Fallas internas
D   Costos de evaluación

08.10 Su organización se dedica a la construcción de altos edificios utilizando madera en lugar de materiales tradicionales como el concreto. De esa forma, reduce el tiempo promedio de construcción en un 75%. Un cliente le ha solicitado un edificio de 40 pisos de altura, pero está preocupado por los parámetros mínimos de calidad en relación a incendios, ruidos y sismos. Los ingenieros están trabajando con varios prototipos de pequeña escala con estructuras que combinan los tres parámetros (incendios, ruidos y sismos) para investigar los tiempos de producción de cada prototipo. Esto sería un ejemplo de:

A   Costo de la calidad (COQ)
B   Análisis costo beneficio
C   Estudios comparativos (Benchmarking)
D   Diseño de experimentos (DOE)

08.11 Usted es el director de un proyecto que desarrolla mapas satelitales inteligentes que se actualizan de manera instantánea ante cualquier cambio que ocurre en el terreno (ej. hielo, agujeros, cortes de ruta, accidentes, etc.). Su principal cliente utiliza estos mapas para automóviles sin conductores y quiere el entregable final rápido para la Región X. ¿Qué técnica utilizaría para reducir las inspecciones de calidad y bajar los costos del proyecto?

A   Reparación de defectos
B   Muestra estadística
C   Diagrama de Ishikawa
D   Diagrama de Pareto

08.12   En un proyecto para el rescate arquitectónico de un monumento histórico, se están utilizando fotografías 3D para determinar el trabajo a realizar. Los auditores de calidad informan que no todas las fotografías que se están utilizando cumplen con las métricas de calidad, lo que podría implicar volver a realizar trabajos de preservación en el monumento. ¿Cuál será el principal objetivo de esas auditorías?

A   Control de calidad
B   Definir las métricas de calidad
C   Aseguramiento de la calidad
D   Validar los entregables

08.13   Una organización está planificando la construcción de un rascacielos de 1 milla de altura a orillas del mar en una zona sísmica. Los principales interesados están de acuerdo que la calidad de ese proyecto se cumplirá si el edificio es adecuado para el uso, satisfaciendo las necesidades del consumidor. Para ello están discutiendo tres procesos: planificar la calidad, controlar la calidad y mejorar la calidad. Por su parte, el director del proyecto afirma que será fundamental involucrar a la alta gerencia en la gestión de calidad de ese mega proyecto. ¿Quién fue el precursor de estos conceptos de calidad?

A   Kaoru Ishikawa
B   Phillip Crosby
C   Joseph Moses Juran
D   Edwards Deming

08.14   La empresa RobotiK está desarrollando un proyecto de inteligencia artificial para brindar soporte a los médicos que realizan operaciones de alta complejidad en la organización CliniK. RobotiK trabaja con procesos de mejora continua probando prototipos preliminares para seguir agregando funcionalidades en base a lecciones aprendidas. CliniK está conforme con los avances de RobotiK y quiere realizar una gran inversión para la re-ingeniería de todos sus procesos para implementar la nueva tecnología lo más rápido posible, lo que implicará una revolución tecnológica en su organización. ¿Qué enfoque quiere implementar CliniK?

A   Kaizen
B   Análisis del proceso
C   Kairyo
D   Six Sigma

08.15 Su empresa produce lentes de realidad aumentada. Durante el proceso de controlar la calidad están utilizando un diagrama de dispersión para analizar la relación entre lentes fallados y la temperatura ambiente, como se presenta en la figura a continuación. ¿Qué significa el valor R2 de Pearson?

A   El 60% de las fallas se explican por la temperatura
B   El 40% de la temperatura explica el número de fallas
C   Cuando la temperatura es de 0 grados hay 1633 fallas
D   El 60% de la temperatura está ocasionando la gran mayoría de las fallas

Diagrama de dispersión

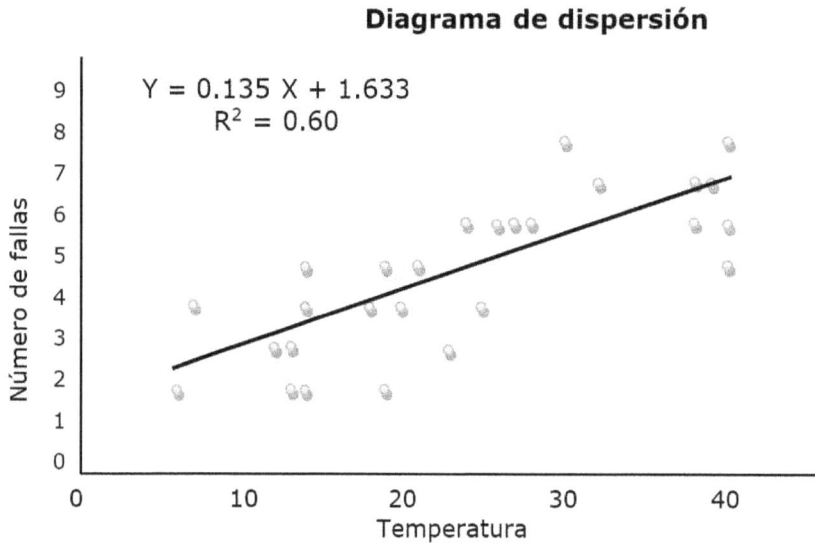

$Y = 0.135 X + 1.633$
$R^2 = 0.60$

* * * * *

8.2. Respuestas

08.01 C - Si una acción correctiva requiere un cambio en el plan, lo primero que hay que hacer es iniciar una solicitud de cambio de acuerdo al control integrado de cambios. Esa solicitud de cambio debería justificar la necesidad de la acción correctiva mencionando los impactos en las variables del proyecto. Si el cliente o patrocinador aceptan el cambio, luego se comunicará a los miembros del equipo para que implementen esa acción correctiva. / (Monitoreo y control; Calidad)

08.02 D - Los costos de conformidad son aquellos gastos en que se incurre para evitar fallas. Dentro de los costos de conformidad están los de prevención (ej. Capacitación) y los costos de evaluación (ej. Inspecciones). Los gastos que se pagarán al laboratorio sería un ejemplo de costos de evaluación. / (Planificación; Calidad)

08.03 A - Durante la planificación de la calidad hay que definir los requisitos y estándares de calidad de los entregables con el cliente. El análisis costo-beneficio, diseño de experimentos y estudios comparativos, serán de utilidad para establecer las métricas de calidad con el cliente. / La inspección es una herramienta que se utilizará durante el control de calidad. / (Planificación; Calidad)

08.04 B - Regla de los siete: un proceso se considera fuera de control cuando siete puntos consecutivos se encuentran por encima o por debajo de la media. / (Monitoreo y control; Calidad)

08.05 A - Seis Sigma es una metodología de mejora de procesos, centrada en la reducción de la variabilidad de los mismos, consiguiendo reducir los defectos de los entregables. El objetivo de 6 Sigma es tener un máximo de 3,4 defectos por millón de eventos, lo que se obtiene con un intervalo de confianza del 99,99985%. / (Monitoreo y control; Calidad)

08.06 B - Durante el aseguramiento de la calidad, la auditoría de calidad se utiliza para determinar si los entregables cumplen con las políticas y procesos de calidad del proyecto. / (Ejecución; Calidad)

08.07 A - El diagrama de Pareto es un diagrama de barras verticales (histograma) que se utiliza para identificar las pocas variables que ocasionan la mayoría de los problemas. / (Monitoreo y control; Calidad)

08.08 D - La falta de procesos fue la causa raíz de estos problemas por lo que deberá crear un proceso para re-empaquetar correctamente acorde a las métricas de calidad que solicitó su cliente. El director del proyecto debería hacerse responsable por esos errores y su organización deberá cubrir cualquier sobrecosto por el re-trabajo. / (Ejecución; Calidad)

08.09 C   - Los costos de no conformidad son aquellos generados por fallas internas (ej: reprocesos, desperdicios, degradación de materiales, re-inspecciones) y fallas externas (ej.: reclamos de cliente, degradación de material, devoluciones, garantías). / Los costos de prevención y evaluación son costos de conformidad para evitar fallas. / (Ejecución; Calidad)

08.10 D   - En este diseño de experimentos se manipulan deliberadamente las variables incendio, ruido y sismos, para medir el efecto que tienen sobre los tiempos de construcción. / (Planificación; Calidad)

08.11 B   - Si la muestra (algunos mapas) fuera estadísticamente significativa, podría utilizarse para inferir sobre el estado de la población total (mapa completo de la región X). De esa forma, se podrían obtener altos niveles de calidad inspeccionando solamente los mapas de la muestra y de esa forma bajar los costos del proyecto. / (Planificación; Calidad)

08.12 C   - Las auditorías de calidad tienen como principal objetivo asegurar que se cumplan las políticas, procesos y procedimientos establecidos durante la planificación de la calidad. Las auditorías de calidad son una herramienta del aseguramiento de la calidad. (Ejecución; Calidad)

08.13 C   - Joseph Moses Juran es reconocido, entre otras cosas, por lo siguiente: * La trilogía de la calidad: 1º Planificar la calidad, 2º Controlar la calidad, 3º Mejorar la calidad ; * Hizo popular el principio de Pareto 80/20 ; * Hay que involucrar a la alta gerencia en la gestión de calidad ; * La calidad se cumple cuando un producto es "adecuado para el uso". / (Planificación; Calidad)

08.14 C   - Kairyo implica una gran mejora, re-ingeniería de procesos, gran inversión, bajo mantenimiento, involucrar a los "elegidos", innovación tecnológica u organizacional. / Kaizen implica muchas mejoras pequeñas, re-ingeniería de recursos humanos, poca inversión, alto mantenimiento, involucrar a todos, experiencia convencional más ciclo plan-do-check-act / (Ejecución; Calidad)

08.15 A   - R2 igual a 0,6 indica que la variable X (temperatura), explica en un 60% el comportamiento de la variable Y (# de fallas). / (Monitoreo y control; Calidad)

* * * * *

EXAMEN

9. RECURSOS

Cantidad de preguntas: 15
Tiempo para responder: 18 minutos
Puntaje para aprobar: 80% (12 respuestas correctas)

9.1.   Preguntas

09.01   Durante la fase de ejecución de un proyecto para la interconexión inalámbrica de varios artefactos electrónicos, los miembros del equipo están atravesando por varios conflictos porque no logran la interconexión que estaban esperando. No sólo que están desmotivados, sino que los miembros claves del equipo están peleados entre sí por discusiones técnicas de cómo solucionar los problemas. ¿Qué es lo mejor que deberías hacer?

A   Concentrarse en las personas y sus tipos de personalidad para resolver los conflictos

B   Reasignar distintos paquetes de trabajo a las personas que están peleadas entre sí

C   Mantener reuniones individuales con cada uno de los miembros del equipo para buscar la causa raíz del problema

D   No desesperar porque los conflictos son naturales y si se gestionan adecuadamente servirán para aumentar la creatividad

09.02 Jackelina está liderando un proyecto de nanotecnología donde están desarrollando nuevos rayos X atómicos. Ella ya ha explicado todo el alcance del proyecto a los miembros del equipo y están definidos los roles y responsabilidades de cada uno. En las primeras semanas de planificación, los técnicos trabajaron de manera independiente con demasiado individualismo. Antes de comenzar con la ejecución, Jackeline reúne a su equipo y les solicita que sean más colaborativos y trabajen en equipo. Sin embargo, los miembros del equipo no sólo que no colaboran entre sí por falta de confianza, sino que están cada vez más distanciados por conflictos técnicos sobre cómo implementar la nueva tecnología de los rayos X atómicos. ¿En qué fase del desarrollo de equipo se encuentra este proyecto?

A   Formación
B   Desempeño
C   Disolución
D   Turbulencia

09.03 Gonzalo GG es el director de proyectos para el reemplazo de una infraestructura tecnológica que está quedando obsoleta en un hospital de niños. Durante este proyecto el hospital debe seguir en funcionamiento las 24 horas al día. Un proyecto exitoso será clave para mejorar la calidad de vida de los niños hospitalizados y sus familiares. El hospital es una organización funcional y este proyecto se desarrollará en una estructura matricial débil. ¿Cuál de los siguientes ítems debería ser el que MENOS preocupe a Gonzalo durante la fase de planificación de los miembros del equipo de proyectos?

A   Documentar los roles y responsabilidades de los miembros del equipo
B   Identificar las habilidades requeridas por cada persona
C   Discutir las reglas básicas acerca del comportamiento aceptable de los miembros del equipo
D   Definir las relaciones de comunicación entre los miembros del equipo

09.04 Liopol está a cargo de la construcción de una fábrica de productos químicos que funcionará con energía oceánica. Para contratar a los miembros de su equipo, ha elaborado la descripción de cada puesto de trabajo incluyendo rol, responsabilidades, línea de reporte, objetivo del trabajo y experiencia necesaria. ¿Cuál será la herramienta que está utilizando Liopol?

A   Diagrama de responsabilidades (formato matriz)
B   Organigrama (formato jerárquico)
C   Descripción de roles (formato texto)
D   Matriz RACI

09.05 Richard es uno de los miembros del equipo que está desarrollando una App para detectar plagas, bacterias y productos químicos que afectan a frutas y perjudican la salud de las personas. Quequi, directora del proyecto, está preocupada porque Richard no tiene autoestima y confianza en sí mismo, por lo que el desarrollo de esa App va más lento de lo planificado. ¿Cuál de los siguientes ítems NO debería afectar la autoestima de Richard?

A   Conflicto con sus amigos
B   Basarse en juicios propios en lugar de la cultura organizacional
C   Problemas con su pareja
D   Falta de reconocimiento por parte de sus colegas

09.06 Durante una reunión de planificación de un proyecto cuyo entregable final será un reporte con políticas anti-terrorismo, uno de los miembros del equipo realiza una broma para bajar la tensión que había en el ambiente. Algunos interesados sonríen por cortesía, pero el chiste deja la sensación al equipo que esa persona no comprende la situación crítica por la que está atravesando ese proyecto. ¿Qué debería hacer el Director del proyecto?

A   Reunirse en privado con el miembro del equipo al finalizar la reunión para explicarle que en ciertas situaciones esos chistes no son apropiados
B   Durante la reunión explicarle al miembro del equipo que ese tipo de bromas no son apropiadas cuando el equipo está intentando resolver un tema crítico
C   Al finalizar la reunión explicar en privado al miembro del equipo que no se pueden realizar chistes en ese proyecto anti-terrorismo
D   Dejar pasar esa situación, ya que esa broma no ofendió a nadie

09.07 Karina tiene 22 años y está dirigiendo un proyecto sobre el transporte de minerales. Todos los miembros del equipo son mayores que ella y algunos llevan más de 30 años trabajando en esa compañía. Durante una de las reuniones de avance del proyecto dos integrantes experimentados se trenzan en largas discusiones técnicas, mientras que el resto del equipo está hablando por celular o revisando emails personales. Karina ha intentado intervenir para dar fin a esas discusiones, pero el ambiente de esa reunión no le es favorable para poner orden. ¿Cuál es la principal causa de reuniones ineficientes?

A   Falta de reglas básicas
B   Director de proyectos con poca autoridad
C   Pocas habilidades interpersonales del director de proyectos
D   Falta de reconocimientos y recompensas a los interesados

09.08 Eres el director de proyectos para la implementación de un plan de mitigación de riesgos en una estación de trenes. El proyecto debe finalizar dentro de 180 días y le has prometido a los miembros del equipo un día de vacaciones por cada día de adelanto en el proyecto. Esas vacaciones son días adicionales a los que corresponden por ley a cada empleado. ¿Qué teoría de motivación has implementado?

A   Necesidades (Mc Cleland)
B   Expectativas (Vroom)
C   Fijación de metas (Locke)
D   Z (Ouchi)

09.09 Ya ha finalizado un proyecto sobre microscopia de excitación de dos fotones con imagen fluorescente que permitió procesar imágenes de tejido vivo hasta una profundidad de un milímetro. Durante la fase de cierre, se quiere evaluar el desempeño de cada una de las personas involucradas en ese proyecto. Para ello, se envía una encuesta con 50 preguntas a compañeros, subordinados, supervisores, jefes directos, clientes internos y clientes externos de cada miembro del equipo. ¿Qué herramienta de evaluación de desempeño se está utilizando?

A   Método de escala gráfica con factores de evaluación previamente definidos y graduados
B   Método de elección forzada mediante frases descriptivas de determinadas alternativas de tipos de desempeño individual
C   360º
D   Método de investigación de campo con base en entrevistas de un especialista en evaluación

09.10 Ponchi Cuti es el director de un proyecto de investigación para bajar la acidificación de las aguas en arrecifes de coral. El proyecto está formado por un pequeño equipo de personas de alto rendimiento, donde todos tienen un elevado nivel de desarrollo, saben perfectamente lo que hay que hacer y quieren hacer que las cosas sucedan. ¿Cuál debería ser el estilo de liderazgo de Ponchi en este proyecto?

A   Directivo
B   Consultivo
C   Autocrático
D   Delegativo

09.11 Tu proyecto de desarrollo de un juego revolucionario de realidad virtual está formado por un equipo internacional de diferentes países que están trabajando de manera remota. ¿Cuál de las siguientes técnicas tendrá un mayor impacto para aumentar la velocidad de ese proyecto?

A   Capacitación técnica a todos los miembros del equipo
B   Teleconferencias diarias sobre el estado de avance del proyecto
C   Reuniones presenciales quincenales en un mismo lugar físico
D   Co-ubicación

09.12 Vana Fran está coordinando la implementación de un modelo de información digital que permitirá bajar significativamente los costos en la compra de insumos del gobierno. Los principales miembros del equipo pertenecen a diferentes ministerios del gobierno y no sólo trabajan en este proyecto de información digital, sino que están asignados a otros proyectos de sus respectivos ministerios. Para poder optimizar el tiempo que destine cada miembro del equipo a este proyecto, Vana necesita realizar una nivelación de recursos. ¿Cuál de las siguientes herramientas será de mayor utilidad para Vana Fran?

A   Histograma de recursos
B   Matriz RAM (Responsibility Asignment Matrix)
C   Estructura de desglose de recursos
D   Organigrama

09.13 Roger, empleado de la empresa Limpi S.R.L., está dirigiendo la construcción de una planta de conversión de residuos sólidos urbanos (RSU) en energía eléctrica. Los RSU, aunque se entierren, generan gas metano que asciende a la atmósfera como anhídrido carbónico (CO_2) causando calentamiento global. Limpi S.R.L. ha involucrado en ese proyecto a seis gerentes funcionales de toda la organización para comenzar a generar energía limpia en base al gas metano lo antes posible. ¿Cuál será el mejor tipo de poder que debería utilizar Roger para comprometer a los gerentes funcionales de Limpi S.R.L. en este proyecto?

A   Referente
B   Formal
C   Experto
D   Penalidad

09.14 La empresa constructora "Edificar S.A." quiere implementar herramientas BIM-4D integrando la variable temporal en los modelos tradicionales de 3D. Esta cuarta dimensión entrelazará la información con la programación del método de ruta crítica (CPM), optimizando la cadena de suministro, los plazos y las operaciones de la obra. Edificar S.A. quiere tercerizar el desarrollo de BIM-4D a la empresa de ingeniería "Far Offshore", localizada en otro país, para bajar los costos de ese desarrollo. ¿Cuál de los siguientes ítems debería proveer primero el director de proyecto a los miembros de Edificar S.A.?

A   Capacitación técnica a los miembros de "Edificar SA" sobre tecnologías BIM-4D

B   Explicar a los miembros de Edificar S.A. las diferencias culturales de las personas que trabajan en "Far Offshore"

C   Capacitación lingüística a los directores de "Edificar SA" para que comprendan el idioma de "Far Offshore"

D   Plan de comunicaciones del proyecto BIM-4D

09.15 Durante la remodelación de una biblioteca pública para convertirla en un centro cultural polifuncional, los trabajadores rompen por error las alarmas contra incendios. Esto activa los sprinklers que comienzan a mojar algunos libros con cientos de años de antigüedad. Los técnicos se están peleando por alternativas técnicas para resolver el problema. ¿Qué técnica de resolución de conflicto debería seleccionar el Director de proyectos para resolver el conflicto de manera urgente frente a esta emergencia?

A   Eludir
B   Forzar
C   Suavizar
D   Consensuar

*****

9.2. Respuestas

09.01 D   - Los conflictos son inevitables y se deben a las interacciones de las organizaciones. Si se gestionan de manera adecuada las opiniones contrapuestas serán favorables para la creatividad y productividad. Por lo tanto, la mejor respuesta en esta situación es "no desesperar" y gestionar esos conflictos. / Para la resolución del conflicto hay que enfocarse en el problema, no en las personas. / Separar a los miembros en conflicto no resolverá el problema. / Mantener reuniones individuales es correcto, pero también debería realizar reuniones de equipo para buscar una resolución del problema entre todas las personas en conflicto. / (Ejecución; Recursos)

09.02 D   - Según Bruce Tuckman existen cinco fases para el desarrollo de equipo: 1º Formación (información del proyecto, roles y responsabilidades, independencia, individualismo), 2º Turbulencia (Conflictos por decisiones técnicas, gestión del proyecto con poca colaboración), 3º Normalización (Trabajo en equipo, colaboración, confianza), 4º Desempeño (equipos organizados interdependientes que resuelven problemas), 5º Disolución (entregables finalizados, cierre del proyecto). / (Ejecución; Recursos)

09.03 C   - Si bien la planificación de las reglas básicas de comportamiento es muy importante, la discusión de esas reglas debería realizarse en conjunto con los miembros del equipo durante la fase de ejecución del proyecto mientras se desarrolla a los miembros del equipo. / Los otros tres ítems corresponden a la fase de planificación de los recursos humanos. / (Planificación; Recursos)

09.04 C   - Las responsabilidades de los miembros del equipo que requieren descripciones detalladas (ej. rol, responsabilidades, línea de reporte, objetivo del trabajo, experiencia necesaria, competencias, etc.) se suelen especificar en un documento de formato texto con la descripción de los puestos de trabajo. / (Planificación; Recursos)

09.05 B   - Según las necesidades de Maslow una persona puede alcanzar la autoestima si la necesidad previa de amor (afiliación) está cubierta. Los conflictos con sus amigos, problemas de pareja y falta de reconocimiento de terceros son problemas de afiliación, que afectan la autoestima. / Basarse en su propio juicio en lugar del contexto, es una característica de la auto-realización. Este sería el nivel más alto de la pirámide de Maslow. / (Ejecución; Recursos)

09.06 A   - Hacer coaching con los miembros del equipo forma parte de las responsabilidades del PM. En esta situación el feedback constructivo debería ser en privado. / Las bromas pueden ser muy beneficiosas en varias situaciones laborales (incluyendo reuniones de trabajo y proyectos complejos), aunque en ciertas ocasiones es preferible evitarlas. Evitar chistes durante todo ese proyecto no es el problema de fondo, sino el momento particular en que se realizó esa broma. / (Ejecución; Recursos)

09.07 A   - La principal causa de reuniones ineficientes es la falta de reglas básicas como, por ejemplo: no utilizar celulares, no revisar emails, respetar el tiempo asignado para discutir un ítem, permitir que todos den su opinión, comenzar y terminar a horario, etc. / Si hubiera consenso en relación a las "reglas básicas durante una reunión", se puede tener una buena reunión a pesar de pocas habilidades interpersonales o falta de autoridad. / (Ejecución; Recursos)

09.08 B   - Teoría de las expectativas (VROOM, Victor H. 1964. Work and Motivation): las personas se esfuerzan porque esperan tener un mejor desempeño. De ese mejor desempeño esperan obtener una recompensa (ej. Vacaciones). Con esa recompensa van a poder satisfacer sus necesidades y volver a esforzarse para seguir en ese círculo virtuoso. / (Ejecución; Recursos)

09.09 C   - En el método de retroalimentación de 360º se pregunta sobre el desempeño de una persona a todas las personas que trabajan con ella (compañeros, subordinados, supervisores, jefes directos, clientes internos y clientes externos). Esta técnica es muy útil para descubrir polémicas desconocidas y desarrollar planes de formación individual. / El diseño de las preguntas en la encuesta 360º podrían ser de escala gráfica o elección forzada. / (Cierre; Recursos)

09.10 D   - Por lo general los niveles de desarrollo de los miembros del equipo suelen ser: 1º bajo (no sabe, no quiere), 2º medio bajo (no sabe, quiere), 3º medio alto (sabe, inseguro) y 4º alto (sabe, quiere). El estilo de liderazgo recomendado por Hersey Blanchard para cada uno de estos niveles es: 1º Directivo (bajo soporte, alta dirección), 2º Consultivo (alto soporte, alta dirección), 3º Participativo (alto soporte, baja dirección) y 4º Delegativo/Empowerment (bajo soporte, baja dirección). / (Ejecución; Recursos)

09.11 D   - Mientras más distanciados estén los miembros del equipo, menor será la comunicación y el proyecto será más lento. La co-ubicación (co-location) consiste en ubicar de manera permanente a todos los miembros del equipo en un mismo lugar físico hasta que finalicen el proyecto. La co-ubicación permitirá un contacto fluido cara a cara que impactará de manera positiva en la velocidad del proyecto. / (Ejecución; Recursos)

09.12 A   - El histograma de recursos representa la cantidad de horas que necesitará una persona para realizar una tarea en un periodo de tiempo determinado. El diagrama suele incluir una línea horizontal que representa la cantidad máxima de horas disponibles de un recurso en particular. Las barras del diagrama que se extienden más allá de esta línea identifican la necesidad de contar con una estrategia de nivelación de recursos, como por ejemplo añadir más recursos o ampliar la longitud del cronograma. / (Planificación; Recursos)

09.13 C   - Generalmente se suele pensar que el mejor tipo de poder es el formal, pero esto no es correcto. Por ejemplo, es mucho más importante si el DP es reconocido por sus conocimientos (experto), que si tiene una tarjeta personal que indica que es el vice-presidente de operaciones. Los mejores tipos de poder son "experto" o "recompensas", mientras que el peor tipo de poder es aquel que utiliza la penalidad y castigos. / (Planificación; Recursos)

09.14 B   - Si bien todas las respuestas podrían ser verdaderas, comprender las diferencias culturales es el primer paso para una comunicación efectiva. / El plan de comunicaciones es muy importante para los interesados del proyecto, pero por lo general no incluye consejos para acortar la brecha entre las diferentes culturas. / (Planificación; Recursos)

09.15 B   - Eludir: retirarse del conflicto o postergarlo; Suavizar: resaltar los puntos de común acuerdo en lugar de las diferencias; Consensuar: cada parte debe ceder algo; Forzar: imponer una posición sobre las otras. / Si bien cualquiera de estas técnicas podría ser correcta, en casos de emergencia el director de proyectos debería dirigir y forzar una solución imponiendo su posición sobre el resto con el objeto de conseguir celeridad en la implementación de alguna solución. / (Ejecución; Recursos)

*****

_ _ _ _ _

/////

*****

EXAMEN

10. COMUNICACIONES

Cantidad de preguntas: 15
Tiempo para responder: 18 minutos
Puntaje para aprobar: 80% (12 respuestas correctas)

10.1. Preguntas

10.01 Un Proyecto de investigación sobre nano-tecnologías está financiado por organismos públicos y privados. Durante los primeros meses del proyecto solamente habían cuatro interesados. Sin embargo, recientemente los patrocinadores han decidido incrementar significativamente el alcance del proyecto, por lo que el número de interesados ha incrementado a cuarenta. Será necesaria una re-planificación para dar comienzo a un nuevo proyecto. ¿Cuál ha sido el incremento en los canales de comunicación?

A   774
B   780
C   36
D   9

10.02 Usted está planificando un Proyecto de desarrollo de nuevos materiales para la insolación de edificios contra la humedad y altas temperaturas. La mayoría de los miembros de su equipo están localizados en diferentes países, por lo que trabaja con un equipo virtual. ¿Cuál de los siguientes ítems será el más importante en este ambiente laboral?

A   Matriz de requerimientos
B   Información de desempeño del trabajo
C   Plan de gestión de las comunicaciones
D   Sistemas de gestión de la información

10.03 Estás dirigiendo un proyecto de desarrollo de oficinas que incluyen bosques en su interior que mejorará los niveles de stress laboral y la productividad de los trabajadores. El idioma oficial del proyecto es el chino mandarín, aunque varios miembros del equipo no hablan muy bien ese idioma. Tres de los miembros claves del equipo están quejándose en inglés sobre el estado de avance del proyecto y los requerimientos contrapuestos de los diferentes gerentes funcionales. ¿Qué es lo primero que deberías hacer?

A   Solicitar a todos los miembros del equipo que cualquier tipo de comunicación o queja formal deben realizarla en chino mandarín
B   Realizar una reunión con los gerentes funcionales para comprometerlos con el proyecto y negociar prioridades en los requerimientos
C   Organizar una reunión personal con los miembros del equipo en disconformidad para analizar alternativas de solución a los problemas
D   Elaborar un informe detallado con el estado de avance del proyecto y compartirlo con todos los interesados

10.04 Acfred Abba dirige un proyecto donde desarrollan plantas en peligro de extinción en un laboratorio para trasplantar a sus bosques nativos. Elm Eros, uno de los empleados de ese proyecto, ha cometido varios errores en los últimos meses, por lo que los plantines no han dado los resultados esperados en su hábitat natural. Esta es la primera vez que Elm comete errores y hay evidencia objetiva que él es el único responsable. ¿Qué método debería utilizar Acfred para reportar sobre esos errores a Elm?

A   Formal oral
B   Informal oral
C   Informal escrita
D   Formal escrita

10.05   Para el desarrollo de un parque de diversiones en Asia se están utilizando las lecciones aprendidas de parques similares del mismo grupo empresario que ya están funcionando en América y Europa. Los miembros del equipo, localizados en los tres continentes, están discutiendo problemas complejos sobre la mejor forma de resolver un problema técnico en el nuevo parque temático. ¿Cuál debería ser la mejor forma de comunicar este problema a todos los interesados?

A   E-mail
B   Informal oral
C   Teleconferencia
D   Formal escrita

10.06 Guim Habacuc está liderando un equipo de 25 profesionales que están desarrollando micro-paneles solares para teléfonos celulares. En la próxima reunión de avance del proyecto será necesario discutir un problema técnico sobre los micro-paneles y tomar una decisión de cómo avanzar con la fase de instalación de esos paneles en los celulares. Guim está planificando el número óptimo de invitados para esa reunión. ¿Cuántas personas deberían participar de esa reunión?

A   7
B   3
C   18
D   25

10.07 Uriel Otto es el director para el rescate de un proyecto en crisis y tiene asignado cinco personas en su equipo, todos de diferentes países y culturas. Uriel no participó en la selección de las personas que trabajan para él. Se está presentando a los principales interesados el estado de avance del proyecto en relación a su línea base. ¿Qué es lo primero que debería hacer Uriel para mitigar malentendidos en esos informes debido a las diferencias culturales?

A   Negociar con su patrocinador para participar en la selección de los próximos miembros de su equipo para que todos tengan la misma cultura
B   Evitar la utilización de comunicación paralingüística o quinésica
C   Retirar del equipo a todos aquellos miembros problemáticos con culturas que no se adaptan al estilo de liderazgo de Uriel
D   Establecer normas de trabajo aclarando las diferencias culturales

10.08 El Proyecto sobre WtE (Basura hacia Energía) que estás dirigiendo tiene su próxima reunión de estado de proyecto esta tarde. Tu patrocinador te ha llamado para planificar el inicio de otro proyecto WtE que comenzará dentro de seis meses y te han autorizado para que abandones todo lo que estabas haciendo el día de hoy. Por tal motivo, no tienes tiempo suficiente para finalizar uno de los entregables que deberían discutir en la reunión de esta tarde. Al no completar este entregable, el proyecto sufre un retraso del 1% en relación al plan original. Este pequeño retraso se podría solucionar rápidamente utilizando la reserva para contingencias. Tu no quieres preocupar a los miembros del equipo por este retraso que sabes que lo arreglarás en los próximos días. ¿Qué deberías hacer en la reunión de esta tarde?

A   Informar que el proyecto está dentro de los límites de tolerancia y que la reserva para contingencias será utilizada en los próximos días

B   Informar que el proyecto está retrasado

C   No comunicar ese pequeño retraso y utilizar la reserva para contingencias lo antes posible para recuperar el tiempo perdido

D   Concentrarse en discutir todos los otros entregables con los miembros del equipo, sin comentar sobre el estado del entregable que no fue completado por causas ajenas a su voluntad

10.09 Zigor Yannick está dirigiendo un proyecto de modernización de redes de agua potable en una antigua ciudad. Se estima que el proyecto tendrá una duración de 9 meses. Zigor está enviando reportes de avance diarios del proyecto a todos los interesados. Milos Mirt, Alcalde de la Ciudad y principal patrocinador del proyecto, comienza a recibir esos informes del proyecto. Cuando a Milos le llega el tercer informe, le solicita a Zigor que solamente le envíe informes de avance quincenales. ¿Qué puede haber omitido Zigor en el plan de gestión de las comunicaciones?

A   Qué tipo de información enviar a cada grupo de interesados

B   Quiénes deben recibir la información

C   Frecuencia de los informes

D   Quién debe comunicarse con quién

10.10 Drac Eros está dirigiendo un proyecto de instalación de carritos de supermercado inteligentes que al pasar por el punto de facturación debitan el monto de compra de manera automática de la cuenta bancaria del cliente. Se está trabajando con prototipos de mejora continua con varios procesos iterativos. Drac ha implementado una base de datos online para que cualquier miembro del equipo pueda hacer un seguimiento de la documentación de cada uno de los prototipos y obtener una trazabilidad con la gestión de cambios en los requerimientos. ¿Qué herramienta de comunicación han implementado?

A   Lecciones aprendidas
B   Sistema de gestión de la configuración
C   Sistema de gestión de la información
D   Análisis de requisitos de comunicación

10.11 Estas redactando un informe digital con lecciones aprendidas sobre los principales beneficios de la implementación de un sistema de reconocimiento facial de pasajeros en un aeropuerto. Todas las comunicaciones sobre este proyecto se están realizando a través de emails y chat. En varias ocasiones se torna complicado entender el verdadero significado de esos mensajes ya que no puedes ver las expresiones faciales ni los tonos de voz de esos mensajes. ¿Qué es lo que está interfiriendo en esos mensajes?

A   Mala codificación
B   Mala decodificación
C   Bloqueadores
D   Ruidos

10.12 12 Elian Brais coordina un programa para el almacenamiento de grandes volúmenes de energía en micro baterías. El proyecto tiene varios patrocinadores e interesados de diferentes organismos internacionales. Elian necesita gestionar grandes volúmenes de información del proyecto con una audiencia muy numerosa. ¿Cuál será el método de comunicación preferido por Elian en este proyecto?

A   Pull (Tirar)
B   Push (Empujar)
C   Interactiva
D   Videoconferencias

10.13 Kilian Nil está dirigiendo un proyecto de realidad aumentada para que los corredores de ultra maratones utilicen lentes que les indicarán el recorrido que deben seguir durante una competencia. Kilian ha planificado comunicar los avances de ese proyecto a través de conferencias, reuniones individuales con cada uno de los miembros del equipo, reuniones grupales de equipo, memos de rutina, reportes de avance, reuniones confidenciales con la alta gerencia y negociaciones con interesados claves. ¿Cuántas horas dedicará Nil a las comunicaciones de ese proyecto si el tiempo total de su trabajo serán 1000 horas?

A   Entre 100 y 200
B   Entre 500 y 700
C   Entre 750 y 900
D   Entre 200 y 500

10.14 El director de un Proyecto está encargado de comunicar cualquier desvío de los beneficios estimados del proyecto con el dueño del negocio y revisar de manera frecuente el progreso de los potenciales beneficios en relación al caso de negocios. Se han detectado algunos problemas en el análisis de beneficios por lo que debe convocar urgente a una reunión de colaboración con los miembros claves de su equipo. Sin embargo, por problemas de localización, no será posible realizar esa reunión de manera presencial. ¿Cuál debería ser el mejor método de comunicación para esa reunión?

A   Teleconferencia
B   Email
C   Videoconferencia
D   Chat interactivo

10.15 Usted necesita asegurar un flujo óptimo de información a lo largo de todo el ciclo de vida de un proyecto sobre indumentaria tecnológica para satisfacer las necesidades de información de los interesados. ¿Cuál de los siguientes ítems será de mayor utilidad durante este proceso?

A   Análisis de requisitos de comunicación
B   Matriz de roles y responsabilidades
C   Calendario de recursos
D   Registro de incidentes

*****

10.2.   Respuestas

10.01   A   - Canales = n x (n-1) / 2. Canales originales = 4 x 3 / 2 = 6. Nuevos canales = 40 x 39 / 2 = 780. Incremento en canales = 780 − 6 = 774. Cambio porcentual en canales = (780 / 6) − 1 = 129 = 12900%. / (Planificación; Comunicaciones)

10.02   C   - Lo primero que debería hacer es elaborar un plan de gestión de las comunicaciones para comunicarse entre los miembros del equipo y otros interesados de la manera más eficaz y eficiente. Cuando hay equipos virtuales el plan de comunicaciones suele ser mucho más importante que en ambientes laborales donde los miembros del equipo están en un mismo lugar físico. / (Planificación; Comunicaciones)

10.03   C   - Si bien todas las respuestas podrían ser verdaderas, lo primero que debe hacer frente a un problema es reunirse con los interesados en conflicto para evaluar la causa raíz del problema y analizar alternativas de solución. (Ejecución; Comunicaciones)

10.04   B   - Si es la primera vez que alguien comete un error, el método más recomendado es realizar una reunión privada con el miembro del equipo para dar una crítica constructiva de manera informal. Si los errores se repitieran a través del tiempo, debería utilizar algún medio formal y/o escrito para empezar a registrar esos errores en los procesos de la organización. (Ejecución; Comunicaciones)

10.05   D   - La mejor forma de comunicar problemas complejos a lo largo de toda la organización es utilizando algún método formal escrito. La comunicación informal o verbal podría generar confusiones cuando se trata de problemas complejos, por lo que debería evitarse. / (Ejecución; Comunicaciones)

10.06   A   - Si la reunión es demasiado pequeña (1-4 personas) no facilitará la tormenta de ideas y búsqueda de alternativas para solucionar el problema. A partir de 5 personas mejoran las interrelaciones sociales y la inteligencia colectiva. / Algunos estudios indican que grupos entre 5-8 personas son adecuados para discutir problemas y tomar decisiones. Se suele recomendar números impares para evitar empates y facilitar el consenso en la toma de decisiones. / Grupos medianos de hasta 18 personas, serían de utilidad para mejorar la tormenta de ideas, pero no son recomendados para tomar una decisión rápida durante esa reunión. / Invitar a grupos numerosos (ej. 25 personas o más), sería de utilidad para comunicar una decisión y dar directivas, pero no para discutir sobre la solución de un problema. / (Ejecución; Comunicaciones)

10.07 D   - Si bien todas las respuestas podrían ser verdaderas, lo primero que debería hacer es establecer normas de trabajo claras explicando las diferencias culturales. Esas diferencias culturales bien gestionadas suelen ser muy beneficiosas para el proyecto. / Las estrategias utilizadas para enfrentar desafíos multiculturales suelen ser: a) Adaptación (reconocer abiertamente brechas culturales y resolverlas), b) Intervención estructural (cambiar la conformación del equipo), c) Intervención ejecutiva (fijar normas al principio o incorporar a un ejecutivo de un nivel superior) y d) Salida (sacar del equipo a los integrantes problemáticos, cuando las otras opciones han fallado). Los DP que intervienen al inicio y fijan normas; tratan de involucrar a todos los miembros del equipo; y pueden ver los desafíos como un asunto cultural, no personal, tienen éxito en resolver problemas de origen cultural con humor y creatividad. Fuente: Jeanne J. Brett y otros; Harvard Business Review, ISSN 0717-9952. / (Monitoreo y control; Comunicaciones)

10.08 B   - Siempre debe ser transparente con todos los miembros del equipo y comunicar el estado de avance real del proyecto. Aunque sea un retraso pequeño, debe comunicar ese retraso en el informe de avance de esa reunión. / (Monitoreo y control; Comunicaciones)

10.09 C   - Zigor no ha considerado la frecuencia de distribución de la información para cada grupo de interesados. Es poco probable o ineficiente que en un proyecto de 9 meses se puedan mantener informes de avance diarios. No es recomendable enviar informes diarios al patrocinador en un proyecto tan largo. Tal vez si ocurre algún problema o se está cerca del cierre, el patrocinador podría solicitar informes diarios. / (Monitoreo y control; Comunicaciones)

10.10 C   - Las herramientas electrónicas para la dirección de proyectos forman parte del sistema de gestión de la información. Por ejemplo, interfaces web, software, oficinas virtuales, herramientas de trabajo colaborativo, etc. / (Monitoreo y control; Comunicaciones)

10.11 D   - Todo aquello que interfiere con el significado del mensaje es considerado "ruido". Por ejemplo, mala codificación o decodificación, distancias, hostilidad, lenguaje, cultura, etc. / (Ejecución; Comunicaciones)

10.12 A   - Para gestionar grandes volúmenes de información y grandes audiencias, lo más recomendable sería una comunicación tipo pull donde los interesados puedan acceder a la información según su propio criterio. Por ejemplo: intranet, capacitación online asincrónica, repositorios de lecciones aprendidas, etc. / (Planificación; Comunicaciones)

10.13 C   - Aproximadamente el 90% del tiempo del director de proyectos se invierte en comunicaciones.

10.14 C   - En caso que no se pueda realizar una reunión cara a cara, la mejor alternativa es buscar algún método que simule una situación presencial. Una videoconferencia donde todos se vean las caras entre sí y simulen una oficina virtual donde cada uno levanta la mano para hablar, podría ser la mejor opción en este caso. / La teleconferencia también podría ser una buena opción en caso que no se posea de un buen servicio de videoconferencia, aunque al no verse las caras, los miembros se sentirán más distanciados y si hablan todos al mismo tiempo bajará la eficiencia de la reunión. / El email y chat no son las herramientas más recomendadas para una reunión de colaboración. / (Ejecución; Comunicaciones)

10.15 D   - El enunciado de la pregunta indica que estamos en el proceso de controlar las comunicaciones. Una de las entradas de ese proceso es el registro de incidentes. / El análisis de requisitos de comunicación es una entrada del proceso planificar las comunicaciones. / Las otras opciones están relacionadas con procesos de gestión de recursos. / (Monitoreo y control; Comunicaciones)

* * * * *

– – – – –

/////

*****

EXAMEN

11. RIESGOS

Cantidad de preguntas: 15
Tiempo para responder: 18 minutos
Puntaje para aprobar: 80% (12 respuestas correctas)

11.1.   Preguntas

11.01   Aledis ha construido un árbol de decisión como se presenta a continuación para seleccionar la mejor alternativa tecnológica de una aplicación que se utilizará para uso doméstico en el rastreo de vuelos. ¿Qué tecnología debería seleccionar Aledis para maximizar los ingresos en función del valor monetario esperado?

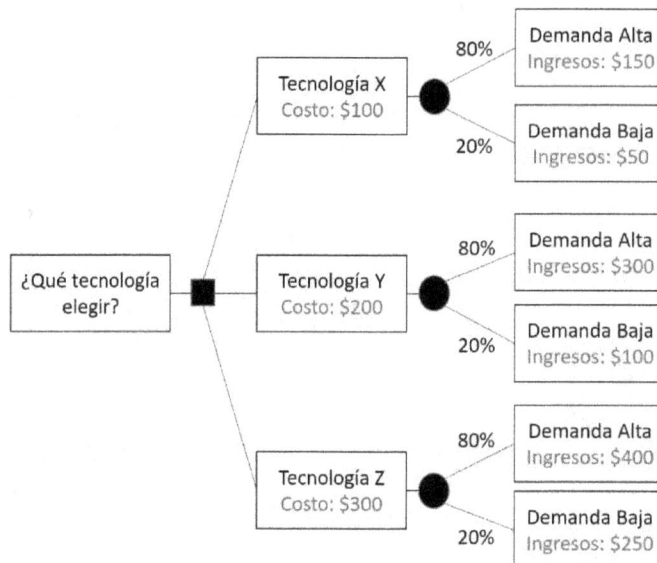

A   Tecnología X
B   Tecnología Z
C   Tecnología Y
D   Indiferente entre Tecnología Y y Z

11.02 Calíope es la directora de un proyecto de conectividad en zonas rurales que ya está en ejecución. La ingeniera Ehud te envía un informe aterrador donde se pronostican fuertes lluvias la semana próxima y existe una alta probabilidad de desplazamiento de barro y rocas en la zona donde están trabajando. Indivar, gerente financiera, informa que se puede construir un muro de contención para evitar los daños de esos desplazamientos. El costo de ese muro es tan elevado que Calíope decide documentar ese riesgo y reparar los daños en caso que ocurran. ¿Qué estrategia ha implementado Calíope?
A   Aceptar
B   Evitar
C   Transferir
D   Mitigar

11.03 Ya se han identificado todos los riesgos en un proyecto multinacional relacionado con el incremento de superconductividad para conducir corriente eléctrica sin resistencia ni pérdida de energía en materiales no convencionales. ¿Cuál debería ser el próximo paso de los miembros del equipo?

A   Aplicar el método Delphi para confirmar la veracidad de los riesgos identificados

B   Utilizar un análisis cuantitativo de riesgos para asignar probabilidad e impacto a cada uno y realizar una priorización de los mismos

C   Desarrollar planes de respuesta para cada uno de los riesgos identificados

D   Asignar probabilidades e impactos a cada uno de los riesgos identificados mediante un análisis cualitativo

11.04 Neferet está realizando unos análisis de riesgo cuantitativo en un proyecto denominado oídos biónicas. El dispositivo que se está desarrollando permitirá que cualquier persona podrá escuchar sonidos con el triple de Hz y distancia de lo que lo hacen los perros. Neferet está analizando cuál es el componente de ese dispositivo que más impacta sobre los costos del proyecto. ¿Qué herramienta estará utilizando?

A   Distribución Normal Estándar

B   Diagrama de Tornado

C   Valor monetario esperado

D   Matriz probabilidad impacto

11.05 La organización "Música para todos" ha finalizado el plan de respuesta sobre los riesgos negativos y positivos que puede enfrentar el desarrollo de un instrumento musical apto para cualquier persona que no sepa nada de música. Zenda es la directora de ese proyecto que tiene un avance del 80% y tiene dudas si la reserva para contingencias de costos será suficiente para cubrir los riesgos que todavía podrán ocurrir. ¿Cuál de las siguientes herramientas será de mayor utilidad para Zenda?

A   Auditorías de riesgo

B   Reevaluación de riesgos

C   Análisis de reserva

D   Mitigar el riesgo

11.06 Durante la ejecución de un proyecto para fabricar una cacerola inteligente que cocina de manera autónoma diferentes alimentos, Yelina identifica que uno de los principales riesgos es que algunos miembros de su equipo se vayan a trabajar para otra empresa de la competencia. Por tal motivo, Uxia, patrocinadora de ese proyecto, autoriza a Yelina para que aumente el salario de todos los miembros de su equipo en un 30%. ¿Qué estrategia de respuesta al riesgo están implementado?

A   Transferir
B   Evitar
C   Mitigar
D   Explotar

11.07 Tanit, Directora del Proyecto "Transparencia", ha identificado ella sola 45 riesgos de un proyecto para la construcción de un camión transparente que tiende a reducir los accidentes de tránsito. Además, ha colocado en el registro de riesgos cuál es la señal de alarma de cada riesgo y sus niveles críticos de acción que funcionarán para ejecutar el plan de respuesta al riesgo. Los riesgos han sido cuantificados de manera cualitativa y cuantitativa, por lo que están muy bien priorizados. ¿Qué puede haber olvidado Tanit?

A   Involucrar a otros interesados en la identificación de riesgos
B   Agregar reservas para contingencias
C   Simulación de Monte Carlo
D   Análisis de riesgos positivos u oportunidades

11.08 La empresa MotoWoman está desarrollando un nuevo prototipo de motocicleta que nunca se cae. Sibila, gerente de riesgos de ese proyecto, ha reunido a los miembros claves del equipo para discutir alternativa de cómo aumentar la probabilidad de ocurrencia y el impacto de algunos riesgos identificados. ¿Qué estrategia están implementando?

A   Explotar
B   Compartir
C   Mitigar
D   Mejorar

11.09 Samay es la directora de un proyecto para rescatar zonas abandonadas en los subterráneos de MegaCity y reconvertirlos en parques con plantas naturales, utilizando luz natural a través de espejos reflectores. La línea base de costos asciende a $100 millones. La reserva para contingencias es de $5 millones. Por su parte, el presupuesto total incluye una reserva de gestión de $15 millones para aquellos riesgos desconocidos. ¿Cuál de esas reservas podrá gestionar Samay sin la autorización previa de los patrocinadores?

A   Reserva de gestión
B   Reserva de contingencias
C   Ambas reservas
D   Ninguna de esas reservas

11.10 Luego de la planificación de riesgos, Briseida está utilizando diferentes herramientas durante la fase de identificación de los riesgos de un proyecto de desarrollo de un llavero de bolsillo que incluye un sensor microscópico de gluten para cualquier tipo de alimentos. ¿Cuál de las siguientes herramientas será de MENOR utilidad para Briseida durante esa fase del proyecto?

A   Análisis de supuestos
B   Análisis FODA (DAFO)
C   Técnicas de recopilación de información
D   Matriz de probabilidad e impacto

11.11 En su proyecto están utilizando una matriz probabilidad-impacto para priorizar los riesgos de un nuevo producto a base de garbanzos con gran cantidad de fibras y pocos carbohidratos. En la tabla a continuación se han definido diferentes categorías de impacto para la evaluación de riesgos. Por otro lado, se ha definido la probabilidad de ocurrencia en base a 5 escalas: 1 (Muy baja), 2 (Baja), 3 (Moderada), 4 (Alta) y 5 (Muy alta). Uno de los riesgos identificados tiene una alta probabilidad de aumentar los costos de ese proyecto en un 25%. ¿Qué puntaje colocaría a ese riesgo?

Evaluación del impacto

Impacto \ Riesgo	Muy bajo 0,10	Bajo 0,20	Moderado 0,30	Alto 0,50	Muy alto 0,90
Exceso de costos ($)	< 1%	1%-9%	10%-20%	21%-50%	> 50%
Exceso de plazos (meses de exceso)	< 1	2 – 4	5 – 8	9 – 12	> 12
Mala calidad (fallas cada 1.000)	< 2	3 – 5	6 – 10	11 – 20	> 20

A   2
B   0,5
C   4
D   16

11.12 Arletia está evaluando el impacto que puede ocasionar la falta de energía eléctrica sobre el costo de una plantación que requiere riego por goteo. En base al método de entrevistas con expertos, Arletia recibe la siguiente información: $80 en un escenario optimista, $90 como más probable y $120 en un escenario pesimista. En base a estos datos, Arletia decide utilizar una función de probabilidad triangular y grafica la probabilidad acumulada como se presenta en el diagrama a continuación. ¿Cuál es el costo más probable que debería utilizar Arletia?

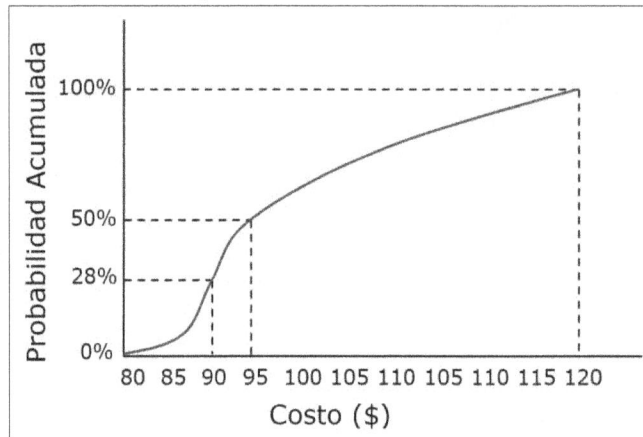

A   90
B   95
C   96,7
D   100

11.13 Usted está realizando un análisis de riesgo sobre la duración estimada para la finalización de un estetoscopio digital con conexión web. Al aplicar la simulación de Monte Carlo con 100.000 iteraciones, la duración media es de 100 días y la desviación estándar de 15 días. ¿Cuál será el rango de duración que presentará a su patrocinador si está dispuesto a correr un riesgo de retraso del 2,5%?
A   55 ; 145
B   70 ; 130
C   85 ; 115
D   40 ; 160

11.14 Durante la ejecución de un proyecto de desarrollo de un equipo de identificación de ADN portátil de bajo costo para uso familiar, se detecta que uno de los riesgos que estaba en la lista de observación, aumenta significativamente su probabilidad de ocurrencia e impacto negativo. Por tal motivo, el director del proyecto consigue aprobación de su patrocinador para reducir la funcionalidad de ese dispositivo en un 50%. ¿Qué estrategia de respuesta al riesgo ha implementado?

A   Mitigar
B   Transferir
C   Evitar
D   Aceptar

11.15 La alta gerencia de su organización está seleccionando diferentes proyectos complementarios de su portafolio. Existe un 30% de probabilidad de seleccionar A y un 70% de probabilidad de seleccionar B. En caso de seleccionar A, existe un 50% de probabilidad de seleccionar el proyecto complementario C y un 50% de probabilidad de seleccionar D. En caso de seleccionar C, existe un 20% de probabilidad de seleccionar el proyecto complementario G y un 80% de probabilidad de seleccionar H. A usted le gustaría que la alta gerencia seleccionara los proyectos A, C y G porque serán los de mayor impacto cualitativo en su organización. ¿Qué probabilidad existe que se seleccionen esos 3 proyectos complementarios?

A   3%
B   100%
C   30%
D   12%

*****

11.2.   Respuestas

11.01 B - Tecnología X = 80% x $50 + 20% x $-50 = $30. / Tecnología Y = 80% x $100 + 20% x $-100 = $60. / Tecnología Z = 80% x $100 + 20% x $-50 = $70. / El mayor valor esperado se obtiene con la tecnología Z. / (Planificación; Riesgos)

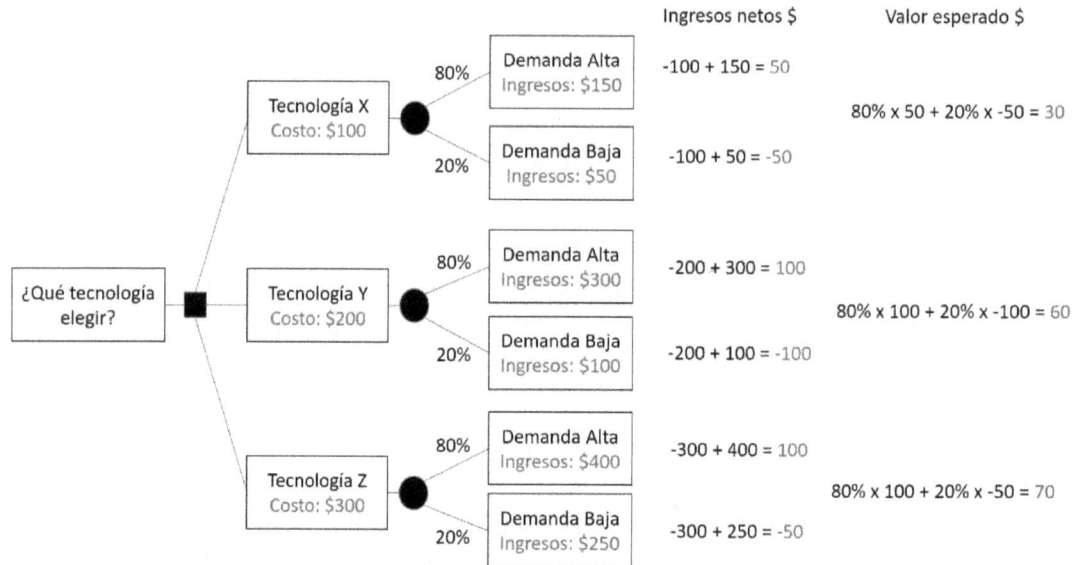

Ingresos netos $ Valor esperado $

Tecnología X
Costo: $100
— 80% → Demanda Alta Ingresos: $150 → -100 + 150 = 50
— 20% → Demanda Baja Ingresos: $50 → -100 + 50 = -50
80% x 50 + 20% x -50 = 30

Tecnología Y
Costo: $200
— 80% → Demanda Alta Ingresos: $300 → -200 + 300 = 100
— 20% → Demanda Baja Ingresos: $100 → -200 + 100 = -100
80% x 100 + 20% x -100 = 60

Tecnología Z
Costo: $300
— 80% → Demanda Alta Ingresos: $400 → -300 + 400 = 100
— 20% → Demanda Baja Ingresos: $250 → -300 + 250 = -50
80% x 100 + 20% x -50 = 70

¿Qué tecnología elegir?

11.02 A - La estrategia de aceptar consiste en reconocer un riesgo, pero no tomar ninguna medida a menos que el riesgo se materialice. Esta estrategia se suele utilizar cuando no es rentable abordar ese riesgo o cuando la probabilidad de ocurrencia y/o impacto son muy bajos. / (Ejecución; Riesgos)

11.03 D - 1º Planificar riesgos, 2º Identificar riesgos, 3º Análisis cualitativo, 4º Análisis cuantitativo, 5º Plan de respuesta al riesgo, 6º Controlar los riesgos. / Se recomienda realizar primero un análisis cualitativo para priorizar los riesgos y luego profundizar con un análisis cuantitativo en aquellos riesgos prioritarios. / El método Delphi se utiliza durante la identificación de riesgos. / El plan de respuesta al riesgo se realiza después de un análisis cualitativo. / (Planificación; Riesgos)

11.04 B - El diagrama de tornado es una de las herramientas del análisis de sensibilidad (Simulación de Monte Carlo) que ayuda a determinar qué variables tienen el mayor impacto potencial en el proyecto. / (Planificación; Riesgos)

11.05 C   El análisis de reserva es una herramienta que se utiliza durante el proceso de control de riesgos para comparar la reserva que está quedando en relación a los riesgos restantes con el objeto de analizar si la reserva restante es suficiente. / Auditorias: documentar la efectividad de las respuestas implementadas a cada riesgo. / Reevaluación: identificar nuevos riesgos y volver a realizar un análisis cualitativo o cuantitativo de los que ya fueron identificados. / Mitigar es una estrategia del plan de respuesta al riesgo que consiste en disminuir la probabilidad de ocurrencia y/o el impacto. / (Monitoreo y control; Riesgos)

11.06 C   - Al aumentar el salario a los miembros del equipo, disminuirá la probabilidad de que renuncien a ese proyecto. Esto sería una estrategia de mitigación de riesgos. / (Monitoreo y control; Riesgos)

11.07 A   - Lo más importante para una buena identificación y análisis de riesgo es involucrar a los miembros claves del equipo u otros interesados externos. Si Tanit fue la única persona que identificó riesgos, es muy probable que existan otros riesgos adicionales para agregar en el registro de riesgos. / (Planificación; Riesgos)

11.08 D   - Para los riesgos positivos u oportunidades se suelen utilizar las siguientes estrategias o herramientas: a) Explotar: realizar acciones para concretar la oportunidad para el beneficio del proyecto; b) Compartir: aprovechar las sinergias de otra persona u organización mejor capacitada para capturar las oportunidades del mercado; c) Mejorar: realizar acciones para aumentar la probabilidad de ocurrencia y/o el impacto; d) Aceptar: no cambia el plan del proyecto. / La estrategia mitigar se utiliza para el análisis de riesgos negativos y consiste en disminuir la probabilidad o el impacto. / (Planificación; Riesgos)

11.09 B   - La reserva de gestión no forma parte de la línea base de costo y el DP requiere de la autorización del patrocinador o Comité de cambios para poder utilizarla. / La reserva de contingencias forma parte de la línea base de costos y el DP la puede utilizar sin autorización de los patrocinadores. / (Planificación; Riesgos)

11.10 D   - La matriz probabilidad-impacto es una herramienta del análisis cualitativo de riesgos. / El resto de las opciones son herramientas de la identificación de riesgos. / (Planificación; Riesgos)

11.11 A   - Puntaje = Probabilidad x Impacto = 4 x 0,50 = 2. / (Planificación; Riesgos)

11.12 B   - Existe un 50% de probabilidad de que el costo sea $95 o menos, por lo que este valor sería el más probable. / Existe sólo un 28% de probabilidad que el costo sea menor a $90, por lo que no sería correcto utilizar ese valor como más probable. / $96,7 es un promedio simple entre los 3 valores, si bien se suele utilizar como una estimación media, en este ejemplo ese valor tiene una probabilidad mayor al 50%. / (Planificación; Riesgos)

11.13 B   - Un intervalo de confianza del 95% equivale a la media +/- 2 desviaciones estándar. 100 días +/- 15 días = 70 ; 130. Esto significa que hay un 5% de probabilidad que la duración sea menor a 70 días o mayor a 130 días. En otras palabras, existe un 2,5% que el proyecto demore menos de 70 días y un 2,5% de probabilidad que demore más de 130 días. / (Planificación; Riesgos)

11.14 C   - Cuando se cambia el alcance de un proyecto (ej. reducir la funcionalidad), se está aplicando una estrategia de evitar el riesgo, donde se actúa para eliminar la amenaza o para proteger al proyecto de su impacto. / (Monitoreo y control; Riesgos)

11.15 A   Probabilidad A, C, G = Probabilidad A x Probabilidad C x Probabilidad G = 30% x 50% x 20% = 3%. / (Inicio, Riesgos)

*****

EXAMEN

12. ADQUISICIONES

Cantidad de preguntas: 15
Tiempo para responder: 18 minutos
Puntaje para aprobar: 80% (12 respuestas correctas)

12.1. Preguntas

12.01   Estás trabajando en el desarrollo de un aeropuerto exclusivo para drones que van a transportar medicamentos a hospitales públicos. El alcance del proyecto no está definido y necesitas contratar varios servicios tecnológicos a diferentes proveedores. En la licitación se les solicitará a los vendedores que presupuesten el precio unitario de cada uno de los diferentes servicios. ¿Qué tipo de contrato será el más apropiado?

A   Precio fijo
B   Por tiempo y materiales
C   Reembolso de costos
D   Precio fijo más incentivo

12.02 Nina ha contratado a Lupe para la fabricación de tela antimicrobiana y control de humedad. Esa tela la utilizará Nina para proveer delantales en una clínica privada. Se ha firmado un contrato de reembolso de costo, por lo que Nina todavía no sabe cuánto le costarán esas telas. Lupe estima que el costo total de las telas será de $50.000 y sus honorarios por realizar ese trabajo ascienden a $10.000. Nina le ofrece a Lupe un incentivo del 30% sobre el ahorro de costos que consiga Lupe en las telas. Este incentivo solamente se pagará si el ahorro supera un 10% y el incentivo máximo a pagar no podrá superar los $6.000. Si Lupe elabora las telas por $40.000, ¿Cuánto pagará Nina?

A   53000
B   43000
C   41000
D   62000

12.03 Caetano Pío está a cargo de las auditorías de las adquisiciones de un proyecto que utiliza las corrientes oceánicas para limpiar residuos con un gran colador que abarca 100.000 kilómetros cuadrados. ¿Cuál debería ser el principal objetivo de Caetano Pío?

A   Identificar mejoras y lecciones aprendidas para futuros procesos de contrataciones
B   Gestionar el cierre definitivo del contrato y la resolución de incidentes
C   Archivar todos los contratos para facilitar su recuperación en futuros proyectos
D   Llevar un índice actualizado de todos los documentos de las adquisiciones para archivar y recuperar de manera eficiente

12.04 Kaike es la directora de un proyecto de elaboración de micro sensores autoadhesivos. Kaike y su equipo están con dudas si el sistema autoadhesivo lo deben producir dentro de la organización a será preferible contratarlo a terceros. ¿Cuál de los siguientes factores será el más importante para Kaike para tomar la decisión de comprar a terceros ese autoadhesivo en lugar de la producción propia?

A   Falta de confiabilidad en el proveedor que produce los adhesivos
B   Economías de escala
C   Mantener un nivel mínimo de planta en ocupación
D   Mantener el control sobre la integración entre el micro sensor y el autoadhesivo

12.05   Ciro trabaja para la empresa "Tecapacito SRL" y es el director de un seminario internacional que se llevará a cabo dentro de 3 meses. Para el proceso de acreditaciones Ciro quiere contratar a la empresa "Teacredito.biz" que se especializa en la gestión de eventos. ¿Qué contrato debería seleccionar Ciro para minimizar el riesgo de "Tecapacito SRL"?

A   Precio fijo + monto fijo adicional por cada asistente al congreso
B   Reembolso de costos
C   Reembolso de costos + incentivo en base a la encuesta de satisfacción de los asistentes
D   Precio fijo

12.06   Cloe trabaja en la empresa "Yotevisto" y ha sido asignada como directora de un proyecto para ampliar el negocio al sector de bebés. Dentro de la nueva gama de productos para este sector, Cloe va a tercerizar la producción de monitores para bebés con sensores de cardio y temperatura vinculados a los dispositivos móviles de sus padres. Para poder avanzar con esta tercerización es necesario definir el enunciado del trabajo de las adquisiciones (procurement SOW). ¿Quién debería redactar ese enunciado?

A   El vendedor
B   El comprador
C   El gerente de contrataciones
D   El vendedor y/o el comprador

12.07   Gala, Directora del proyecto "Milenio", no está de acuerdo con los entregables de la contratista Malen. Malen asegura que los entregables cumplen con los términos de referencia de las contrataciones. Gala no quiere pagar a Malen por los servicios prestados porque no coincide con el contrato firmado entre las partes. Los reclamos de ambas partes se están documentando en un registro de incidentes. ¿Cuál sería la técnica más recomendada para solucionar estos conflictos?

A   Mediación o Arbitraje
B   Conciliación obligatoria
C   Negociación
D   Demanda formal

12.08 Usted ha firmado un contrato de reembolso de costos por un valor estimado de $120.000 más un honorario fijo de $20.000. Si el costo final fuera inferior al valor estimado, pagará un premio del 80% sobre el ahorro de costos. Si el costo final es superior al valor estimado, cobrará una multa del 20% sobre el incremento de costos y lo descontará de los honorarios fijos. Los ingresos totales estimados del proyecto ascienden a $150.000. ¿Cuál es el punto de equilibrio del reembolso de costos para no ganar ni perder dinero con ese proyecto?

A   110000
B   132500
C   150000
D   120000

12.09 El alquiler de una máquina para un Proyecto de extracción de minerales cuesta $120.000 mensuales con los gastos de mantenimiento y seguro incluidos. Comprar esa máquina nueva cuesta $3.000.000 y deberá contratar un seguro mensual del 1% sobre el valor de la máquina. Los gastos de mantenimiento de esa máquina ascienden a $40.000 mensuales. ¿Cuántos años deberá estar como mínimo ese proyecto en ejecución para que se justifique la compra de esa máquina?

A   60
B   5
C   3,12
D   2,77

12.10 Moa se tiene que hacer cargo de un proyecto en ejecución con un avance del 90%. El proyecto consiste en la codificación de una base de datos para un Banco internacional y se había firmado un contrato por tiempo y materiales. Moa descubre que Milo y Briana han facturado un total de 30 horas al cliente en el último mes, sin haber realizado ninguna tarea para ese proyecto en particular. Luego de seguir investigando, descubre que Milo y Briana habían facturado esas horas porque no tenían ningún otro trabajo para hacer. El Banco desconoce estos acontecimientos y no hay forma que detecte esas 30 horas sobre un total de miles de horas facturadas en ese proyecto. ¿Qué debería hacer Moa?

A   Conseguir trabajo en ese proyecto para Milo y Briana y hacerlos trabajar 30 horas extras sin facturarlas al cliente en los próximos meses

B   Buscar algún superior de Milo y Briana para hacerlo responsable de lo que ha sucedido

C   Sacar a Milo y Briana de ese proyecto de manera inmediata y reintegrar al cliente el valor facturado por esas 30 horas

D   Solicitar una reunión con Milo y Briana para informales que eso no es una buena práctica y no lo deberían volver a realizar

12.11 Fiamma quiere llamar a una conferencia de oferentes para un proyecto de desarrollo tecnológico. ¿En qué momento debería realizar esto?

A   Después de seleccionar al vendedor para mantener abiertas más opciones de proveedores

B   Antes de definir los criterios de selección de los vendedores

C   Después de mantener reuniones técnicas con los vendedores para discutir los requerimientos del contrato

D   Antes de la presentación de propuestas de los vendedores

12.12 Según el plan de Proyecto un contratista debería entregarle un componente de su proyecto dentro de 3 días. Según el contrato, ese componente hay que pagarlo dentro de 5 días. El contratista le indica que tiene un retraso en la elaboración de ese componente, por lo que lo entregará dentro de 15 días. ¿Qué debería hacer?

A   Negociar con el contratista el problema de la entrega antes de realizar el pago

B   Postergar el pago por 17 días

C   Pagar ese componente dentro de 5 días como indica el contrato y re-planificar la fecha de entrega de ese componente

D   Buscar otro proveedor que pueda cumplir con la fecha de entrega de ese componente

12.13 Greta es la directora de un proyecto de inversión de varios millones de dólares. El equipo de proyecto ha definido comprar uno de los insumos a través de una orden de compra. ¿Qué debería hacer Greta?

A   Revisar los activos de los procesos de la organización para verificar si está permitido realizar órdenes de compra para esos insumos

B   Implementar una solicitud de propuesta (RFP) o solicitud de cotización (RFQ) para formalizar la compra de esos insumos

C   Discutir con los miembros de su equipo si se justifica esa orden de compra y tomar la decisión final de implementarla o no

D   Implementar esa orden de compra en caso que el vendedor hubiera sido pre-seleccionado para proveer esos insumos

12.14 Usted ha trabajado como gerente de la PMO de la empresa "Old" durante 20 años. Actualmente está trabajando como director de un gran proyecto para la empresa "New" donde necesitan contratar algunos servicios similares a los que ofrece la empresa "Old". ¿Qué debería hacer durante el proceso de selección de proveedores para la licitación de esos servicios?

A   Notificar a los interesados de New sobre su trabajo en Old y excusarse de participar durante esa licitación

B   Proveer a los miembros del comité de selección de proveedores la mayor cantidad de información que recuerdes de la empresa Old para el bien de ese proyecto

C   Solicitar a la empresa New que lo transfieran a otro proyecto que no requiera de los servicios de la empresa Old

D   Notificar a los interesados de New sobre su trabajo en Old, para que ellos decidan de qué forma les gustaría que participes de ese proceso de licitación.

12.15 Indiana está supervisando que los bienes y servicios entregados por los vendedores cumplan con los términos contractuales. Además, está actualizando todos los registros del proyecto para que reflejen los resultados finales y se puedan utilizar esos archivos en futuros proyectos. ¿Quién será el principal beneficiario del cierre contractual?

A   Comprador

B   Vendedor

C   Indiana

D   Comprador y vendedor

*****

12.2.   Respuestas

12.01 B   - Si el alcance no está bien definido las mejores opciones serían reembolso de costos o por tiempo y materiales. Si necesita establecer el valor unitario de cada servicio, el contrato por tiempo y materiales sería el más apropiado, donde se fija el valor unitario del servicio y se deja abierta la cantidad de ese servicio (horas, m2, unidades, etc.). / (Planificación; Adquisiciones)

12.02 A   Costo total = $40.000 telas + $10.000 honorarios + $3.000 incentivo (30% x ($50.000 - $40.000) = $53.000. / (Planificación; Adquisiciones)

12.03 A   - Las auditorías de la adquisición consiste en una revisión formal y sistemática de todos los procesos de las adquisiciones con el objetivo de identificar mejoras y lecciones aprendidas para utilizar en futuros procesos de contrataciones. / (Cierre; Adquisiciones)

12.04 B   - Las economías de escala suele ser un factor muy importante para tomar la decisión de comprar en lugar de hacer (producción propia). Generalmente los proveedores que producen en grandes escalas porque elaboran ese mismo bien y servicio para varios clientes, ofrecerán un mejor precio en relación a la producción propia. / Todos los otros ítems son factores que influyen en la producción propia. / (Planificación; Adquisiciones)

12.05 D   - Los contratos de precio fijo son los de menor riesgo de costo para el comprador. Sin embargo, esos contratos son los de mayor riesgo para el vendedor, por lo que seguramente el vendedor trasladará al precio del contrato los riesgos que va a asumir. / (Planificación; Adquisiciones)

12.06 D   - Por lo general el SOW es redactado por el comprador incluyendo el alcance detallado de los productos que van a adquirirse con el contrato, para que el vendedor evalúe si podrá realizar dicho aprovisionamiento. Sin embargo, en varios proyectos dónde el vendedor no conoce bien ese mercado, será el comprador quién redacte los términos del SOW para que el comprador evalúe si está de acuerdo o no con ese alcance del contrato. / (Planificación; Adquisiciones)

12.07 C   - Durante el control de las adquisiciones será necesario gestionar incidentes, reclamos, impugnaciones y apelaciones cuando las partes no están de acuerdo en algún ítem contractual y su respectivo pago. Todos estos reclamos se documentan y si no hay acuerdo entre las partes después de negociar, se podría acudir a un mediador o árbitro para la resolución del conflicto. Todas las respuestas podrían ser válidas, pero en una primera instancia lo más recomendable es la negociación entre las partes. / Arbitraje: las partes deciden de forma voluntaria que un conflicto sea resuelto definitivamente por un Árbitro, mediante la emisión de una decisión que será vinculante para ambas. / Mediación: las partes, debidamente aconsejadas por Mediadores, acercan posturas de manera voluntaria y libre, para intentar solventar sus controversias de forma rápida y concreta a través de la firma de un acuerdo. / Conciliación obligatoria: convocatoria que dicta un organismo público para que las partes en conflicto -trabajadores (sindicato) y empresarios- tengan una instancia de diálogo para resolver el problema. Los trabajadores deben abandonar la medida de fuerza gremial para poder "dialogar" con la empresa en cuestión. / (Monitoreo y control; Adquisiciones)

12.08 B   _ Resultado = Ventas – Reembolso – Honorarios + Multa = 150.000 – 132.500 – 20.000 + 2.500 = 0. // 150.000 – Reembolso – 20.000 + 0,2 x (Reembolso – 120.000) = 0 ; Despejando Reembolso = 132.500. // (Planificación; Adquisiciones)

Costo estimado	120.000
Honorario fijo	20.000
Premio	80%
Multa	20%
Ventas	150.000

Reembolso	110.000
Ahorro	10.000
Ventas	150.000
Reembolso	-110.000
Honorarios	-20.000
Premio	-8.000
Resultado	**12.000**

Reembolso	132.500
Sobrecosto	12.500
Ventas	150.000
Reembolso	-132.500
Honorarios	-20.000
Multa	2.500
Resultado	**0**

Reembolso	150.000
Sobrecosto	30.000
Ventas	150.000
Reembolso	-150.000
Honorarios	-20.000
Multa	6.000
Resultado	**-14.000**

12.09 B   (Valor compra / meses) + seguro mensual + mantenimiento mensual = Alquiler mensual; ($2.000.000 / meses) + $30.000 + $40.000 = $100.000; Despejando meses = 60; 60 meses / 12 = 5 años. / (Planificación; Adquisiciones)

12.10 C   - Lo primero que debería hacer es re-integrar inmediatamente el valor facturado al cliente por esas horas que no corresponden. En este ejemplo, la única opción con esa alternativa implicaba también remover a Milo y Briana del proyecto por su falta de ética profesional. / (Ejecución; Adquisiciones)

12.11 D   - Las conferencias de oferentes (conferencias de contratistas, conferencias de proveedores o conferencias previas a la licitación) son reuniones entre el comprador y todos los posibles vendedores, que se celebran antes de la presentación de ofertas o propuestas. / Los criterios de selección de vendedores suelen ser una entrada necesaria para planificar la conferencia de oferentes. / (Planificación; Adquisiciones)

12.12 A   - Lo primero que debería hacer es negociar con ese contratista una nueva fecha de pago acorde al nuevo plazo de entrega. En este ejemplo, el contrato está indicando pagar el componente 2 días después de su entrega, no antes de finalizarlo. / Pagar dentro de 17 días sería razonable si el componente realmente se entregara en 15 días, pero eso todavía no se conoce. (Ejecución; Adquisiciones)

12.13 A   - Todas las respuestas podrían ser verdaderas. Pero lo primero que debe hacer es revisar en los activos de los procesos de la organización si existe alguna restricción para realizar una orden de compra en ese tipo de insumos. Por ejemplo, en algunas organizaciones las órdenes de compra están prohibidas para bienes o servicios que superen cierto monto. / (Planificación; Adquisiciones)

12.14 D   - Todas las respuestas podrían ser verdaderas. Pero lo primero que deberías hacer es relevar el conflicto de intereses a los interesados, para que ellos recomienden la mejor forma de actuar, ya sea participando activamente o no durante esa licitación. Si los interesados de New decidieran que participes de la licitación, igualmente deberás mantener estricta confidencialidad en aquellos temas de propiedad intelectual de tu antigua empresa. (Ejecución; Adquisiciones)

12.15 D   - El cierre contractual beneficiará tanto al comprador (proyecto) como al vendedor (proveedor). / El cierre administrativo o cierre final de proyecto que incluye la actualización de registros, beneficiará principalmente al comprador (proyecto). / (Cierre; Adquisiciones)

*****

– – – – –

/////

*****

EXAMEN

13. INTERESADOS

Cantidad de preguntas: 15
Tiempo para responder: 18 minutos
Puntaje para aprobar: 80% (12 respuestas correctas)

13.1.   Preguntas

13.01   Ian está comenzando con la identificación de interesados para un proyecto que involucra impactos ambientales. Para ello, le gustaría utilizar alguna plantilla para poder registrar a todos los interesados del proyecto. ¿Dónde podría encontrar Ian plantillas para el registro de interesados?

A   Acta de constitución del proyecto
B   Factores ambientales
C   Activos de los procesos de la organización
D   Plan para la gestión de los recursos humanos

13.02 Max está dirigiendo la elaboración e instalación de una escultura gigante dentro de un parque que va a impactar en el diseño urbano de esa ciudad. El proyecto abarcará a varios interesados como escultores, escuelas de arte, paisajistas, gobierno, municipalidad, comunidad, proveedores de hierro, etc. Max deberá identificar a los interesados durante _____

A   Inicio
B   Inicio y Planificación
C   Inicio, Monitoreo y control
D   Inicio, Planificación, Ejecución, Monitoreo y control, Cierre

13.03 Taina es la directora de un proyecto de construcción de un estadio polideportivo techado con capacidad para 200.000 personas sentadas. Entre los diferentes grupos de interés están los seguidores de uno de los equipos de fútbol más populares de esa ciudad. Estos fans, a pesar de no tener poder en ese proyecto, están muy interesados en que lo finalicen a tiempo para poder ver a su equipo local la próxima temporada. ¿Cómo debería gestionar Tania a esos interesados durante la ejecución del proyecto?

A   Mantener informados
B   Mantener satisfechos
C   Gestionar atentamente
D   Monitorear

13.04 En un proyecto de modernización tecnológica del estado, Inti, directora del proyecto, ha solicitado a todos los interesados que hagan un listado sobre las funcionalidades que esperan obtener de ese proyecto. Uno de los interesados, no está cooperando con esa solicitud, pero tiene un bajo impacto en ese proyecto. Inti sabe que todos los interesados no obtendrán el 100% de las funcionalidades que están solicitando. ¿Qué debería hacer Inti con ese interesado que no está cooperando?

A   Monitorearlo por si en algún momento cambia de categoría
B   Involucrarlo con el proyecto
C   Gestionar proactivamente su participación
D   Comunicar el desacuerdo y comprometerlo

13.05 Yuma está confeccionando un registro de interesados en un proyecto de siembra de nubes con sal y yoduro de plata, para generar lluvias en zonas secas, aplicando algunas leyes de microfísica. ¿Qué será lo MENOS común de encontrar sobre cada interesado en ese registro?

A   Rol en el proyecto
B   Requerimientos de comunicaciones
C   Expectativas
D   Influencia potencial

13.06   Usted y su equipo está desarrollando un algoritmo de reconocimiento facial para predecir la voluntad de pago de una persona al momento de decidir si se le otorga o no un préstamo personal. En este proyecto están participando más de 50 interesados de diferentes sectores financieros, además de miles de personas a las que se están realizando las pruebas de reconocimiento facial y scoring bancario. Algunos interesados tienen poder para influir sobre los entregables; otros tienen autoridad y legitimidad para participar del proyecto; y otros quieren satisfacer sus expectativas de manera urgente. Algunos interesados combinan más de uno de estos atributos. ¿A cuál de los siguientes grupos de interesados les daría mayor prioridad?

A   Poder + Legitimidad
B   Poder + Urgencia
C   Poder + Legitimidad + Urgencia
D   Legitimidad + Urgencia

13.07   Una tienda departamental está planificando abrir 24 horas al día durante la semana previa a navidad, para ello ha nombrado a Inca como director del proyecto. Nara, gerente de logística y distribución, es la principal detractora del proyecto argumentando que los empleados y clientes no tendrán dónde alimentarse durante los horarios que el resto del comercio permanezca cerrado. Inca está gestionando la participación del resto de los interesados de manera muy favorable y ya ha convencido a la mayoría para llevar a cabo este proyecto. ¿Durante qué fase del proyecto Nara tendrá una mayor influencia en ese proyecto?

A   Planificación
B   Ejecución
C   Inicio
D   Monitoreo y control

13.08 Usted es el director de un proyecto para el trasplante de piernas y brazos robóticos a un grupo de 50 excombatientes de guerra que sufrieron amputaciones. Este proyecto está siendo financiado por diferentes organismos internacionales y Universidades. ¿Quiénes serán los interesados clave en este proyecto? Todos aquellos individuos y organizaciones que ____

A   Estén activamente involucrados en el proyecto
B   Se vean afectados por el proyecto
C   Tengan un rol de toma de decisiones en el proyecto
D   Lleven a cabo el proyecto

13.09 En su organización de la industria de aeronavegación están desarrollando un avión comercial que funcionará solamente con energía solar. Hay 20 ingenieros interesados en este proyecto que conocen muy bien las ventajas del mismo, pero están reticentes a implementar ese cambio de fuente energética. La participación de esos ingenieros será fundamental para lograr un proyecto exitoso. ¿Cuál debería ser el nivel de participación deseado para esos ingenieros en el proyecto?

A   Líder: conocer los impactos potenciales del proyecto e involucrarse activamente en la dirección del proyecto para asegurar el éxito del mismo
B   Partidario: conocer los impactos potenciales del proyecto y apoyar el cambio
C   Neutral: conocer los impactos potenciales del proyecto, sin necesidad de apoyarlo o ser reticente
D   Críticos: que adquieran poder, legitimidad y urgencia para conocer en profundidad los impactos potenciales del proyecto

13.10 Para la construcción de un edificio con procesos tradicionales estandarizados, se ha contratado a Filomena para la dirección de esa obra. Filomena solicita una reunión con su patrocinadora Carlota para discutir cómo planificar la participación de los interesados. Carlota responde que está muy ocupada y no es necesario ese tipo de planificación en esta organización. Carlota pregunta a Filomena cuál sería el principal objetivo de esa reunión. ¿Qué debería responder Filomena?

A   Desarrollar estrategias para que los interesados se involucren con el proyecto y mantenerlos comprometidos a lo largo del ciclo de vida
B   Elaborar una estrategia de cómo desarrollar el registro de interesados para identificarlos a todos lo antes posible
C   Identificar a todas aquellas personas u organizaciones que serán afectadas por el proyecto
D   Aplicar procesos de la Guía del PMBOK® en relación a la gestión integral de los interesados para lograr un proyecto exitoso

13.11 La organización "Médicos por todos lados" quiere organizar su portafolio de proyectos (campañas de vacunación, hospitales móviles, tratamientos contra epidemias, etc.) a través de la implementación de una PMO. Usted necesita gestionar la participación de los interesados de esta organización filantrópica que desconocen sobre las buenas prácticas de dirección de proyectos, durante la implementación de esta PMO. ¿Cuál es el principal objetivo de lograr la participación activa de los interesados en este proyecto?

A   Implementar una metodología de dirección de proyectos en toda la organización

B   Incrementar el apoyo y minimizar la resistencia de los interesados con el proyecto

C   Motivar a los interesados clave del proyecto

D   Mejorar la eficiencia en la gestión de programas y proyectos

13.12 En las fases iniciales de un Proyecto para instalar plataformas sobre Big Data Analysis y Business Intelligence en una compañía multinacional, algunos técnicos informáticos se oponían a todas las recomendaciones del director de proyectos. Sin embargo, cuando el proyecto está en sus fases finales estos técnicos están apoyando todas las decisiones del DP y están comprometidos con el proyecto. ¿Cómo debería monitorear a este grupo de interesados?

A   Mantenerlos en el grupo de interesados "Reticente" ya que el proyecto está por finalizar

B   Transferirlos al grupo de interesados "Apoyan" y mantener la estrategia del grupo "Reticente" para mantener los buenos resultados

C   Transferirlos al grupo de interesados "Apoyan" e implementar la estrategia de gestión definida para este grupo

D   Mantenerlos en el grupo "Reticente" en el informe de lecciones aprendidas porque allí estuvieron la mayor parte del proyecto, pero aplicar la estrategia actual del grupo "Apoyan"

13.13 KimBas está gestionando la interacción de artesanos cerveceros, ingenieros industriales, abogados ambientalistas y constructores durante la ampliación de una planta cervecera que producirá una nueva línea de cerveza saborizada con hormonas. ¿Cuál debería ser el método preferido por KimBas para gestionar a estos interesados?

A   Asegurar que no discutan temas confidenciales sobre la nueva receta de hormonas fuera de la empresa

B   Convocarlos a reuniones semanales para discutir el estado de avance del proyecto y mantenerlos motivados

C   Mantenerlos informados a lo largo del ciclo de vida de la ampliación de la planta

D   Aplicar un sistema de incentivos para aumentar la innovación en el desarrollo del nuevo producto

13.14 Una escuela pública sufrió un ataque que causó la muerte de varios niños y maestros. Los padres de los niños que no fueron afectados decidieron cambiar a sus hijos de escuela. A usted lo han contratado para dirigir la demolición de ese establecimiento y construir uno nuevo que sea aceptado por la comunidad. En el registro de interesados ya ha identificado a padres, maestros, alumnos, expertos en seguridad, diseñadores, gobierno, dirección general de escuelas, comunidad y otros. ¿Cuál de los siguientes ítems deberá incluir en ese registro?

A   Relación familiar de los interesados con las personas damnificadas

B   Habilidades de comunicación de los interesados

C   Hobbies de los interesados

D   Expectativas sobre el proyecto de los interesados

13.15 Dr. Puenting es el director de un proyecto en ejecución que está elaborando un puente de hierro de una longitud de 12 km que está siendo construido en un 100% por una impresora 3D. El puente ya tiene un nivel de avance del 70% y han comenzado algunos conflictos sobre decisiones técnicas entre los interesados. ¿Qué debería hacer Dr. Puenting para un adecuado monitoreo de esos interesados?

A   Ajustar las estrategias y planes cuando sea necesario para involucrar a los interesados

B   Analizar y documentar los intereses e influencia de los interesados

C   Desarrollar estrategias de gestión para lograr la participación activa de los interesados

D   Comunicarse con los interesados para satisfacer sus necesidades

*****

13.2. Respuestas

13.01 C - En los activos de los procesos de la organización se pueden encontrar plantillas sobre el registro de interesados para utilizar en futuros proyectos. / En el acta de constitución y factores ambientales no hay plantillas para el registro de interesados. / En el plan de recursos humanos por lo general no hay registro de interesados. (Inicio; Interesados)

13.02 D - La identificación de interesados comienza en la fase de Inicio y es allí donde debería intentar identificar a la gran mayoría. Sin embargo, podrán seguir apareciendo interesados a lo largo de todo el ciclo de vida del proyecto, los cuáles debería agregarlos en el registro de interesados. Mientras más tarde aparezcan los interesados, más difícil será su gestión. / (Inicio; Interesados)

13.03 A - Utilizando la matriz de poder/interés, la mejor estrategia para los interesados que tienen bajo poder y alto interés, sería mantenerlos informados. / (Ejecución; Interesados)

13.04 A - En función de la matriz cooperación-impacto, la estrategia recomendada para aquellos interesados con baja colaboración y bajo impacto, es colocarlos en una lista de observación y monitorearlos por si llegara a cambiar su nivel de cooperación y/o impacto. / (Planificación; Interesados)

13.05 B - Los requerimientos de comunicaciones de cada interesado se suelen encontrar en el plan de gestión de las comunicaciones, no en el registro de interesados. / (Inicio; Interesados)

13.06 C - Según el modelo de prominencia (salience model) los interesados que tienen los tres atributos (poder, legitimidad y urgencia) son los más críticos para el proyecto, por los que deberían ocupar la primera prioridad del director de proyectos. / (Planificación; Interesados)

13.07 C - La capacidad de los interesados para influir en el proyecto es alta en la etapa de inicio y por lo general tiende a disminuir a medida que avanza el proyecto. / (Planificación; Interesados)

13.08 C - Todas las opciones definen de manera correcta a los interesados de un proyecto. Sin embargo, los interesados clave son aquellos que tienen un rol de dirección o toma de decisiones que impactarán sobre los resultados del proyecto. Por ejemplo, patrocinador, DP y cliente principal. / (Inicio; Interesados)

13.09 B   - El nivel deseado ideal sería que sean partidarios para apoyar los cambios del proyecto. / No sería recomendable que todos los interesados fueran líderes para dirigir ese proyecto. Cada proyecto necesita un solo DP. / No es necesario que tengan poder, legitimidad y urgencia para apoyar un proyecto. / (Planificación; Interesados)

13.10 A   - El principal objetivo de planificar la participación de los interesados es lograr su participación eficaz a lo largo de todo el proyecto. Para ello será necesario analizar sus necesidades, expectativas, intereses y potencial impacto de cada uno de ellos sobre el proyecto. Para poder realizar esta planificación, primero es necesario haber identificado a los interesados en el registro de interesados. / (Planificación; Interesados)

13.11 B   - Gestionar la participación de los interesados consiste en gestionar las comunicaciones con cada interesado para satisfacer sus necesidades y mitigar potenciales conflictos a lo largo del ciclo de vida del proyecto. El principal beneficio será incrementar el apoyo y minimizar la resistencia de los interesados para alcanzar un proyecto exitoso. / Hay que motivar a todos los interesados, no sólo a los clave. / Mejorar la eficiencia del portafolio podría ser el objetivo de la implementación de esa PMO, pero no es el objetivo principal de lograr una participación de los interesados en el proyecto de implementación de esa PMO. / (Ejecución; Interesados)

13.12 C   - Durante el monitoreo de la participación de los interesados se ajustan los planes y estrategias acorde al nuevo estado de cada grupo de interesados. Si la categoría de un interesado cambia, hay que actualizar el registro de interesados en base a esa nueva situación e implementar la estrategia que corresponda a esa nueva categoría. / (Monitoreo y control; Interesados)

13.13 C   - Si bien todas las respuestas podrían ser correctas, la única verdadera que aplica a cualquier tipo de proyecto es "mantener a los interesados informados a lo largo de todo el proyecto". / En algunos proyectos se podrían tratar temas confidenciales fuera de la empresa o mantener reuniones diarias, quincenales o mensuales, en lugar de semanales. / (Ejecución; Interesados)

13.14 D   - El DP debe conocer las expectativas e intereses que tienen sobre el proyecto cada uno de los interesados. / La relación familiar, habilidades de comunicación y hobbies podrían ser un dato complementario, pero no necesariamente forman parte del registro de interesados. / (Inicio; Interesados)

13.15 A   - Monitoreo: Ajustar las estrategias y planes. / Identificación: Documentar intereses e influencia. / Planificación: desarrollar estrategias de gestión. / Gestionar participación (Ejecución): comunicarse con los interesados. / (Monitoreo y control; Interesados).

*****

– – – – –

/////

*****

EXAMEN

14. INICIO

14.1.   Preguntas

14.01 ¿Cuál de los siguientes elementos se crea como resultado de iniciar un proyecto de expansión hotelero?
A   Plan para la dirección del proyecto
B   Un contrato firmado
C   La asignación del director del proyecto
D   Acciones correctivas

14.02 La empresa ORG es una de las principales interesadas en el proyecto de saneamiento ambiental que le han encomendado. ¿En cuál de las fases del proyecto ORG tendrá mayor influencia?
A   Fase inicial
B   Fases intermedias
C   Fase final
D   En todas las anteriores

14.03 Usted está involucrado en la iniciación de un proyecto de FinTech en uno de los organismos de crédito internacional que tiene una política muy rigurosa de normas y procedimientos. Todas las siguientes son normas a EXCEPCIÓN de:

A La categorización de riesgo crediticio que debe asignarse a un cliente

B El código de aprobación que debe colocarse a un proyecto

C El modo documentado de deshacerse de las impresoras obsoletas

D La velocidad promedio de circulación vehicular en las calles internas de la empresa

14.04 Los principales hitos preliminares del cronograma del proyecto acaban de ser definidos por el patrocinador. ¿En cuál grupo de procesos de dirección de proyectos se encuentra?

A Monitoreo y control

B Ejecución

C Inicio

D Planificación

14.05 Durante la planificación estratégica de un Holding internacional, se decide crear una nueva estructura organizacional orientada a proyectos. ¿Qué ventajas tiene trabajar en una organización orientada a proyectos?

A Poder consultar los problemas con dos jefes

B Tener un lugar donde acudir una vez que el proyecto haya sido completado

C Lealtad hacia el proyecto

D Conseguir la aprobación del Gerente Funcional

14.06 Usted es el director de proyecto de una empresa con una organización matricial débil. La gerencia general le solicita ayuda durante la fase de selección de proyectos para aprovechar todos sus conocimientos sobre métodos de medición de beneficios y modelos matemáticos de programación lineal. En un modelo de selección de proyectos lo más importante a tener en cuenta será:

A Tipo de restricciones

B Necesidad de negocio

C Cronograma

D Presupuesto

14.07 Usted ha sido asignado como director de proyecto. El acta de constitución del proyecto ha sido firmada por siete interesados claves. ¿Cuál debería ser su principal preocupación para la próxima etapa del proyecto?

A   Dedicar más tiempo a la gestión de la configuración
B   Definir quiénes integrarán el comité de control de cambios
C   Negociar para que se defina un sólo patrocinador del proyecto
D   Cómo se llevará a cabo la estructura de desglose del trabajo

14.08 Los siguientes ítems están incluidos dentro del enunciado del alcance del proyecto, a EXCEPCIÓN de:

A   Justificación del Proyecto
B   Autoridad del Director del Proyecto
C   Justificación del Producto
D   Objetivos del Proyecto

14.09 La PMO ha recibido el estudio de factibilidad técnica de un proyecto. ¿En qué fase seguramente se encuentra ese proyecto?

A   Conceptual
B   Desarrollo
C   Implementación
D   Cierre

14.10 A los fines de alcanzar la satisfacción del Cliente sería recomendable planificar desde la iniciación del proyecto:

A   Entregar al Cliente lo que solicitó, ni más ni menos
B   Entregar al Cliente un poco más de lo solicitado, para que quede más que satisfecho
C   No contradecir al Cliente, él siempre tiene la razón
D   Agregar extras en el alcance del proyecto para satisfacer al cliente, pero cumpliendo con los plazos y costos que el cliente solicita

14.11 ¿Cuál de los siguientes ítems es el MENOS indispensable al momento de la iniciación de un proyecto de desarrollo de software?

A   Enunciado del trabajo
B   Plan estratégico de la Empresa
C   Criterios de selección de proyectos
D   Plan para la dirección del proyecto

14.12 Los patrocinadores de un proyecto están reunidos para finalizar la fase de iniciación de un proyecto de construcción de una cascada de 80 metros de altura dentro de un aeropuerto. Debido a los problemas de microclima que puede originar ese proyecto dentro de un lugar cerrado, los patrocinadores quieren que el director de proyectos conozca sobre esos potenciales impactos. ¿Cuál de los siguientes ítems estará menos relacionado con el grupo de procesos de iniciación?

A   Director del proyecto
B   Asunciones (supuestos)
C   Caso de negocios
D   Plan para la dirección del proyecto

14.13 Si usted está comenzando un proyecto olivícola, ¿Cuál de las siguientes herramientas y técnicas será la MENOS utilizada durante la iniciación?

A   Modelos de calificación
B   Sistema de información para la gestión del proyecto
C   Programación lineal
D   Análisis del producto

14.14 Usted está realizando un análisis costo-beneficio durante las fases de iniciación, a los fines de validar si su proyecto de reparación de vías férreas está alineado con las expectativas de valor del negocio que ha definido el patrocinador. ¿Cuál es el valor de ese negocio?

A   Valor actual neto
B   Tasa interna de retorno superior al costo de oportunidad del dinero
C   Activos monetarios, valor de las acciones, utilidades, marca, reconocimiento y beneficios sociales.
D   El retorno de la inversión (ROI)

14.15 En un proyecto para el lanzamiento de una nueva campaña publicitaria, el Acta de Constitución del proyecto debería llevarse a cabo por:

A   El Director del Proyecto
B   El Cliente que solicitó el servicio
C   El Usuario final
D   Un Gerente funcional

14.16 El primer paso para seleccionar la mejor estructura organizacional del proyecto debería ser:

A Conocer el enunciado del alcance del proyecto para establecer las áreas funcionales necesarias para cada tarea

B Desarrollar el cronograma y presupuesto del proyecto para identificar las áreas funcionales que serán necesarias

C Llevar a cabo la estructura de desglose del trabajo para determinar la estructura organizacional según cada paquete de trabajo

D Analizar el acta de constitución del proyecto

14.17 Cuál de los siguientes enunciados NO se lleva a cabo durante el grupo de procesos de iniciación de una empresa agrícola.

A Utilizar información histórica de proyectos previos

B Utilizar políticas y procesos de la empresa

C Identificar a los principales interesados del proyecto

D Desarrollar la estructura de desglose del trabajo

14.18 Para dar comienzo a un nuevo Proyecto se ha solicitado ayuda a la Oficina de Gestión de Proyectos. ¿Cuál de las siguientes funciones es MENOS probable que lleve a cabo la PMO?

A Proveer lecciones aprendidas de proyectos similares

B Colaborar en la asignación de los recursos compartidos

C Involucrarse en los procesos de iniciación

D Realizar el enunciado del alcance del proyecto

14.19 Durante el grupo de procesos de iniciación el director del proyecto está utilizando el Sistema de Información de la Gestión del Proyecto (PMIS), ¿Cuál de los siguientes ítems NO es un subsistema del PMIS?

A Gestión de la configuración

B Control de cambios

C Programación Lineal

D Autorización del trabajo

14.20 ¿Cuál de los siguientes ítems es MENOS probable que aparezca en el Acta de Constitución del Proyecto?

A Director del proyecto

B Nivel de autoridad del director del proyecto

C Problema, oportunidad o requisito de negocio

D Cronograma de actividades

14.21 Usted está trabajando en la elaboración de un caso de negocios para fabricar ropa para personas con discapacidades. Los requisitos de este proyecto se definirán de manera periódica durante la elaboración de los prototipos de indumentaria y los cambios se van a incorporar en tiempo real durante el desarrollo del proyecto. Los principales interesados, médicos y pacientes, se involucrarán de manera continua en el proyecto; mientras que los riesgos y costos se controlarán a medida que aparezcan los nuevos requisitos y restricciones. ¿Qué ciclo de vida recomendará para iniciar este proyecto?
A   Predictivo
B   Iterativo
C   Incremental
D   Ágil

14.22 Raúl Stock es el Director de un proyecto para el desarrollo de un parque natural de tres hectáreas sobre el techo de un edificio gubernamental. Gonzalo Galle, patrocinador de ese proyecto, solicita a Raúl que agregue en el acta de constitución un resumen ejecutivo con los beneficios de largo plazo de ese proyecto. El Ministro de medio ambiente, Lic. Lisandro Nier, quiere que Raúl agregue el estudio de impacto ambiental entre los principales hitos de ese proyecto. Por último, Martín Gym, quién otorgará el 50% de financiamiento para ese proyecto, quiere que Gonzalo le envíe reportes mensuales con el estado de avance del proyecto. ¿Quién debería ser el principal responsable de firmar el acta de constitución de ese proyecto?
A   Gonzalo Galle
B   Raúl Stock
C   Lisandro Nier
D   Martín Gym

14.23 Durante la iniciación de un proyecto para instalar una pared para practicar escalada de roca en un rascacielos, el patrocinador ha decidido utilizar un ciclo de vida adaptativo. ¿Qué característica tendrá el acta de constitución de este proyecto?
A   Será revisado y revalidado de manera frecuente
B   Nombrará a un director de proyectos para todo el ciclo de vida
C   Fijará los criterios de éxito que se mantendrán estables a lo largo de todo el proyecto
D   Definirá la duración de cada iteración del proyecto

14.24 En su empresa están trabajando un proyecto BCI (Brain Computer Interfaces) para mejorar los problemas de habla, visión y movilidad de las personas. El riesgo principal identificado durante la iniciación es que el sistema BCI pueda acceder a información de todo lo que hay dentro del cerebro humano. No se conoce cuál será el alcance y costos de este proyecto, por lo que se trabajará con metodologías Scrum. ¿Quién debería ser el director de este proyecto?

A   Dueño del producto
B   Facilitador del equipo
C   Desarrollador
D   Diseñador

14.25 Durante la iniciación de un proyecto sobre FinTech y blockchains para validar transacciones de monedas electrónicas, se están identificando a los principales interesados. ¿Qué debería hacer en relación a esos interesados en esta fase del proyecto?

A   Involucrarlos en el proyecto acorde a sus necesidades y expectativas
B   Analizar sus intereses, involucramiento, influencia y potencial impacto en el proyecto
C   Cumplir con sus necesidades y expectativas
D   Adaptar estrategias para su involucramiento con el proyecto

*****

14.2.   Respuestas

14.01 C   El resultado de la iniciación es el Acta de Constitución del proyecto donde se asigna al director del proyecto. / (Inicio; Integración)

14.02 A   En las fases iniciales los interesados pueden influir más para frenar el proyecto o autorizar a que avance a las próximas fases. / (Inicio; Interesados)

14.03 D   Procedimientos o normas: ¿Cómo categorizar el riesgo crediticio de cada cliente?, ¿Cómo son los códigos de aprobación?, ¿Cómo deshacerse de activos? / La velocidad promedio de circulación vehicular es un dato estadístico, no una norma o procedimiento. / (Inicio; Integración)

14.04 C   Los hitos preliminares suelen formar parte del inicio. Los hitos definitivos y cronograma forman parte de la planificación. / (Inicio; Cronograma)

14.05 C   En las organizaciones orientadas a proyectos los miembros del equipo suelen estar trabajando en el mismo lugar físico con directores de proyecto con gran independencia y autoridad. / Las ventajas de esta forma de organización suelen ser: Organización eficiente, Lealtad hacia el proyecto y Comunicaciones más efectivas. / (Inicio; Marco conceptual)

14.06 B   Lo más importante en la selección de proyectos está relacionado con la estrategia, visión, misión y necesidad de negocio. / (Inicio; Marco conceptual)

14.07 A   Luego de la iniciación comienza la planificación. El sistema de gestión de la configuración es una herramienta que abarca el control integrado de cambios. / Los proyectos pueden tener más de un patrocinador. / Definir la EDT se realiza luego de establecer la gestión de la configuración. / (Inicio; Integración)

14.08 B   El nivel de autoridad del DP se suele mencionar en el acta de constitución del proyecto. / (Inicio; Integración)

14.09 A   Los estudios de factibilidad suelen ser insumos para el proceso de aprobación de proyectos que se realiza en las fases de conceptualización (inicio). / (Inicio; Integración)

14.10 A   Un cliente estará satisfecho si le entregamos siempre lo que solicitó, ni más ni menos. / Si entregamos más de lo solicitado, corremos el riesgo de caer en una corrupción del alcance. / (Inicio; Alcance)

14.11 D   El plan para la dirección de proyectos es un resultado del proceso de planificación. / (Inicio; Integración)

14.12 D   El plan para la dirección de proyectos es un resultado de la planificación, que incluye los planes de todas las áreas del conocimiento. / El caso de negocios y supuestos son entradas de la iniciación, donde se obtiene como salida el acta de constitución con la asignación del Director de Proyectos. / (Inicio; Integración)

14.13 D   El análisis del producto es una herramienta para la definición del alcance durante la planificación, que sirve para analizar los objetivos del producto establecidos por el cliente o patrocinador y convertirlos en requisitos tangibles del proyecto. / (Inicio; Integración)

14.14 C   El valor del negocio es la suma de elementos tangibles (activos monetarios, acciones, utilidades, etc.) e intangibles (reconocimiento de marca, beneficios sociales, patentes, etc.). Una eficiente gestión de portafolios, programas y proyectos, será clave para alcanzar los objetivos estratégicos y aumentar el valor del negocio. / (Inicio; Integración)

14.15 D   El acta de constitución la elabora y la firma el patrocinador. Si el patrocinador no tiene conocimientos sobre dirección de proyectos, el DP suele colaborar en el armado de esa acta, pero no la firma. / Varios proyectos de la vida real nacen como iniciativa de los departamentos funcionales y sus gerentes cumplen el rol de patrocinador. Al no estar la opción "patrocinador", lo más cercano en esta pregunta sería un Gerente Funcional que podría ser el patrocinador. / El acta de constitución NO es elaborada por el cliente o usuario final. / (Inicio; Integración)

14.16 A   La estructura organizacional se define antes de desarrollar la EDT, cronograma y presupuesto. / Para definir las áreas funcionales del proyecto, es necesario conocer el enunciado del alcance. / (Inicio; Marco conceptual)

14.17 D   La EDT es una herramienta de la planificación. / (Inicio; Integración)

14.18 D   El enunciado del alcance puede venir por un contrato externo definido por el cliente y patrocinador. O podría desarrollarlo el DP con los miembros de su equipo de manera interna. Pero no suele ser una de las actividades que realizan las PMO. / (Inicio; Marco conceptual)

14.19 C   (Inicio; Integración)

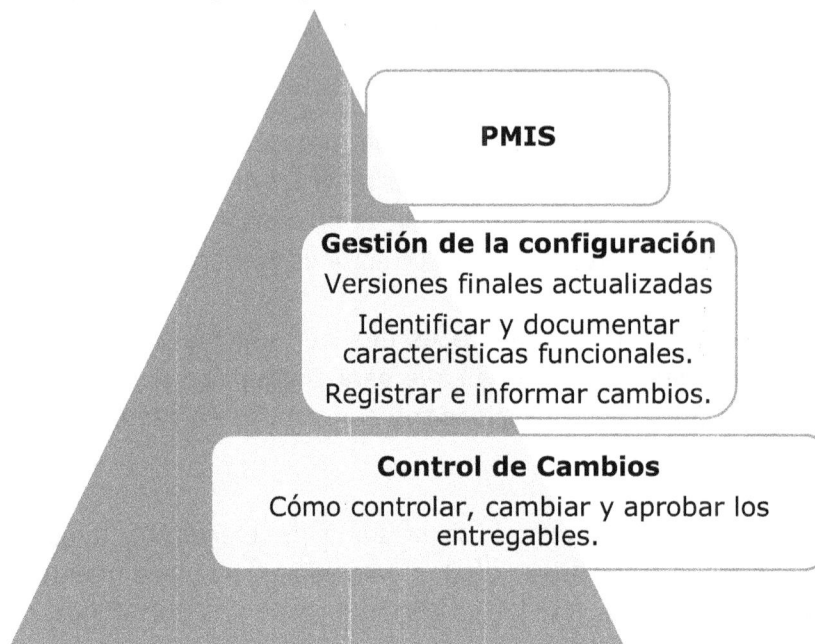

PMIS

Gestión de la configuración
Versiones finales actualizadas
Identificar y documentar
caracteristicas funcionales.
Registrar e informar cambios.

Control de Cambios
Cómo controlar, cambiar y aprobar los
entregables.

14.20 D   El acta de constitución se realiza durante la iniciación, mientras que el cronograma de actividades se realiza durante la planificación. / (Inicio; Integración)

14.21 D   Predictivo: los requisitos se definen antes de comenzar con el desarrollo del proyecto. / Iterativo e Incremental: los requisitos, cambios y participación de interesados, se incorporan en intervalos periódicos. / Ágil: los requisitos, cambios y participación de interesados ocurren de manera continua en tiempo real a lo largo de todo el proyecto. / (Inicio; Marco conceptual)

14.22 A   El acta de constitución la puede realizar el Director del proyecto (Raúl), pero el principal responsable de firmar ese acta para empoderar al DP es el patrocinador (Gonzalo). / El ministro de medio ambiente (Lisandro) y el financista (Martín) también podrían ser patrocinadores, pero al no aclararse en la pregunta sus roles, deberían ser considerados como interesados clave. / (Inicio; Integración)

14.23 A   En proyectos adaptativos, el acta de constitución se revisa y valida de manera continua para ajustar los criterios de éxito acorde a las nuevas restricciones y los cambios del mercado. El DP podría cambiar en alguna revalidación del acta de constitución. / La duración de cada iteración podría variar a lo largo del proyecto y esa información no siempre se incluye en un acta de constitución. / (Inicio; Integración)

14.24 B   En proyectos que utilizan metodologías ágiles como Scrum, el director del proyecto (o de una iteración) suele ser un facilitador del equipo con un perfil de líder servicial. Este rol también se denomina scrum master, líder del equipo de proyecto, entrenador del equipo (coach) o director del proyecto. / Los desarrolladores y diseñadores, suelen formar parte del equipo cros-funcional del proyecto. / El dueño del producto es el responsable de guiar a los miembros del equipo sobre la dirección del producto y es quien representa los intereses del usuario o cliente. / (Inicio; Integración)

14.25 B   Iniciación: analizar sus intereses. / Planificación: involucrarlos. / Ejecución: cumplir sus necesidades. / Control: adaptar las estrategias para involucrarlos. / (Inicio; Interesados)

*****

_ _ _ _ _

/////

*****

© Pablo Lledó

_ _ _ _ _

/////

*****

_ _ _ _ _

/////

*****

© Pablo Lledó   --- 150 ---

EXAMEN

15. PLANIFICACIÓN

Cantidad de preguntas: 50
Tiempo para responder: 1 hora
Puntaje para aprobar: 75% (38 respuestas correctas)

15.1.   Preguntas

15.01 Todos los enunciados siguientes forman parte del Plan para la Dirección del Proyecto a EXCEPCIÓN de:
A   Estructura de Desglose del Trabajo
B   Identificación de los interesados
C   Matriz de Asignación de Responsabilidades
D   Plan para la Dirección de la calidad

15.02 Una vez completado el enunciado del alcance del proyecto, el cliente y el patrocinador acortaron el cronograma en cuatro semanas y decidieron que el proceso para crear la Estructura de Desglose del Trabajo (EDT) quede afuera del proyecto. El director del proyecto les informa que no deberían eliminar la EDT ¿Por qué estará sugiriendo esto el director del proyecto? Porque la EDT _____
A   Provee las bases para reutilizar en otros proyectos
B   Ayuda a lograr el compromiso del equipo hacia el proyecto
C   Provee un diagrama jerárquico del proyecto
D   Se emplea para estimar actividades, costos y recursos

15.03   En un proyecto comercial, el director del proyecto ha identificado los riesgos del proyecto, ha realizado el análisis de probabilidad e impacto y ha asignado riesgos a diferentes personas propietarias del riesgo. Toda esa información debería estar en:

A   Registro de riesgos
B   Disparador de riesgo
C   Listado de riesgos
D   Simulación de Monte Carlo

15.04   Los Directivos de tu empresa están evaluando dos proyectos. El proyecto "Norte" tiene un 35% de probabilidad de perder $ 800 y un 65% de probabilidad de ganar $2400. El proyecto "Sur" tiene un 40% de probabilidad de perder $ 1400 y un 60% de probabilidad de ganar $ 3000. ¿Cuál de los dos proyectos deberían seleccionar si utilizan el mayor valor monetario esperado?

A   El valor monetario esperado no es significativo en ninguno de los dos proyectos para decidir por uno de ellos
B   Proyecto Norte
C   Proyecto Sur
D   Cualquiera, ambos tienen igual valor monetario esperado

15.05   Ya han pasado 8 meses desde que se aprobó el proyecto industrial y comenzó la planificación. Varios interesados están participando de este proceso, con muchas iteraciones, cambios y re-planificación. ¿Quién es el responsable final de desarrollar el plan de dirección del proyecto?

A   Patrocinador
B   Los miembros del equipo
C   Cliente
D   Director del proyecto

15.06 En función a la información presentada en la tabla y diagrama, ¿Cuál es la secuencia de actividades que forman la ruta crítica?

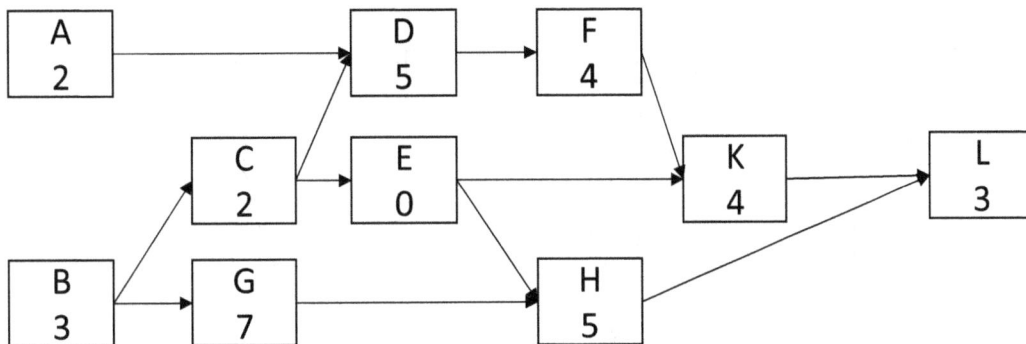

A 2 → D 5 → F 4 → K 4 → L 3

C 2 → E 0 → K 4

B 3 → C 2; B 3 → G 7 → H 5 → L 3

A   B G H L
B   A D F K L
C   B C E K L
D   B C D F K L

15.07 En función a la información presentada en la tabla y diagrama, ¿Cuál es la holgura de la actividad H?

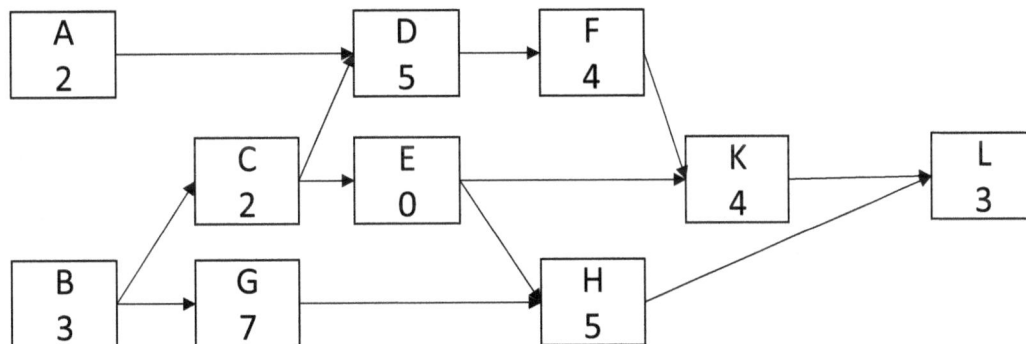

A 2 → D 5 → F 4 → K 4 → L 3

C 2 → E 0 → K 4

B 3 → C 2; B 3 → G 7 → H 5 → L 3

A   No tiene holgura
B   3 semanas
C   9 semanas
D   5 semanas

15.08 En función a la información presentada en la tabla y diagrama, si la tarea D es completada 4 semanas antes de lo programado. ¿Cuál es el impacto en la duración del proyecto?

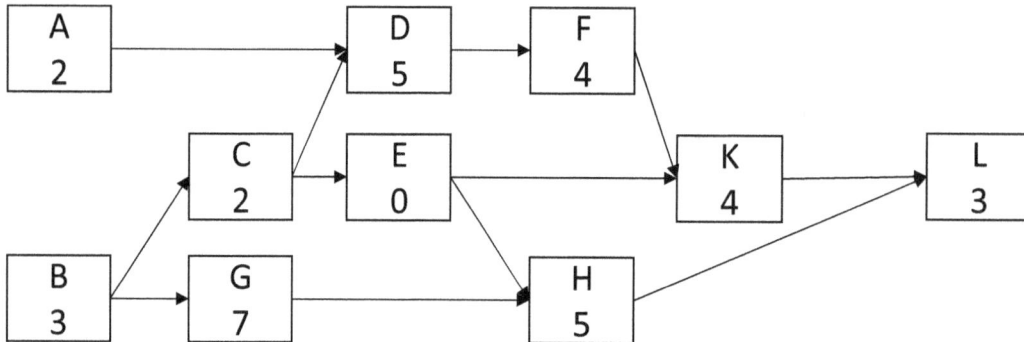

```
[A 2] ──────────────→ [D 5] ──→ [F 4]
                                        ↘
        [C 2] ──→ [E 0] ──────────────→ [K 4] ──→ [L 3]
       ↗                        ↘                 ↗
[B 3] ──→ [G 7] ──────────────→ [H 5] ───────────
```

A   La duración se reduce en una semana
B   La duración se reduce en tres semanas
C   La duración se reduce en cuatro semanas
D   No hay cambios en la duración del proyecto

15.09 Su proyecto tiene una holgura total de -45. ¿Qué es lo que debería hacer?
A   Conseguir más recursos para las actividades de la ruta crítica
B   Liberar recursos para evitar costos innecesarios
C   Contratar a más personas para el proyecto
D   Extender la duración del proyecto

15.10 ¿Cuál de las siguientes estrategias para planificar la respuesta al riesgo se suele utilizar para riesgos positivos y negativos?
A   Compartir
B   Transferir
C   Escalar
D   Mitigar

15.11 El director del proyecto ha evaluado alternativas de compresión del cronograma a través de la ejecución rápida (fast tracking). Además, ha llevado a cabo una simulación de Monte Carlo para evaluar el impacto de las distintas alternativas. ¿Cuál será un resultado del proceso de desarrollo del cronograma?
A   Actualizar las necesidades de recursos de cada actividad
B   La estructura de desglose del trabajo
C   Recomendar acciones preventivas
D   Estimar la duración de las actividades

15.12   Durante el proceso de definición del alcance de un proyecto para reconvertir una zona rural, ¿Cuáles son las herramientas y técnicas más utilizadas?

A   Descomposición
B   Análisis costo beneficio
C   Inspección
D   Análisis del producto

15.13   Usted y su equipo de trabajo están evaluando alternativas sobre el plan para la dirección del proyecto. ¿Cuál será la principal ventaja de aplicar la técnica de intensificación del proyecto (crashing)?

A   Mejorar la productividad
B   Acortar la duración del proyecto
C   Intensificar la estructura de desglose del trabajo
D   Intensificar los controles de cambio

15.14   Durante el proceso de desarrollar el plan para la dirección del proyecto están realizando la planificación del alcance para definir cómo se llevarán a cabo los procesos de la gestión del alcance. ¿Cuál de los siguientes ítems será MENOS importante para esta planificación?

A   Acta de constitución del proyecto
B   Juicio de expertos
C   Reuniones
D   Estructura de desglose del trabajo

15.15   Usted está como director de un proyecto de traducción de sistemas y la mayoría de los miembros de su equipo están localizados en diferentes países. Por tal motivo, está implementando un plan de comunicaciones para trabajar de manera virtual. ¿Cuáles son los factores más importantes a tener en cuenta para el desarrollo de ese plan de comunicaciones?

A   Interesados del proyecto y sus necesidades
B   Plan para la gestión de riesgos y mejoras del proceso
C   Estructura de desglose del trabajo y cronograma del proyecto
D   Efectuar y controlar las adquisiciones

15.16   La planificación está avanzando de acuerdo al enunciado del alcance para un proyecto que trata el estudio de mercado sobre la demanda potencial de un nuevo producto. El director del proyecto y su equipo están listos para iniciar con la etapa de estimación de costos. El cliente ha solicitado una estimación de costos lo antes posible. ¿Qué método de estimación debería utilizar el equipo del proyecto?

A   Paramétrica
B   Ascendente
C   Análoga
D   Análisis de reserva

15.17   Un cronograma detallado del proyecto se debería crear después de crear:

A   Preponderancia de los interesados
B   El presupuesto del proyecto
C   El plan para la gestión de calidad
D   La estructura de desglose del trabajo

15.18   Dentro del sistema de información de la gestión del proyecto (PMIS), el director del proyecto está definiendo el subsistema de gestión de la configuración para un proyecto de servicios. Este subsistema es:

A   La creación de una estructura de desglose de trabajo
B   El conjunto de procedimientos utilizados para informar a los contratistas cuando deben comenzar el trabajo
C   Un mecanismo para rastrear variaciones en el cronograma y en el presupuesto del proyecto
D   El conjunto de procedimientos que se utiliza para controlar los cambios de las características funcionales del servicio

15.19   María es la directora de proyecto del Proyecto Río Turbio & Asociados. Este proyecto es similar a otro en el que ella trabajó el año pasado. Según la experiencia de María, ¿Cuál debería ser el primer proceso en el que debería trabajar durante la fase de planificación si ella tiene muy poco tiempo para finalizar esta etapa del proyecto?

A   Definir el alcance
B   Secuenciar las actividades
C   Crear la estructura de desglose del trabajo
D   Validar el alcance

15.20   Usted acaba de finalizar con los procesos de planificación. El principal objetivo del plan para la dirección del proyecto es:

A   Definir el trabajo necesario en cada fase del ciclo de vida del proyecto

B   Definir el trabajo que debe ser completado para cumplir con el plazo y costo del proyecto

C   Prevenir cualquier cambio en el alcance del proyecto

D   Proveer comunicación al equipo de proyecto, el patrocinador y los demás interesados

15.21   En un proyecto de inversión hemos estimado el flujo de fondos para los próximos 10 años. Luego, tomando una tasa de descuento del 12% anual, obtenemos un valor neto actual (VNA) de $130.000. Señale la respuesta correcta:

A   La sumatoria de los flujos de fondo nominales es superior al VNA

B   La tasa interna de retorno es inferior al 12%

C   La relación beneficio-costo es menor que uno

D   El periodo de recupero de la inversión es de 5 años

15.22   Has sido asignado como el director de un nuevo proyecto de innovación tecnológica. La Alta Gerencia te ha solicitado que tus estimaciones de costos sean lo más exactas posible. ¿Cuál de los siguientes métodos de estimación deberías utilizar?

A   Estimación análoga

B   Estimación descendente

C   Modelación paramétrica

D   Estimación ascendente

15.23   Usted y su equipo están desarrollando el cronograma de un proyecto para la ampliación de un pozo de gas. ¿Cuál de las siguientes herramientas será la MENOS utilizada?

A   Compresión del cronograma

B   Descomposición

C   Método de la cadena critica

D   Nivelación de recursos

15.24 Usted está desarrollando el registro de interesados para un proyecto de asistencia social en una comunidad que fue afectada por un problema climático. Ya ha identificado y documentado a las personas y organizaciones afectadas por el proyecto, sus intereses, participación e influencia. ¿Qué es lo próximo que debería hacer para armar ese registro?

A   Monitorear las relaciones de los interesados

B   Documentar información sobre los intereses de los principales interesados

C   Comunicarse con los interesados para satisfacer sus necesidades y expectativas

D   Desarrollar estrategias de gestión para lograr el involucramiento de los interesados

15.25 Eres el director de un proyecto para la ampliación de un gran canal para el transporte de mercaderías. Este proyecto requiere que varios de los vendedores obtengan la certificación PMP® para poder formar parte del equipo de proyecto. Esta espera para la certificación internacional implica que varias actividades del proyecto se retrasarán respecto a la fecha más temprana de finalización planificada. Este es un ejemplo de:

A   Lógica Dura

B   Dependencia Externa

C   Dependencia obligatoria

D   Retraso entre actividades

15.26 En una Compañía Aseguradora se instalarán 45 computadoras personales, todas ellas conectadas a una intranet y con acceso a internet. Esta empresa se encuentra en una etapa de pleno crecimiento en el país. Todas las computadoras son de similares características y la Empresa ha firmado un contrato de precio fijo con el vendedor. Tú has sido asignado como director de proyecto para instalar esas computadoras y estás evaluando distintas alternativas para concluir el proyecto lo más rápido posible y al mínimo costo, principalmente porque se trata de un contrato de precio fijo. Este es un ejemplo de:

A   Análisis de valor

B   Curva de aprendizaje

C   Economías de escala

D   Restricción de tiempo

15.27   En la etapa de planificación el director del proyecto construye la estructura de desglose del trabajo (EDT). Este proyecto tiene un presupuesto de $17 millones y un equipo de trabajo de 215 personas. ¿En qué nivel de la EDT comenzará a planificar el proyecto con mayor detalle?

A   Actividad
B   Paquete de planificación
C   Cuenta de control
D   Paquete de Trabajo

15.28   En un proyecto de tecnología de la información queremos estimar rápidamente los costos de una actividad utilizando una estimación paramétrica. ¿Cuál de los siguientes enunciados es un ejemplo de una estimación paramétrica?

A   De abajo hacia arriba (ascendente)
B   Dólares por metro cuadrado de 50 actividades similares
C   Análisis de reserva
D   Utilizar estimaciones de una actividad similar

15.29   El director del proyecto y su equipo están planificando la actualización de la red eléctrica de una planta industrial. Se ha identificado el riesgo de cortes de energía. Este evento riesgoso tiene una alta probabilidad de ocurrencia y un alto impacto. Por tal motivo, se quieren incorporar grupos electrógenos en la planta industrial. Los miembros del equipo se enfrentan con distintas opciones de costo para el equipamiento. Estos equipos se pueden comprar nuevos, se pueden sacar en leasing o se pueden alquilar temporalmente. El monto del leasing incluye los costos de mantenimiento, reparaciones y actualización tecnológica. El valor del alquiler es muy elevado, pero tiene la flexibilidad de alquilar el equipo sólo por cortos periodos de tiempo. ¿Qué tipo de análisis está realizando el equipo del proyecto?

A   Análisis Hacer versus Comprar
B   Análisis de reserva
C   Análisis de costo del ciclo de vida
D   Estimación paramétrica

15.30 Eres el director de un gran proyecto de remodelación de un edificio considerado Patrimonio Histórico de la Humanidad. Le has informado al cliente, el Gobierno de la Ciudad, que las estimaciones de costo y plazo son definitivas sólo si se respeta la calidad de los materiales y la cantidad de empleados. Este es un ejemplo de:

A   Compromiso con la humanidad
B   Orden de magnitud
C   Restricción
D   Asunción (supuesto)

15.31 Estas trabajando en un proyecto de planificación de una fiesta popular en tu ciudad. Este proyecto empleará PERT para calcular las estimaciones de la duración de algunas actividades. Para la actividad de "levantar escenario", el equipo de proyecto ha estimado las siguientes duraciones: Optimista = 5 días; Pesimista = 12 días; Más Probable = 7 días. ¿Cuál es la duración estimada para esa actividad?

A   7
B   7,5
C   9,83
D   12

15.32 Si la estimación optimista para desarrollar una actividad es de 24 días y la estimación pesimista de 30 días, ¿Cuál es la desviación estándar de esa actividad?

A   1 día
B   3 días
C   6 días
D   Entre 24 y 30 días

15.33 Hemos diagramado el proyecto con un diagrama AON como se presenta en el gráfico. En cada uno de los nodos se presenta el nombre de la actividad y la duración en días. La fecha de inicio del proyecto será el 1 de junio y se trabajará de lunes a domingo. ¿Cuál es la holgura total de la actividad D?

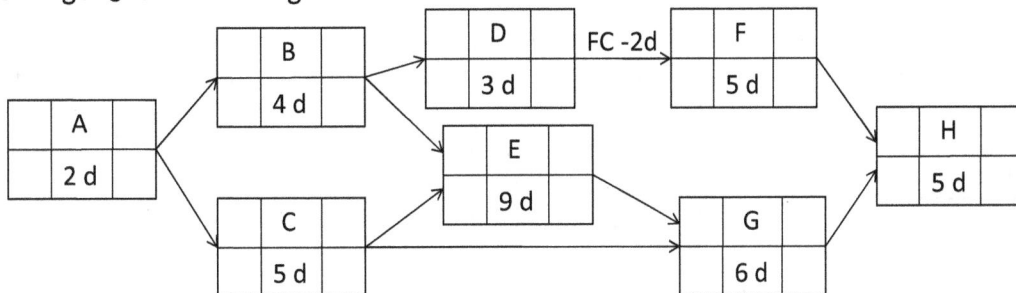

A   0 días
B   8 días
C   10 días
D   17 días

15.34 Hemos diagramado el proyecto con un diagrama AON como se presenta en el gráfico. En cada uno de los nodos se presenta el nombre de la actividad y la duración en días. La fecha de inicio del proyecto será el 1 de junio y se trabajará de lunes a domingo, ¿Cuál es la holgura libre de la actividad D?

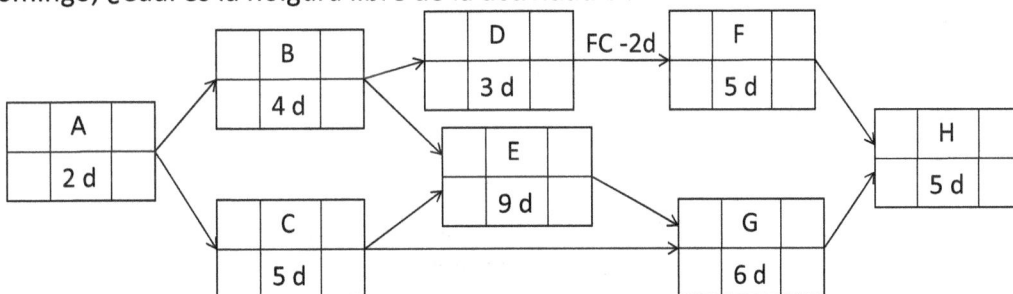

A   0 días
B   3 días
C   5 días
D   10 días

15.35 Hemos diagramado el proyecto con un diagrama AON como se presenta en el gráfico. En cada uno de los nodos se presenta el nombre de la actividad y la duración en días. La fecha de inicio del proyecto será el 1 de junio y se trabajará de lunes a domingo, ¿Cuál es la fecha más temprana de finalización del Proyecto?

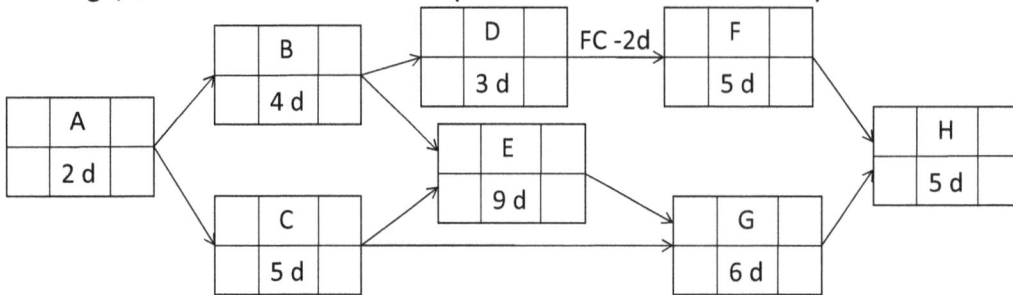

A   17 de junio
B   19 de junio
C   26 de junio
D   27 de junio

15.36 Durante la planificación de los recursos de un proyecto de consultoría, se obtiene como resultado la matriz de asignación de roles y responsabilidades (Matriz RACI) y el histograma de recursos. A diferencia de la matriz RACI, el histograma de recursos indica_____
A   Cuándo
B   Personas
C   Responsabilidades
D   Roles

15.37 Una empresa multinacional está planificando un proyecto que involucra a 5 países, 230 personas y un presupuesto preliminar estimado de $350 millones. El cliente quiere saber cómo hará la multinacional para satisfacer todos los requisitos de calidad del proyecto. Para satisfacer este pedido, el Cliente debería reunirse con el Director del Proyecto y el_____
A   Consumidor final
B   Gerente de control de calidad
C   Patrocinador
D   Gerente de gestión de la calidad

15.38 En una empresa que se dedica a la producción de tornillos se está evaluando el nivel de calidad óptima. Uno de los ingenieros afirma que ese nivel de calidad se alcanzará cuando el beneficio incremental de la mejora iguale el costo incremental de asegurarla. ¿A qué se refiere este ingeniero?

A   Al análisis marginal

B   Al diagrama de control de calidad

C   A uno de los conceptos básicos de la gestión de la calidad total de Deming

D   Al costo de la no conformidad

15.39 Durante la etapa de planificación de los recursos humanos para un restaurante se han planificado cuidadosamente los reconocimientos y recompensas. Luego, durante la etapa de desarrollo del equipo se aplican las recompensas. ¿Qué características debería tener un sistema formal de reconocimientos y recompensas?

A   El reconocimiento debe tener la aprobación de todos los miembros del equipo de trabajo

B   La recompensa debería ser en efectivo

C   El premio debería entregarse a la mayor cantidad de personas posible

D   Debe quedar explícita la relación entre el premio y el desempeño

15.40 Durante la etapa de planificación de un proyecto de construcción se decide que los riesgos por accidentes laborales serán transferidos a un tercero mediante la contratación de un seguro de accidentes laborales. Este seguro incrementará los costos del proyecto en un 5% y el proceso de contratación retrasará la finalización del proyecto en 15 días. ¿Durante qué proceso se toma la decisión de contratar el seguro?

A   Planificación de la gestión de riesgos

B   Identificación de riesgos

C   Análisis cualitativo de riesgos

D   Planificación de la respuesta a los riesgos

15.41 Para que un contrato sea considerado legal durante una disputa entre las partes, el documento firmado entre las partes debe contener los siguientes ítems, a EXCEPCIÓN de:

A   Voluntad de las partes

B   Intereses por mora

C   Objeto lícito

D   Propósito

15.42 Jorge es director del proyecto de construcción de un acueducto que llevará agua potable al pueblo. ¿Cuál de las siguientes técnicas utilizará Jorge para crear el plan para la gestión de riesgos?

A   Reuniones de planificación
B   Registro de riesgos
C   Activos de los procesos de la organización
D   Evaluación de probabilidad e impacto de los riesgos

15.43 Belén es la directora del proyecto de organización y ejecución de la fiesta de conmemoración aniversario del nacimiento de los 50 años de la empresa. Ella ha contratado a una persona independiente para que realice una parte del trabajo del proyecto. Este contratista cobra $45 por hora, más los materiales que necesite. ¿Qué tipo de contrato sería este?

A   Costo más honorario fijo
B   Reembolso de costos
C   De tiempo y materiales
D   Suma global

15.44 El equipo del departamento de operaciones de una empresa comercializadora de notebooks está desarrollando respuestas a los riesgos identificados. ¿Qué será de gran utilidad para este equipo?

A   Análisis DAFO
B   Revisión de la documentación
C   Estrategias para riesgos positivos u oportunidades
D   Análisis de reservas

15.45 Durante el proceso de gestión de riesgos se detectan varios riesgos cuya probabilidad de ocurrencia e impacto son muy bajos. Estos riesgos son considerados como "no prioritarios" por el director del proyecto. ¿Qué debería realizarse con estos riesgos?

A   Aceptarlos
B   Documentarlos en la lista de observación y luego revisarlos durante la ejecución del proyecto
C   Realizarles un análisis cuantitativo del riesgo para verificar si la probabilidad y el impacto estimados durante el análisis cualitativo son realistas
D   Aplicar el método Delphi para profundizar su análisis

15.46   Estamos estimando la duración más probable del proyecto. Para ello, durante el análisis cuantitativo del riesgo utilizamos la simulación de Monte Carlo. Hemos entregado al Cliente la fecha de finalización más probable en 120 días, con base en los informes de la simulación de 10.000 escenarios. ¿Qué probabilidad existe que ese proyecto demore más de 120 días?

A   95,44%
B   90%
C   50%
D   99,99%

15.47   Tu empresa se dedica a la construcción de viviendas para familias de clase media. El principal cliente de esta empresa es el Gobierno local. Tú eres el director de proyecto del próximo complejo urbanístico cuyo valor planificado asciende a $3 millones y se estima la finalización en 36 meses, contados a partir de la firma del contrato. Se está negociando con el Cliente que el monto del contrato sea variable en función del índice nacional de costo de vida. ¿Qué tipo de contrato están negociando?

A   Reembolso de costos
B   Suma global más un incentivo
C   Por tiempo y materiales
D   Precio Fijo con ajuste de precio

15.48   Un acuerdo entre partes competentes, de consideración válida, para realizar un propósito en el marco de la ley, con términos y condiciones establecidos previamente en forma clara, se denomina:

A   Contrato
B   Adquisición
C   Orden de compra
D   Carta de intención

15.49   Tú eres el director del proyecto de fabricación de una compleja máquina demoledora para una empresa de construcciones civiles. Has contratado a una Empresa vendedora para que realice parte del trabajo del proyecto de fabricación de esa máquina. En el contrato con el vendedor han incluido una cláusula con un pago adicional por si el vendedor completa su trabajo antes del 15 de noviembre. ¿Qué le has ofrecido al vendedor?

A   Una compensación inapropiada
B   Contrato de precio fijo
C   Incentivo
D   Contrato de reembolso de costos

15.50 A usted lo han contratado para la gestión integral de todos los riesgos de un proyecto relacionado con energía atómica. ¿A qué grupos de procesos debería prestar más atención?

A   Planificación y ejecución
B   Planificación, monitoreo y control
C   Inicio, planificación y ejecución
D   Inicio, control y cierre

*****

15.2. Respuestas

15.01 B   La identificación de los interesados se realiza durante la iniciación, o sea, antes que el plan para la dirección del proyecto. / (Planificación; Interesados)

15.02 D   La EDT podría utilizarse en otros proyectos, ayuda a comprometer al equipo y es un diagrama jerárquico. Pero lo más importante de la EDT es que se utiliza como base para poder estimar las actividades, costos, recursos y riesgos. / (Planificación; Alcance)

15.03 A   Registro de riesgos: documento que incluye los riesgos identificados, consecuencias, probabilidad, categorización, impacto, puntaje, estrategia, acción, custodio, etc. / (Planificación; Riesgos)

15.04 B   VME Norte: 35% x -800 + 65% x 2400 = 1280. / VME Sur: 40% x -1400 + 60% x 3000 = 1240. / Deberíamos seleccionar el proyecto de mayor VMA. / (Planificación; Riesgos)

15.05 D   El DP tiene la autoridad y visión de conjunto de todo el proyecto para hacer que los miembros del equipo desarrollen el plan para la dirección del proyecto. El DP es el responsable de este plan. / (Planificación; Integración)

15.06 D   ADFKL = 18; BCDFKL = 21 (ruta crítica); BCEKL = 12; BCEHL = 13; BGHL = 18. / (Planificación; Cronograma)

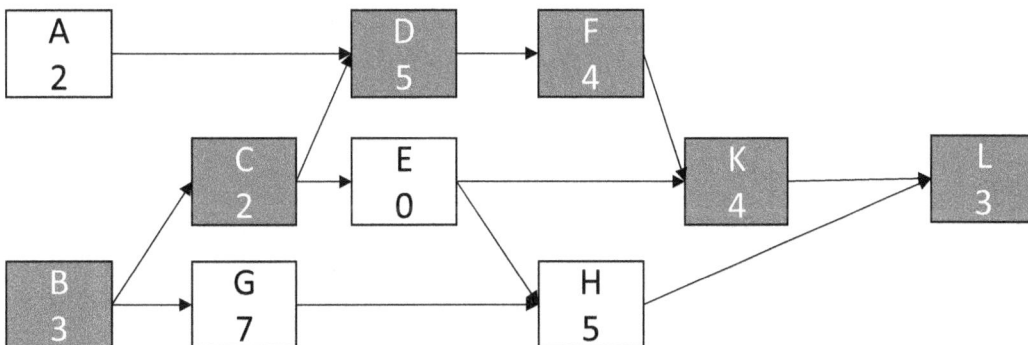

15.07 B   ADFKL = 18; BCDFKL = 21 (ruta crítica); BCEKL = 12; BCEHL = 13; BGHL = 18; Holgura de H: Ruta crítica (21) - BGHL (18) = 3. / (Planificación; Cronograma)

15.08 B Situación base: ADFKL = 18 ; BCDFKL = 21 (ruta crítica) ; BCEKL = 12 ; BCEHL = 13 ; BGHL = 18. // D finaliza 4 semanas antes: ADFKL = 14 ; BCDFKL = 17 ; BCEKL = 12 ; BCEHL = 13 ; BGHL = 18 (ruta crítica) / (Planificación; Cronograma)

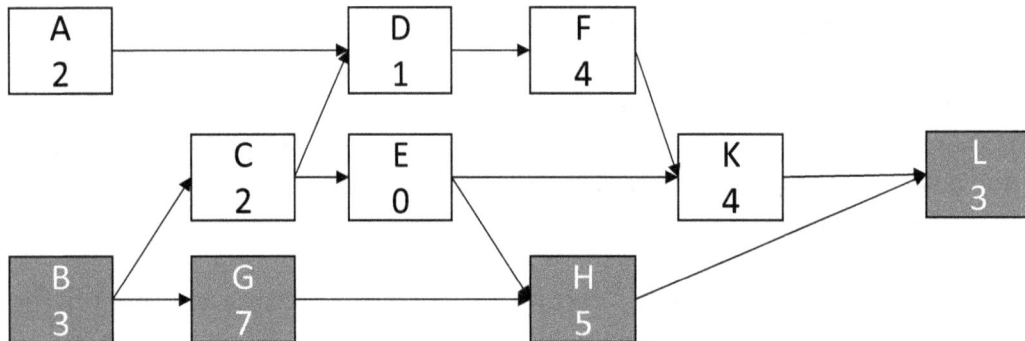

15.09 A Holgura negativa significa que el proyecto debería terminar antes, o sea, hay que comprimir la duración del proyecto. / Colocar más recursos sobre las actividades de la ruta crítica es una alternativa para acortar la duración del proyecto. / Liberar recursos: seguramente se retrasan algunas actividades. / Contratar más personas: sólo serviría si vamos a intensificar las actividades sobre la ruta crítica. / (Planificación; Cronograma)

15.10 C Compartir: para riesgos positivos. / Transferir y Mitigar: para riesgos negativos. / Escalar: para riesgos positivos y negativos. / (Planificación; Riesgos)

15.11 A EDT y Duración de actividades: insumos para el cronograma. / Recomendar acciones preventivas: salidas del monitoreo y control. / Al finalizar el cronograma puede ser necesario actualizar los recursos necesarios para cada actividad a los fines de poder cumplir con las fechas establecidas en ese cronograma. / (Planificación; Recursos)

15.12 D Descomposición: herramienta para desarrollar la EDT. / Análisis costo beneficio: herramienta para planificar la calidad. / Inspección: herramienta para validar el alcance. / Análisis del producto: herramienta para definir el alcance. / (Planificación; Alcance)

15.13 B La intensificación consiste en agregar recursos (costos) para acortar la duración del proyecto. / (Planificación; Cronograma)

15.14 D   Acta constitución: entrada necesaria para planificar el alcance. / Juicio de expertos y reuniones: herramientas para planificar el alcance. / EDT: salida del proceso de desarrollar la EDT, que se realiza después de haber planificado el alcance. / (Planificación; Alcance)

15.15 A   Plan de riesgos y EDT son verdaderas ya que forman parte del plan de dirección de proyectos, que es una entrada necesaria del plan de comunicaciones. / Controlar las adquisiciones también es importante. / Pero lo más importante es considerar las necesidades del cliente y/o patrocinador (interesados) que son quienes deben quedar satisfechos con el proyecto. La forma en que nos comuniquemos con el cliente y patrocinador será fundamental para un proyecto exitoso. / (Planificación; Interesados)

15.16 C   Estimación análoga (o por analogía): se realiza la estimación de la duración en función de otras actividades similares realizadas con anterioridad. También se conoce como estimación descendente. Suele ser la técnica más rápida y económica, pero también la más imprecisa. / (Planificación; Costos)

15.17 D   La EDT es una de las principales entradas para identificar las actividades de cada paquete de trabajo. Con esas actividades luego se podrá crear el cronograma. / (Planificación; Alcance)

15.18 D   Un subsistema del PMIS es el sistema de gestión de la configuración, donde se deja explícito cómo se identificarán y documentarán las características funcionales y físicas de un producto o servicio; cómo se controlarán e informarán los cambios; y cómo se verificará si el producto o servicio cumple con los requisitos. / (Planificación; Integración)

15.19 A   Para poder crear la EDT, secuencias actividades y validar el alcance, primero es necesario definir el alcance. / (Planificación; Alcance)

15.20 D   Definir el trabajo necesario: es verdadero, pero no es el principal objetivo. / Prevenir cambios de alcance: los cambios son inevitables. / El principal objetivo del plan es la integración del proyecto para poder comunicar a los interesados. / (Planificación; Comunicaciones)

15.21 A   Si la sumatoria de los flujos de fondos fuera $100, el VNA descontado a cualquier tasa siempre es inferior a $100. Bajo el supuesto de primero inversiones y luego flujos netos positivos (como en casi todos los proyectos), si el VNA es positivo, la TIR es mayor a la tasa de descuento. O sea, si el VNA es $130.000 y fue descontado al 12%, la TIR debería ser superior al 12%. / Falta información para poder calcular el periodo de recupero de la inversión. / (Planificación; Costos)

	Año 0	Año 1
Flujo Fondos	- 100.000	257.600
Suma Flujo	157.600	
VAN	130.000	
TIR	158%	

15.22 D   La estimación de costos más precisa es la estimación ascendente donde se estima en detalle el costo de cada una de las tareas y actividades del proyecto. / La estimación menos precisa sería la análoga o descendente que utiliza información de proyectos similares realizados en el pasado. Al ser la naturaleza de cada proyecto única, es poco probable que el nuevo proyecto termine con el mismo costo que el antiguo proyecto. / La estimación paramétrica utiliza datos históricos para estimar valores futuros y suele tener un nivel de precisión intermedio entre la análoga y la ascendente. / (Planificación; Costos)

15.23 B   La descomposición es una herramienta que se utiliza durante la definición de actividades para partir los paquetes de trabajo de la EDT a nivel de actividades. Estas actividades son una entrada para desarrollar el cronograma. / La compresión, método de la cadena crítica y nivelación de recursos son algunas herramientas que se utilizan durante el desarrollo del cronograma. / (Planificación; Cronograma)

15.24 D   1º Identificar: documentar los intereses de los interesados. 2º Planificar el involucramiento: desarrollar estrategias para lograr que se involucren con el proyecto. 3º Gestionar el involucramiento: comunicarse con ellos. 4º Monitorear el involucramiento: monitorear las relaciones. / (Planificación; Interesados)

15.25 B   Lógica dura o dependencia obligatoria: no puede comenzar B si no ha finalizado A. / Dependencia externa: hasta no obtener las certificaciones del proveedor externo, no podemos realizar algunas actividades del proyecto. / Retraso: B comenzará a los 30 días de finalizada A. / (Planificación; Cronograma)

15.26 A   Análisis de valor o Ingeniería de valor: buscar alternativas más económicas para realizar el trabajo. / (Planificación; Alcance)

15.27 D   El nivel más bajo de la EDT son los paquetes de trabajo, desde allí se definirán las actividades del proyecto para seguir planificando con mayor detalle. / Las actividades no forman parte de la EDT. / Los paquetes de planificación están entre medio de las cuentas de control y los paquetes de trabajo. / (Planificación; Alcance)

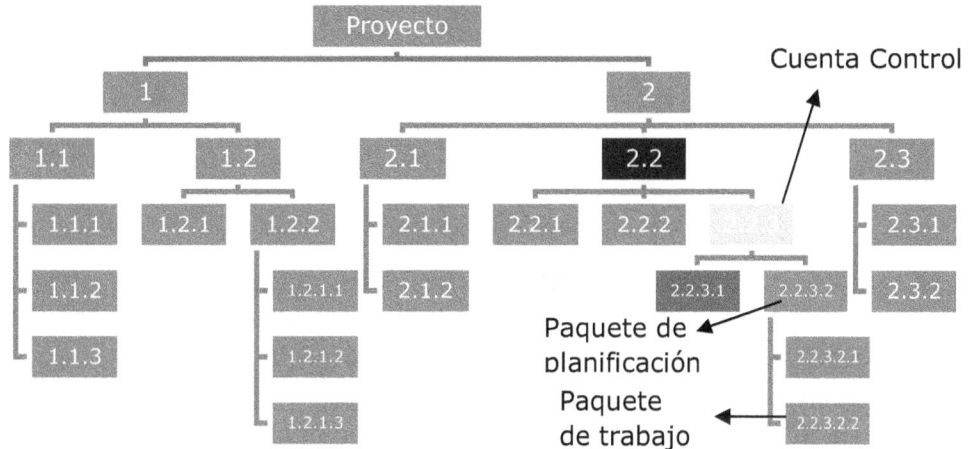

15.28 B   Estimación paramétrica: utilizar parámetros con base en la información histórica para poder estimar la duración de una actividad futura. / Estimación análoga: utilizar estimaciones de una actividad similar. / (Planificación; Costos)

15.29 C   Ciclo de vida de los costos: analizar todos los costos del proyecto a lo largo de su ciclo de vida. Por ejemplo, podrían ahorrarse costos invirtiendo poco durante la fase de planificación, pero este ahorro puede incrementar los costos futuros en la etapa de ejecución. / (Planificación; Costos)

15.30 D   Se ha realizado una estimación con base en un supuesto de que se cumpla con la calidad de materiales y cantidad de empleados. Si ese supuesto no se cumple, la estimación tampoco se cumplirá. / (Planificación; Integración)

15.31 B   PERT = (Peor + 4 x Más Probable + Mejor) / 6 = (12 + 4x7 + 5) /6 = 7,5. / (Planificación; Cronograma)

15.32 A   Desviación estándar = (Pesimista - Optimista) / 6 = (30-24) / 6 = 1. / (Planificación; Cronograma)

15.33 C Rutas: ABDFH = 17 días (la más corta); ABEGH = 26 días; ACEGH = 27 días (ruta crítica); ACGH = 18 días. La actividad D tiene una holgura total de 10 días. LS-ES = 16 - 6 = 10; LF-EF = 19 - 9 = 10; Ruta crítica ACEGH - Ruta ABDFH = 27 - 17 = 10. / (Planificación; Cronograma)

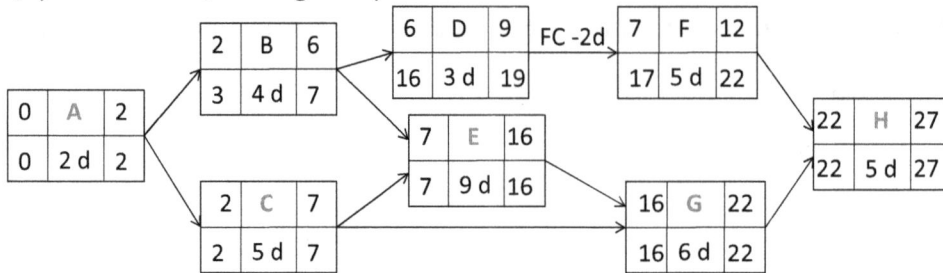

2	B	6
3	4 d	7

6	D	9
16	3 d	19

FC -2d

7	F	12
17	5 d	22

0	A	2
0	2 d	2

7	E	16
7	9 d	16

22	H	27
22	5 d	27

2	C	7
2	5 d	7

16	G	22
16	6 d	22

15.34 A Holgura libre: tiempo que puede retrasarse una actividad sin retrasar la fecha más temprana de inicio de su sucesora. Nota: entre la actividad D y F figura el dato ""FC -2d"", lo que significa ""final comienzo menos 2 días"". O sea, la actividad F comienza 2 días antes que termine la actividad D. Rutas: ABDFH = 17 días ABEGH = 26 días ACEGH = 27 días (ruta crítica) ACGH = 18 días La actividad D no tiene holgura libre, si se retrasa, retrasa el comienzo de F. / (Planificación; Cronograma)

15.35 D Nota: entre la actividad D y F figura el dato ""FC -2d"", lo que significa ""final comienzo menos 2 días"". O sea, la actividad F comienza 2 días antes que termine la actividad D. Rutas: ABDFH = 17 de junio ABEGH = 26 de junio ACEGH = 27 de junio (ruta crítica) ACGH = 18 de junio. / (Planificación; Cronograma)

15.36 A El histograma indica la disponibilidad de recursos a través del tiempo. / (Planificación; Recursos)

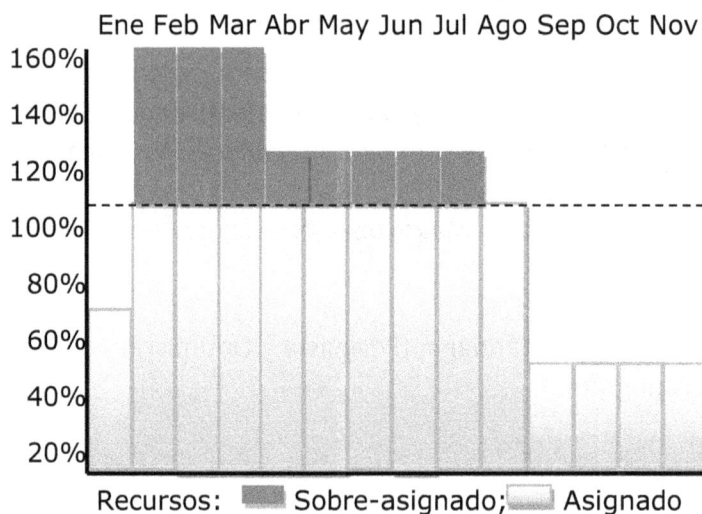

Recursos: ■ Sobre-asignado; □ Asignado

15.37 D   El gerente de gestión de la calidad garantiza la calidad de los productos o servicios del proyecto. Crea las políticas que detectan y reducen los problemas de calidad, además de determinar la causa de dichos problemas y defectos. / (Planificación; Calidad)

15.38 A   Modelo clásico del Análisis costo-beneficio de la calidad. / (Planificación; Calidad)

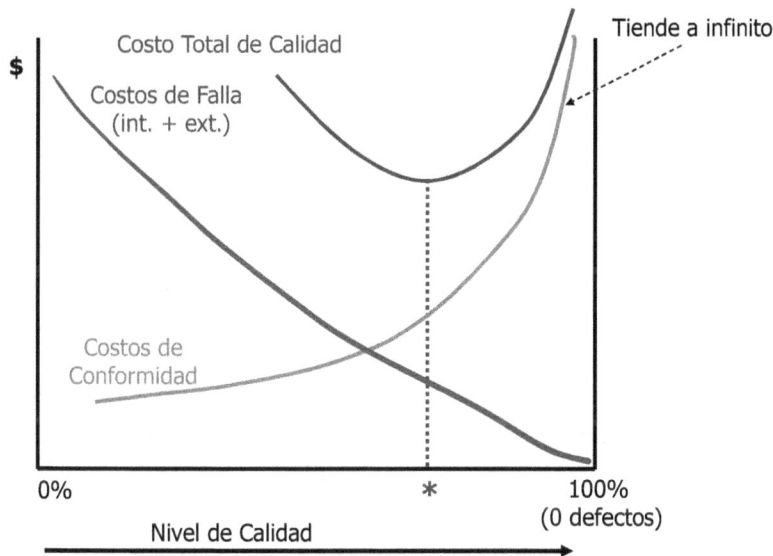

15.39 D   Reconocimiento y recompensas: utilizar un sistema de incentivos para premiar comportamientos positivos. Los premios pueden ser en efectivo o de cualquier otra forma. Aquellos premios donde sólo existe un ganador, pueden ser perjudiciales para la cohesión del equipo. En su lugar, suele ser preferible otorgar un premio a cualquiera que supere el objetivo. / (Planificación; Recursos)

15.40 D   Durante la planificación de la respuesta al riesgo se definen estrategias y planes de acción. Una estrategia es la de "transferir el riesgo" y una forma de lograr esto podría ser mediante la contratación de un seguro. / (Planificación; Riesgos)

15.41 B   Los intereses por mora podrían no formar parte del contrato. / (Planificación; Adquisiciones)

15.42 A   Reuniones: herramienta para la planificación de riesgos. / Registro de riesgos: salida del proceso de identificación de riesgos. / Activos de los procesos de la organización: entrada para la planificación de riesgos. / Evaluación de probabilidad-impacto: herramienta para el análisis cualitativo de riesgos. / (Planificación; Riesgos)

15.43 C   Los contratos donde se paga un valor por hora, sin especificar la cantidad exacta de horas que van a contratarse, son un ejemplo de "por tiempo y materiales". / (Planificación; Adquisiciones)

15.44 C   Análisis DAFO y Revisión de la documentación: salida de la identificación de riesgos. / Estrategias para riesgos positivos u oportunidades: herramienta de la planificación de respuesta al riesgo. / Análisis de reservas: herramienta del monitoreo de riesgos. / (Planificación; Riesgos)

15.45 B   Bajo impacto y probabilidad implica que el riesgo no es grave o prioritario. Estos riesgos deberíamos documentarlos en una lista de observación y luego revisarlos durante la ejecución del proyecto por las dudas que cambien su estado. / (Planificación; Riesgos)

15.46 C   La duración más probable de 120 días es la media de las 10.000 simulaciones. O sea, el 50% de las simulaciones arrojó una estimación menor a 120 días y el otro 50% una estimación superior a 120 días. / (Planificación; Cronograma)

15.47 D   Si el contrato tiene un valor estimado pero se ajusta por algún índice inflacionario, sería un ejemplo de precio fijo más ajuste de precio (o ajuste económico o ajuste por inflación). / (Planificación; Adquisiciones)

15.48 A   El contrato es un acuerdo de voluntades, verbal o escrito, manifestado en común entre dos o más personas con capacidad (partes del contrato), que se obligan en virtud del mismo, regulando sus relaciones relativas a una determinada finalidad o cosa. / (Planificación; Adquisiciones)

15.49 C   El premio por entrega anticipada es un ejemplo de incentivo económico. / (Planificación; Adquisiciones)

15.50 B   Los procesos de gestión de riesgos se llevan a cabo durante la planificación (5 procesos), ejecución (1 proceso) y durante el monitoreo y control (1 proceso). / (Planificación; Riesgos)

*****

EXAMEN

16. EJECUCIÓN

Cantidad de preguntas: 50
Tiempo para responder: 1 hora
Puntaje para aprobar: 75% (38 respuestas correctas)

16.1.   Preguntas

16.01   El director del proyecto está en una reunión explicando al equipo cuáles son los próximos hitos a cumplir en función del plan para la dirección del proyecto. ¿De qué estará hablando el Director del proyecto?
A   Indicando las principales actividades del proyecto
B   Eventos principales con duración igual a cero
C   Estableciendo la duración de los principales entregables
D   Explicando las dependencias entre actividades

16.02   Durante la ejecución de un proyecto para disminuir los gases tóxicos de una planta procesadora de alimentos, el director de proyectos está gestionando varios interesados internos y externos. ¿Cuál sería una de las mejores prácticas para mantener a los interesados comprometidos con el proyecto?
A   Informar a través de las redes sociales los avances del proyecto para que todos los interesados tengan fácil acceso a la información
B   Comunicar los temas ambientales solamente a los interesados estratégicos
C   Gestionar el flujo de información en base al plan de comunicaciones para mantener a todos los interesados informados
D   Realizar reuniones semanales cara a cara para comunicar a los interesados los avances del proyecto con la posibilidad de preguntas y respuestas

16.03 Luego de finalizar el cronograma del proyecto, el patrocinador solicita que se implementen algunos cambios que van a impactar no sólo en la duración, sino también en el presupuesto. El director de proyectos debería considerar que la duración cambia si:

A   Se agota la reserva para contingencias
B   Cambia la única ruta crítica del proyecto
C   Se van tres personas del proyecto
D   No hay holguras en la ruta crítica

16.04 Una empresa multinacional está implementando procesos de gestión de Proyectos en su organización. Ha decidido implementar una Oficina de Gestión de Proyectos (PMO). Se tiene un fuerte apoyo de la alta gerencia para la creación de esta oficina y una metodología sólida incluyendo políticas, directores de proyectos certificados y un sistema de administración del cronograma muy avanzado. ¿Qué se necesita primero para asegurar la mayor probabilidad de éxito con este cambio organizacional?

A   Metas y objetivos definidos claramente para la Oficina de Administración de Proyectos
B   Directores de proyectos competentes
C   Un sistema de reportes de tiempos sólido para todos los miembros del equipo
D   Un detallado conjunto de normas de procedimiento

16.05 Como buen director de proyecto ya ha terminado con la estructura de desglose del trabajo, el plan de gestión del alcance y el plan de gestión de cambios. Si el cliente solicita un cambio, que necesitará el Comité integrado de cambios para empezar a evaluar esa solicitud:

A   Un histograma de recursos
B   La matriz de asignación de responsabilidades
C   Informes de desempeño
D   Una simulación Monte Carlo

16.06 Usted está gestionando a los miembros del equipo de proyectos y algunas personas no están motivadas. ¿Cuál es la base de la jerarquía de necesidades de Maslow?

A   Seguridad
B   Satisfacción fisiológica
C   Estima personal
D   Auto-actualización

16.07 Usted está con inconvenientes para gestionar las comunicaciones con los principales interesados del proyecto. ¿Cuál de las siguientes proposiciones es FALSA?

A   Solo los miembros del equipo de trabajo deben intervenir en el desarrollo del plan para la dirección del proyecto.

B   El director del proyecto debe identificar las expectativas y necesidades de los interesados

C   El plan para la gestión de las comunicaciones forma parte del plan para la dirección del proyecto

D   Cualquier cambio sobre el proyecto debe ser evaluado

16.08 Un proyecto para capacitar a maestras de escuelas rurales en temas de dirección de proyectos está por entrar en su última fase. Ricarda está trabajando junto a los principales interesados para satisfacer sus necesidades y las expectativas planteadas al inicio del proyecto. Gracias a esta gestión activa, Ricarda ya ha logrado mitigar varios incidentes que fueron detectados rápidamente. ¿Cuál de los siguientes ítems estará siendo de gran utilidad para Ricarda?

A   Acta de constitución del proyecto

B   Matriz RACI

C   Matriz de riesgo probabilidad impacto

D   Plan de gestión de las comunicaciones

16.09 Usted está ejecutando un proyecto en una organización que no tiene ninguna norma con respeto a regalos especiales. Uno de los proveedores más importantes de la empresa le regala un pasaje a Disney para usted y su familia. A cambio de este regalo, usted debería ayudarlo a que compren sus productos, en lugar de los de la competencia. ¿Cuál sería la acción más prudente?

A   Aceptar el viaje e influir en su empresa para que compren los productos de ese proveedor

B   Pedir al proveedor un viaje adicional para el Gerente General y su esposa

C   Rechazar la oferta y aconsejar al proveedor sobre el proceso de licitación estándar de la empresa

D   Buscar asesoramiento legal antes de aceptar el viaje

16.10 El Aseguramiento de Calidad en un Proyecto es:

A   Definir las prácticas de calidad de la organización

B   Asegurar el cumplimiento de las seis sigmas

C   Utilizar el Diagrama de Pareto para proyectar puntos de la muestra

D   Utilizar las medidas de calidad de la organización para el proyecto

16.11 En un pequeño taller mecánico, durante el proyecto de restauración de un automóvil antiguo hay varios operarios poco motivados que están bajo un estricto control del propietario del taller. ¿Qué estilo de liderazgo sería este?

A   Teoría Y de McGregor
B   Teoría X de McGregor
C   La Pirámide de Maslow sobre las necesidades
D   Teoría Z de Herzberg

16.12 Durante la ejecución de un proyecto que consiste en sembrar 1000 hectáreas de maíz, el director de proyectos está enfrentando algunos problemas con los miembros de su equipo. El Director de Proyectos debería tender a _____ sobre todas las cosas, cuando realiza comunicaciones activas.

A   Escribir reportes
B   Llamar a personas
C   Escuchar
D   Ayudar

16.13 Usted está como director de un proyecto que consiste en cerrar una central atómica. Durante la ejecución del proyecto los cinco miembros más importantes de su equipo se enferman de cólera, por lo que quedarán desafectados del proyecto durante seis meses. Usted solicita ayuda a la Oficina de Gestión de Proyectos y al cabo de dos semanas le envían otras cinco personas en reemplazo de su equipo. Usted sabe que algunas de estas personas han sido conflictivas en el pasado. ¿Qué es lo primero que debería hacer durante la reunión de lanzamiento con el nuevo equipo?

A   Poner énfasis en que usted tiene la autoridad en este proyecto
B   Revisar la agenda para evaluar alternativas de cómo recuperar el tiempo perdido
C   Discutir los impactos del proyecto sobre el presupuesto
D   Definir los roles y responsabilidades del equipo

16.14 Usted acaba de ingresar a trabajar en una nueva empresa y cree que uno de los PMP® de la empresa está violando el código de conducta profesional del PMI® mientras están ejecutando el proyecto. ¿Qué debería hacer?

A   Renunciar a esa empresa

B   Enfrentarse con el PMP® y discutir con él en voz alta para enterar al resto de la empresa

C   Dejar pasar el tiempo para ver si se sigue repitiendo la violación al código de conducta. En caso que así sea, informar sobre la situación en la próxima asamblea de accionistas

D   Dejar por escrito las infracciones, discutirlas con otros PMP® y evaluar los próximos pasos a seguir

16.15 Durante la ejecución de un proyecto de desarrollo inmobiliario, han descubierto que un error durante la fase de diseño no permitirá instalar los cables de fibra óptica en forma separada de los cables telefónicos. ¿Qué es lo mejor que debería hacer?

A   Contratar a diseñadores más experimentados

B   Evaluar alternativas para la solución del problema

C   Reducir la complejidad tecnológica de ese proyecto

D   Agregar funcionalidad adicional al proyecto para suplir la falencia técnica hasta lograr la satisfacción del cliente

16.16 Usted es el director de un proyecto muy importante que consiste en armar los pliegos para una licitación. Durante la ejecución del proyecto usted no confía en las planillas subjetivas con porcentaje de avance que están informando sus miembros del equipo. ¿Cuál sería el mejor método para que los miembros del equipo informen sobre el estado de un paquete de trabajo en ese proyecto?

A   Regresión lineal

B   Diagrama de Pareto

C   Hitos ponderados

D   Porcentaje completado

16.17   Pepe Ágil, líder de un proyecto tecnológico, compara todos los días el estado del trabajo pendiente de cada iteración, con lo que se había planificado. El backlog del producto tiene cuatro historias de usuarios para realizar en la próxima iteración de 15 días. Pepe estima que para poder completar esas funcionalidades, serán necesarias 300 horas de trabajo (75hs para cada funcionalidad). En base al último reporte gráfico, se proyecta en base a la información histórica que al finalizar la iteración, los miembros del equipo no van a completar todo el trabajo. Por lo tanto, seguramente quedará alguna funcionalidad sin finalizar que volverá al backlog del producto y se podrá priorizar nuevamente en las próximas iteraciones. ¿Qué tipo de diagrama estará utilizando Pepe?

A   Quemado
B   Red
C   Gantt
D   Diseño para X (DfX)

16.18   Usted está coordinando la ejecución de un proyecto para instalar robots para otorgar préstamos online. Hoy recibe un e-mail de un director de proyecto de una empresa competidora, con el que usted es muy amigo y juega al tenis todos los sábados. Su amigo le está solicitando ayuda para desarrollar el plan de dirección de un proyecto similar. ¿Qué debería hacer usted?

A   Diga al otro director de proyectos que lo más probable es que la respuesta a su problema la encuentre en la Guía del PMBOK®
B   No corra riesgos y borre ese e-mail
C   Ofrézcale ayuda informal el próximo sábado cuando jueguen al tenis
D   Diríjase a su superior y plantee la situación previo a iniciar el contacto

16.19   En un proyecto que utiliza equipos virtuales, el principal medio de comunicación que están utilizando es el email. Para que los mensajes sean seguros, la responsabilidad principal recae sobre:

A   El patrocinador del proyecto
B   El coordinador del proyecto
C   El emisor
D   Todos

16.20 Usted ha sido asignado como director de un proyecto de transporte marítimo. Usted no tiene experiencia en este tipo de proyectos. La empresa donde está trabajando tiene una estructura matricial balanceada. ¿Cuál de las siguientes habilidades es la que más utilizará para que el proyecto sea exitoso?

A   Administración
B   Resolución de conflictos
C   Comunicación
D   Negociación

16.21 En un proyecto que consiste en abrir sucursales para el cobro de impuestos, el director del proyecto recibe una acción correctiva aprobada. Esto será una entrada para:

A   Dirigir la ejecución del proyecto y actualizar la EDT
B   Control y validación del alcance
C   Desarrollar el plan para la dirección del proyecto y el acta de constitución
D   Desarrollar el plan para la dirección del proyecto y el cronograma

16.22 Su proyecto tiene un avance del 10% y ya han consumido el 30% del presupuesto. Mantener las relaciones con los principales interesados se está tornando complicada. ¿Qué es lo mejor que podría hacer?

A   Realizar preguntas a los interesados sobre ellos mismos y lo que conocen de otros interesados
B   Destinar su tiempo de almuerzo diario para descansar, en lugar de construir relaciones con los interesados
C   Si el interesado tiene su secretario privado como filtro de acceso, intente hablar de manera directa con el interesado, sin hablar previamente con su secretario.
D   No invierta tiempo en construir relaciones con los detractores al proyecto, ponga todas sus energías en los miembros de su equipo.

16.23 Durante el ciclo de vida predictivo de un proyecto se atravesará por varios grupos de procesos. ¿Qué etapa del ciclo de vida del proyecto será la que probablemente consuma la mayor parte del presupuesto?

A   Monitoreo y control
B   Ejecución
C   Planificación
D   Cierre

16.24 Usted es el director de un proyecto de biotecnología. En estos momentos están desarrollando una planta de tomates que requerirá muy poca agua para su vida. El gobierno ha emitido una nueva regulación que afectará el alcance de este proyecto. ¿Qué debería hacer?

A   Continuar con el proyecto hasta que la nueva normativa entre en vigencia
B   Crear y documentar una solicitud de cambio
C   Detener el avance del proyecto hasta que se tome una decisión sobre el tema
D   Consultar con los interesados

16.25 Rebeca está dirigiendo un proyecto de censo nacional. Los miembros claves del equipo identificaron los riesgos relacionados con las capacitaciones del personal, el equipamiento, las bases de datos y el análisis de datos. Durante la ejecución del proyecto ocurren cambios en el mercado, por lo que Rebeca va a implementar las acciones documentadas en el plan de respuesta al riesgo. ¿Cuál de los siguientes ítems será MENOS importante?

A   Registro de lecciones aprendidas
B   Registro de riesgos
C   Reporte de riesgos
D   Registro de interesados

16.26 Luego de una gran inundación, el 60% de las escuelas de una región fueron destruidas. Durante la ejecución de la re-construcción de esas escuelas el director del programa está gestionando el conocimiento explícito y tácito de los miembros del equipo para asegurar que las habilidades y experiencias de todos los interesados se utilicen y compartan de manera apropiada. ¿Cuál sería un ejemplo de conocimiento explícito?

A   Libros de educación que se utilizan en la escuela
B   Experiencias de los directores de los proyectos
C   Cultura de los miembros del equipo de proyecto
D   Actitud de los patrocinadores del proyecto

16.27 Un proyecto para la creación y llenado de un embalse ha estado en ejecución durante 3 años, lidiando con un gran número de cambios y problemas. El director del proyecto está listo para completar la próxima fase del proyecto. ¿Cuál de los siguientes ítems ayudará a cerrar esa fase?

A   Descripción del alcance
B   Cerrar la EDT
C   Validar el alcance
D   Recopilar lecciones aprendidas

16.28 El director del proyecto está convencido que mientras los trabajadores estén bien remunerados se mantendrán productivos. ¿En qué teoría se fundamenta este pensamiento?

A   Teoría X e Y de Mc Gregor
B   Teoría de las Expectativas
C   Teoría Z de Ouchi
D   Teoría de la Motivación de Herzberg

16.29 Durante la instalación de sensores para un proyecto de automatización de servicios (agua, iluminación y ascensores) de edificios públicos, se solicita aumentar los niveles de calidad para conseguir un menor consumo energético que el planificado originalmente. Las decisiones estratégicas referidas a los niveles de calidad que requiere este proyecto, deberían ser definidos por:

A   El director del proyecto
B   La alta gerencia
C   El gerente de aseguramiento de la calidad
D   Los interesados

16.30 Los ruidos que distorsionan el mensaje entre el emisor y el receptor durante la dirección de un proyecto generalmente son más significativos en una organización matricial que en una organización funcional. Esto se debe a las siguientes razones, a EXCEPCIÓN de:

A   La estructura de desglose del trabajo es más compleja
B   Los miembros del equipo están separados físicamente
C   Los miembros del equipo deben responder a dos jefes
D   Puede haber hostilidad entre el gerente funcional y el director del proyecto

16.31 Usted trabaja para una empresa distribuidora de gaseosas para el segmento C-D. Esta empresa pasó en los últimos años de una estructura funcional a una estructura matricial. Durante la ejecución del nuevo proyecto para el lanzamiento de un nuevo producto de bajas calorías, usted está teniendo problemas para motivar a las personas durante la etapa de desarrollo del equipo. Esto se debe principalmente a:

A   El equipo de proyecto fue asignado por efecto halo
B   Los miembros del equipo son recursos prestados
C   Se han planificado conexiones informales
D   Los criterios de liberación se planificaron con demasiada anticipación

16.32 En un proyecto para el diseño de colectivos autónomos para transportar pasajeros sin chofer, se está utilizando la técnica DfX (Design for X) durante el proceso de gestión de calidad. El objetivo de este diseño es que los componentes de esos colectivos se puedan reemplazar de manera fácil y económica. ¿Qué tipo de diseño para X se está utilizando?

A   Ensamble
B   Logística
C   Servicio
D   Fabricación

16.33 Durante la ejecución de un gran proyecto se presentan varios problemas entre los interesados. Una de las herramientas que debería utilizar el administrador del proyecto para gestionar a los interesados es:

A   Análisis de los requisitos
B   Reuniones de revisión
C   Comunicación formal escrita
D   Reunión cara a cara

16.34 Durante una reunión de revisión de diseño todos están hablando al mismo tiempo y los temas los propone el qué grita más fuerte. Seguramente el director del proyecto se ha olvidado que para lograr una reunión efectiva necesita:

A   Buscar el consenso de la orden del día por anticipado con los participantes
B   Tener un objetivo claro para la reunión y no permitir interrupciones mientras alguien está hablando
C   Armar reuniones sólo con los miembros del equipo
D   Distribuir los puntos de la orden del día con anticipación y establecer las reglas básicas de la reunión

16.35 Un proyecto de diseño de una planta de energía nuclear involucra a 7 interesados. Luego, se aprueba un cambio en el alcance y se agregan 3 nuevos interesados al proyecto. ¿Cuántos canales de comunicación hay en la actualidad en este proyecto?

A   10
B   21
C   24
D   45

16.36 Walter es el director de proyecto a cargo de la remodelación de un espacio verde municipal. Walter está intentando implementar una versión más moderna de un proyecto similar al que ejecutó hace diez años atrás. ¿Qué tipo de poder debería utilizar el director del proyecto para aumentar las probabilidades de éxito de este proyecto?

A   Directivo
B   Referente
C   Experto
D   Formal

16.37 Para la construcción y operación de un Hospital se ha decidido seguir los estándares ISO 9000. ¿Cuál es una ventaja de aplicar estos estándares internacionales para gestionar la calidad del proyecto?

A   Asegurar que el Hospital aplicará un enfoque Kairyo
B   Asegurar que el Hospital siga sus propios procesos de calidad
C   Asegurar que el Hospital aplicará los procesos de la Guía del PMBOK®
D   Asegurar que el Hospital recibirá menos juicios por mala praxis

16.38 Eres el director de un proyecto de exportación de aceite de oliva en botellas de 500 mililitros. El gerente de gestión de la calidad está discutiendo con el cliente sobre la cantidad de mililitros de un lote, con base en las métricas de calidad establecidas en el contrato. El cliente solicita 0,10 mililitros más por botella y el gerente de calidad argumenta que eso no corresponde. Se acuerda partir la diferencia existente entre ambos y entregar 0,05 mililitros más al Cliente. ¿Qué tipo de solución es la que acabas de adoptar?

A   Conciliar
B   Ganar-Perder
C   Suavizar
D   Forzar

16.39 Tu empresa "Punto Com" se dedica a la comercialización de productos a través de Internet y tiene tan sólo 6 meses de vida. Estás trabajando en la fase de ejecución de un proyecto para vender un producto innovador que no existe en el mercado. ¿Qué tipo de riesgos está enfrentando este proyecto?

A   Eventos adversos
B   Eventos positivos
C   Incertidumbre
D   Eventos positivos y eventos adversos

16.40 Eres el encargado de compras y suministros para abrir una nueva boca de supermercados. Dentro de 15 días se agotarán insumos críticos de las oficinas de administración que están a cargo del proyecto. ¿Cuál será el tipo de contrato que seguramente utilizarás para reponer estos insumos de oficina que suelen ser un commodity en el mercado?

A   Precio fijo
B   Reembolso de costos más incentivo
C   Por tiempo y materiales
D   Orden de compra

16.41 Como director de proyecto quieres desarrollar a tu equipo de trabajo. Para ello estás planificando junto con el departamento de recursos humanos actividades outdoor de turismo aventura para el mes próximo. Entre las actividades a realizar habrá una competencia de trabajo en equipo con balsas de rafting, en un río de montaña. Tu primo tiene una empresa de turismo aventura y puede proveer de los servicios que necesitas de manera eficiente. ¿Qué deberías realizar frente a esta situación?

A   Informar el conflicto de intereses al departamento de recursos humanos para que ellos seleccionen al proveedor de servicios de rafting
B   Seleccionar a la empresa de tu primo porque es una persona de extrema confianza que ofrece servicios muy profesionales
C   Evitar que la empresa de tu primo forme parte de la lista de proveedores calificados
D   Cambiar el alcance de las actividades outdoor para incluir otras actividades como cabalgatas, en lugar de rafting

16.42 Si el DP gestiona de manera correcta el involucramiento de los interesados, podrá alinear los objetivos del proyecto con las necesidades de los interesados, lo que facilitará la sostenibilidad del proyecto. ¿Cuál será el resultado de la gestión de los interesados?

A   Registro de incidentes actualizado
B   Registro de interesados
C   Plan de comunicaciones
D   Registro de cambios

16.43   En tu empresa te han asignado como director de proyecto para la instalación de máquinas industriales que se comprarán en otro país con un contrato de precio fijo. Durante la ejecución del proyecto envías una encuesta anónima a los ingenieros y operarios de la empresa entendidos en el layout, diseño y funcionamiento de esos equipos. Luego recibes los comentarios de esos expertos, procesas los resultados y los vuelves a enviar a las mismas personas para una nueva retroalimentación. ¿Qué técnica estás utilizando?

A   Focus groups
B   Delphi
C   Matriz de riesgo
D   Mitigación de riesgos

16.44   Tú eres el director de proyectos para la elaboración de cremas naturales anti-envejecimiento. Un proveedor fue seleccionado para la provisión de tierras volcánicas para ese proyecto. Pedro, uno de los miembros de tu equipo, fue el encargado de seleccionar a ese proveedor. Luego, Clarita, otro miembro del equipo, te comenta que ese proveedor fue seleccionado porque regaló a Pedro un viaje para él y toda su familia. ¿Qué deberías hacer?

A   Suspender a Pedro hasta que se aclare lo ocurrido
B   Cancelar las órdenes de compra con ese vendedor
C   Reunirte con el gerente general para informar lo ocurrido
D   Solicitar más información de lo ocurrido

16.45   Usted acaba de ser asignado a un proyecto durante su etapa de ejecución. La política de la empresa no permite realizar pagos superiores a $100.000 sin la aprobación del gerente financiero. Está revisando los informes de avance del proyecto y descubre que el antiguo director del proyecto realizó un pago de $350.000 sin la autorización del gerente financiero. Sin embargo, la variación del costo es de $150.000 por lo que el proyecto no corre riesgos de costo. ¿Qué debería hacer?

A   Ponerse en contacto con el gerente financiero para informar lo ocurrido
B   Denunciar al antiguo director de proyecto ante el departamento legal de la empresa
C   Ignorar ese asunto porque ocurrió cuando usted no tenía responsabilidades sobre lo acontecido y el proyecto no tiene riesgos de costo
D   Investigar si el antiguo director del proyecto violó el código de procedimiento de pagos de la empresa

16.46 ¿Qué será lo que más realiza un director de proyectos durante el grupo de procesos de ejecución?

A   Reconocer que el proyecto o una de sus fases ha comenzado
B   Coordinar las personas y recursos del proyecto
C   Mantener procesos formales para cumplir con las necesidades del proyecto
D   Asegurarse que se cumplan los objetivos del proyecto

16.47 Usted está trabajando como director de proyecto en una organización matricial débil. El gerente funcional del departamento de comercialización generalmente será el responsable de:

A   Aprobar los cambios en el cronograma
B   Monitorear el desempeño del personal
C   Monitorear los entregables del proyecto
D   Evaluar el impacto de los cambios en el proyecto

16.48 Durante la ejecución de un proyecto de actualización de sistemas informáticos en una fábrica tradicional, Máximo está manteniendo relaciones con los interesados para gestionar sus expectativas. ¿Cuál será una buena práctica que está aplicando Máximo?

A   Involucrar a todos los interesados desde la iniciación del proyecto
B   Enfocarse en gestionar los principales incidentes en lugar de anticipar futuros problemas
C   Solicitar ayuda al patrocinador solamente para la resolución de grandes incidentes
D   Utilizar el acta de equipo

16.49 El Cliente ha contratado los servicios de la Consultora +C para dirigir un proyecto. Durante una reunión de trabajo entre el Director del Proyecto y el Cliente, ocurre un problema que podría ocasionar daños a la Empresa +C. El Cliente quiere encontrar una solución durante la reunión. ¿Qué es lo mejor que podría hacer el Director del Proyecto de la Consultora +C?

A   Ofrecer al Cliente alternativas de solución que serían aceptables por +C
B   Ofrecer al Cliente una solución transitoria hasta que sea aceptada por su Jefe
C   Recolectar la mayor cantidad de información sobre el problema sin comprometer a +C en una solución
D   Comentar al Cliente que no está bien definido el problema como para encontrar la solución apropiada

16.50 Usted está dirigiendo y ejecutando un proyecto que consiste en la remodelación de un edificio histórico. Los siguientes ítems son salidas de este proceso a EXCEPCIÓN de:

A   Cambios solicitados

B   Datos de desempeño del trabajo

C   Cambios aprobados

D   Productos entregables

*****

16.2. Respuestas

16.01 B   Los hitos tienen una duración igual a cero. Las actividades tienen duración, o sea, un principio y un final. / (Ejecución; Cronograma)

16.02 C   Para mantener a los interesados involucrados e informados sobre el proyecto, deberíamos gestionar el flujo de información de manera efectiva y eficiente según el plan de comunicaciones. La comunicación será efectiva si la información llega en el formato correcto, en el momento oportuno, a la audiencia correcta y con el impacto apropiado. Por su parte, la comunicación será eficiente si enviamos a cada grupo de interesados solamente la información necesaria. / El resto de las respuestas podrían ser correctas si esos temas (redes sociales, información confidencial, reuniones cara a cara) estuvieran explicitados en el plan de comunicaciones. / (Ejecución; Comunicaciones)

16.03 B   Si cambia la ruta crítica del proyecto, cambia la duración del mismo. / (Ejecución; Cronograma)

16.04 A   Lo primero que necesitamos son las metas y objetivos relacionados con la visión y estrategia de la organización. / (Ejecución; Marco conceptual)

16.05 C   Las principales entradas del control integrado de cambios son las solicitudes de cambio y los informes de desempeño del trabajo (disponibilidad de recursos, cronograma, costos, porcentaje de avance, etc.). / (Ejecución; Integración)

16.06 B   (Ejecución; Recursos)

16.07 A   Hay interesados, aunque no sean miembros del equipo (ej. cliente o patrocinador), que también suelen colaborar para el desarrollo del plan para la dirección de proyectos. / (Ejecución; Interesados)

16.08 D   Ricarda está durante la ejecución del proyecto gestionando el involucramiento de los interesados con una comunicación activa. El plan de gestión de las comunicaciones e interesados son las principales entradas del proceso "gestionar el involucramiento de los interesados". / (Ejecución; Comunicaciones)

16.09 C   Un regalo a cambio de algo, puede ser considerado como una especie de soborno, por lo que no debería aceptarlo. / (Ejecución; Adquisiciones)

16.10 D   Definir las prácticas de calidad de la organización forma parte de la planificación de la calidad. / Asegurar el cumplimiento de las seis sigmas no tiene relación con el aseguramiento de la calidad. / Utilizar el Diagrama de Pareto es una herramienta para la planificación y control de calidad. / Realizar el aseguramiento de la calidad: utilizar los procesos necesarios para cumplir con los requisitos del proyecto. En otras palabras, asegurarse que se estén utilizando los planes para la gestión de calidad. / (Ejecución; Calidad)

16.11 B   Según Mc Gregor, las personas pertenecen a una de estas dos categorías. Teoría X: incapaz, evita el trabajo, no quiere responsabilidades, debe ser controlado por su superior. Teoría Y: trabaja aunque nadie lo supervise, quiere asumir compromisos y progresar. / (Ejecución; Recursos)

16.12 C   La clave de una buena comunicación es saber escuchar. / (Ejecución; Comunicaciones)

16.13 D   Lo primero que debería hacer es dejar claro los roles y responsabilidades de cada uno de los miembros del equipo. Para ello podría trabajar con una matriz de roles y responsabilidades. / Al definir los roles de cada uno, también va a quedar más claro que usted, como parte del equipo, tiene la autoridad como Director de Proyectos. / (Ejecución; Recursos)

16.14 D   Renunciar: no resuelve el problema. / Discutir en voz alta: no es apropiado. / Dejar pasar el tiempo: no es proactivo. / Discutir el problema con otros expertos podría ser de utilidad para comprender mejor si hay un conflicto de intereses. / (Ejecución; Integración)

16.15 B   Contratar a otros expertos, reducir complejidad o agregar funcionalidad: falta información en ese ejemplo para saber si alguna de esas alternativas sería apropiada. / Evaluar alternativas: si hay un problema, lo primero que debe hacer es evaluar alternativas de solución. / (Ejecución; Integración)

16.16 C   Ejemplo de hitos ponderados: El proyecto tiene 4 entregables parciales y cada entrega se lo define como un hito. Cada hito puede tener un peso relativo diferente. Por ejemplo, hito 1 10%, hito 2 40%, hito 3 20%, hito 4 30%. / (Ejecución; Cronograma)

16.17 A   Un diagrama burn down o diagrama de quemado es una representación gráfica del trabajo por hacer en un proyecto en el tiempo. Usualmente el trabajo remanente (o backlog) se muestra en el eje vertical y el tiempo en el eje horizontal. / (Ejecución; Cronograma)

Diagrama de quemado

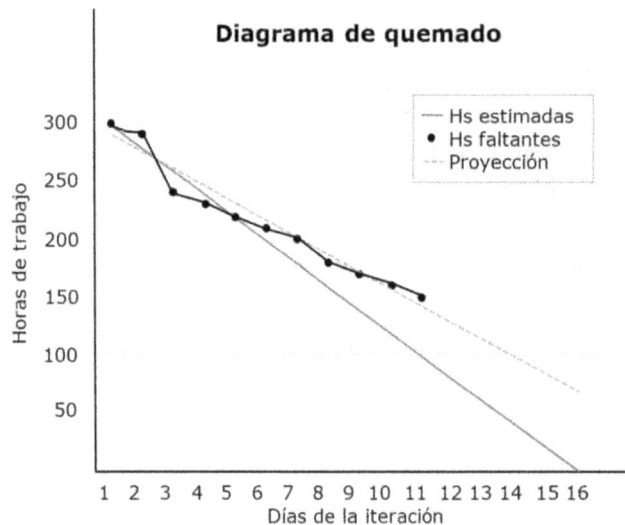

16.18 D   Lo primero que debe hacer es plantear el conflicto de intereses con quien corresponda. / (Ejecución; Integración)

16.19 C   El emisor es el responsable de que llegue el mensaje en tiempo y forma. / (Ejecución; Comunicaciones)

16.20 C   La habilidad más utilizada por los buenos DP es saber comunicar. / (Ejecución; Comunicaciones)

16.21 A   Durante el proceso de dirigir y gestionar la ejecución del proyecto, el DP y el equipo de trabajo llevarán a cabo lo desarrollado en el plan para la dirección del proyecto. Además, se implementan los cambios aprobados (acciones correctivas, acciones preventivas, reparación de defectos) y se revisa de manera periódica el impacto de los cambios sobre el proyecto. / Una entrada de este proceso son los cambios aprobados por el Comité de control cambios y una salida las actualizaciones a los planes del proyecto (ej. la EDT). / (Ejecución; Integración)

16.22 A   El almuerzo suele ser una excelente oportunidad para construir relaciones interpersonales con los interesados de manera más informal y relajada. Se suele invertir este tiempo para ir más allá del proyecto y conocer mejor a las personas (antecedentes, hobbies, familia, etc.) para mantener las relaciones. / Si el interesado tiene algún filtro de acceso (ej. secretario), usted debería incluir en su estrategia de gestión de interesados a ese secretario. Caso contrario, tendrá muy buenas intenciones de construir relaciones con el interesado, pero en la práctica, no tendrá acceso para poder llegar. / Mantenga a los miembros de su equipo cerca y a sus enemigos más cerca. Para mantener las relaciones con los interesados, será fundamental ganarse el respeto de los detractores del proyecto, a pesar de que ellos no estén de acuerdo con los resultados y objetivos del proyecto. / Fuente: Anthony C. Mersino, Emotional Intelligence for Project Managers, AMACOM. / (Ejecución; Interesados)

16.23 B   (Ejecución; Marco conceptual)

Ciclo de vida del proyecto

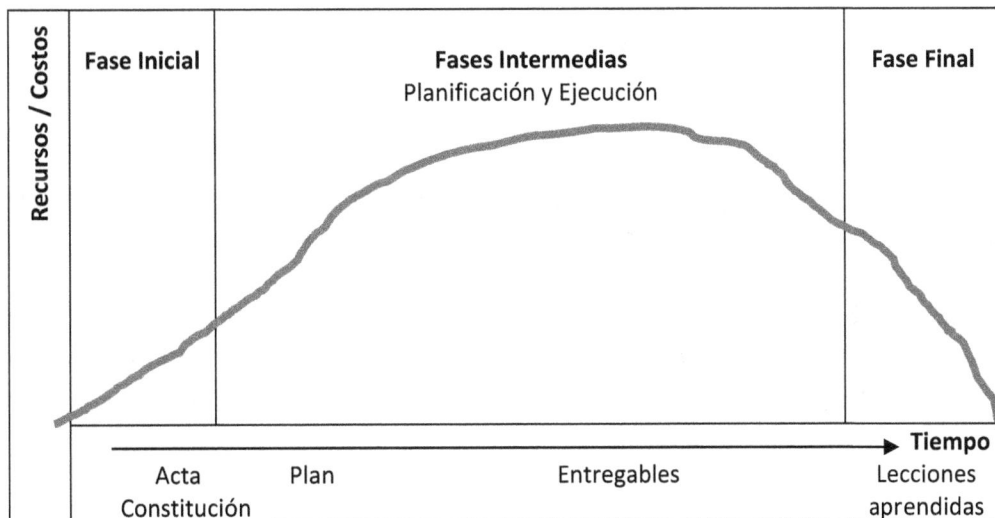

© Pablo Lledó

16.24 B   Lo primero que debe hacer es crear una solicitud de cambio informando sobre el impacto de esa regulación en el alcance del proyecto. / (Ejecución; Integración)

16.25 D   Las lecciones aprendidas, registro y reporte de riesgos son entradas necesarias para implementar las respuestas al riesgo durante la ejecución del proyecto. / El registro de interesados es muy importante para planificar las respuestas al riesgo, aunque podría ser menos importante al momento de ejecutar esas respuestas. / (Ejecución; Interesados)

16.26 A   Conocimiento explícito (consciente − saber qué): fácil de identificar, codificar, guardar y compartir. Por ejemplo, las palabras, imágenes o números de un libro. El DP debería asegurar el fácil acceso a este conocimiento y mantenerlo actualizado en un repositorio compartido. / Conocimiento tácito (inconsciente − saber cómo): basado en la intuición, experiencias, creencias, valores, cultura y actitud. Difícil de comunicar. El DP podría transferir este conocimiento a través de la socialización, historias y tutorías con expertos. / (Ejecución; Integración)

16.27 C   Validar el alcance: conseguir la aceptación formal del alcance de cada entregable por parte del cliente o patrocinador. / (Ejecución; Alcance)

16.28 B   Teoría de las expectativas: Las personas se esfuerzan porque esperan tener un mejor desempeño. De ese mejor desempeño esperan obtener una recompensa. Con esa recompensa van a poder satisfacer sus necesidades y volver a esforzarse para seguir en ese círculo virtuoso. / (Ejecución; Recursos)

16.29 B   Temas estratégicos: alta gerencia. / Coordinación e integración general (incluyendo temas de calidad): director del proyecto. / Aseguramiento de la calidad: gerente funcional y/o director del proyecto. / (Ejecución; Marco conceptual)

16.30 A   La complejidad de la EDT depende del tipo de proyecto y no tiene ninguna relación con el tipo de organización. / (Ejecución; Alcance)

16.31 B   Si los miembros del equipo dependen y reportan a otra estructura (ej. departamento funcional o Empresa externa), es probable que no se sientan parte del proyecto, por lo que será más difícil motivarlos. / (Ejecución; Recursos)

16.32 C   Diseño para X (DfX): conjunto de guías prácticas para el diseño de productos. La variable X podría ser: ensamble, logística, fabricación, confiablidad, servicio, seguridad, costo, etc. / Diseño para ensamble: diseñar el producto de tal forma que las piezas sean fáciles de montar entre sí y no se puedan cometer errores al colocar piezas en diferente orden o lugar. / Diseño para logística: el bien debe ser apto para traslado. / Diseño para fabricación: el diseño de un bien permite que luego sea fácil de fabricar. / Diseño para servicio: los componentes del bien pueden ser reemplazados fácilmente y por un bajo costo. / (Ejecución; Calidad)

16.33 D   Las reuniones cara a cara son una excelente herramienta para resolver conflictos. / (Ejecución; Comunicaciones)

16.34 D   En cualquier reunión es fundamental distribuir la agenda con anticipación y establecer las reglas básicas de la reunión. / No es necesario el consenso para la orden del día. / Se pueden permitir interrupciones durante la reunión, si eso forma parte de las reglas básicas. / Las reuniones pueden convocar a personas externas al equipo (ej. usuario, cliente, gobierno, etc.). / (Ejecución; Comunicaciones)

16.35 D   Canales: (N x (N-1)) / 2 = (10 x 9) / 2 = 45. / (Ejecución; Comunicaciones)

16.36 C   Los mejores tipos de poder son "experto" o "recompensas", mientras que el peor tipo de poder es aquel que utiliza la penalidad y castigos. / Tipos de poder: Recompensa: autoridad para manejar los premios; Coercitivo o Penalidad: autoridad para manejar los castigos; Legítimo o Formal: posición jerárquica en la organización; Experto: reconocido por sus conocimientos y formación; Referente: admiración del discípulo para seguir el ejemplo del maestro; De Información: poder de control y distribución de información; Relacional: relacionarse con interesados y desarrollar alianzas; Gratificación: gratificar a las personas con agradecimientos; Presión: limitar la libertad de elegir; Culpabilidad: imponer una obligación o sentido del deber; Persuasión: convencer a una persona mediante argumentos para que piense de una determinada manera o haga cierta cosa; Evitar: excusarse a participar en la toma de decisiones; Situacional: poder que se obtuvo de una situación anormal. / (Ejecución; Marco conceptual)

16.37 B   Normas de gestión de calidad: 1. Escribir lo que hacemos, 2. Hacer lo que hemos escrito, 3. Registrar lo que hicimos, 4. Verificar, 5. Actuar sobre la diferencia (Mejorar). / (Ejecución; Calidad)

16.38 A Técnicas para la resolución de conflictos: Evitar / Retirarse: retirarse del conflicto o postergarlo hasta estar mejor preparado o hasta que lo resuelvan otros; Suavizar / Acomodar: resaltar los puntos de común acuerdo en lugar de las diferencias haciendo concesiones para mantener la armonía del grupo; Compromiso / Conciliación: cada parte debe ceder algo; Forzar / Dirigir: imponer una posición sobre las otras; Colaborar: incorporar múltiples perspectivas a través de la cooperación y el diálogo abierto para buscar compromiso y consenso. / (Ejecución; Recursos)

16.39 D El riesgo es algo desconocido que, si se produce, afecta en forma negativa o positiva los objetivos del proyecto. Por lo tanto, un evento incierto puede ser algo bueno o algo malo. / (Ejecución; Riesgos)

16.40 D Una orden de compra es un contrato unilateral donde una parte envía la solicitud y la otra parte entrega ese producto o servicio. / (Ejecución; Adquisiciones)

16.41 A Tener que tomar la decisión de contratar o no los servicios de un familiar, suele ser un conflicto de intereses. Debería informar sobre ese conflicto en su empresa antes de tomar una decisión. / (Ejecución; Recursos)

16.42 A El registro de cambios, registro de interesados y plan de comunicaciones son entradas necesarias para gestionar el involucramiento de los interesados. / El registro de incidentes (o polémicas) es una planilla donde se lleva un seguimiento del conflicto ocurrido y su estado de resolución. Este registro es una entrada para gestionar el involucramiento de los interesados y su actualización es una salida de este proceso. / (Ejecución; Interesados)

16.43 B Técnica Delphi: se separa físicamente a los miembros del grupo y un coordinador general contacta a todos los miembros para que opinen sobre potenciales riesgos, manteniendo el anonimato de los involucrados. El coordinador le informa a los participantes las razones que justifican distintas opiniones sobre los riesgos identificados y les solicita que re-evalúen su respuesta para profundizar el análisis. Este proceso de retroalimentación iterativo continúa hasta que no hay más cambios que realizar. / (Ejecución; Riesgos)

16.44 D Lo primero que deberías hacer es recopilar mayor información para comprender mejor lo que ha ocurrido. / (Ejecución; Recursos)

16.45 B A usted no lo corresponde investigar sobre ese hecho. / Lo primero que debe hacer es informar sobre lo ocurrido al funcionario que tenía que aprobar esos pagos. / (Ejecución; Integración)

16.46 B   Lo que más hará durante la ejecución será integrar las partes, comunicar y coordinar. / (Ejecución; Recursos)

16.47 B   En una organización matricial débil, el gerente funcional suele tener gran autoridad sobre los recursos y el desempeño del personal de su departamento que está trabajando en el proyecto. / Aprobar cambios: corresponde al Comité de cambios. / Monitorear los entregables y evaluar el impacto de los cambios: corresponde al DP. / (Ejecución; Recursos)

16.48 D   Si bien la capacidad de los interesados para influir en el proyecto es mayor en las etapas iniciales, debemos involucrar a cada interesado en las etapas adecuadas. Por ejemplo, algunos interesados estarán desde el inicio, otros sólo en la ejecución y otros para el cierre. / El DP debe ser proactivo al gestionar el involucramiento de los interesados prestando gran atención a inquietudes preliminares (aunque aún no sean incidentes) para poder anticipar futuros problemas. / El DP puede recurrir a la ayuda del patrocinador cuando lo crea necesario, no importa si es un pequeño incidente o un gran conflicto. / Entre las herramientas para gestionar el involucramiento de los interesados están las reglas de comportamiento (ground rules) establecidas en el acta del equipo (ej. comportamiento durante las reuniones, reglas de etiqueta, normas para el envío de emails, etc.). / (Ejecución; Recursos)

16.49 C   1º Recolectar información. / 2º Ofrecer alternativas de solución. / (Ejecución; Comunicaciones)

16.50 C   Durante la dirección y ejecución del proyecto se obtienen entregables, datos de desempeño y solicitud de cambios. / Las solicitudes de cambio son una entrada del proceso "Control integrado de cambios", los evalúa el Comité de cambios y los cambios aprobados son una entrada para dirigir y ejecutar la ejecución del proyecto. / (Ejecución; Integración)

*****

– – – – –

/////

*****

EXAMEN

17. CONTROL

Cantidad de preguntas: 40
Tiempo para responder: 48 minutos
Puntaje para aprobar: 75% (30 respuestas correctas)

17.1.   Preguntas

17.01   Durante el proceso de monitoreo y control detectas que tu proyecto está con un atraso significativo. Has recibido la aprobación para comprimir la agenda del proyecto incorporando 5 ingenieros al equipo de trabajo. El costo que has negociado es $150 por hora por persona. Los ingenieros adicionales contratados trabajarán en el proyecto hasta que éste retorne a su curso normal según el Plan para la dirección del proyecto. ¿Qué tipo de contrato has realizado?

A   Tiempo y materiales
B   Precio Fijo o suma global
C   Coste más porcentaje del coste (CPPC)
D   Costes reembolsables

17.02 Durante la planificación para la perforación de un pozo petrolero, se definió la estructura de desglose del trabajo (EDT) y su diccionario complementario. Ahora el proyecto ya está en la fase de ejecución y el pozo tiene un 40% de avance. Para poder controlar el alcance del proyecto, el director del proyecto debería preocuparse principalmente de:

A   Participar a los miembros del equipo en este proceso
B   Los cambios sean beneficiosos para el proyecto
C   El patrocinador sea responsable de este proceso
D   Que no se cambie el cronograma original del proyecto

17.03 ¿Cuál de las siguientes herramientas será de mayor utilidad para monitorear las amenazas de un proyecto para mitigar el cambio climático?

A   Simulación de Monte Carlo
B   Análisis de sensibilidad
C   Diagrama de Tornado
D   Análisis de reserva

17.04 Usted acaba de reemplazar al antiguo director de proyecto para el desarrollo de software que ya lleva 16 meses de ejecución. En el plan para la dirección del proyecto encuentra los siguientes datos para una actividad: costo estimado total $675.000; gastos devengados acumulados hasta la fecha $300.000; avance real a la fecha 25%. ¿Cuál es el costo estimado a la finalización de esa actividad?

A $ 1.200.000
B $ 675.000
C $ 3.000.000
D $ 1.050.000

17.05 Una actividad se ha planificado finalizar en 24 meses y ya lleva 16 meses de ejecución. El costo estimado total de esa actividad asciende a $675.000 y se prorratea de manera proporcional a través del tiempo. Los gastos devengados acumulados hasta la fecha ascienden a $300.000 y el avance real a la fecha es del 25%., ¿Cuál es la variación del cronograma para esa actividad?

A   -157.351
B   -289.750
C   -281.250
D   0,375

17.06 Su empresa se dedica a prestar servicios de dirección de proyectos en diferentes tipos de organizaciones. ¿Con cuál de las siguientes estructuras matriciales el director de proyecto tiene mayor control?

A   Matricial fuerte
B   Matricial ajustada
C   Matricial balanceada
D   Funcional

17.07 El presupuesto al finalizar la actividad de ampliación de oficinas asciende a $68.000. De acuerdo al cronograma de actividades, hoy deberías estar en un nivel de avance físico del 65%, pero sólo estás a un 50%. ¿Cuál es el valor ganado de esa actividad?

A $ 44.200
B $ 34.000
C $ 10.200
D   -$ 10.200

17.08 En un proyecto de fabricación de automóviles en serie, mides el resultado terminado versus las especificaciones de diseño. Este es un ejemplo de _____ de calidad.

A   Benchmarking
B   Gestión
C   Control
D   Auditoria

17.09 ¿Cuál de los siguientes enunciados es requerido para iniciar el control integrado de cambios para un proyecto de $2,3 millones para la construcción de una fábrica de aceite de oliva?

A   Sistema de información de la gestión de proyectos
B   Solicitudes de cambio
C   Solicitudes de cambio aprobadas
D   Reparación de defectos validada

17.10   Usted es el director de proyecto para la instalación y puesta en marcha de una planta potabilizadora de agua en una región de 700.000 habitantes. Su Empresa no tiene experiencia en este tipo de grandes proyectos. Los interesados tienen altos requisitos sobre los entregables del proyecto, por lo que será necesario crear un sistema integrado de cambios. Este sistema debería ser controlado por:

A   El director del proyecto
B   El patrocinador y los interesados claves
C   El cliente
D   El comité de control de cambios

17.11   Tu proyecto está fuera del cronograma planificado, con un desvío de 25 días. La alta gerencia aprueba la incorporación de pruebas adicionales de control de calidad a los fines de mejorar la calidad y la aceptación de los entregables por parte del cliente. Esto es un ejemplo de:

A   Corrupción del alcance
B   Información sobre el desempeño del trabajo
C   Control integrado de cambios
D   Gestionar la calidad

17.12   Estás trabajando en un proyecto de instalación de puertas y ventanas de PVC. El valor planificado total para una actividad es de $ 20.000 y ya llevas gastado $14.000. El porcentaje de avance real de esa actividad es del 45%, lo que indica un retraso, porque a esta altura el avance debería ser del 55% según el plan original. ¿Cuál es el índice de desempeño del costo de esa actividad?

A   0,64
B   0,82
C   1,56
D   0,79

17.13   Los miembros de tu equipo de trabajo te informan que el proyecto olivícola tiene un 50% de avance. Estás de acuerdo con esa estimación del equipo, pero tu informe de avance para presentar al Patrocinador sigue en 0%. Esto sería un ejemplo de:

A   Regla 50/100
B   Principio 80/20
C   Bajar las expectativas al patrocinador
D   Regla 0/100

17.14   Usted está empleando la técnica del valor ganado para el monitoreo y control de un proyecto industrial de producción en serie. El proyecto está en su quinto mes, y los indicadores de una actividad son los siguientes: Valor Ganado $34.000, Presupuesto total de esa actividad $112.000; Valor Planificado $39.000 y el Costo Real actual $49.000. ¿Cuál es el porcentaje de avance de esa actividad?

A   79,59%
B   69,39%
C   30,36%
D   87,18%

17.15   En un país en vías de desarrollo se está desarrollando una nueva droga farmacológica que se espera podrá curar el cáncer de mama, sin efectos secundarios para el organismo. El director del proyecto está realizando informes de avance mensuales donde indica: valor planificado, costo actual y valor ganado. ¿Cuál de los siguientes ítems representa gráficamente esta información?

A   Diagrama de Ishikawa
B   Diagrama de Pareto
C   Histograma
D   Curva S

17.16   Estas trabajando en un proyecto de desarrollo de software. La calidad ha sido un asunto importante porque ha habido un gasto excesivo en prototipos que luego fueron desechados por no cumplir con los requisitos del cliente. Actualmente la empresa tiene un estándar de calidad de 3 Sigmas en su proceso de desarrollo de software. El equipo del proyecto está tratando de identificar nuevos problemas. ¿Cuál sería una herramienta adecuada para evaluar nuevos problemas relacionados con la calidad de los entregables?

A   Trabajar con niveles de calidad de seis sigmas
B   Diagrama de dispersión
C   Diagrama de espina de pescado
D   Diagrama de control para investigar la regla de los siete

17.17   El diagrama de Control tiene un límite de control superior (UCL) de diez y un límite de control inferior (LCL) de cinco. ¿Cuál debería ser el límite de tolerancia inferior?

A   Entre cinco y diez
B   Mayor que cinco
C   Mayor que diez
D   Menor que cinco

17.18 Peter Cantropus está monitoreando las comunicaciones en un proyecto sobre el tratamiento y reciclaje de residuos urbanos. Peter quiere asegurar que el mensaje correcto sea enviado a la audiencia apropiada, utilizando el canal adecuado en tiempo y forma. ¿Cuál de los siguientes ítems será el MENOS utilizado?

A   Método de comunicación pull
B   Encuestas de satisfacción del cliente
C   Observación a los miembros del equipo
D   Cambios en la matriz de evaluación del involucramiento de los interesados

17.19 En un proyecto relacionado con la producción de latas para la conserva de frutas, el ingeniero en calidad ha entregado un reporte con datos de la media, moda, varianza y desviación estándar. ¿Qué significa la desviación estándar?

A   La varianza elevada al cuadrado
B   Cuán lejos está la medición de la media
C   Qué la muestra tiene un intervalo de confianza del 95,45%
D   La mediana

17.20 Durante el proceso de monitoreo y control de un proyecto descubres que un director de proyecto ha informado un índice de desempeño de agenda de 0,85. Sin embargo, el proyecto está adelantado. Todo indica que hay errores conceptuales en la metodología de cálculo del valor ganado. ¿Qué deberías hacer?

A   Colaborar con el director del proyecto para corregir los errores conceptuales
B   Informar al patrocinador sobre la falta de conducta profesional del director del proyecto
C   Informar a la alta gerencia los verdaderos valores de avance del proyecto, a pesar que el director del proyecto pueda recibir algún tipo de represalia
D   Recomendar al director del proyecto que rinda su certificación como PMP® para que se aclaren los errores conceptuales

17.21 Un Cliente ha solicitado un cambio de último momento con el proyecto muy avanzado. Si este cambio lo hubiera solicitado dos meses atrás, su inclusión en el proyecto no habría ocasionado ningún problema. Sin embargo, a esta altura de los acontecimientos ese cambio no es bien visto por el director del proyecto. ¿Cómo debería actuar el director del proyecto para equilibrar estos intereses?

A   Decirle al cliente que esto no es posible porque el proyecto está muy avanzado

B   Agregar los cambios porque "el cliente siempre tiene la razón"

C   Solicitar al cliente que describa con más detalle el cambio que quiere realizar e informarle sobre los impactos que ese cambio tendrá sobre las restricciones del proyecto

D   Pasar el problema a la alta Gerencia para que ellos determinen si este cambio es aceptable a esta altura de los acontecimientos

17.22 ¿Qué será lo que más realizará durante el grupo de procesos de monitoreo y control?

A   Coordinar recursos y personas para llevar a cabo el plan para la dirección del proyecto

B   Reconocer que el proyecto o una de sus fases debería estar por comenzar

C   Asegurarse que se cumplan los objetivos del proyecto

D   Desarrollar un esquema de trabajo para cumplir con las necesidades de negocio

17.23 El director del proyecto ha cambiado el alcance sin comunicar ese cambio al resto del equipo de proyecto. En la actualidad el índice de desempeño del cronograma asciende a 0,8. ¿Qué debería hacer el director del proyecto?

A   Informar urgente al Cliente

B   Analizar el impacto e intensificar el proyecto

C   Evaluar el impacto de ese cambio sobre el resto de las restricciones del proyecto, para implementar los planes de contingencia

D   Convocar a una reunión al equipo de proyecto, pedir disculpas por la falta de comunicación y buscar rápidamente una solución al problema

17.24   El principal rol del Comité de control de cambios es:

A   Cuidar los intereses de la alta gerencia

B   Revisar el impacto de las solicitudes de cambio sobre el alcance, las especificaciones, el cronograma y los costos del proyecto

C   Solicitar cambios

D   Identificar cambios en el alcance del proyecto

17.25   El comité de control de cambios de un proyecto aeroespacial debería estar compuesto por:

A   Un grupo de interesados claves que puedan asegurar que sólo se implementen cambios menores en el proyecto

B   Miembros claves del equipo de proyecto responsables de los cambios del proyecto

C   Un grupo de interesados formalmente constituido que sean responsables de aprobar o rechazar los requerimientos de cambio

D   El director de proyecto y miembros claves del equipo que puedan asegurar que el proyecto se mantenga dentro de los costos y plazos establecidos en la línea base

17.26   Generalmente, el sistema de control de cambios permite avanzar sin la aprobación formal del comité de cambios, en la siguiente situación:

A   Cuando lo requiera el Patrocinador

B   Como resultado de una emergencia

C   Cuando lo requiera el Cliente

D   Cuando sea obligatorio por una nueva legislación

17.27   En qué momento debería controlar un proyecto que consiste en la ampliación de un local comercial que vende artículos deportivos

A   En forma periódica a lo largo de todo el proyecto

B   Al finalizar cada una de las fases del ciclo de vida del proyecto

C   Al finalizar cada uno de los procesos de planificación

D   En forma periódica durante el grupo de procesos de ejecución y cuando sea necesario durante los otros procesos

17.28   El principal objetivo para controlar un proyecto es:

A   Alcanzar los objetivos del proyecto modificando actividades

B   Eliminar los problemas técnicos imprevistos que requieren más recursos

C   Asegurar que los recursos estén disponibles cuando sea necesario

D   Evitar problemas de calidad por no seguir los procesos correctos

17.29 Los principales causas para el cambio en un proyecto con un ciclo de vida predictivo son:
A   Reemplazo del director del proyecto
B   Cambios en la disponibilidad de recursos
C   Errores en el plan para la dirección del proyecto
D   Sobrecostos

17.30 Durante el control de costos del proyecto obtiene los siguientes ítems a EXCEPCIÓN de:
A   Actualizaciones al plan de gestión de costos
B   Solicitudes de cambio
C   Comunicar a los interesados los valores del CPI y SPI
D   Revisiones del desempeño

17.31 En su proyecto están utilizando una matriz de trazabilidad de los requisitos para estudiar la causa de las variaciones sobre la línea base del proyecto. ¿En qué proceso podría estar trabajando?
A   Planificar la gestión del alcance
B   Recolectar requisitos
C   Crear la EDT
D   Controlar el alcance

17.32 Usted está controlando el cronograma de un proyecto que está retrasado donde obtiene los siguientes ítems a EXCEPCIÓN de:
A   Solicitudes de cambio aprobadas
B   Actualizaciones sobre la línea base del cronograma
C   Lecciones aprendidas
D   Acciones correctivas recomendadas

17.33 Los miembros de tu equipo de proyecto están enviado demasiadas solicitudes de cambio al Comité de Cambios. El comité de cambios está rechazando la mayoría de esas solicitudes porque van a afectar la calidad final del proyecto. _____ NO es una entrada del proceso de control de calidad sino una salida de ese proceso.
A   Reparación de defectos validada
B   Plan para la dirección del proyecto
C   Métricas de calidad
D   Entregables

17.34 ¿Quién tiene autoridad para presentar un requerimiento de cambio en un proyecto que está utilizando un ciclo de vida adaptativo?

A   Patrocinador
B   Director del proyecto
C   Miembros claves del equipo de proyecto
D   Cualquier interesado

17.35 El director de un programa de servicios industriales, está monitoreando las relaciones entre los interesados. Cada vez que descubre algún conflicto o desvío en relación a la estrategia de involucramiento, aplica las acciones correctivas. ¿Qué se obtendrá como resultado de estas acciones?

A   Reuniones
B   Plan de comunicaciones
C   Solicitud de cambios
D   Registro de interesados

17.36 Usted está controlando los riesgos de un proyecto para reconvertir archivos físicos en un expediente electrónico. ¿Cuál de los siguientes ítems necesita para comenzar con ese control?

A   Auditorías
B   Análisis del valor ganado
C   Registro de riesgos
D   Reuniones de estado

17.37 Mientras su proyecto está en ejecución usted está realizando un monitoreo y control de los distintos contratos, evaluando si los entregables están acordes a los términos contractuales y evaluando el desempeño del vendedor. ¿Cuál de las siguientes herramientas será la de MENOR utilidad?

A   Sistema de control de cambios del contrato
B   Sistema de gestión de registros
C   Análisis del valor ganado
D   Sistema de pago

17.38 El proceso de control de costos se encarga principalmente de gestionar:

A   El plan de cuentas
B   Los recursos de los paquetes de trabajo
C   Los cambios cuando éstos ocurren
D   Las políticas de la organización

17.39   Usted está supervisando y controlando el trabajo que se lleva a cabo en un proyecto de servicios. ¿Qué herramienta estará utilizando?
A   Plan para la dirección del proyecto
B   Análisis de causa-raíz
C   Información sobre el desempeño
D   Informes sobre el desempeño

17.40   Usted está gestionando las adquisiciones y monitoreando los contratos en un proyecto de construcción de una autopista sobre un río. ¿Qué será lo que MENOS realice durante este proceso?
A   Autorizar el trabajo del vendedor en el momento oportuno
B   Documentar las decisiones de adquisiciones del proyecto
C   Verificar la conformidad de cada entregable con el vendedor
D   Asegurar que los riesgos sean mitigados

17.41   Durante el monitoreo y control de un proyecto sobre la parada de una planta industrial, se recomienda al comité de cambios agregar una persona al equipo. El director del proyecto debería informar al patrocinador que el impacto sobre el proyecto será:
A   Falta información para determinar el efecto
B   La duración de la parada de planta se reducirá
C   El alcance del proyecto será mayor
D   El costo del proyecto será mayor

17.42   Los miembros de su equipo están molestos por la frecuencia utilizada para el monitoreo y control de un proyecto que utiliza un ciclo de vida adaptativo incremental. La causa raíz del problema es que en esa organización no hay una clara diferencia entre proyectos y tareas operativas. La diferencia entre un trabajo operativo y un proyecto es que el trabajo operativo_____
A   Es temporal
B   Está restringido por la limitación de recursos
C   Podría repetirse anualmente
D   Es planificado, ejecutado y controlado

17.43 Usted trabaja en una compañía telefónica que está ejecutando varios proyectos para transformar sus servicios con soporte en la nube. Usted y su equipo no sólo dan soporte de consultoría y capacitación a los directores de proyecto, sino que gestionan las interdependencias entre los proyectos y colaboran en la asignación de recursos compartidos durante el monitoreo y control de esos proyectos. ¿En qué tipo de lugar trabaja usted?

A   Organización matricial balanceada
B   Organización orientada a proyectos
C   Organización funcional
D   Oficina de Gestión de Proyectos (PMO)

17.44 Durante el monitoreo de un proyecto que está removiendo residuos radioactivos enterrados en tanques para que puedan pasar las líneas de un subterráneo, se está utilizando la técnica del cronograma ganado para estimar la duración final del proyecto. La duración del proyecto según el plan original es de 6 meses. Hoy están al final del mes 4 (AT) y el trabajo realizado hasta ese momento debería haber finalizado al mes 3 (ES). Al mes 4 el valor ganado (EV) es de $95 y el valor planificado (PV) a esa fecha es de $100. ¿Cuál será la fecha estimada de finalización del proyecto en base al cronograma ganado?

A   8 meses
B   6,30 meses
C   7,5 meses
D   6,32 meses

17.45   Dr. Wang está sembrando 2.000 hectáreas de arroz genéticamente modificado para que crezca en tierras con agua salada. El presupuesto total del proyecto (BAC) asciende a 10 millones de dólares. El valor ganado (EV) al día de la fecha es un 50% inferior al presupuesto original y ya se han gastado $6 millones. Dr. Wang sabe que el proyecto está con problemas presupuestarios, pero quiere tener mayor información del ajuste que debería realizar. ¿Cuál es el índice de desempeño del trabajo por completar (TCPI)?

A   1,25
B   0,8
C   1,5
D   0,5

17.46 Usted está controlando las adquisiciones para asegurar que el desempeño de los vendedores y los entregables que están produciendo, cumplan con los requisitos contractuales y los objetivos del proyecto. ¿Cuál de los siguientes ítems NO se lleva a cabo durante esta fase del proyecto?

A   Monitorear el desempeño de los contratos
B   Gestionar cambios y correcciones a los contratos cuando sea necesario
C   Cerrar los contratos
D   Asignar los contratos a cada vendedor

17.47 Durante el control de los recursos de un proyecto que está reconvirtiendo arenas del desierto en tierras fértiles aptas para el cultivo, el director del proyecto quiere asegurar la disponibilidad de recursos físicos según lo planificado y monitorear el momento óptimo para la liberación de esos recursos. ¿Qué herramienta está utilizando el director del proyecto?

A   Análisis de reservas
B   Inteligencia emocional
C   Revisiones de desempeño
D   Auditorías

17.48 Usted es el director de un mega proyecto para reconvertir todos los pagos de tarjetas de crédito a la utilización de reconocimiento facial. Su cliente lo llama a su celular en horario no laboral para solicitarle un pequeño cambio en relación a los requisitos originales. ¿Qué es lo primero que debería hacer?

A   Solicitar a los miembros del equipo que incluyan ese cambio en la próxima iteración
B   Comenzar con un proceso formal para la solicitud de ese cambio
C   Analizar los impactos de ese cambio en el proyecto
D   Pedir una reunión cara a cara con su cliente antes de implementar el cambio

17.49 Usted es el director de un proyecto para la construcción de un acelerador colisionador de partículas. Los técnicos descubren algunos problemas en una de las piezas del colisionador que ellos mismos cometieron en fases previas del proyecto. Su cliente, un organismo internacional, rechazará el próximo entregable si no se corrijen esos defectos antes de la próxima inspección que ocurrirá en 3 días. ¿Qué es lo primero que debería hacer?

A   Reparar esos defectos a la brevedad
B   Emitir una solicitud de cambio para la reparación de esos defectos
C   Postergar la fecha de la próxima inspección
D   Organizar una reunión con los técnicos para analizar la causa-raíz que originó esos defectos

17.50 Pablo Mármol es el director de un proyecto minero para la explotación de piedras preciosas que no utilizará agua ni compuestos químicos que puedan dañar el medio ambiente. Pablo tiene a cargo 30 profesionales con quienes se reporta de manera directa. Por su parte, esos profesionales se interrelacionan en promedio con 20 interesados cada uno. Pablo está muy preocupado porque la mayoría de los miembros de su equipo dedican la mayor parte de su tiempo a responder imprevistos de diferentes interesados, por lo que no logran concentrarse en el desarrollo de los entregables principales del proyecto. ¿Qué debería hacer Pablo para resolver este problema?

A   Revisar el plan de gestión de las comunicaciones

B   Solicitar a los miembros de su equipo que no respondan más imprevistos hasta que no terminen los entregables

C   Solicitar a los miembros de su equipo que utilicen métodos de comunicación más eficientes para acelerar el plazo de respuesta de los imprevistos

D   Responder a todos los imprevistos personalmente, blindando a los miembros de su equipo para que se dediquen solamente a producir los entregables

*****

17.2.   Respuestas

17.01   A   Cuando se establece un precio por hora y no sabemos cuántas horas vamos a utilizar, es un ejemplo de contrato por precio y materiales. / (Monitoreo y control; Alcance)

17.02   B   No todos los trabajadores tienen capacidades ni autoridad como para participar del monitoreo y control. El patrocinador no debería tener el rol de monitoreo y control. El cronograma podría cambiar. Lo más importante es que cualquier cambio sea beneficioso. / (Monitoreo y control; Alcance)

17.03   D   La simulación de Monte Carlo, Análisis de sensibilidad y Diagrama de tornado son herramientas utilizadas durante el análisis cuantitativo de riesgos (planificación de riesgos). Si bien estas herramientas también podrían utilizarse durante el monitoreo de riesgos, una herramienta más específica durante la fase de monitoreo sería el análisis de reserva. Análisis de reserva: comparar la reserva que está quedando en relación a los riesgos restantes para analizar si la reserva restante es suficiente para lo que queda del proyecto. / (Monitoreo y control; Riesgos)

17.04   A   PV Total = 675.000; AC = 300.000; EV = % avance x PV Total = 25% x 675.000 = 168.750; CPI = EV / AC = 168.750 / 300.000 = 0,5625; CEF = EAC = BAC / CPI = 675.000 / 0,5625 = 1.200.000. / (Monitoreo y control; Costos)

17.05   C   EV = % avance x PV Total = 25% x 675.000 = 168.750; PV = (16 / 24) x 675.000 = 450.000. Suponiendo que el presupuesto total se prorratea de manera lineal en los 24 meses. SV = EV - PV = 168.750 - 450.000 = -281.250. / (Monitoreo y control; Costos)

17.06   A   Matricial fuerte: el DP tiene más poder que el gerente funcional. / Matricial ajustada: es falso, se refiere a que los miembros del equipo están todos en el mismo lugar de trabajo. / Matricial balanceada: el DP comparte el poder con el gerente funcional. / Funcional: seguramente no existe un DP con autoridad y control sobre la toma de decisiones. / (Monitoreo y control; Marco conceptual)

17.07   B   EV = % avance x PV total = 50% x $68.000 = $34.000. / (Monitoreo y control; Costos)

17.08 C   El control de calidad son todos los mecanismos, acciones, herramientas realizadas para detectar la presencia de errores. / Las auditorías de calidad se llevan a cabo durante el proceso de gestión de calidad. Con estas auditorías se da respuesta a los siguientes interrogantes: ¿Se están aplicando las políticas y normas de calidad?, ¿Son efectivos y eficientes los procesos actuales? / (Monitoreo y control; Calidad)

17.09 B   Entradas del control integrado de cambios: Plan para la dirección del proyecto, Informes sobre el desempeño del trabajo, Solicitudes de cambio. / Salidas del control integrado de cambios: Solicitudes de cambio aprobadas o rechazadas, Registro de cambios. / Validar la reparación de defectos se realiza durante el proceso de control de calidad. / (Monitoreo y control; Integración)

17.10 D   Mientras que el monitoreo y control del proyecto están a cargo del DP y su equipo de dirección, el proceso de control integrado de cambios supera al director de proyecto y podría requerir de un comité integrado de cambios. Este Comité de cambios puede estar compuesto, por ejemplo, por: Patrocinador, Cliente y Director del proyecto. En caso de fuerza mayor el DP puede realizar cambios de emergencia sin la previa autorización de Comité de cambios. En pequeños proyectos podría no existir un Comité de cambios y es el DP quien autoriza los cambios. / (Monitoreo y control; Integración)

17.11 C   Corrupción del alcance significa agregar alcance adicional al proyecto sin la aprobación del comité de cambios. / La información de desempeño es una entrada del control integrado de cambios. / Gestionar la calidad lo realiza el equipo de proyecto para verificar que se esté cumpliendo con el plan y métricas de calidad preestablecidas. / Si la alta gerencia aprobó un cambio solicitado por el equipo, seguramente esa alta gerencia está actuando en el rol de Comité de Cambios, y esto sería un ejemplo de control integrado de cambios. / (Monitoreo y control; Integración)

17.12 A $EV = \%$ avance x PV total = 45% x \$20.000 = \$9000. / $CPI = EV / AC = 9000 / 14000 = 0,64$. / (Monitoreo y control; Costos)

17.13 D   Regla 0/100: se asigna solamente 100% de avance a una actividad cuando está totalmente completada. Mientras no esté completada, se mantienen informes de 0% de avance. / (Monitoreo y control; Cronograma)

17.14 C   El EV se obtiene al multiplicar el porcentaje de avance de una actividad por el PV total de esa actividad. Por lo tanto, el porcentaje de avance se puede obtener de la siguiente forma: $EV / PV = 34.000 / 112.000 = 0,3036 = 30,36\%$. // (Monitoreo y control; Costos)

17.15 D   La línea base de costo, o costo total acumulado, se asemeja a una "S" porque la mayoría del presupuesto se consume durante la ejecución del proyecto. Las líneas S su utilizan para los análisis del valor ganado. / (Monitoreo y control; Costos)

PV, AC, EV

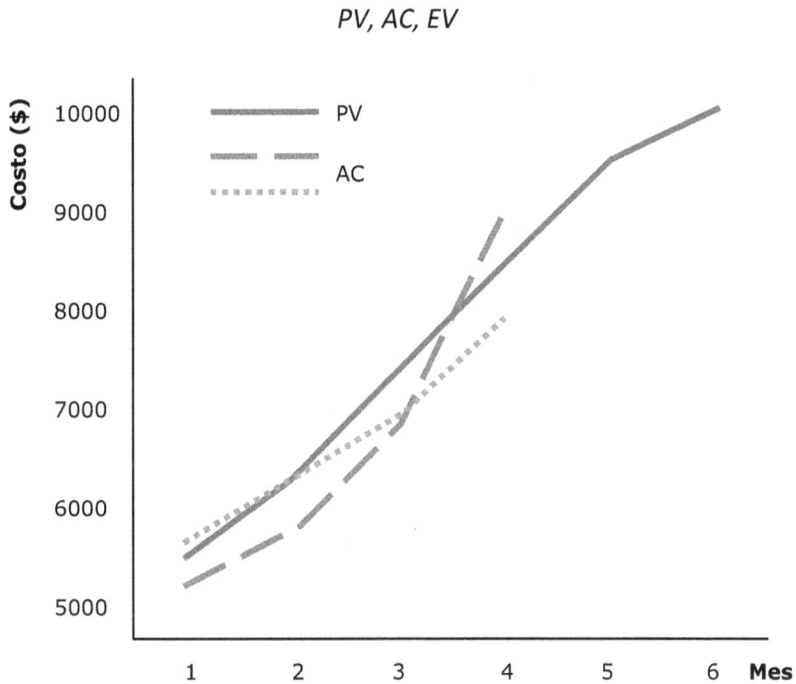

17.16 C   Diagramas de causa y efecto (Ishikawa o espina de pescado): identifica en forma esquemática las causas de los problemas. Se utiliza para planificar y controlar la calidad. / (Monitoreo y control; Calidad)

17.17 D Si el rango de los límites de control está entre 5-10, los límites de tolerancia deberían estar en un rango más amplio, por ejemplo 3-12. / (Monitoreo y control; Calidad)

Diagrama de control (X barra)

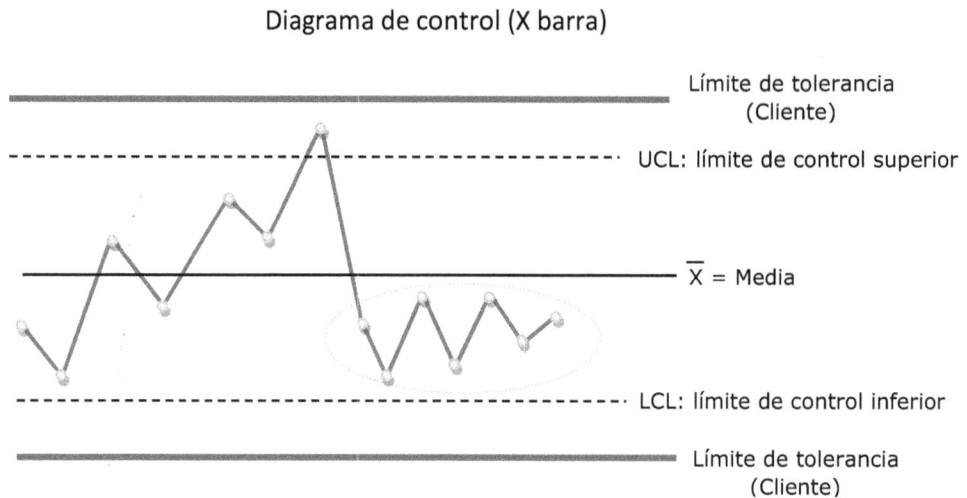

Límite de tolerancia (Cliente)	
UCL: límite de control superior	
$\overline{X}$ = Media	
LCL: límite de control inferior	
Límite de tolerancia (Cliente)	

17.18 A Las encuestas, observación y cambios suelen ser herramientas utilizadas para monitorear las comunicaciones. / Los diferentes métodos de comunicación (interactivo, pull o push) son de gran utilidad durante la gestión de las comunicaciones. / (Monitoreo y control; Comunicaciones)

17.19 B La desviación estándar es una medida del grado de dispersión de los datos con respecto al valor promedio. / (Monitoreo y control; Calidad)

17.20 A Lo primero que deberíamos hacer es colaborar con esa persona para arreglar los errores. / (Monitoreo y control; Cronograma)

17.21 C Lo primero que debe hacer es solicitar mayor información del cambio para poder evaluar los impactos en el proyecto. / (Monitoreo y control; Integración)

17.22 C Inicio: el proyecto está por comenzar. / Planificación: elaborar un esquema de trabajo para cumplir con los objetivos. / Ejecución: coordinar recursos y personas. / Monitoreo y control: asegurar que se estén cumpliendo los objetivos. / (Monitoreo y control; Integración)

17.23 C Lo primero que debe hacer es avaluar el impacto de ese cambio en las restricciones del proyecto: alcance, tiempo, costo, recursos, calidad y riesgos. / (Monitoreo y control; Integración)

17.24 B   El Comité de cambios es el único que debería aprobar/rechazar cambios. Para ello, necesita evaluar el impacto de un cambio solicitado en los objetivos del proyecto. / (Monitoreo y control; Integración)

17.25 C   El comité de cambios debe evaluar las solicitudes de cambio para aprobarlas o rechazarlas. Podría estar compuesto, por ejemplo, por el patrocinador, el cliente y el director del proyecto. / (Monitoreo y control; Integración)

17.26 B   En casos de emergencia el DP no puede esperar una respuesta del Comité de cambios porque podría ser demasiado tarde para solucionar el problema. / En esos casos de emergencia o fuerza mayor el DP implementa el cambio y luego lo comunica al Comité de cambios. / (Monitoreo y control; Integración)

17.27 A   El monitoreo y control se lleva a cabo a lo largo de todo el ciclo de vida del proyecto. / (Monitoreo y control; Integración)

17.28 A   El principal objetivo de los grupos de procesos de monitoreo y control es alcanzar los objetivos para un proyecto exitoso. Para ello, hay veces que será necesario modificar actividades. / (Monitoreo y control; Integración)

17.29 C   El reemplazo de un DP, los cambios en la disponibilidad de recursos y los sobrecostos, no deberían ser la causa principal de los cambios en un proyecto. Esos tres factores suelen ocurrir de manera frecuente, y las empresas con cultura y procesos de dirección de proyectos, no cambian sus proyectos cada vez que eso ocurre. / Si el plan para la DP no aclara como alcanzaremos los objetivos de un proyecto, es muy probable que enfrentemos varios cambios. / (Monitoreo y control; Integración)

17.30 D   "Actualizaciones al plan", "Solicitudes de cambio" y "comunicar a los interesados" son salidas del proceso controlar los costos. / "Revisiones de desempeño" es una herramienta del proceso controlar los costos. / (Monitoreo y control; Costos)

17.31 D   Una salida de la recolección de requisitos es la matriz de trazabilidad. / La matriz de trazabilidad es una entrada del control del alcance, necesaria para evaluar las causas de las variaciones en relación a la línea base. / (Monitoreo y control; Alcance)

17.32 A   Las solicitudes de cambio aprobadas son una salida del proceso "Control integrado de cambios" y una entrada del proceso de "Monitoreo y control". / Las actualizaciones, recomendaciones y lecciones aprendidas son una salida del proceso de "Monitoreo y control". / (Monitoreo y control; Cronograma)

17.33 A   Cuando el Comité de cambios aprueba una solicitud de cambio para reparar un defecto, los miembros del equipo deben realizar la reparación y luego validar si esa reparación solucionó el problema. / (Monitoreo y control; Calidad)

17.34 D   Todas las opciones son verdaderas, al marcar "cualquier interesado" cubre el resto. / Cualquier interesado puede presentar una solicitud de cambio en proyectos con ciclo de vida predictivo o adaptativo. En proyectos con ciclos adaptativos, se participa a los interesados en cada iteración para obtener su retroalimentación y se gestionan cambios de manera continua. / (Monitoreo y control; Integración)

17.35 C   El plan de comunicaciones y el registro de interesados son una entrada del proceso "monitorear el involucramiento de los interesados". Las reuniones son una herramienta de este proceso y las solicitudes de cambio suelen ser una salida. / (Monitoreo y control; Interesados)

17.36 C   Para comenzar con el monitoreo de riesgos necesitamos: plan de riesgos, registro de riesgos y datos e informes sobre el desempeño del trabajo. / Las auditorías, análisis del valor ganado y reuniones de estado son herramientas para el monitoreo de riesgos. / (Monitoreo y control; Riesgos)

17.37 C   El análisis del valor ganado es una herramienta para el control presupuestario y riesgos. / Sistema de control de cambios del contrato: dejar documentado en qué casos, cómo, cuándo y quiénes pueden modificar el contrato. / Sistema de gestión de registros: llevar un índice de toda la documentación relacionada con el contrato para archivar y recuperar todos los documentos de manera eficiente. Este sistema forma parte del sistema de gestión del proyecto y suele utilizar el soporte de tecnologías de la información. / Sistema de pago: revisiones y aprobaciones de los pagos a proveedores. / (Monitoreo y control; Costos)

17.38 C El plan de cuentas se realiza durante la planificación del proyecto. / Los recursos de los paquetes de trabajo se gestionan durante la ejecución del proyecto. / La gestión de cambios se realiza durante el proceso de seguimiento y control. / Las políticas de la organización son activos de los procesos de la organización que suelen ser entradas de casi todos los procesos, el control de costos no se encarga principalmente de eso. / (Monitoreo y control; Costos)

17.39 B El plan para la DP y la información de desempeño son una entrada para el monitoreo y control. Los informes o reportes de desempeño son una salida del monitoreo y control. Una herramienta de este proceso es el análisis de la causa raíz de los desvíos del proyecto en relación al plan original. / (Monitoreo y control; Integración)

17.40 B Durante el proceso de "Planificar la gestión de las adquisiciones" se documentan las decisiones de adquisiciones (ej. hacer vs comprar) y se identifican a los potenciales proveedores. Esta planificación se realiza antes que el control de las adquisiciones. / Durante el proceso de "Controlar las adquisiciones" se monitorean los contratos y se integran otros procesos generales de la dirección de proyectos tales como: dirigir el trabajo del proyecto (ej. autorizar el trabajo del vendedor), controlar la calidad (ej. verificar conformidad de los entregables) y Monitorear los riesgos (ej. mitigación de riesgos identificados). / La actualización al plan para la dirección de proyectos es una salida del control integrado de cambios. / (Monitoreo y control; Adquisiciones)

17.41 A "Falta información para determinar el impacto" es lo más correcto. / No siempre que se agregan recursos se acorta la duración. / Más recursos no significa tener un mayor alcance. / Si agregar un recurso impactara en una menor duración del proyecto, se podría tener un menor costo del proyecto, aunque falta información para determinar esta hipótesis. / (Monitoreo y control; Integración)

17.42 C Mientras que los proyectos son temporales, los trabajos operativos son actividades repetitivas. / (Monitoreo y control; Marco conceptual)

17.43 D   La oficina de gestión de proyectos, programas y portafolios o PMO (Project Management Office) es una entidad de la organización que facilita la dirección centralizada y coordinada de proyectos. Entre los principales roles de la PMO sobre la dirección de proyectos se encuentran: 1. Soporte: consultoría, capacitación, lecciones aprendidas, etc.; 2. Control: gobernabilidad, implementar metodologías, gestionar interdependencias entre los proyectos, colaborar en la asignación de recursos compartidos, etc., 3. Directivo: asignar directores de proyectos para la ejecución de los mismos desde el inicio y ser responsable del éxito o fracaso de los proyectos. / (Monitoreo y control; Marco conceptual)

17.44 A   AT: actual time. ES: earned schedule. SPIt = ES / AT = 3 / 4 = 0,75. Duración total estimada = Duración original / SPIt = 6 / 0,75 = 8. // El SPI según la técnica del cronograma ganado es diferente al de la técnica del valor ganado (EVM): SPI = EV / PV = 95 / 100 = 0,95. / (Monitoreo y control; Costos)

17.45 A   BAC = 10, EV = 5, AC = 6. TCPI = (BAC − EV) / (BAC − AC) = (10 − 5) / (10 − 6) = 1,25. Significa que es necesario un ahorro del 25% en lo que queda del proyecto para poder cumplir con el presupuesto original. / (Monitoreo y control; Costos)

17.46 D   Durante el proceso de control de las adquisiciones se realiza un monitoreo y control sobre el cumplimiento contractual entre vendedores (proveedores) y compradores (cliente), donde se incluye el estado de cada entregable en relación a su alcance, tiempo, costo y calidad. Además, se gestionan los cambios y se van cerrando los diferentes contratos a medida que avanza el proyecto. / La asignación o adjudicación de los contratos a cada vendedor se realiza durante la fase de ejecución del proyecto (efectuar las adquisiciones). / (Monitoreo y control; Adquisiciones)

17.47 C   Revisiones de desempeño: comparar el estado de los recursos físicos utilizados versus los que se habían planificado. / Análisis de reservas: relacionado con costos. / Inteligencia emocional: relacionado con el control de recursos humanos. / Auditorias: evaluar la efectividad de los procesos y las respuestas implementadas. / (Monitoreo y control; Recursos)

17.48 B   Todas las respuestas podrían ser verdaderas según el contexto de cada proyecto. Sin embargo, lo primero que debería hacer es comenzar con un proceso formal de cambio. / Analizar impactos: lo que para un cliente podría ser un "cambio menor" para su organización podría requerir varios recursos adicionales para poder medir esos impactos. / Reunión cara a cara: no siempre es viable. / (Monitoreo y control; Integración)

17.49 B   Todas las respuestas podrían ser verdaderas, pero lo primero que debe hacer es comenzar una solicitud de cambio formal para la reparación de esos defectos. Si la solicitud es aceptada por su patrocinador o comité de cambios, luego podrá iniciar la reparación de esos defectos. Según el contexto de cada proyecto, enviar la solicitud, recibir aceptación y reparar los defectos podría llevar unos pocos minutos o varios meses. / Analizar la causa-raíz es muy importante para mitigar futuros errores similares y es algo que tendrán que hacer, pero primero hay que comenzar acciones para solucionar el problema. / (Monitoreo y control; Integración)

17.50 A   Lo primero que debería hacer es revisar el plan de comunicaciones para analizar quién debería comunicarse con quién y hacer los ajustes que sean necesarios para mejorar las comunicaciones entre los interesados y los miembros de su equipo. / (Monitoreo y control; Comunicaciones)

*****

- - - - -

/////

*****

EXAMEN

18. CIERRE

Cantidad de preguntas: 20
Tiempo para responder: 24 minutos
Puntaje para aprobar: 75% (15 respuestas correctas)

18.1.   Preguntas

18.01   Usted había planificado una duración del proyecto de 8 meses. Sin embargo, el proyecto finaliza de manera anticipada a los 6 meses. ¿Cuál de los siguientes ítems debería ser el MENOS importante durante la fase de cierre del proyecto?
A   Aceptación formal del resultado del proyecto por parte del cliente
B   Un análisis de costo-beneficio
C   Una actualización de los registros del proyecto
D   Una disminución en las erogaciones de recursos

18.02   Luego de varios meses de ejecución, el proyecto "Olimpiadas" ha llegado a su fin. ¿Cuál es el aspecto más importante del cierre de este proyecto?
A   Todas las actividades físicas están completas y la lista de tareas está cerrada
B   El cliente acepta formalmente que los entregables están completos
C   El presupuesto del proyecto y todas las cuentas del proyecto están cerradas
D   Todo el personal asignado al proyecto ha sido liberado y reasignado

18.03 Luego de varios meses de disputa, su empresa no logra consenso con el contratista en relación al cierre del contrato de un proyecto minero. El contratista afirma que ya cumplió con todo el alcance comprendido dentro del contrato. Por su parte, su empresa afirma que ese vendedor no ha finalizado con todo el trabajo acordado. ¿Quién debería resolver este conflicto entre las partes?

A   Un abogado
B   Un PMP experto en resolución de conflictos
C   Un árbitro
D   Los gerentes funcionales de ambas empresas

18.04 A usted lo han nombrado director de un proyecto de energía eólica y es responsable de todo el proceso de compras y suministros. Sin embargo, otros expertos lo están asesorando para el cierre de algunos contratos y los reclamos pendientes. ¿En qué proceso está trabajando?

A   Cierre del proyecto
B   Planificar las adquisiciones
C   Administración de reclamaciones (ADR)
D   Efectuar las adquisiciones

18.05 Luego de 10 meses de planificación y 1 mes de ejecución, el proyecto ha finalizado. El cliente ha aceptado formalmente todos los entregables y participado en la encuesta de lecciones aprendidas. Esas lecciones aprendidas serán MEJOR utilizadas en un nuevo proyecto durante el grupo de procesos de:

A   Control
B   Ejecución
C   Cierre
D   Planificación

18.06 Luego de la finalización de un proyecto de construcción de un edificio de 120 pisos, el equipo de trabajo y el director del proyecto están manteniendo una reunión para evaluar los éxitos y fracasos del proyecto, de manera que puedan aplicar lo que se aprendió en futuros proyectos. ¿Qué es lo que están haciendo?

A   Cierre del proyecto
B   Cierre contractual
C   Lecciones aprendidas
D   Procedimiento de cierre administrativo

18.07 Cuál de los siguientes ítems es uno de los resultados finales del cierre del proyecto:
A   Una decisión de selección de proyecto
B   Una re-definición de los requisitos del proyecto
C   Aceptación del Cliente
D   La revisión final del diseño

18.08 El cierre de las adquisiciones incluye los siguientes ítems, a EXCEPCIÓN de:
A   Documentación del contrato
B   Auditorías de procuración
C   Aceptación formal del bien o servicio
D   Cierre administrativo

18.09 A usted le han encomendado que coordine el cierre de un proyecto muy sofisticado cuya ejecución se realizó durante 6 años. ¿Cuál de los siguientes ítems será el MENOS necesario para comenzar con este proceso?
A   Plan de dirección del proyecto
B   Entregables aceptados
C   Activos de los procesos de la organización
D   Producto o servicio final

18.10 Al momento de finalizar con el proceso para cerrar un proyecto usted obtendrá los siguientes ítems, a EXCEPCIÓN de _____
A   Procedimiento de cierre del contrato
B   Producto, servicio o resultado final
C   Actualizaciones en los activos de los procesos de la organización
D   Productos entregables

18.11 Un Director de proyecto está utilizando las siguientes herramientas y técnicas para cerrar un proyecto agrícola, a EXCEPCIÓN de _____ que por lo general no se utiliza.
A   Metodología de dirección de proyectos
B   Sistema de información de la gestión de proyectos
C   Juicio de expertos
D   Técnica del valor ganado

18.12   Realizar el proceso de cierre administrativo incluye actividades para:
A   Analizar el éxito o fracaso del proyecto
B   Cerrar acuerdos contractuales
C   Validación del producto
D   Analizar los términos y condiciones del contrato

18.13   La finalización anticipada de un contrato debido a la incapacidad para entregar el producto final al Cliente suele ser un caso especial de cierre del contrato. ¿Quién puede cancelar un contrato que todavía está vigente?
A   Comprador y vendedor
B   Contratista
C   Subcontratista
D   Cliente

18.14   Un proyecto de construcción ha llegado a su fin. ¿Qué documentación requerirá el director del proyecto para cerrar el proyecto?
A   Matriz RAM
B   Análisis de tendencias
C   Solicitud de cambio
D   Descripción del producto final

18.15   ¿Cuándo debería completarse el cierre administrativo?
A   Al finalizar cada fase del proyecto
B   Al finalizar el proyecto
C   Cada vez que se completa un entregable
D   Cada vez que ingresa un nuevo director de proyecto

18.16   ¿Qué es lo primero que debería hacer frente al cierre anticipado de un contrato por incumplimiento entre las partes?
A   Planificar nuevamente esa adquisición
B   Efectuar una nueva adquisición
C   Finalizar con la administración del contrato
D   Cerrar la adquisición

18.17   Un proyecto para la reconstrucción de una Ciudad dañada por un Tsunami, se considera finalizado si:
A   El cliente aceptó el producto final
B   Las lecciones aprendidas han sido completadas
C   Se archivó toda la documentación del proyecto
D   El contrato ha finalizado

18.18   El cierre administrativo incluye los siguientes ítems, a EXCEPCIÓN de:
A   Plan para la gestión de riesgos
B   Analizar el éxito del proyecto
C   Asegurarse que los registros incluyan las especificaciones finales
D   Recopilar los registros del proyecto

18.19   En un proyecto para la remodelación de un Gimnasio Municipal se está verificando el producto, recopilando información del proyecto y archivando las lecciones aprendidas. Estas actividades están relacionadas con:
A   Administración del contrato
B   Cierre del contrato
C   Cierre administrativo
D   Documentación del contrato

18.20   ¿En qué fase se encuentra un proyecto si se ha completado todo el trabajo especificado en el contrato y el producto final ha sido entregado al cliente?
A   Cierre
B   Monitoreo y control
C   Al final del grupo de procesos de ejecución
D   Validación del alcance

18.21   Usted está realizando un informe de cierre y lecciones aprendidas sobre el desempeño de los miembros de su equipo. ¿Cuál de los siguientes ítems de ese informe sería el MENOS importante para contratar a futuro a esas personas en proyectos similares?
A   Salario pagado
B   Experiencia y conocimientos adquiridos
C   Personalidad
D   Interés y motivación por el proyecto

18.22   Alfonso Agtech es el director de un proyecto para el desarrollo de sensores climáticos que predicen el momento óptimo para sembrar y cosechar. El cliente de Alfonso es una cooperativa de granjeros rurales que participa activamente en la definición del alcance del proyecto. Todos los sensores de la segunda fase del proyecto han sido completados. ¿Cuál de los siguientes ítems será el principal resultado de cerrar esa fase?

A   Entregables aceptados por la cooperativa
B   Transferencia de los sensores a la cooperativa
C   Requisitos para el cierre formal de esa fase
D   Documentos de la adquisición

18.23   Durante el proceso de cierre de un proyecto que trasladó una iglesia muy antigua a otra ciudad, se trabajó con cinco contratistas y varios contratos. ¿Cuál fue la herramienta utilizada para documentar mejoras en esos contratos?

A   Lecciones aprendidas
B   Encuesta de satisfacción del cliente
C   Auditorías del contrato
D   Reuniones al finalizar cada fase del proyecto

18.24   En un proyecto de desarrollo de software para una empresa de ingeniería se utilizaron metodologías ágiles. El cliente decidió finalizar de manera anticipado ese proyecto antes de completar las iteraciones programadas. ¿Qué es lo MENOS probable que podría haber ocurrido?

A   Realización de beneficios de manera anticipada
B   Finalización de la prueba de concepto
C   Ganancia rápida
D   Fracaso del proyecto debido a los altos costos hundidos de la inversión inicial

18.25   Durante el proceso de cierre anticipado de una mina de diamantes debido a complicaciones con la logística de acceso, ¿Cuál de las siguientes acciones NO sería necesaria para satisfacer los criterios de salida?

A   Elaborar el reporte de cierre final del proyecto
B   Gestionar los excesos de materiales
C   Relocalización de los recursos del proyecto
D   Transferencia del entregable final al cliente

*****

18.2.   Respuestas

18.01 B   El análisis costo-beneficio se realiza durante el grupo de procesos de planificación, no en el cierre. / (Cierre; Integración)

18.02 B   Todas las opciones son verdaderas, pero lo más importante del cierre de proyecto es que el cliente acepte los entregables del proyecto. / (Cierre; Integración)

18.03 C   Si las partes no se ponen de acuerdo en un conflicto, una solución podría ser un árbitro. / (Cierre; Adquisiciones)

18.04 A   Cerrar el proyecto es el proceso de finalizar todas las actividades para el proyecto, fase o contrato. Durante el cierre del proyecto se confirma la aceptación final del trabajo del vendedor y se finalizan las reclamaciones abiertas. / La ADR es una herramienta para controlar las adquisiciones. / El cierre de los contratos también se lleva a cabo durante el proceso de "Controlar las adquisiciones" a medida que va avanzando el proyecto. / (Cierre; Integración)

18.05 D   Las lecciones aprendidas se pueden utilizar en cualquiera de los grupos de procesos. Sin embargo, en un nuevo proyecto serán más útiles durante el grupo de procesos de inicio y planificación. / (Cierre; Integración)

18.06 C   Las lecciones aprendidas son lo que se aprende mientras realizamos un proyecto. No solo sirven para evitar repetir los mismos errores, sino para capitalizar todo lo que se hizo bien para replicar en futuros proyectos. / (Cierre; Integración)

18.07 C   Selección de proyectos: durante la iniciación. / Re-definir requisitos: durante la planificación o monitoreo y control. / Revisión de diseño: durante el control de calidad. / Durante el cierre del proyecto se busca la aceptación formal de los entregables por parte del cliente. / (Cierre; Integración)

18.08 D   En el cierre de las adquisiciones o cierre externo, se busca la aceptación formal de los entregables por parte del cliente. / Durante el cierre del proyecto se realizan actividades de cierre administrativo o cierre interno tales como: Re-integrar los recursos que ya no se utilizarán, Archivar toda la información con índices que faciliten su futura localización, Dejar por escrito las lecciones aprendidas y ¡Festejar! / (Cierre; Integración)

18.09 D El producto o servicio final es un resultado del proceso de cierre. El enunciado está preguntando por las principales entradas de este proceso. / (Cierre; Integración)

18.10 D Los entregables se producen a lo largo de toda la ejecución del proyecto. / (Cierre; Integración)

18.11 D La técnica del valor ganado es una herramienta que se utiliza durante el monitoreo y control. / (Cierre; Integración)

18.12 A El cierre administrativo incluye informes y lecciones aprendidas con el éxito o fracaso del proyecto. / (Cierre; Integración)

18.13 A El cierre anticipado de un contrato lo puede realizar el comprador o el vendedor. / (Cierre; Adquisiciones)

18.14 D Para el cierre del proyecto necesitamos información con el estado del producto o servicio final que hemos entregado al cliente. / (Cierre; Integración)

18.15 A En grandes proyectos cada fase puede ser considerada como un proyecto. Al finalizar cada fase del proyecto debería realizar un cierre administrativo (o cierre interno). / Ese documento de cierre podría utilizarse para determinar si se avanza o no con la fase que sigue. / (Cierre; Integración)

18.16 D Lo primero sería finalizar formalmente con el proceso de cierre de esa adquisición que incluye entre otras cosas: Verificación de los entregables con el cliente, Cierre de los acuerdos legales firmados, Cierre de los contratos individuales, Carta de finalización del contrato (libre deuda), Aceptación formal o acta de recepción del producto, Cancelación de garantías, Evaluaciones de satisfacción del cliente, etc. / Una vez finalizada la adquisición, se dejará de administrar ese contrato. / (Cierre; Integración)

18.17 C El cierre de proyectos incluye todos los ítems que se presentan en esa pregunta, o sea que todas podrían considerarse como respuestas "correctas". Sin embargo, la respuesta verdadera debería ser aquella que incluye todos los pasos para el cierre de proyecto: 1º El cliente acepta el producto final; 2º Cierre de contrato; 3º Lecciones aprendidas; 4º Archivar la documentación del proyecto (lo que incluye todos los documentos de los puntos 1, 2 y 3). / (Cierre; Integración)

18.18 A   El plan de gestión de riesgos se realiza antes del cierre administrativo (cierre interno). / (Cierre; Integración)

18.19 C   Durante el cierre administrativo (o cierre interno) se suele realizar lo siguiente: Re-integrar los recursos que ya no se utilizarán, Archivar toda la información con índices que faciliten su futura localización, Dejar por escrito las lecciones aprendidas y ¡Festejar! / (Cierre; Integración)

18.20 A   (Cierre; Integración)

Ciclo de vida del proyecto

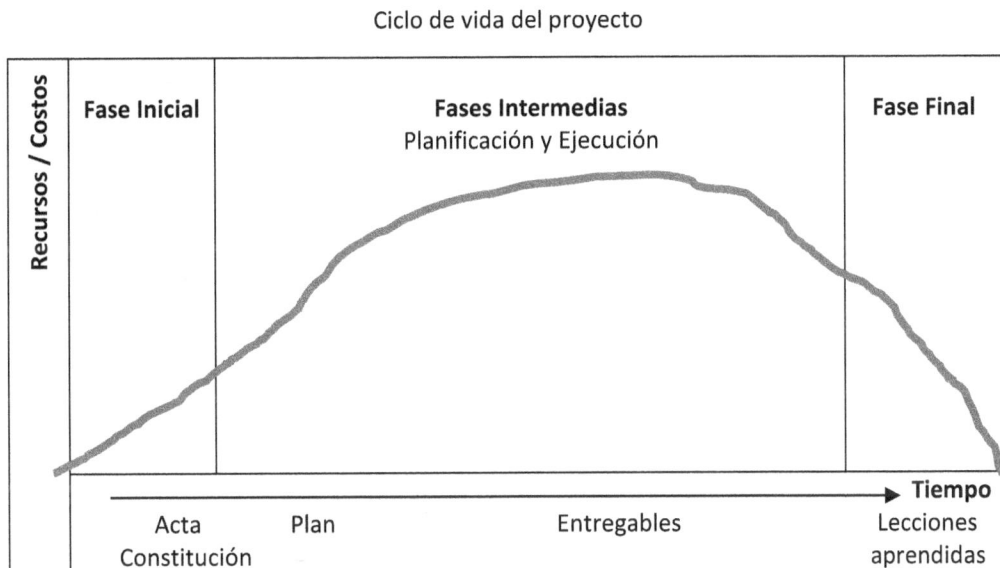

18.21 A   El salario que cobraba antes debería ser menos importante que la experiencia, personalidad y motivación, al momento de reclutar a una persona para formar parte del equipo de proyectos. / (Cierre; Integración)

18.22 B   Los entregables aceptados, los requisitos de cierre y los documentos de la adquisición son entradas del proceso para cerrar una fase del proyecto. La transferencia del producto o servicio al cliente, es una salida del proceso de cierre. / (Cierre; Integración)

18.23 C   Las lecciones aprendidas, encuestas de satisfacción del cliente y reuniones al final de cada fase, suelen ser utilizadas para la mejora continua del proyecto. / Para las mejoras del contrato, se suelen utilizar auditorías del contrato. / (Cierre; Integración)

18.24 D	En proyectos que utilizan metodologías ágiles existe siempre la posibilidad de obtener valor para el negocio de manera rápida aun en casos de cierre anticipado. El cierre anticipado en estos casos puede ser porque ya se obtuvieron los beneficios que se pretendían o porque se probó la funcionalidad de un concepto o prototipo. / En metodologías ágiles por lo general no se incurre en altos costos hundidos, sino que se avanza en pequeñas iteraciones con costos que van aumentando en cada iteración. / (Cierre; Integración)

18.25 D	En un cierre anticipado seguramente no se ha podido completar el entregable final. / (Cierre; Integración)

*****

EXAMEN

19. FINAL 1

Cantidad de preguntas: 20
Tiempo para responder: 24 minutos
Puntaje para aprobar: 75% (15 respuestas correctas)

19.1.   Preguntas

19.01   En relación a la estructura de desglose del trabajo, señale la respuesta FALSA:
A   Provee el marco para estimar luego las actividades del proyecto
B   Es una herramienta fundamental para la planificación del proyecto
C   Se desglosa un proyecto sucesivamente por niveles para obtener mayor detalle
D   Es una herramienta para desarrollar las métricas de calidad del proyecto

19.02   La empresa GreenHigh ha adoptado un ciclo de vida predictivo para la construcción de torres de 200 metros de altura con materiales naturales camuflados en medio de la selva para la observación de animales. ¿En qué fase del ciclo de vida del proyecto el nivel de incertidumbre es el más alto y, por lo tanto, el riesgo de no cumplir con los objetivos del proyecto es más elevado?
A   Fase inicial
B   Fases intermedias
C   Fase de ejecución
D   Fase final

19.03   El patrocinador quiere disminuir la fecha de finalización de un proyecto de siembra, fertilización, riego y cosecha. Todo será 100% automatizado sin personal, con gestión remota desde una oficina a miles de kilómetros del lugar del proyecto. Usted estima que ese cambio de fecha no va a incrementar los costos del proyecto. ¿Qué es lo próximo que debería hacer?

A   Buscar alternativas para comprimir la agenda y así poder incluir el cambio
B   Evaluar el impacto del cambio en las otras variables del proyecto
C   Pedirle al patrocinador que apruebe ese cambio formalmente
D   Solicitar al cliente externo que apruebe formalmente ese cambio

19.04   Usted está trabajando en conjunto con el analista de negocios en un caso de negocios para la construcción de edificios recubiertos con vegetación para reducir los efectos de la polución en grandes ciudades. Existen varias alternativas de proyectos para alcanzar los beneficios de largo plazo que pretende su empresa. ¿Cuál de los siguientes métodos de selección de proyectos NO es un método de medición de beneficios?

A   Modelos de calificación
B   Contribución de beneficios
C   Modelos económicos
D   Programación lineal

19.05   Durante el proceso de monitoreo y control de su proyecto le entregan la siguiente información: EV = $580, PV = $648, AC = $552, BAC = $800. ¿Cuál será el índice de desempeño del trabajo por completar (TCPI)?

A   1,1273
B   0,8871
C   1,0507
D   0,8951

19.06   La consultora económica Z forma en primer lugar un equipo para responder a una propuesta (RFP) enviada por un Cliente del sector público. Después que Z es seleccionada por el cliente para ese proyecto, forma otro equipo de trabajo para negociar el precio final. Una vez finalizada las negociaciones se firman los respectivos contratos y se asigna formalmente al director del proyecto, que no había formado parte de los procesos previos. ¿Qué debería hacer primero el director del proyecto?

A   Revisar las restricciones y supuestos realizados
B   Elaborar el enunciado del trabajo
C   Desarrollar el acta de constitución del proyecto
D   Elaborar la estructura de desglose de trabajo

19.07 En relación a la gestión del alcance del proyecto, señale el enunciado FALSO:

A   En la definición del alcance se utilizan herramientas tales como el análisis del producto y la identificación de alternativas.

B   En el enunciado del alcance del proyecto se definen los objetivos del proyecto y los requisitos del producto

C   Como resultado del proceso de validación del alcance se obtiene el enunciado del alcance del proyecto

D   Durante la validación del alcance se realizan inspecciones y auditorías

19.08 Un Gerente funcional quiere hacerle un cambio al proyecto. Usted evaluó el impacto de ese cambio y determinó que el mismo era necesario. Luego buscó alternativas para implementar ese cambio y obtuvo la aprobación formal del comité de cambios. ¿Qué es lo próximo que debe hacer?

A   Evaluar los impactos del cambio en el resto de las restricciones del proyecto

B   Gestionar el proyecto acorde al nuevo plan

C   Ajustar la línea base del proyecto

D   Elevar la recomendación de acciones correctivas al comité de cambios

19.09 Usted está coordinando un proyecto sobre la instalación de bases de investigación científica en Marte y los miembros del equipo no logran un acuerdo sobre temas técnicos. ¿Cuál de las siguientes técnicas de resolución de conflictos sería la que MENOS utilizaría?

A   Colaborar

B   Compromiso

C   Suavizar

D   Dirigir

19.10 Luego de ocho meses de trabajo, el equipo del proyecto ha finalizado su labor y el cliente ha aceptado formalmente todos los entregables del proyecto. Sin embargo, la oficina de gestión de proyectos no ha finalizado con el registro de lecciones aprendidas. ¿Cuál es el estado del proyecto?

A   El proyecto está completo porque el cliente ha aceptado formalmente los productos entregables

B   El proyecto está incompleto y requiere mayor planificación

C   El proyecto está completo porque cumplió con todos los entregables

D   El proyecto está incompleto porque falta finalizar el proceso de cierre

19.11 Dentro de la gestión efectiva de los interesados el director del proyecto debería realizar las siguientes acciones a EXCEPCIÓN de:

A   Definir claramente los requisitos y expectativas de cada interesado
B   Identificar a todos los interesados
C   Realizar eventos informales con los interesados clave del proyecto
D   Mantener una comunicación fluida con los interesados

19.12 Usted tiene un documento del proyecto donde se detallan las necesidades de negocio, los productos entregables clave y el producto final. ¿Cuál será seguramente este documento?

A   Matriz de trazabilidad
B   Enunciado del trabajo del proyecto (S.O.W.)
C   Estructura de desglose del trabajo
D   Contrato firmado

19.13 En su proyecto de producción de carne en laboratorios, sin necesidad de vacas ni campos, están teniendo reuniones ineficientes desde sus comienzos. Existen quejas porque la información no se entrega a las personas apropiadas, algunas personas hablaban demasiado en las reuniones y los problemas no los resuelven las personas indicadas. ¿Qué plan de gestión seguramente le falta a este proyecto?

A   Alcance
B   Comunicaciones
C   Riesgos
D   Recursos Humanos

19.14 Eres el director de un proyecto que va a producir una nueva bebida refrescante sin alcohol, ideal para la temporada de verano. Has contratado a un equipo de técnicos, bromatólogos e ingenieros especialistas en alimentos para que elaboren la fórmula adecuada que se mantendrá en secreto y será el jarabe base para esta bebida. El proyecto ha llegado a su fin y estás en el proceso de cierre. Estás reuniendo toda la documentación del proyecto para archivar. ¿Según este caso, cuál de los siguientes documentos tendrá la información MÁS importante?

A   Contratos
B   Documentos administrativos
C   Plan para la gestión de calidad
D   Documentación del producto

19.15 Para el seguimiento y control de su proyecto está utilizando un diagrama por precedencia. ¿Cuál de los siguientes enunciados describe la diferencia primaria entre el método de diagramación por precedencia versus el método de diagramación con flechas?

A   El diagrama con flechas estima la duración de actividades con PERT

B   Sólo el diagrama por precedencia indica la ruta crítica

C   El diagrama con flechas permite utilizar cuatro tipo de dependencias entre las variables

D   El diagrama por precedencia representa las actividades sobre los nodos

19.16 Comunicarse de manera efectiva con los interesados en el proyecto implica numerosos desafíos. El resultado más probable de una barrera en la comunicación es que _____

A   Ocurrirán conflictos

B   El proyecto finalizará más tarde de lo previsto

C   No se cumplirá con el alcance del proyecto

D   El director del proyecto no comprenderá las necesidades de los interesados

19.17 Un proyecto tiene un plazo de finalización de 10 meses y un presupuesto estimado a la conclusión de $12.000. El proyecto se encuentra en el mes 6 de ejecución. El valor planificado a la fecha es de $6.000, el valor ganado de $3.000 y el costo real de $2.000. Señale la respuesta correcta:

A   La variación del cronograma es $ -3000, la variación de los costos es $ -1000 y la estimación a la conclusión es $ 8000

B   La variación del cronograma es $ 3000, la variación de los costos es $ 1000 y la estimación a la conclusión es $ 8000

C   La variación del cronograma es $ -3000, la variación de los costos es $ 1000 y la estimación a la conclusión es $12000

D   La variación del cronograma es $ -3000, la variación de los costos es $ 1000 y la estimación a la conclusión es $ 8000

19.18 Durante un proyecto de optimización para el transporte de cargas con el objetivo que los camiones no viajen vacíos, el director de proyectos está monitoreando la participación que tienen en el proyecto el cliente (una empresa petrolera), un subcontratista proveedor de tecnología, los ingenieros claves del equipo, el representante del gremio de camioneros y un ente regulador del proyecto. ¿Qué matriz podría estar utilizando para monitorear esa participación?

A   RACI
B   Involucramiento de los interesados
C   Riesgos
D   Trazabilidad de los requisitos

19.19 Un director de proyectos está ejecutando la construcción de una central hidroeléctrica. El director del proyecto está utilizando un cronograma general básico de los próximos 24 meses detallando solamente las actividades de los próximos tres meses. ¿Cuál de los siguientes enunciados describe mejor lo que el director del proyecto está haciendo?

A   Establecer el proceso de control para aplicar acciones correctivas cuando sea necesario
B   Definir el proceso de control de cambios del cronograma
C   Planificación gradual del cronograma del proyecto
D   Iteraciones para mejorar la planificación del cronograma

19.20 El director del proyecto anterior renunció a la empresa. Usted ha sido seleccionado por su patrocinador como el nuevo director del proyecto. Su equipo de trabajo está distribuido en distintos países, no existe un plan de respuesta al riesgo, el índice de desempeño del costo es de 0,8 y el índice de desempeño del cronograma es de 1,1. ¿Cuáles deberán ser sus dos prioridades principales?

A   Cronograma y costos
B   Desarrollar el equipo y costos
C   Costos y patrocinador
D   Identificación de riesgos y cronograma

19.21   Un director de proyecto en una estructura organizada por proyectos está con bastantes dificultades para recibir cooperación de los miembros del equipo. ¿Cuál puede ser la causa raíz de este problema?

A   El tipo de poder que utiliza el director del proyecto es "experto"

B   Los miembros del equipo de trabajo no participaron en el plan para la dirección del proyecto

C   El estilo de liderazgo utilizado en las etapas iniciales del proyecto fue "directivo"

D   Los miembros del equipo de trabajo tienen un perfil según la Teoría Y de Mc Gregor

19.22   Luego de realizar la simulación de Monte Carlo, el valor esperado de la duración de tu proyecto es de 360 días. Por su parte, la duración más probable del proyecto es 320 días. La desviación estándar es igual a 8. Señale la respuesta CORRECTA:

A   No existe suficiente información para poder responder

B   Dado un nivel de confianza del 99%, la duración del proyecto estará comprendida en un intervalo entre 296 y 344 días

C   Dado un nivel de confianza del 95%, la duración del proyecto estará comprendida en un intervalo entre 344 y 376 días.

D   Dado un nivel de confianza del 68%, la duración del proyecto estará comprendida en un intervalo entre 336 y 384 días.

19.23   Un miembro del equipo de un proyecto no está teniendo un buen desempeño en sus funciones porque es inexperto en el tema. En la empresa no existe alguien mejor calificado para realizar ese trabajo. ¿Cuál es la mejor solución de este problema?

A   Colocar incentivos monetarios para que esa persona mejore su desempeño

B   Contratar a otra persona mejor calificada para realizar ese trabajo

C   Utilizar las escalas de la Pirámide de Maslow

D   Capacitar a esa persona con herramientas específicas para el trabajo que desarrolla

19.24   En el análisis del ciclo de vida del costo de un proyecto que implementará robots con inteligencia artificial para diagnosticar enfermedades en un Hospital, debería tener en cuenta los siguientes ítems:

A   Los costos asociados a las fases de concepción, planificación, ejecución y cierre

B   Solamente los costos de adquisición

C   Los costos de inversión, incluyendo los costos de operación y mantenimiento

D   Las ganancias esperadas del proyecto a lo largo de su ciclo de vida

19.25 Bud Wise está adquiriendo los miembros del equipo de un proyecto para construir un Mega telescopio que estudiará el Universo, los agujeros negros y las galaxias desconocidas. ¿En qué grupo de procesos de la dirección de proyectos se encuentra Bud?

A   Inicio
B   Ejecución
C   Monitoreo y control
D   Planificación

19.26 Eres el director de un proyecto y estás trabajando en la fase de cierre. Solicitas al gerente de recursos humanos que te asigne un nuevo miembro al equipo de trabajo que es clave para poder avanzar con el cierre formal del proyecto. Luego, el gerente de finanzas no sólo te niega este recurso sino que te solicita por e-mail que detengas tu trabajo porque él está seleccionando a otra persona de su propia área para finalizar este proyecto. Señale el enunciado FALSO:

A   La estructura organizacional tiene un gran impacto en las comunicaciones del proyecto
B   El gerente de finanzas utilizó un estilo de comunicación escrito informal
C   Trabajas en una organización matricial fuerte
D   Trabajas en una organización funcional

19.27 Eres el director de un proyecto que está en su etapa de ejecución. Uno de los entregables de tu proyecto está en problemas y estás de vacaciones. La fecha de finalización de esta actividad se acerca y el equipo del proyecto te informa que ha surgido un disparador de riesgo. ¿Cuál de los siguientes enunciados es el MENOS apropiado?

A   Implementar acciones preventivas según el plan
B   Resolver el riesgo a tu regreso de las vacaciones, porque no es de gravedad
C   Activar el plan de contingencias
D   Implementar acciones correctivas

19.28 Usted está trabajando en un proyecto que ha sido separado en varias fases. La segunda fase está por terminar, antes de pasar a la tercer fase debería asegurar que _____

A   Todos los recursos están disponibles para la fase 3
B   El desempeño de la fase 2 fue eficiente en relación a su línea base
C   Se implementaron todas las acciones correctivas solicitadas durante la fase 2
D   Se han alcanzado los objetivos de la fase 2 y los entregables han sido formalmente aceptados

19.29 Usted trabaja en un proyecto con ciclos adaptativos que busca tener gran flexibilidad para cambios tecnológicos de las pantallas led que van a utilizar en una campaña comercial. El dueño del producto comenta que sería mejor utilizar la nueva tecnología debido a la depreciación acelerada. ¿Cuál de los siguientes enunciados sería un ejemplo de este tipo de depreciación?

A   Priorizar de manera acelerada las historias de uso desde el backlog

B   Variación del valor actual de la nueva tecnología

C   El monto que se descuenta en el estado de resultados no guarda relación con la vida útil del bien

D   Disminución del valor libro de la nueva tecnología según criterios contables

19.30 Walter, un colega que está trabajando con usted en un proyecto de minería, acaba de aprobar su certificación como PMP®. Usted conoce muy bien todos los antecedentes laborales de Walter y sabe que él no cumplía con la experiencia laboral mínima que exige el PMI® para poder rendir ese examen. ¿Qué es lo mejor que puede hacer?

A   Preguntar a su colega como hizo para aprobar el examen

B   Informar al PMI® sobre la posible violación

C   Ignorar la situación porque no es ético delatar a su colega

D   Informar al gerente funcional de su Empresa

19.31 Su empresa está utilizando una matriz para la selección de proveedores de su próximo proyecto. El peso del criterio "localización" lo debe completar usted. Señale la respuesta CORRECTA:

Criterio	Peso	Calificación Proveedor A	Calificación Proveedor B	Calificación Proveedor C	Calificación Proveedor D
Precio	20%	4	5	5	4
Marca	30%	2	4	3	3
Calidad	15%	4	3	5	5
Localización		5	4	3	4
Repuestos	10%	5	3	5	4

A   Debería seleccionarse el Proveedor B

B   El puntaje del proveedor B es 19

C   El puntaje del proveedor D es 2,85

D   Es indiferente seleccionar entre el Proveedor A y D

19.32 Durante el seguimiento y control de su proyecto para integrar los sistemas informáticos de una entidad financiera, los interesados claves se involucran de manera continua. Por su parte, los riesgos y costos se controlan a medida que aparecen nuevos requisitos y restricciones. ¿Cuál será seguramente el ciclo de vida de ese proyecto?

A   Predictivo
B   Iterativo
C   Incremental
D   Ágil

19.33 En un proyecto de servicios que utiliza un ciclo de vida híbrido (predictivo y adaptativo) para la producción de energías limpias que reducirán los gases invernadero en un 100%, se ha firmado un contrato de costo más porcentaje del costo. Durante el seguimiento y control de este proyecto se descubren algunos problemas relacionados con este tipo de contratación. ¿Cuál será uno de los problemas de este tipo de contrato?

A   No tienen incentivos para que el comprador controle los costos
B   Necesitan la utilización de una orden de compra detallada
C   Incentiva al vendedor para no controlar los costos
D   Requiere auditorías por parte del vendedor

19.34 En la mayoría de las organizaciones matriciales los responsables de asignar los recursos al proyecto son los:

A   Directores de proyectos
B   Gerentes funcionales
C   Patrocinadores
D   Gerentes de recursos humanos

19.35 Usted es el director de un proyecto que involucra varios países, por lo que su proyecto incluye equipos de trabajo multidisciplinarios de varias regiones. La mayoría de los miembros de su equipo no han trabajado antes en proyectos similares. ¿Qué es lo mejor que puede hacer para asegurarse que las diferencias culturales no interfieran con el proyecto?

A   En la reunión de lanzamiento pedirle a los miembros del equipo que describan algo único de su cultura
B   Destinar más tiempo para crear la estructura de desglose del trabajo
C   Codificar cuidadosamente todas las comunicaciones del proyecto
D   Asegurarse que selecciona cuidadosamente las palabras utilizadas en cada comunicación

19.36 Mark Duc está facilitando reuniones para la identificación de riesgos en un proyecto sobre la modificación genética de embriones humanos para eliminar enfermedades. Mark quiere asegurar una clara descripción de los riesgos y resolver desacuerdos entre los miembros del equipo rápidamente. Para ello, está utilizando listas PESTLE, TECOP y VUCA. ¿Qué otras herramientas podría estar utilizando Mark para la identificación de riesgos?

A   Evaluación de probabilidad e impacto de cada riesgo
B   Análisis de supuestos y restricciones
C   Evaluación de la detectabilidad de los riesgos
D   Categorización de los riesgos

19.37 En tu proyecto han utilizado contratos por tiempo y materiales para mantener un riesgo equilibrado entre comprador y vendedor. Al llegar a la fase de cierre de una fase del proyecto, el contratista está disconforme porque no le quieren pagar lo que él cree que es justo. El proveedor está reclamando un monto en función de las horas trabajadas y el gerente financiero le quiere pagar en relación al valor de mercado de los entregables finalizados, ya que no considera que se justifique tantas horas de trabajo. ¿Qué es lo que debería hacer en su rol de director de proyectos?

A   Pagar lo que recomienda el gerente financiero
B   Pagar las horas que reclama el proveedor, según el valor hora pactado en el contrato
C   Llamar a un árbitro para que decida cuánto es lo que se debe pagar
D   Pagar un valor intermedio entre lo que reclama cada parte

19.38 Usted está aplicando la técnica del valor ganado para gestionar las comunicaciones del proyecto con el equipo de trabajo. Con base en los datos del último informe presentado, señale la respuesta CORRECTA.

Tarea	SPI	CPI	PV	EV	AC	SV	CV
Proyecto	**0,79**	**1,09**	**6200**	**4900**	**4500**	**-1300**	**400**
Estudios	1,00	1,55	3100	3100	2000	0	1100
Valuación	0,62	0,65	2100	1300	2000	-800	-700
Sensibilidad	0,50	1,00	1000	500	500	-500	0
Presentación			0	0	0	0	0

A   El proyecto está retrasado y gastando más de lo estimado
B   La actividad valuación gastó $700 menos de lo estimado
C   El proyecto está adelantado y gastando menos de lo estimado
D   El proyecto ha realizado $1300 menos que lo planificado

19.39 El director del proyecto está cansado de tener que resolver tantos problemas en su proyecto. Por tal motivo, decide utilizar alguna herramienta que lo ayude a identificar la causa raíz de los problemas. ¿Qué herramienta sería la más apropiada?

A Diagrama de Pareto
B Técnicas de resolución de conflictos
C Diagrama espina de pescado
D Diagrama de comportamiento

19.40 Una empresa multinacional con una organización funcional solicita un cambio durante el desarrollo de un colectivo autónomo para el transporte de pasajeros con vagones independientes que lo pueden seguir de manera automática. ¿Cuál será la mejor forma de obtener la actualización al plan para la dirección del proyecto que sea realista y alcanzable?

A El director de proyectos actualiza el plan basado en las entradas de los gerentes funcionales
B El gerente funcional actualiza el plan basado en las entradas del director del proyecto
C El director de proyecto actualiza el plan basado en las entradas del equipo
D El director de proyectos actualiza el plan basado en el enunciado del alcance del proyecto

19.41 En un proyecto de innovación y desarrollo, usted utiliza el sistema de gestión de la configuración y el sistema de control de cambios para el seguimiento y control del proyecto. Estos sistemas son subsistemas del sistema de _____

A Autorización del trabajo
B Información de la gestión de proyectos
C Control integrado de cambios
D Identificación de riesgos

19.42 Según la tabla, ¿Cuál es la ruta de MAYOR holgura?

Actividad	Predecesoras	Duración (días)
Inicio		0
A	Inicio	3
B	A	6
C	A	8
D	B	4
E	D	5
F	C ; D	3
Fin	E ; F	0

A   ACF
B   ABDF
C   ABDE
D   ACE

19.43 Según la tabla, ¿Cuál es la holgura libre de la actividad D?

Actividad	Predecesoras	Duración (días)
Inicio		0
A	Inicio	3
B	A	6
C	A	8
D	B	4
E	D	5
F	C ; D	3
Fin	E ; F	0

A   0
B   1
C   2
D   3

19.44 Durante la ejecución del proyecto la actividad F tiene un retraso de 2 días. Según los datos de la tabla, ¿Cómo cambia el proyecto en relación a lo planificado originalmente?

Actividad	Predecesoras	Duración (días)
Inicio		0
A	Inicio	3
B	A	6
C	A	8
D	B	4
E	D	5
F	C ; D	3
Fin	E ; F	0

A   El proyecto no cambia
B   El proyecto es más riesgoso
C   La finalización del proyecto se retrasa 2 días
D   El inicio del proyecto se posterga 2 días

19.45 Usted ha finalizado de recopilar los requisitos y definir la estructura de desglose del trabajo (EDT) de un proyecto de desarrollo de una App para escanear cualquier tipo de código de barras desde los celulares, con el objetivo de enviar la información de manera instantánea al centro de monitoreo. Durante la ejecución de este proyecto, la EDT servirá para:
A   Actualizar las fechas de finalización de cada tarea
B   Comunicarse con el cliente
C   Actualizar las dependencias entre las actividades
D   Actualizar la secuencia de los paquetes de trabajo

19.46 Su proyecto está cumpliendo con las métricas de calidad y el cronograma de trabajo. Sin embargo, los costos están fuera de control y cada vez se identifican más riesgos en el registro de riesgos. ¿Quién asume el riesgo de costo en un contrato de reembolso del costo?
A   El equipo de trabajo
B   El vendedor
C   El comprador
D   El director del proyecto

19.47 Usted está realizando el monitoreo y control de un gran proyecto y está preocupado porque el SV es 0 y el SPI es 1 en todas las actividades finalizadas hasta el momento. Sin embargo, usted sabe bien que algunas de esas actividades finalizaron antes de lo estimado y la gran mayoría finalizó más tarde de lo planificado. ¿Qué herramienta podría utilizar para mitigar este inconveniente?

A EVM (Earned Value Management)
B Valor ganado (Earned Value)
C Cronograma ganado (Earned Schedule)
D Microsoft Project

19.48 Verónica ha sido contratada como directora de proyectos y está ansiosa por comenzar a trabajar. Verónica ha escrito una descripción general del proyecto, ha definido las metas y ha identificado los entregables más importantes. La gerencia superior de la empresa se reúne en 10 días para decidir si llevará a cabo este proyecto. Dado que Verónica es nueva en la empresa, quiere dejar una buena impresión como profesional certificada. La etapa de Iniciación del proyecto acaba de comenzar, por lo tanto ¿Cuál de las siguientes acciones realizará Verónica?

A Enviar la información que ha reunido y documentado al patrocinador del proyecto para que éste redacte el acta de constitución del proyecto antes de la reunión
B Utilizar la técnica del valor ganado para ayudar a optimizar los costos del ciclo de vida
C Definir los estándares de calidad del producto
D Documentar la descripción del producto, considerar el plan estratégico, revisar los criterios de selección de proyectos y la información histórica de otros proyectos similares.

19.49 Un proyecto sobre el desarrollo de un nuevo producto de cosmética tiene seis niveles en la estructura de desglose del trabajo. Las actividades del proyecto han sido secuenciadas utilizando el método de diagramación por precedencia. Las estimaciones de la duración de las actividades han sido estimadas con un análisis PERT. ¿Qué es lo próximo que debería hacer?

A Línea base del cronograma
B Crear una lista de actividades
C Crear una cuenta de control
D Compresión del cronograma

19.50 Durante el monitoreo del proyecto se detecta que uno de los riesgos que originalmente tenía una probabilidad de ocurrencia baja y un alto impacto, ha cambiado su probabilidad de ocurrencia a alta como consecuencia de un cambio político en el país. Por lo tanto, has decidido modificar el alcance del proyecto reasignando en otras funciones a uno de los miembros del equipo a los fines de reducir el riesgo general del proyecto. ¿Qué estrategia has utilizado?

A   Evitar
B   Transferir
C   Mitigar
D   Escalar

19.51 El análisis probabilístico y la probabilidad de cumplir con el plazo final del proyecto se realizan durante el proceso de:

A   Planificación de la respuesta a los riesgos
B   Identificación de los riesgos
C   Análisis cualitativo de riesgos
D   Análisis cuantitativo de riesgos

19.52 Juan es un empleado del área de producción de tu empresa. Tú eres el director de la Oficina de Gestión de Proyectos. Juan te comenta que le gustaría ser el director del nuevo proyecto de producción que quieren implementar en la empresa. Juan te brinda información y muchas explicaciones para convencerte de que él es la persona indicada para dirigir el nuevo proyecto. Ya has tenido una reunión con el presidente de tu empresa respecto a este proyecto y tienes un presentimiento de que el proyecto se aprobará para su ejecución. ¿Cuál de los siguientes enunciados es FALSO?

A   Juan debería escribir un listado con los entregables clave del proyecto para presentar al patrocinador
B   Juan debería asegurarse de que los entregables se puedan medir
C   Este proyecto podría tercerizarse a un proveedor y utilizar los procesos de la gestión de adquisiciones del proyecto desde la perspectiva del vendedor
D   Debería crearse la estructura de desglose del trabajo antes de estimar los costos, el cronograma y los riesgos

19.53 Usted es el responsable de gestionar el involucramiento de los interesados en un proyecto de reparaciones de veredas peatonales en una ciudad. Durante este proceso está administrando las comunicaciones con los interesados para satisfacer sus necesidades y mitigar potenciales conflictos. En relación a esta gestión de los interesados y recursos humanos, señale el enunciado FALSO:

A   Debe evaluarse el impacto de los interesados sobre el proyecto

B   El acta del equipo es un documento complementario del proyecto

C   Sólo los interesados que forman parte del equipo de trabajo tienen un rol importante en el plan para la dirección del proyecto

D   El director del proyecto necesita determinar las habilidades de los miembros del equipo de trabajo

19.54 Usted está utilizando estimaciones ponderadas para calcular la duración de las actividades. ¿Qué tipo de herramienta está utilizando?

A   GERT

B   Monte Carlo

C   PERT

D   Método de la cadena crítica

19.55 Usted ha sido asignado para dirigir un equipo de personas para un proyecto de ampliación de una planta industrial. ¿Cuándo va a desarrollar a su equipo?

A   Durante la iniciación del proyecto

B   A través de todo el proyecto

C   Durante la planificación del proyecto

D   Durante la ejecución del proyecto

19.56 Te acaban de contratar para formar parte de la ejecución de un proyecto. Ya está realizada la estructura de desglose del trabajo (EDT) y necesitas entender en qué consisten los paquetes de trabajo de la EDT. ¿Dónde puedes obtener esta información?

A   Diccionario de la EDT

B   Plan para la gestión de las adquisiciones

C   Acta de constitución del proyecto

D   Enunciado del alcance

19.57 La alta gerencia ha seleccionado un proyecto estratégico de su portafolio. ¿Cuándo debe ser asignado el director del proyecto?

A   Después de la aprobación del acta de constitución del proyecto
B   Durante la planificación del proyecto
C   Antes de comenzar con la planificación del proyecto
D   Durante la ejecución del proyecto

19.58 La alta dirección de la empresa ha realizado un análisis estratégico de su proyecto con la matriz DAFO (debilidades, amenazas, fortalezas y oportunidades). Durante el monitoreo y control del proyecto, podría cambiar el estado de alguna de las siguientes estrategias para los riesgos positivos, a EXCEPCIÓN de:

A   Explotar
B   Compartir
C   Mejorar
D   Mitigar

19.59 Un miembro del departamento de diseño le informa que el trabajo que él lleva a cabo es demasiado creativo como para darle una estimación exacta en la duración de sus actividades. Ambos deciden utilizar el tiempo medio de la tarea, con base en los datos históricos de los proyectos pasados. Esto es un ejemplo de:

A   PERT
B   Monte Carlo
C   Análisis de reserva
D   Estimación paramétrica

19.60 En un proyecto donde están planificando la localización óptima de una planta procesadora de alimentos, en cuál de los siguientes ítems relacionados con la gestión de riesgos pondría MAYOR énfasis en:

A   Planificación de la respuesta a los riesgos
B   Priorización de los riesgos identificados
C   Detalle en el enunciado del alcance del proyecto
D   Monitoreo y control de los riesgos

19.61 Una actividad tiene la fecha de inicio temprana el día 3, la fecha de inicio tardía el día 13 y la fecha de finalización temprana el día 9. ¿Cuál es la fecha tardía de finalización?

A   Día 9
B   Día 13
C   Día 19
D   Día 23

19.62 Usted está revisando el plan de dirección del proyecto para asegurar que todo el trabajo ha finalizado acorde a los objetivos del proyecto. ¿Cuál de las siguientes actividades será lo que MENOS realice durante el cierre de este proyecto?

A   Re-asignar el personal a otros proyectos
B   Gestionar la relocalización del exceso de materiales
C   Gestionar la transferencia del conocimiento
D   Enviar al cliente los entregables parciales para su aceptación formal

19.63 Si tienes $1000 para invertir en los proyectos presentados en la tabla, y el costo de oportunidad del capital propio es de 12% anual, ¿Qué proyectos seleccionarías?

Proyecto	Inversión	Fin año 1	Fin año 2
A	-500	300	400
B	-500	200	510
C	-500	50	670

A   A y B
B   A y C
C   B y C
D   A, B y C

19.64 Eres el director de un proyecto para la publicación de un libro de texto para la universidad. Uno de los tres colaboradores del libro descubre accidentalmente que los otros dos colaboradores tienen una remuneración mucho más grande que la suya. Señale la respuesta CORRECTA:

A   Maslow dice que las diferencias salariales forman parte de la auto-estima
B   La teoría de las Expectativas dice que el salario no es un agente motivador
C   La teoría de la Higiene dice que el salario no es un motivador
D   La teoría de la afiliación sostiene que el salario es equivalente a los logros, por lo tanto, grandes disparidades en el salario se convierten en un desmotivador

19.65 Su proyecto ha sido diseñado con un ciclo de vida de 25 fases, tiene 3 entregables en cada fase y 5 servicios finales a lo largo de ese ciclo. ¿Cuál será el principal resultado de cerrar la fase 20?

A   Entregables aceptados por el cliente
B   Transferir servicio final al cliente
C   Acuerdos contractuales
D   Registro de lecciones aprendidas

19.66   Usted está trabajando en el desarrollo de una impresora 3D. Para comenzar con las estimaciones de costos y plazos en ese proyecto, ¿qué será lo MENOS importante?

A   Procesos para el control de cambios
B   Estructura de desglose del trabajo
C   Riesgos identificados
D   Supuestos

19.67   Antes de enviar los entregables finales a su cliente, están inspeccionando una muestra de esos entregables extraídos de un lote con el objetivo de aceptar o rechazar todo el lote. De esta forma se estarán ahorrando costos significativos al no tener que inspeccionar todos los productos del lote, pero se correrá el riesgo de aprobar y enviar productos defectuosos a su cliente. ¿Qué significa este tipo de inspección?

A   Aceptación por atributos
B   Muestreo de aceptación
C   Aceptación por variables
D   Six Sigma

19.68   Usted debe elegir entre cuatro proyectos excluyentes no repetibles. Proyecto W con una duración de 10 años y un VAN de $1500. Proyecto X con una duración de 6 años y un VAN de $1200. Proyecto Y con una duración de 2 años y un VAN de $1000. Proyecto Z con una duración de 6 años y un VAN de $1300. ¿Cuál proyecto debería seleccionar?

A   Proyecto W
B   Proyecto X
C   Proyecto Y
D   Proyecto Z

19.69   Usted está desarrollando un sistema formal para controlar, cambiar y aprobar los entregables de un proyecto que requiere una inversión inicial de 150 millones de dólares. Este sistema será un subsistema de:

A   Autorización del trabajo
B   Gestión de los riesgos
C   Gestión del alcance
D   Gestión de la configuración

19.70 Claudio, el Director de un proyecto para la construcción de un subterráneo, está desarrollando el cronograma del proyecto. Claudio ha analizado el proyecto, comprimido el cronograma mediante la ejecución acelerada y ha realizado un análisis de riesgo de la agenda mediante la simulación de Monte Carlo. ¿Cuál de los siguientes enunciados será el resultado de este proceso?

A   Requisitos de recursos actualizados
B   Duración estimada de las actividades
C   Estructura de desglose del trabajo
D   Implementación de acciones correctivas

19.71 En este momento estás evaluando los riesgos del proyecto de remodelación de las tiendas comerciales de tu empresa. Junto con los miembros de tu equipo están estimando la probabilidad de ocurrencia e impacto de cada riesgo identificado utilizando una matriz de probabilidad e impacto. Podemos decir que la matriz de riesgo probabilidad-impacto _____

A   Puede utilizar números
B   Es un insumo del análisis cualitativo del riesgo
C   Es una herramienta del proceso de identificación de riesgos
D   Es un resultado del proceso de planificar la respuesta al riesgo

19.72 Usted acaba de completar el proceso de iniciación de un proyecto muy pequeño y se dispone a comenzar la etapa de planificación. Un interesado clave le solicita la línea base de costos del proyecto. ¿Qué le debería contestar a este interesado?

A   El proyecto no tendrá línea base de costos debido a que es demasiado pequeño
B   La línea base la puede encontrar en el acta de constitución del proyecto
C   Entregaremos esa información cuando la fase de planificación haya finalizado
D   No se puede estimar la línea base de costos antes que se verifique el alcance con el cliente

19.73 Los miembros del equipo de trabajo de un proyecto y sus contratistas llevan dos meses discutiendo sobre los costos de terminación del contrato. El director del proyecto resuelve que la mejor alternativa posible para solucionar la disputa es tener una parte neutral que escuche a ambas partes y resuelva el problema. Para lograr esto, el director del proyecto debería contratar a un _____

A   Árbitro
B   Gerente funcional experto en el proyecto
C   Experto en la resolución de conflictos
D   Abogado especialista en contrataciones

19.74 Usted debe seleccionar entre cuatro proyectos y tiene un costo de oportunidad del dinero del 10% anual. El proyecto A posee una TIR de 15%, el proyecto B posee una relación beneficio costo de 3/4, el proyecto C genera ingresos anuales de $300.000 y el proyecto D tiene un periodo de recupero de la inversión de 3 meses. ¿Qué proyecto recomendaría?

A   Proyecto A
B   Proyecto B
C   Proyecto C
D   Proyecto D

19.75 Tú estás trabajando en el proceso de análisis cuantitativo del riesgo. En este momento estás empleando la técnica de entrevistas. Piensas utilizar una función de distribución de probabilidad triangular. Señale la respuesta FALSA:

A   Las técnicas de entrevistado se emplean para cuantificar la probabilidad y el impacto de los riesgos
B   La distribución triangular se suele utilizar cuando se tienen tres estimaciones: pesimista, más probable y optimista
C   El análisis cuantitativo del riesgo utiliza generalmente funciones de distribuciones de probabilidad continuas
D   La distribución de probabilidad triangular se basa en la media y la desviación estándar

19.76 Durante el cierre de la fase de un proyecto sobre una expedición a la alta montaña, el poder para tomar decisiones sobre cómo realizar las actividades de cierre, se comparte entre el gerente funcional y el director del proyecto. ¿En qué tipo de organización matricial se ha realizado este proyecto?

A   Fuerte
B   Ajustada
C   Débil
D   Balanceada (Equilibrada)

19.77 La probabilidad que el proveedor A no cumpla con lo solicitado es de 80% y la probabilidad que el proveedor B no cumpla con lo solicitado es del 40%. ¿Cuál es la probabilidad de que el proveedor A no cumpla y que el proveedor B si cumpla?

A   0,2
B   0,48
C   0,6
D   Falta información para poder contestar

19.78 A los efectos de poder realizar una comunicación efectiva la habilidad más importante del director del proyecto será _____

A   Escribir reportes

B   Escuchar

C   Ayudar

D   Planificar reuniones

19.79 Usted encargó un estudio de mercado que costó $100.000 e indica que existe la viabilidad técnica para llevar a cabo el proyecto. Al día de la fecha ha pagado $40.000 de ese estudio y el resto lo pagará con un cheque a 60 días. ¿Qué valor debe considerar como costo del estudio de mercado para tomar la decisión de hacer o no ese proyecto?

A $ 100.000

B $ 60.000

C $ 40.000

D $ 0

19.80 Un proyecto sobre la creación de una escuela de negocios está en marcha. El director del proyecto está trabajando con el departamento de aseguramiento de la calidad para satisfacer los estándares mínimos de calidad. ¿Qué es lo primero que debería hacer al comenzar este proceso?

A   Identificar los problemas de calidad

B   Utilizar las métricas de calidad

C   Mejorar los procesos de calidad

D   Hacer un reproceso de los sistemas actuales

19.81 Para su proyecto usted necesita comprar una máquina por un valor de $300.000 y existe una probabilidad de un 5% de que el equipo se rompa por problemas con las conexiones de energía. Usted decide evaluar la posibilidad de transferir ese riesgo a una compañía de seguros. La prima de ese seguro a pagar a la compañía es de $6.000. Basado en esta información qué recomendaría hacer.

A   No contrate el seguro porque el costo del mismo es mayor que las pérdidas esperadas del equipo

B   Realice primero, como mínimo 1000 simulaciones de Monte Carlo

C   Realice un plan de respuesta al riesgo

D   Contrate el seguro porque el costo del mismo es menor que las pérdidas esperadas del equipo

19.82 En su empresa actual está trabajando como director de proyecto con un contrato de precio fijo. Al mismo tiempo, otro cliente se acerca a usted para trabajar sobre un proyecto similar con un contrato por tiempo y materiales, donde el sueldo por hora es más alto. ¿Qué debería hacer?

A   Envíe a su empresa una carta documento para solicitar más dinero por su trabajo

B   Deje a su actual empresa y empiece el otro proyecto tan pronto como sea posible

C   Diga al nuevo cliente que necesita algún tiempo adicional para considerar todas sus opciones antes de darle una respuesta

D   Intente secuenciar ambos proyectos sin notificar a su actual empresa

19.83 ¿Cuál de los siguientes enunciados presenta el MAYOR nivel de jerarquía dentro del contexto de la dirección de proyectos?

A   Plan estratégico

B   Programa

C   Portfolio de proyectos

D   Proyecto

19.84 El equipo del proyecto está utilizando el plan de comunicaciones del proyecto durante su ejecución. Durante el seguimiento y control del proyecto el comité de cambios aprueba un cambio en ese plan. ¿Qué otro plan se verá afectado?

A   Plan para la dirección del proyecto

B   Plan para la gestión de riesgos

C   Plan para la gestión de personal

D   Plan para la gestión de calidad

19.85 Un director de proyecto ha decidido postergar el comienzo de algunas actividades del proyecto para evitar riesgos climáticos. Sin embargo, el retraso de esas actividades no postergará la finalización del proyecto. ¿Por qué tomó esta decisión?

A   Los supuestos y restricciones realizadas tienen buen nivel de precisión

B   El análisis GERT indicó que se pueden retrasar algunas actividades

C   Las actividades que se postergaron tenían holgura suficiente para no retrasar el proyecto

D   El plan para la gestión de riesgo incluía colchones de tiempo en cada actividad del proyecto

19.86 En su proyecto están estudiando distintas alternativas tecnológicas para proveer de energía a un tambo. Este proyecto cuenta con un equipo multidisciplinario con profesionales de distintas partes del mundo. ¿En su rol de director del proyecto, cuánto tiempo destinaría a la comunicación?

A   Entre el 70% y el 90%

B   Entre el 5% y el 10%

C   Entre el 30% y el 50%

D   Entre el 10% y el 30%

19.87 Durante el control de los costos del proyecto un interesado se queja por el exceso de costos en relación a la línea base. Usted le explica que se aplicó una estimación por orden de magnitud (ROM), por lo que la variación de costos podría estar comprendida en un rango entre:

A   -10% ; +10%

B   -5% ; +5%

C   -10% ; +15%

D   -50% ; +100%

19.88 Usted quiere utilizar la técnica del valor monetario esperado para tomar una decisión sobre si invierte o no en un equipo que disminuirá la cantidad de productos fallados en su proyecto. Si se lleva a cabo la inversión de $170.000 para comprar ese equipamiento la probabilidad de fallas sería del 25% y el impacto en caso que ocurra el problema sería de $120.000. Por su parte, si no se lleva a cabo la inversión la probabilidad de falla es del 50% y el impacto en caso de fallas asciende a $500.000. Señale el enunciado CORRECTO:

A   No conviene invertir porque el costo esperado asciende a $200.000

B   Conviene invertir porque el costo esperado asciende a $200.000

C   No conviene invertir porque el costo esperado de esa decisión asciende a $50.000

D   Conviene invertir porque el costo esperado asciende a $250.000

19.89 La variación del costo del proyecto asciende a 12.500 mientras que la variación del cronograma es de -5.700. ¿Qué es lo mejor que podría hacer?

A   Utilizar menos horas extras para bajar costos

B   Ejecución rápida

C   Informar a los interesados claves que el proyecto se retrasará

D   Intensificar el proyecto

19.90   Usted descubre un defecto en un entregable que lo debe enviar al cliente hoy mismo. El consumidor no posee los conocimientos técnicos como para poder notar el defecto. El entregable cumple con los requisitos contractuales fijados con el Cliente, pero no cumple con los estándares de calidad fijados en este proyecto. ¿Qué debería hacer en esta situación?

A   Informar al cliente que el entregable lo va a enviar más tarde
B   Entregar el producto y obtener la aceptación formal del cliente
C   Anotar el problema en las lecciones aprendidas para que en futuros proyectos no se vuelva a repetir
D   Informar el inconveniente al cliente

19.91   Para determinar el estado de avance durante la ejecución de un proyecto de desarrollo de software, que utiliza metodologías ágiles durante un sprint, una herramienta utilizada suele ser:

A   Análisis de valor ganado
B   Simulación de Monte Carlo
C   Diagrama de Quemado
D   Project

19.92   Usted se encuentra identificando a posibles vendedores y documentando todas las decisiones de compras y suministros de su próximo proyecto de construcción. Los siguientes ítems serán el resultado de este proceso a EXCEPCIÓN de _____

A   Plan para la gestión de las adquisiciones
B   Enunciado del trabajo del contrato
C   Decisión de fabricación directa o compra a terceros
D   Documentación de requisitos

19.93   El gerente de recursos humanos le informa que la persona clave que iba a comenzar a trabajar en su proyecto no podrá comenzar hasta dentro de 15 días. ¿Qué es lo MEJOR que podría hacer?

A   Reunirse con el equipo de trabajo para evaluar alternativas
B   Informar al patrocinador lo antes posible
C   Ignorarlo porque 15 días no es un retraso significativo
D   Informar al cliente para evaluar alternativas

19.94 Durante la ejecución de un proyecto que trabaja con ciclos iterativos incrementales, el líder de proyecto pone foco en el cumplimiento de objetivos motivando a los miembros del equipo a través de recompensas. Además, inspira a su equipo con un sentido de propósito y es una persona querida por todos que tiene una gran confianza en sí mismo. ¿Cuál será el estilo de liderazgo de este Director de Proyecto?

A   Transaccional

B   Transformacional

C   Carismático

D   Interaccional o situacional

19.95 Usted está trabajando como director de un proyecto con un presupuesto estimado de $12 millones y un plazo estimado de finalización de 36 meses. Existen 40 interesados claves en este proyecto. Uno de estos interesados solicita un cambio muy importante para el proyecto. ¿Qué debería hacer?

A   Enviar esa solicitud al Comité de Control de Cambios para que sea aprobada

B   Evaluar los riesgos y potenciales impactos de ese cambio sobre los objetivos del proyecto

C   Analizar ese cambio con el equipo de proyecto e implementar las acciones correctivas en la próxima fase del proyecto

D   Si el cambio es beneficioso para los costos y plazos del proyecto, implementar el cambio lo antes posible

19.96 Usted es el director de un proyecto de construcción de un teatro para recitales. Al finalizar la fase de construcción está gestionando varios interesados entre 15 y 80 años de edad, que seleccionarán entre distintos prototipos de asientos para el teatro. Su objetivo es asegurar que las habilidades y experiencias de todos los interesados se utilicen y compartan de manera apropiada. Para ello, está actualizando el registro de lecciones aprendidas. ¿Cuál de los siguientes ítems no corresponde a la gestión del conocimiento de este proyecto?

A   Repositorios de información

B   Actividades sociales de relacionamiento

C   Aprendizaje observando a expertos

D   Comunidades de interés

19.97   Catalfa va a comenzar a desarrollar la estructura de desglose del trabajo en un proyecto para la organización de una Ultra maratón de 300 kilómetros con la participación de 2500 competidores. El principal insumo que tiene Catalfa para poder realizar esa actividad es el enunciado del alcance del proyecto. ¿Cuál de los siguientes ítems es MENOS probable que encuentre Catalfa en esa documentación?
A   Exclusiones del proyecto
B   Criterios para cerrar una fase del proyecto
C   Entregables del proyecto
D   Criterios de aceptación

19.98   El patrocinador le ha dicho que debe finalizar el proyecto dos semanas antes de lo establecido según la línea base. ¿Qué debería hacer?
A   Consultar con el cliente alternativas para adelantar el proyecto
B   Intensificar el proyecto
C   Ejecución rápida
D   Informar al patrocinador sobre el impacto de ese cambio

19.99   En su proyecto han fijado la línea de base para establecer comparaciones e indagar por los cambios ocurridos conforme el proyecto se vaya ejecutando. La línea base del proyecto _____
A   Es el resultado de la suma entre el plan original y los cambios aprobados
B   Utiliza cuatro técnicas diferentes de estimación
C   Es importante sólo al comienzo del proyecto
D   Incluye la reserva de gestión para imprevistos no conocidos

19-100 Durante el proceso de cierre del proyecto lo más importante sería _____
A   Confirmar que todos los requisitos del proyecto han sido alcanzados
B   Determinar los criterios de aceptación junto con el cliente
C   Recolectar información histórica de proyectos anteriores
D   Adquirir la aprobación formal del plan para la dirección del proyecto

19-101 El Director del proyecto descubre que Pablo ha creado su propio proceso para la clasificación de productos que pareciera ser más eficiente que el proceso tradicional que está utilizando la empresa. ¿Qué debería hacer el director de proyecto?
A   Agradecer a Pablo por haber creado un nuevo proceso para la empresa
B   Solicitar la incorporación del nuevo proceso al comité del control integrado de cambios
C   Evaluar la relación costo-beneficio del nuevo proceso
D   Analizar el plan para la gestión de calidad para determinar si corresponde utilizar el proceso estándar tradicional o es preferible incorporar el proceso de Pablo

19-102 El director del proyecto tiene claro que es muy difícil evitar que ocurran conflictos en el proyecto. Por tal motivo, al momento de gestionar al equipo está utilizando un registro de incidentes. ¿Cuál será la causal de conflicto que MENOS aparecerá en el registro de incidentes?

A   Agenda
B   Personalidad
C   Costo
D   Prioridades

19-103 Respecto a la estimación de costos de "Arriba hacia Abajo", señale el enunciado FALSO

A   Para que sea precisa, los proyectos del pasado deben ser similares al actual
B   Es precisa si el costo estimado total lo es
C   Es apropiada para seleccionar entre proyectos a nivel de idea
D   Es tan precisa como la "Estimación de Abajo hacia Arriba"

19-104 Usted está trabajando con técnicas Scrum en un proyecto de ciclo de vida adaptativo. Han firmado un acuerdo marco con el principal proveedor y se ha dejado flexibilidad para seguir incorporando anexos con acuerdos particulares según las necesidades que vayan apareciendo en el proyecto. Durante la revisión del registro de trabajos pendientes, se aprueban cambios y nuevas prioridades que van a impactar en modificaciones al contrato de servicios. ¿Quién debería adaptar ese contrato a las necesidades del proyecto?

A   El director del proyecto (Srum Master)
B   El equipo del proyecto
C   El gerente de contrataciones
D   El abogado que realizó el contrato

19-105 Durante una reunión para informar sobre el desempeño del proyecto, los miembros del equipo descubren cambios en el alcance provocados por la implementación de la nueva legislación laboral. ¿Cuál debería ser la principal salida de esta reunión?

A   Programar una nueva reunión para discutir este cambio
B   Actualizaciones en el sistema de autorización del trabajo
C   Recomendación de acciones correctivas
D   Informar los impactos a los trabajadores

19-106 Si estás trabajando en un programa para disminuir los accidentes de tránsito, ¿Cuál debería ser el orden cronológico de los siguientes procesos de gestión de los riesgos?

A   Planificación - Identificación - Análisis Cualitativo - Análisis Cuantitativo
B   Planificación - Identificación - Análisis Cuantitativo - Análisis Cualitativo
C   Planificación - Análisis Cualitativo - Identificación - Análisis Cuantitativo
D   Identificación - Planificación - Análisis Cualitativo - Análisis Cuantitativo

19-107 Usted está realizando el control de calidad del proyecto y descubre que el 70% de las fallas se originan en un 40% de las causas. ¿Qué herramienta está utilizando?

A   Diagrama causa efecto
B   Diagrama de Pareto
C   Diagrama de control de bandas
D   Regla de los 7

19-108 El departamento comercial quiere que el proyecto incremente un 10% las unidades vendidas. El departamento de recursos humanos quiere que sólo se destinen 10 personas a este proyecto. El patrocinador exige que el proyecto finalice en 30 días. ¿Qué es lo mejor que puede hacer como director de este proyecto?

A   Armar un plan donde se incluyan todos los objetivos de los interesados
B   Incluir en el plan el objetivo del patrocinador y considerar si es posible incluir el resto de los objetivos
C   Reunir a todos los interesados para que acuerden un único objetivo
D   Incluir sólo los objetivos del patrocinador

19-109 En su empresa han implementado las normas ISO 21500 sobre Dirección de Proyectos para no re-inventar la rueda. Esas normas serán el punto de partida para gestionar el control de calidad de su próximo proyecto, donde utilizará las siete herramientas básicas de la calidad. ¿Cuáles de los siguientes ítems NO es una de esas siete herramientas?

A   Diagrama de Ishikawa
B   Muestreo estadístico
C   Histograma
D   Diagrama de dispersión

19-110 Después de analizar el estado de su proyecto, usted determina que el valor ganado es $100 y el valor planificado a esa fecha es $120. ¿Qué debería comunicar a los interesados del proyecto si esta tendencia continúa?

A   El costo estimado a la finalización será menor que lo planificado
B   El proyecto finalizará antes de lo programado
C   El costo estimado a la finalización será mayor que lo planificado
D   El proyecto finalizará después de lo programado

19-111 Durante la ejecución de un proyecto de desarrollo de hardware, los miembros del equipo encuentran varias restricciones relacionadas con las dependencias entre las actividades. ¿Cuál de los siguientes enunciados NO es un tipo de dependencia entre las actividades?

A   Lógica blanda
B   Lógica dura
C   Externa
D   Lógica difusa

19-112 Para una actividad se han estimado 3 duraciones: optimista (200 días), más probable (290 días) y pesimista (500 días). Según PERT, ¿Cuál será la duración de esa actividad con una probabilidad del 99,73%?

A   160-460
B   260-360
C   210-410
D   200-500

19-113 ¿En qué lugar sería más apropiado colocar los límites de control (UCL y LCL) en un diagrama de control de calidad?

A   Dentro de los límites de tolerancia definidos por el cliente o patrocinador
B   Lo más cerca del valor objetivo posible
C   Dentro de las seis sigma
D   Dentro de la curva normal

19-114 El director de un proyecto aeronáutico está trabajando para describir claramente el nivel de compromiso esperado de cada uno de los interesados en el proyecto de manera de prevenir problemas de coordinación, conflictos y re-procesos. ¿Qué actividades estará realizando el director del proyecto en esta fase del proyecto?

A   Solución de problemas, monitoreo y control
B   Validación del alcance y control de la calidad
C   Cuantificación del riesgo y desarrollo del equipo
D   Desarrollo del plan para la dirección del proyecto y planificación de la calidad

19-115 Un interesado está reclamando que el proyecto no está completo argumentando que el color de pintura utilizado es demasiado claro. Por otro lado, el cliente ha aceptado formalmente el proyecto. El director del proyecto determina que se ha cumplido con todo lo solicitado y enunciado en el alcance del proyecto. El director del proyecto debería:

A   Replanificar el proyecto de manera tal de incluir otro color de pintura

B   Reunirse con el equipo del proyecto para plantear el problema y encontrar una solución

C   Comenzar con el cierre del proyecto

D   Lograr que se involucren los interesados del proyecto para ayudar a resolver el problema

19-116 Durante la ejecución del proyecto, el director del mismo está destinando demasiado tiempo a resolver problemas que surgen. ¿Qué es lo mejor que debería hacer el director del proyecto?

A   Realizar el plan para la gestión de calidad del proyecto

B   Identificar riesgos adicionales y seguir el proceso de gestión de los riesgos

C   Agendar lecciones aprendidas

D   Dejar que el equipo resuelva esos problemas y utilizar ese tiempo para mantener más reuniones

19-117 El director del proyecto y su equipo están convencidos de la importancia de la prevención sobre la inspección. ¿Cuál de los siguientes enunciados NO es un costo de prevención?

A   Estudios

B   Reparar los inventarios con fallas antes de enviarlos al cliente

C   Capacitación

D   Mantenimiento

19-118 Luego de inspeccionar los entregables obtenidos durante la fase 2 del proyecto, el director del proyecto sospecha que algunos interesados no están cumpliendo con los estándares definidos en el plan para la gestión de calidad. Por lo tanto, el director del proyecto se reúne con los interesados para analizar la situación actual del proyecto. ¿En qué parte del proceso de gestión de calidad está el director del proyecto?

A   Planificación de la calidad

B   Gestionar la calidad

C   Control de calidad

D   Análisis de la calidad

19-119 Usted está trabajando en la fase de ejecución de un gran proyecto. Para motivar a los miembros de su equipo, usted recuerda que la Teoría X dice que las personas _____

A   Trabajan aunque nadie los controle
B   Son motivadas por el salario
C   Tienen expectativas racionales
D   Necesitan ser controlados permanentemente

19-120 Según la tabla, ¿cuál es la línea base de costo del proyecto al mes cuatro?

Actividad	Mes 1	Mes 2	Mes 3	Mes 4	Mes 5
A	$30	$40	$50	$60	$50
B	$40	$80	$100	$100	$90
C	$200	$150	$150	$200	$200
D	$120	$120	$120	$120	$120

A   480
B   460
C   2140
D   1680

19-121 Tu proyecto tiene una holgura negativa de 3 meses. Si la gerencia general te comunica que no puedes modificar la actividad A, ¿Cuál deberían ser las actividades a intensificar?

Actividad	Duración estimada (meses)	Duración con intensificación (meses)	Ahorro de tiempo	Costo de la intensificación	Costo por mes
A	14	12	2	4000	2000
B	9	8	1	10000	10000
C	3	2	1	1000	1000
D	7	5	2	6000	3000
E	11	8	3	9000	3000

A   B y D
B   C y D
C   E
D   A y C

19-122 Usted ha sido asignado como director de un nuevo proyecto para la remodelación de una plaza municipal. En su empresa utilizan una organización matricial débil. Las maquinarias necesarias para ejecutar el proyecto son un ejemplo de costo _____

A   Hundido
B   Directo
C   Contable
D   Financiero

19-123 Su proyecto ya tiene un 75% de avance y la alta gerencia ha aprobado un cambio que agregará un nuevo paquete de trabajo en la EDT. Usted necesita estimar el presupuesto de ese nuevo paquete de trabajo lo más rápido posible. ¿Cuál de los siguientes métodos de estimación debería utilizar?

A   Ascendente
B   Delphi
C   Paramétrica
D   Análoga

19-124 El director del proyecto está trabajando en el proceso de cierre y está recopilando una encuesta con las lecciones aprendidas del resto del equipo. ¿Cuál es el MEJOR uso de las lecciones aprendidas?

A   Informar a los interesados sobre lo que se ha realizado en el proyecto
B   Registros de planificación para el actual proyecto
C   Informar al equipo sobre los resultados finales del proyecto
D   Registros históricos para futuros proyectos

19-125 Un nuevo director de proyectos es asignado durante la ejecución de un proyecto de infraestructura pública y descubre que los costos de las actividades pocas veces coinciden con lo planificado. ¿Cuál podría ser la causa raíz de este problema?

A   Falta un control de gestión de costos por parte de la dirección
B   Falta un proceso de gestión de riesgos
C   No se realizó la estructura de desglose del trabajo
D   No se utiliza el análisis del valor ganado

19-126 Durante la etapa de planificación de las compras y adquisiciones de un proyecto de distribución de energía, se está evaluando la posibilidad de comprar algunos insumos en lugar de la fabricación propia. ¿Qué tipo de contrato tendrá mayor riesgo de costo para el vendedor de estos insumos?

A   Precio Fijo más ajuste por inflación

B   Costo más incentivo

C   Precio Fijo

D   Tiempo y Materiales

19-127 Durante el proceso de monitoreo y control del proyecto usted descubre que se han realizado varios cambios en el proyecto, pero no sabe precisar cuántos. Por tal motivo usted solicita al equipo de proyecto que le explique en detalle los cambios ocurridos en el alcance del proyecto. Seguramente la causa de este problema se deba a _____

A   Errores en el plan de compras y adquisiciones

B   La falta de un comité de control de cambios

C   Errores en el sistema de control de cambios y el plan para la gestión del alcance del proyecto

D   Errores en el sistema de configuración y la mala selección de proyectos

19-128 Usted está dirigiendo a los miembros de su equipo en un proyecto de fabricación que utilizará un 100% de automatización y control sin necesidad de trabajar con recursos humanos. Usted percibe un bajo estado anímico del equipo, por temor a que los robots los dejen sin empleo, por lo que se ha solidarizado con ellos con gran empatía. ¿Qué herramienta está utilizando?

A   Gestión de conflictos

B   Influenciar

C   Inteligencia emocional

D   Liderazgo

19-129 Mati Long trabaja para el Ministerio de Obras Públicas como director de un proyecto de construcción de un predio Olímpico que tiene a cientos de interesados. Algunos interesados no tienen claro cómo se ejecutará el plan del proyecto. ¿Qué es lo principal que debería incluir Mati en el plan para la gestión de recursos?

A   Cuándo y cómo se van a incorporar y desafectar los recursos (humanos y físicos) al proyecto

B   A quién y cuándo debe ser enviada la información del proyecto

C   Cómo ejecutará el plan del proyecto el equipo de trabajo para cumplir con los requisitos del proyecto

D   Quién preparará las estimaciones independientes

19-130 Para poder realizar la validación del alcance en un proyecto de telecomunicaciones, el director del proyecto necesita _____

A   Matriz RAM

B   Aceptación formal del cliente o patrocinador

C   Entregables

D   Solicitud de cambio

19-131 En un proyecto para la construcción de un Hotel en alta montaña, el director del proyecto está planificando cuántas personas necesitará durante la etapa de construcción. Para este proyecto se necesitarán especialistas para completar varios paquetes de trabajo a lo largo del tiempo. ¿Qué herramienta seguramente utilizará el director del proyecto para representar gráficamente estos requisitos?

A   Simulación de Monte Carlo

B   Diagrama de Control

C   Diagrama causa efecto

D   Histograma de Recursos

19-132 Los grupos de procesos en un proyecto agroindustrial, que utiliza un ciclo de vida predictivo, no se realizan de manera secuencial, sino que tienen una fuerte interrelación entre sí. A pesar de esa interrelación entre los procesos, ¿Cuál sería la secuencia recomendada?

A   Planificación, Ejecución, Cierre

B   Inicio, Planificación, Ejecución, Cierre

C   Inicio, Ejecución, Cierre

D   Inicio, Ejecución, Cierre, Monitoreo y control

19-133 El plan para la gestión de las comunicaciones puede ser formal o informal, altamente detallado o ampliamente estructurado, según sean las necesidades del proyecto. Cuál de los siguientes ítems NO forma parte del plan de comunicaciones del proyecto:

A   Métodos que se emplearán para recopilar y guardar los distintos tipos de información

B   Métodos que se utilizarán para distribuir los distintos tipos de información

C   Una descripción de la información que se va a distribuir, incluyendo el formato y contenido

D   Organización del proyecto y relaciones de responsabilidad de los interesados

19-134 Un proyecto tiene un índice de desempeño del costo de 0,75 y un índice de desempeño del cronograma de 0,70. Además posee 1200 trabajadores y una duración de 38 meses. El proyecto no ha sido planificado adecuadamente y los miembros del equipo del proyecto no tienen demasiada experiencia en este tipo de proyectos. ¿Qué debería hacer el director del proyecto?

A   Reducir el alcance eliminando los paquetes de trabajo que no se van a poder cumplir
B   Mejorar las estimaciones de costo y cronograma del proyecto
C   Reorganizar la matriz RACI de asignación de roles y responsabilidades
D   Actualizar la identificación y análisis de los riesgos

19-135 En los pasillos de su oficina le comentan que un contratista no está cumpliendo con los estándares de calidad del proyecto. ¿Qué debería hacer?

A   Recomendar un cambio en el alcance del proyecto
B   Tener una reunión con la dirección para buscar soluciones al problema
C   Enviar una notificación legal al contratista por incumplimiento del contrato
D   Solicitar más información al contratista

19-136 Su empresa ha tercerizado las tareas para la decoración de las oficinas del departamento de comercialización. Se especificó claramente las condiciones de facturación en un contrato de reembolso del costo, pero no se especificaron los límites en los gastos reembolsables. ¿Qué debería hacer como director del proyecto?

A   Actualizar los términos del contrato
B   Actuar como un buen hombre de negocios para establecer de buena fe los límites aceptables
C   Definir de palabra en una reunión con el cliente los límites aceptables
D   Rescindir el contrato

19-137 El director de un proyecto sobre recolección de residuos está utilizando las siguientes herramientas para informar sobre el desempeño del proyecto, a EXCEPCIÓN de:

A   Análisis de los interesados
B   Análisis de tendencias
C   Reuniones de revisión del desempeño
D   Análisis del valor ganado

19-138 La directora de un proyecto de 24 semanas para la provisión de servicios a un organismo estatal, descubre durante la fase de seguimiento y control en la semana 10, que por problemas de burocracia en la aprobación de documentación por parte de los miembros de su equipo, el proyecto se encuentra con una holgura negativa de 2 semanas. ¿Qué es lo primero que debería hacer?

A   Solicitar al cliente una extensión de la fecha final del proyecto
B   Adquirir más recursos para las actividades de la ruta crítica
C   Realizar una ejecución rápida, aunque se incrementen los riesgos del proyecto
D   Retrasar el comienzo de las actividades con holgura

19-139 Un proyecto de inversión de varios millones de dólares está informando un índice de desempeño del costo de 1,3. Podríamos decir que:

A   En el proyecto se está trabajando por un valor de $1,30 por cada $ gastado
B   Se espera que el costo total del proyecto sea un 30% superior al valor planificado
C   El proyecto está un 30% por debajo del valor planificado
D   El proyecto ha realizado un 30% más de lo planificado

19-140 Durante la ejecución de su proyecto, un proveedor le informa que uno de sus mejores trabajadores asignado a este proyecto se fue a trabajar para la Empresa J. ¿Qué es lo mejor que podría hacer en esta situación?

A   Recordar al proveedor que debe cumplir con los objetivos establecidos en el contrato
B   Contactar a la empresa J para ver si podría cumplir con los objetivos del proyecto
C   Aplicar sanciones al proveedor
D   Trabajar con el proveedor para analizar las calificaciones de algún posible reemplazante

19-141 En relación a la matriz de riesgo, con celdas en blanco que Ud. debería completar, señale el enunciado CORRECTO:

Impacto / Probabilidad	MA Muy Alto	A Alto	M Medio	B Bajo	MB Muy bajo
MA: Muy alta	25	20	15	10	5
A: Alta	20	16			4
M: Media	15	12			3
B: Baja	10	8			2
MB: Muy baja	5	4	3	2	1

Notas: Riesgo de prioridad Alta: puntaje 15-25; Riesgo de prioridad Media: puntaje 6-14; Riesgo de prioridad Baja: puntaje 1-5

A   Un riesgo de probabilidad A e impacto B, tendrá una prioridad baja
B   Un riesgo de probabilidad B e impacto M tendrá un puntaje de 5
C   Un riesgo de probabilidad A e impacto M, tendrá una prioridad alta
D   Un riesgo con probabilidad M e impacto B, tendrá una prioridad media

19-142 Su proyecto se encuentra en plena fase de ejecución con un avance del 70%. En este momento ocurre un grave problema que no figura en el registro de riesgos, por lo que no se puede implementar un plan de respuesta previamente acordado. ¿Qué es lo primero que debería hacer?
A   Incluir ese nuevo riesgo en el registro de riesgo
B   Evaluar alternativas para resolver el problema
C   Modificar el proceso actual de gestión de los riesgos
D   Informar a la alta gerencia de lo ocurrido

19-143 Su proyecto de remodelación de la fábrica industrial está llegando a su etapa final. Durante el proceso de cierre administrativo obtendrá _____
A   La versión final del plan para la dirección de los riesgos
B   Archivos del proyecto
C   El desempeño del trabajo
D   El plan para la dirección del proyecto

19-144 Usted está trabajando en la planificación de las compras y suministros del proyecto. Indique cuál de los siguientes factores influye para la provisión externa de insumos:

A   Falta de confiabilidad en los proveedores
B   Menores costos de entrada y salida
C   Aprovechar el know-how de su empresa
D   Mantener activa la planta en los periodos de baja producción

19-145 Usted es un director de proyectos en una organización grande que utiliza una estructura matricial para sus proyectos. ¿Cuál de los siguientes enunciados describe la principal diferencia entre una organización matricial con una funcional?

A   Los miembros del equipo del proyecto usualmente reportan a dos jefes en una organización matricial
B   En una organización funcional, el director del proyecto tiene más autoridad que en una organización matricial
C   Más personas trabajan dedicadas plenamente a los proyectos en una organización funcional que en una organización matricial
D   Varias empresas afirman que la organización funcional provee de mayor flexibilidad para gestionar proyectos en relación a la organización matricial

19-146 Tu empresa tiene la posibilidad de intensificar uno entre tres proyectos alternativos que se están llevando a cabo. El proyecto A tiene una TIR del 20%, es considerado prioritario en relación al resto, tiene un CPI de 1,3 y un SPI de 0,7. El proyecto B tiene una TIR del 25%, tiene un índice de desempeño de agenda de 1,2 y está utilizando 6 recursos críticos. El proyecto C tiene una TIR del 35%, un índice de desempeño del costo de 1,4, un índice de desempeño de agenda de 0,8 y una ruta crítica de 80 meses. ¿Qué proyecto sería más conveniente intensificar en tu empresa?

A   Proyecto A
B   Proyecto B
C   Proyecto C
D   Proyecto B y C

19-147 En un proyecto de traslado de oficinas, la variación del costo es de $20.000 y el índice de desempeño del cronograma de 1,3. Hasta el día de la fecha no han ocurrido mayores riesgos. El patrocinador del proyecto ha considerado a este proyecto dentro de su plan estratégico y está brindando mucho apoyo para que todo salga según el plan. Los trabajadores están ansiosos por estrenar las nuevas oficinas. A los fines de mejorar el desempeño del proyecto, el director del proyecto eroga parte del presupuesto en nuevos sillones para los gerentes principales y agrega el término "Vicepresidente" a cada uno de esos gerentes. ¿Qué podemos decir de este proyecto?

A   El proyecto está gastando lentamente más dinero del que debería

B   El director del proyecto ha malinterpretado la teoría de Herzberg

C   Debería realizarse una intensificación o ejecución rápida del proyecto

D   El director del proyecto debería prestar más atención de que los gastos extras estén dentro del plan para la dirección del alcance

19-148 Acaban de asignarte director del proyecto para la construcción de las instalaciones de un club de tenis que se encuentra en la mitad de su fase de ejecución. La mejor forma para controlar este proyecto será:

A   Coubicación de los miembros del equipo

B   Utilizar una combinación de métodos de comunicación

C   Utilizar el histograma en forma semanal

D   Reunirse con la gerencia cada 15 días

19-149 Usted está gestionando el involucramiento de los interesados quienes habían sido previamente agrupados en: poder/interés, poder/influencia, influencia/impacto, poder/urgencia/legitimidad, internos/externos, soporte/neutrales/opositores, cooperación/impacto, etc. ¿Qué haría con aquellas personas que tienen bajo poder pero alto interés en el proyecto?

A   Informarles sobre los avances del proyecto

B   Monitorear por si cambian su poder y/o interés

C   Mantener satisfechos y cooperar con ellos

D   Gestionar cuidadosamente para influenciar en sus decisiones

19-150 Sobre los últimos días, el equipo de trabajo ha realizado cinco cambios en las actividades del proyecto. El director del proyecto debería tener mayor cuidado en
_____

A   Asegurar que la gestión de cambios esté comprendida dentro del alcance del proyecto

B   Anotar todos los cambios

C   Entregar la documentación con todos los cambios al patrocinador

D   Implementar acciones preventivas para que no ocurran más cambios

19-151 En un proyecto de consultoría la definición del alcance está muy difusa por parte del Cliente. Sin embargo, el proyecto debería comenzar lo antes posible porque tiene una restricción en su fecha de finalización. ¿Qué sería lo más recomendable?

A   Que las partes realicen un contrato de precio fijo más un incentivo por entrega temprana

B   No comenzar el proyecto hasta que el alcance esté bien definido

C   Que las partes realicen un contrato por tiempo y materiales

D   Evitar ese proyecto para eliminar la causa raíz de futuros problemas entre las partes

19-152 Según los datos de la tabla donde figura el costo actual (AC) y el valor ganado (EV) al mes cinco, y bajo el supuesto de que a futuro se mantendrán los mismos índices de eficiencia de costos que los ocurridos hasta la fecha para cada actividad. ¿Cuál será el ahorro de costos del proyecto a la finalización?

Actividad	Avance	AC	EV
A	80%	500	500
B	75%	402	450
C	90%	600	900

A $ 397,33
B $ 418,54
C $ 348
D $ 1.850

19-153 Según los datos de la tabla donde figura el costo actual (AC) y el valor ganado (EV) al mes cinco, y bajo el supuesto de que a futuro se mantendrán los mismos índices de eficiencia de costos que los ocurridos hasta la fecha para cada actividad. ¿Cuál es el índice de desempeño del costo del proyecto?

Actividad	Avance	AC	EV
A	80%	500	500
B	75%	402	450
C	90%	600	900

A   0,81
B   1,48
C   1,19
D   1,23

19-154 Una de las herramientas para la planificación de la calidad de un proyecto son los diseños de experimentos. ¿Cuál de los siguientes enunciados NO está relacionado con el diseño de experimentos?

A   Evaluar estadísticamente qué factores mejoran la calidad del proyecto

B   Cambiar todos los factores de un proceso en forma simultánea para evaluar qué combinación tiene el mayor impacto en calidad, a un costo razonable

C   Cambiar un factor por vez para ver cómo afecta a la calidad del proyecto es ineficiente, de allí la importancia del diseño de experimentos

D   Seleccionar parte de una población para su análisis

19-155 Usted lleva 20 años trabajando en una empresa de maquila de indumentaria deportiva. Recientemente ha sido asignado como director de proyecto para un proyecto de expansión de la empresa. Sin embargo, usted tiene muy poca experiencia en ese tipo de proyectos. Usted y su equipo elaboraron el plan para la dirección del proyecto. El proyecto está en ejecución con un índice de desempeño del costo de 1,2 y un índice de desempeño del cronograma de 1,13, aunque ocurrieron algunos cambios en el alcance original. El Cliente no está conforme con el estado actual del proyecto. ¿Qué debería hacer?

A   Identificar actividades con holgura para una ejecución rápida y así mejorar la relación con el Cliente

B   Verificar que los cambios del proyecto hayan pasado por el control integrado de cambios

C   Desarrollar el equipo de trabajo para interactuar mejor con el Cliente

D   Verificar con el Cliente sus expectativas y necesidades

19-156 Un proyecto tiene un índice de desempeño del costo de 0,75. Para revertir esta situación, el equipo de proyecto está evaluando las siguientes opciones: ejecución rápida, recortar el alcance y/o intensificación. Luego de analizar las ventajas y desventajas de cada alternativa finalmente deciden implementar una intensificación. Esta alternativa implicará:

A   Incremento de costos

B   Incremento del riesgo

C   Insatisfacción del cliente

D   Incremento de la duración

19-157 Usted está dirigiendo su equipo de proyecto durante un estudio de mercado y hay varios conflictos. ¿Cuál podría ser la principal fuente de esos conflictos?

A   Personalidad
B   Cronograma
C   Tecnicismos
D   Costos

19-158 ¿Cuál será la estrategia que seguramente está implementando durante la ejecución de un proyecto que utiliza metodologías ágiles para aquellos riesgos no prioritarios en un programa de desarrollo sostenible?

A   Aceptar
B   Mitigar
C   Explotar
D   Escalar

19-159 Su empresa trabaja con un portafolio que incluye varios programas y proyectos. La alta gerencia ha firmado un acta de constitución para comenzar con un proyecto estratégico para la compañía. ¿Cuál de los siguientes ítems NO estará en ese documento?

A   Firma del patrocinador para autorizar formalmente el comienzo del proyecto
B   La estructura de desglose del trabajo
C   Cliente externo al proyecto
D   Autorizar al director del proyecto para que utilice los recursos de la organización en las actividades del proyecto

19-160 Mario, uno de los miembros de su equipo, no ha presentado uno de los entregables del proyecto. Durante la reunión de proyecto con su cliente Esteban, Mario le entrega a usted ese entregable. Usted descubre varios errores, por lo que no podrá compartir ese entregable con Esteban. ¿Cómo podría mitigar este tipo de situaciones?

A   Solicitando a Mario informes de avance diarios
B   Persuadiendo a Mario para que finalice a tiempo los entregables
C   Asegurándose que Mario es competente para hacer ese tipo de trabajos
D   Cancelando la reunión con Esteban si no tuvo tiempo de revisar el entregable de Mario

19-161 Usted está monitoreando desde la oficina de la ciudad un proyecto agrícola localizado en una zona rural con baja señal telefónica. Cuando llama al celular de Jacinta, uno de los miembros claves de su equipo, para evaluar la necesidad de avanzar a la próxima fase del proyecto, la comunicación es muy entrecortada. ¿Qué debería hacer durante esa reunión?

A   Organizar una reunión cara a cara con Jacinta

B   Comunicarse por email en lugar de celular

C   Solicitar a Jacinta que repita todo lo que usted le está diciendo

D   Solicitar a Jacinta que identifique los principales riesgos del proyecto y los mande por escrito antes de avanzar a la próxima fase

19-162 Un proyecto para la comercialización de un nuevo producto de venta masiva atravesó por varios conflictos con los interesados. En el alcance final aprobado por el patrocinador y cliente, no se incluyeron los requisitos de varios interesados, por lo que ha sido muy complicado gestionar este proyecto. El proyecto ya está en ejecución y usted sigue de cerca el monitoreo del involucramiento de los interesados. ¿Cuál de las siguientes acciones sería la MENOS importante?

A   Actualizar el registro de incidentes

B   Desarrollar el plan de involucramiento de los interesados

C   Asegurar que cualquier cambio en los requisitos se realice a través del control integrado de cambios

D   Modificar la estrategia de involucramiento de los interesados cuando sea necesario

19-163 Usted está aplicando herramientas de gestión ágil para un proyecto de desarrollo de hardware aplicando ciclos de vida iterativos. ¿En qué grupo de procesos llevará a cabo las lecciones aprendidas para la mejora continua?

A   Planificación

B   Monitoreo y control

C   Ejecución

D   Cierre

19-164 Durante la ejecución de un proyecto para fabricar baterías de almacenamiento de energía cinética, los principales miembros del equipo interno no se ponen de acuerdo con los asesores externos. ¿Cuál sería una de las mejores prácticas para mantener a ambos grupos de interesados comprometidos con el proyecto?

A   Subir los avances del proyecto a una Intranet para que todos los interesados tengan fácil acceso a la información

B   Comunicar los temas confidenciales solamente a los interesados internos

C   Mantener a los interesados informados sobre los avances del proyecto en base al plan de comunicaciones

D   Realizar reuniones semanales cara a cara con ambos grupos para facilitar las comunicaciones

19-165 El director del proyecto utilizó un registro de incidentes para gestionar a su equipo de proyecto. En esa ficha registró el conflicto ocurrido, la fecha de ocurrencia, las personas involucradas, la fecha de resolución propuesta, la fecha de resolución del conflicto y la solución aplicada. Ese registro forma parte de las lecciones aprendidas. ¿Cuál de los enunciados a continuación es MENOS probable que se encuentre como una de las acciones llevadas a cabo para resolver esos incidentes?

A   Identificar las causas del problema e investigar alternativas de solución

B   Resolver el problema en forma privada entre los involucrados

C   Separar físicamente a los involucrados

D   Utilizar un enfoque directo y constructivo

19-166 En un proyecto para la producción de uranio, el director del proyecto podrá utilizar el soporte técnico de la Oficina de gestión de proyectos (PMO) para lo relativo a las políticas y procesos más recomendables para implementar en ese tipo de proyecto. Sin embargo, las tareas que elabore la PMO para este proyecto en particular no son gratis ya que el costo de oportunidad de esta oficina está representado por el tiempo que no puedan dedicar a brindar soporte a otros proyectos. Este es un ejemplo de costo:

A   Fijo

B   Directo

C   Indirecto

D   Variable

19-167 ¿Cuál de los siguientes enunciados no es un enfoque proactivo para gestionar la calidad de un proyecto que tendrá una duración de 15 días?

A   Normas de calidad ISO
B   Mejora continua
C   Gestión de la calidad total
D   Inspección

19-168 Usted está gestionando las expectativas de los miembros de su equipo en un proyecto donde ellos están co-ubicados. ¿Cuál sería la forma más apropiada de mantener las relaciones con su equipo?

A   Mantener reuniones diarias grupales con todo el equipo
B   Documentar todos los conflictos en el registro de incidentes
C   Reunirse de manera individual con cada uno de ellos, antes de convocarlos a una reunión grupal
D   No involucrarse en relaciones emocionales con los miembros del equipo

19-169 Usted está controlando los contratos en un proyecto de ingeniería que ha utilizado la herramienta BIM (Modelo de información del edificio). En este momento se encuentra revisando el acuerdo maestro de servicios (MSA) para autorizar los nuevos contratos que se podrán anexar a ese acuerdo. ¿Qué será lo que MENOS realice durante este proceso?

A   Gestionar las relaciones de las adquisiciones
B   Solicitar cambios y correcciones al MSA cuando corresponda
C   Cerrar los contratos
D   Documentar las decisiones de adquisiciones del proyecto

19-170 Durante el control de calidad en una empresa que fabrica sensores para portones automáticos, se está utilizando el Diagrama de Pareto para detectar las causas más importantes de ciertos problemas. Este diagrama se caracteriza por ser un:

A   Diagrama de Ishikawa
B   Diagrama de tendencia
C   Diagrama de flujo
D   Histograma

19-171 Usted trabaja en una empresa que se dedica a la producción masiva de heladeras. Estos productos deben tener un peso estándar de 40 kilogramos con un desvío de +/- 1%. Todos los productos que no cumplan con esta métrica de calidad no podrán salir al mercado para vender al Cliente. En la actualidad esa línea de producción tiene una desviación estándar demasiado elevada por lo que existen fallas en un 5% de las heladeras. Por tal motivo el equipo de gestión de calidad se ha propuesto que disminuya la desviación estándar. ¿Cómo podrán lograr este objetivo?

A   Mejorando el sistema de producción general
B   Utilizando un diagrama de control X barra
C   Incrementando el número de inspecciones de calidad
D   Utilizando un diagrama de comportamiento

19-172 Usted está trabajando en un proyecto de comercialización de gas natural para un parque industrial. Hay varios interesados en este proyecto, entre los que se incluyen organismos ambientalistas. ¿En qué momento estos interesados tendrán mayor poder de influencia?

A   Inicio
B   Planificación
C   Ejecución
D   Control

19-173 Roberto, ingeniero industrial, ha trabajado durante 25 años en la industria automotriz. El patrocinador crea un acta de constitución del proyecto y lo asigna a Roberto como director de un nuevo prototipo de autos deportivos. ¿Qué tipo de autoridad tendrá Roberto en este proyecto?

A   Experto
B   Formal
C   Referente
D   Recompensas

19-174 En su organización utilizaron metodologías ágiles para un proyecto de desarrollo de un juego educativo interdinámico. Si bien se habían planificado dos iteraciones mensuales durante un año, el dueño del producto finalizó de manera anticipada ese proyecto en el tercer mes. ¿Qué es lo más probable que pueda haber ocurrido en ese cierre anticipado?

A   Fracaso del proyecto debido a los altos costos hundidos de la inversión inicial
B   El Scrum Master no realizaba reuniones diarias con los miembros de su equipo
C   Realización de beneficios de manera anticipada
D   Problemas con la utilización de las metodologías ágiles

19-175 Usted es la directora de un proyecto social para integrar una comunidad marginada con el sistema de educación. Clarita, uno de los miembros de su equipo y amiga personal del patrocinador, siempre finaliza los entregables fuera de plazo y no cumple con los estándares de calidad, por lo que otros miembros del equipo deben re-hacer esos entregables antes de enviarlos al cliente. Usted va a emplear el poder coercitivo con el objetivo de cambiar el comportamiento de Clarita. ¿Qué es lo que va a realizar?

A   Discutir el comportamiento de Clarita con el patrocinador
B   Solicitar ayuda al departamento de recursos humanos para que llamen la atención a Clarita
C   Negociar con Clarita un mejor premio en caso que mejore su desempeño
D   Prohibir que Clarita siga trabajando de manera remota desde su casa

19-176 Usted está trabajando en conjunto con otros miembros del equipo de proyecto para estimar la duración de las actividades de un proyecto muy complejo. El director del proyecto ha sugerido que utilicen la técnica PERT para estimar las duraciones. ¿Por qué estará sugiriendo esa técnica el director del proyecto?

A   Porque existe escasa experiencia en la cual basarse para estimar la duración de actividades bajo una única estimación según el critical path method (CPM)
B   Para conocer con mayor precisión la interrelación entre las actividades
C   Para conocer el tipo de dependencia entre las actividades
D   Porque los supuestos y restricciones de duraciones están bien definidas

19-177 Candela es directora de un proyecto de tratamiento de residuos industriales para mejorar los índices de contaminación ambiental en una zona urbana. Al finalizar este proyecto, Candela está utilizando diferentes herramientas para actualizar el repositorio de lecciones aprendidas y transferir esos conocimientos a futuros proyectos de esa misma comunidad. ¿Cuál de las siguientes herramientas será la MENOS utilizada por Candela?

A   Análisis de regresión
B   Análisis de tendencias
C   Análisis de riesgos con la matriz probabilidad impacto
D   Análisis de variación

19-178 Usted es el director de un proyecto para la elaboración de jabones en polvo para lavarropas automáticos. Todos los meses se reúne con la alta gerencia para informar sobre el estado de avance del proyecto. Para preparar esa reunión usted necesita de los informes de desempeño del trabajo de los distintos miembros del equipo. Uno de los miembros del equipo debería haber entregado un informe crítico la semana pasada. Un par de horas antes de la reunión le entregan ese informe que estaba esperando y usted descubre que contiene graves errores. ¿Qué debería hacer?

A   Ir a la reunión para informar que el informe contiene graves errores
B   Cancelar la reunión y hacer ese informe usted mismo
C   Obligar al miembro del equipo que se haga cargo de exponer sus errores frente a la alta gerencia
D   Cancelar la reunión y reprogramarla para cuando ese informe sea corregido

19-179 En un proyecto para la construcción de un nuevo tipo de barcos, hay demasiadas comunicaciones entre la autoridad federal de navegación y la organización a cargo del proyecto. ¿Quién es el responsable de que un mensaje sea entendido por el equipo de proyecto?

A   El director del proyecto
B   El emisor
C   El emisor y el receptor
D   El cliente

19-180 Un proyecto para el diseño de una turbina tiene a sus miembros del equipo de trabajo distanciados del lugar físico donde vive el patrocinador. Por tal motivo, le envían al patrocinador informes de avance con los documentos de diseño a través de e-mail. El patrocinador está muy molesto con este proyecto. ¿A qué se debe este problema?

A   Un ancho de banda de Internet muy limitado para enviar documentos tan pesados
B   No se respetan los procesos del control integrado de cambios
C   Utilización de un lenguaje complejo en el envío de informes
D   Un plan para la gestión de las comunicaciones inadecuado

19-181 En su proyecto quieren prestar servicios financieros de gran calidad a un sector de la población de bajos ingresos. ¿Qué significa asegurar la calidad en este proyecto?

A   Asegurar que el proyecto emplee todos los procesos necesarios para cumplir con los requisitos
B   Asegurar que se trabaje con un nivel de confianza de seis sigma
C   Aplicar las herramientas de control de calidad
D   Asegurar que los entregables alcancen el máximo grado

19-182 Usted ha entrado en la etapa de ejecución del proyecto y tiene que desarrollar su equipo de proyecto. ¿Cuál de los siguientes enunciados NO es una técnica o herramienta utilizada para el desarrollo de equipos?

A   Matriz RACI
B   Equipos virtuales
C   Co-ubicación
D   Reconocimiento y recompensas

19-183 Una empresa industrial tiene entre sus empleados a un excelente ingeniero electromecánico. Esta persona lleva 15 años en la empresa y su gran experiencia técnica hace que sea consultado cada vez que ocurre un problema técnico en la empresa. El gerente general de la compañía ha decidido asignar a esta persona como director del nuevo proyecto de diseño. ¿Cuál es la MEJOR frase que describe esta situación? El director del proyecto fue asignado al nuevo proyecto por_____

A   Su poder experto
B   Efecto halo
C   Su poder formal
D   Su poder referente

19-184 Usted ha sido nombrado en el acta de constitución del proyecto como director del proyecto. Lo primero que hace es reunirse con los miembros de su equipo de trabajo para una reunión de lanzamiento. Los siguientes ítems forman parte de esa reunión, a EXCEPCIÓN de:

A   Presentación de los interesados
B   Identificación de los objetivos del proyecto y riesgos preliminares
C   Estimación y presentación de los costos del proyecto
D   Obtener el compromiso de los integrantes del equipo de proyecto

19-185 Usted está monitoreando el involucramiento de los interesados en un proyecto de cruza de cebras con caballos. ¿Cuál de los siguientes grupos de interesados serán los MENOS conflictivos en este proyecto?

A   Alto interés y mucho poder
B   Alto interés y bajo poder
C   Bajo interés y mucho poder
D   Bajo interés y bajo poder

19-186 Usted está organizando un recital con un artista internacional que va a llenar el estadio más grande de su ciudad. ¿Qué obtendrá luego de la descomposición de los paquetes de trabajo de ese proyecto?

A   Estructura de desglose del trabajo

B   Actividades

C   Línea base del alcance

D   Análisis de reserva

19-187 Usted trabaja en el departamento de recursos humanos de una empresa con una organización matricial fuerte. El gerente general le ha solicitado que describa las capacidades más importantes que debería tener el director del próximo proyecto para la internalización del departamento contable. ¿Cuál de los siguientes ítems tendría en cuenta como el MÁS importante?

A   Comunicación

B   Resolución de conflictos

C   Poder experto

D   Liderazgo

19-188 En un proyecto para desarrollar una nueva crema revitalizadora para la piel, se deben cumplir con varias normas de calidad ambiental. ¿Cuál de los siguientes costos de la calidad es un costo de falla?

A   Mantenimiento

B   Supervisión

C   Procesos

D   Exceso de inventarios

19-189 Tú eres el director de un proyecto de digitalización de la base de datos de delincuentes del Ministerio de Seguridad de tu país. El proyecto está en ejecución cumpliendo holgadamente con el alcance, el cronograma y el presupuesto. La finalización de este proyecto se estima en seis meses. El Ministro de Seguridad se acerca a tu oficina y te solicita que comiences lo antes posible con un nuevo proyecto de digitalización, pero esta vez incluyendo las huellas dactilares de los delincuentes de máximo riesgo para la comunidad. Estas personas son distintas a las que se están digitalizando con el proyecto en ejecución. El nuevo proyecto es considerado estratégico y prioritario para el Ministerio. ¿Cuál es la mejor respuesta para dar al Ministro?

A	Lo siento, pero no puedo aceptar el nuevo proyecto hasta dentro de seis meses cuando termine con el proyecto actual

B	Dirigir y ejecutar ambos proyectos al mismo tiempo como lo pide el Ministro

C	Solicitar el acta de constitución del nuevo proyecto antes de comenzar con el mismo

D	Nombrar al miembro más experimentado como director del proyecto actual, para poder dedicarte a pleno al nuevo proyecto

19-190 A los desarrolladores de un video-juego les han solicitado que firmen una cláusula de privacidad que formará parte del contrato antes de comenzar con el proyecto. ¿Qué significa está cláusula?

A	Relación entre el director del proyecto y un vendedor privado

B	Relación contractual entre la empresa privada y el vendedor

C	Información privada de las partes que podrá ser publicada durante la conferencia de oferentes

D	Información contractual confidencial entre el comprador y vendedor

19-191 Estás trabajando como director de proyectos para automatizar procesos en una empresa del sector turismo. El proyecto ya lleva nueve meses de ejecución y durante la reunión de proyecto de esta semana reportaste a tu cliente que el proyecto está dentro del presupuesto y 3 días adelantado. Esos indicadores se basaron en el reporte elaborado por Charly, uno de tus miembros claves del equipo. Al finalizar la reunión, Charly te informa que hay un error en ese reporte y el proyecto se encuentra dentro del presupuesto, pero con 1 día de retraso. ¿Qué deberías hacer?

A   Llamar la atención a Charly y pedirle que a futuro te informe de los errores antes o durante la reunión con el cliente

B   Esperar a la reunión de la semana próxima para comentar al cliente sobre ese pequeño error en la información

C   Comunicar a tu cliente lo antes posible que cometiste un error y que el proyecto se encuentra retrasado

D   Comunicar al jefe funcional de Charly que cometió un error y no lo reportó en tiempo y forma

19-192 Durante la etapa de seguimiento y control de su proyecto, usted descubre que algunos recursos críticos van a ser asignados a otro proyecto. Por tal motivo, decide actualizar el cronograma agregando nuevos recursos y haciendo una distribución de los mismos a través del tiempo. ¿Cómo se denomina esto?

A   Compresión
B   Ejecución rápida
C   Descomposición
D   Nivelación de recursos

19-193 En su organización están construyendo el rascacielos más alto del mundo. A los fines de lograr que el proyecto cumpla con el plazo, la calidad y el presupuesto, están utilizando procesos integradores para la dirección de proyectos. ¿Cuál de los siguientes enunciados NO forma parte de los procesos de la gestión de la integración del proyecto?

A   Gestionar el conocimiento del proyecto
B   Dirigir y gestionar el trabajo del proyecto
C   Control del alcance
D   Realizar el control integrado de cambios

19-194 Todas las mañanas te reúnes con los miembros claves de tu equipo para informar el estado de avance del proyecto y fijar las metas de trabajo de ese día. Las reuniones se llevan a cabo en 15 minutos. Sin embargo, la mayoría de los miembros de tu equipo no interpretan correctamente tus directivas y no están realizando los entregables que comunicaste el día anterior. ¿Qué podría estar faltando en estas reuniones ágiles?

A   Retroalimentación del equipo
B   Comunicación escrita
C   Comunicación paralingüística
D   Comunicación transcultural

19-195 Durante el monitoreo y control del proyecto detectas un retraso en relación a la línea base. Envías una solicitud de cambio para intensificar el proyecto incorporando una nueva maquinaria. El cambio es aceptado y el contador te informa que ese bien de uso se depreciará linealmente en cinco años. Para llevar a cabo esa adquisición necesitarás un contrato unilateral. ¿Qué tipo de contrato sería este?

A   Carta de intención
B   Factura
C   Por tiempo y materiales
D   Orden de Compra

19-196 Durante el proceso de iniciación de un proyecto de inversión se obtiene un valor actual de los beneficios de $300 y un valor actual de los costos de $200 (incluyendo la inversión inicial). Esto significa que este proyecto tiene:

A   Un valor actual neto negativo
B   Una tasa interna de retorno superior a la tasa de descuento
C   Una tasa interna de retorno igual a cero
D   Un periodo de recupero de la inversión de 3/2

19-197 Eres el director de un proyecto de construcción de ultralivianos que se emplearán para fumigar los campos cultivados de la zona. Uno de los miembros de tu equipo de trabajo te informa que vendió algunas piezas del equipamiento de los ultralivianos porque necesitaba pagar los medicamentos de su hija enferma. Te pide disculpas por lo ocurrido y te ofrece trabajar horas extras hasta cancelar su deuda con la empresa. ¿Qué deberías hacer?

A   Ayudar económicamente al miembro del equipo, pero suspenderlo del proyecto por su hurto

B   Sugerir al miembro del equipo que haga público su hurto en la Empresa

C   Informar al patrocinador sobre lo acontecido para buscar alternativas para la reposición de esos materiales

D   Suspender al miembro del equipo, para dar una señal clara de "lo que no se debe hacer" hacia el resto de los miembros del equipo de proyecto

19-198 La agencia publicitaria "Arriesgo Poco SA" ha sido contratada por una cadena de tiendas por departamentos, con sucursales en todo el mundo, para realizar la campaña de lanzamiento de una nueva sucursal en el país donde reside Arriesgo Poco. La agencia de publicidad es pequeña y el contrato que ha firmado representará el 85% de sus ingresos durante los próximos tres meses. Arriesgo Poco quiere asegurarse de cumplir el contrato efectivamente sin arriesgar sus otros trabajos pequeños con empresas locales. Por lo tanto, ha decidido asociarse con otra empresa publicitaria para realizar este proyecto. ¿Qué tipo de estrategia de respuesta al riesgo está adoptando Arriesgo Poco?

A   Evitar
B   Compartir
C   Explotar
D   Aceptar

19-199 El gremio de camioneros ha decidido hacer un corte de rutas durante una semana. Este conflicto retrasará el proyecto una semana ya que no se dispondrá de insumos críticos que debían llegar por esa ruta. Una vez que se pueda circular libremente, ¿qué podrías hacer para recuperar el plazo perdido si se tienen pocos recursos para destinar a este proyecto?

A   Intensificación
B   Ejecución rápida
C   Recortar el alcance del proyecto
D   Aumentar las holguras de los senderos no críticos

19-200 Usted está trabajando en un proyecto para la comercialización de archivos digitales. Mientras planificaba las adquisiciones decidió que algunas actividades del proyecto las tiene que tercerizar. Por tal motivo, elabora un contrato de reembolso de costos más un incentivo con uno de los vendedores. El principal objetivo de ese incentivo será:

A   Controlar los costos del vendedor

B   Alinear los objetivos del vendedor y el comprador

C   Controlar los costos del comprador

D   Reducir los costos totales de esas actividades

*****

19.2. Respuestas

19.01 D   La EDT NO se utiliza para definir las métricas de calidad. Las métricas de calidad son parámetros objetivos que se utilizarán para medir la calidad del proyecto (ej. el puente debe resistir vientos de hasta 120 km/hora; las puertas deben tener una altura de 230cm con un desvío de +/- 0,05 cm; solamente pueden existir 4 libros con fallas cada un millón de impresiones, etc.). / Los paquetes de trabajo de la EDT serán necesarios para descomponerlos y estimar las actividades del proyecto. / (Planificación, Alcance)

19.02 A   En proyecto con ciclos predictivos, al inicio la incertidumbre es mayor y la certeza de alcanzar un proyecto exitoso aumenta a medida que avanza el proyecto. / (Inicio; Integración)

19.03 B   Lo primero que debe hacer es evaluar el impacto del cambio en las otras variables del proyecto: alcance, calidad, recursos y riesgos. / (Ejecución; Integración)

19.04 D   Métodos de medición de beneficios: modelos de calificación, contribución de beneficios, modelos económicos (VAN, TIR), etc. / Modelos matemáticos: programación lineal, programación entera, programación dinámica, selección con múltiples objetivos, etc. / (Inicio; Integración)

19.05 B   TCPI = (BAC – EV) / (BAC – AC) ; BAC - EV = 220 ; BAC - AC = 248 ; TCPI = 0,8871 / (Monitoreo y control; Costos)

19.06 A   Enunciado del trabajo: se realizó para definir el alcance, antes de firmar los contratos. / Acta de constitución: ya se realizó al momento de designar el DP. / EDT: será uno de los resultados de la gestión del alcance que comenzará el nuevo director de proyectos. / Pero lo primero que debería hacer el DP es revisar las restricciones y supuestos para evaluar los potenciales riesgos de ese proyecto. / (Planificación; Adquisiciones)

19.07 C   El proceso de validar el alcance forma parte del grupo de procesos de monitoreo y control. Este proceso puede realizarse al finalizar cada entregable importante del proyecto y debe realizarse siempre antes del proceso de cerrar el proyecto o fase. Como resultado del proceso de validación del alcance se obtiene la aprobación formal del entregable por parte del cliente o patrocinador. (Monitoreo y control; Alcance)

19.08 C   Evaluar impacto y elevar al comité de cambios: ya se hizo. / Cada vez que un cambio es aprobado, lo primero que debe hacer es ajustar la línea base del proyecto. Luego, hay que gestionar el proyecto acorde al nuevo plan. / (Ejecución; Alcance)

19.09 D   Técnicas para la resolución de conflictos: Evitar o Retirarse: retirarse del conflicto o postergarlo; Suavizar o Acomodar: resaltar los puntos de común acuerdo en lugar de las diferencias; Compromiso o Conciliación: cada parte debe ceder algo; Forzar o Dirigir: imponer una posición sobre las otras; Colaborar: incorporar múltiples opiniones para buscar compromiso y consenso. / La mejor forma para resolver conflictos sería "Colaborar" que es sinónimo de "Resolución de conflictos". Los conflictos son inevitables y la mejor manera de resolverlos es enfrentando el problema buscando la causa raíz de los mismos y una colaboración abierta entre las partes. / "Compromiso", suele ser una solución perder-perder, que no es lo mejor. / La peor técnica suele ser "dirigir o forzar" que sería una solución "ganar-perder". Aunque esta técnica puede ser utilizada por quien tenga el poder para resolver problemas en situaciones de emergencia. / (Ejecución; Recursos)

19.10 D   Si no han finalizado las lecciones aprendidas el proyecto no ha terminado. / (Cierre; Alcance)

19.11 C   Se está preguntando por "a EXCEPCIÓN de", o sea, marcar el ítem FALSO. / Son enunciados verdaderos sobre la gestión de interesados: identificarlos, definir sus expectativas y mantener una comunicación fluida con ellos. / Falso: realizar eventos informales. Hay veces que eventos informales no sería la mejor forma de gestionar interesados. / (Ejecución; Interesados)

19.12 B   El enunciado del trabajo del proyecto o Statement of Work (S.O.W.) incluye las necesidades del negocio, los entregables y el alcance del producto o servicio final. / (Inicio; Alcance)

19.13 B   Un buen plan de gestión de las comunicaciones incluye quién se comunicará con quién y quién recibirá qué tipo de información. / En ese plan de comunicaciones también podrían incluirse las pautas para tener reuniones efectivas: Tener claro el objetivo de cada reunión, Programar las reuniones periódicas con anticipación, Distribuir los puntos de la orden del día por anticipado, Establecer horario de inicio y fin, y RESPETARLO, Asignar plazos a cada entregable derivado de la reunión, Documentar y publicar la minuta de la reunión. / (Planificación; Comunicaciones)

19.14 D   De los ítems mencionados en esta pregunta la documentación del producto nos servirá para obtener información de los entregables aceptados por el cliente, lo que será el insumo principal para comenzar con el cierre formal del proyecto. / Algunas de las actividades típicas del cierre del proyecto son: Reporte final del proyecto, Directorio de participantes, Archivar toda la documentación, Desafectación del equipo de trabajo y Lecciones aprendidas. / (Cierre; Alcance)

19.15 D   AON: actividades sobre el nodo. Permite 4 tipos de dependencias. / AOA: actividades sobre la flecha. Ya no se utiliza para la programación de proyectos. / (Monitoreo y control; Cronograma)

19.16 A   Una barrera en la comunicación suele ser causal de conflicto. / Ese conflicto podría ocasionar diferentes problemas tales como: no cumplir el alcance, sobrecostos, retrasos, fallas de calidad, mala comunicación con los interesados, etc. / (Ejecución; Comunicaciones)

19.17 D   BAC = $12.000 ; PV = $6000 ; EV = $3000 ; AC = $2000 ; CPI = EV / AC = 1,5 ; SPI = EV / PV = 0,5 ; SV = EV - PV = -3000 ; CV = EV - AC = 1000 ; EAC = BAC / CPI = 8000. / (Monitoreo y control; Costos)

19.18 B   La matriz de involucramiento de los interesados se utiliza durante el monitoreo y control del proyecto para representar los cambios entre el estado actual de participación de los interesados y el estado deseado. / (Seguimiento; Interesados)

19.19 C   Planificación gradual: planificar en detalle las actividades cercanas en el tiempo, por ejemplo, los próximos meses, y planificar a nivel agregado aquellas actividades que se realizarán más adelante. / (Ejecución; Cronograma)

19.20 B   Si las personas están localizadas en diferentes países, debe poner especial énfasis en el desarrollo del equipo de proyecto. / Si el CPI es 0,8 el proyecto está gastando más del trabajo realizado, por lo que también debería poner atención en los costos. / Al ser el CPI de 1,1, el proyecto está adelantado, por lo que no hay un problema de cronograma. / (Ejecución; Recursos)

19.21 B   Utilizar poder "experto" es lo mejor. / Utilizar un estilo de liderazgo "directivo" durante la iniciación es muy recomendable. / Si los miembros fueran estilo Y, seguramente estarían cooperando proactivamente. / Cuando los miembros claves del equipo no participan de la planificación, es normal que luego no cooperen demasiado. / (Ejecución; Recursos)

19.22 C   VE: Valor esperado. DE: Desviación estándar. Intervalo 68% = VE +/- 1DE = 360 +/- 8 = (352 ; 368). Intervalo 95% = VE +/- 2DE = 360 +/- 16 = (344 ; 376). Intervalo 99% = VE +/- 3DE = 360 +/- 24 = (336 ; 384). / (Planificación; Riesgos)

19.23 D   Incentivos monetarios: sería una buena opción. / Contratar a otro: recuerda que el problema por lo general no está en las personas, sino en los procesos. / Maslow: falta información para poder relacionar el enunciado con la Pirámide de necesidades. / Capacitación: es la mejor alternativa para motivar a una persona, que mejore su desempeño y productividad. / (Ejecución; Recursos)

19.24 C   Costos del ciclo de vida: todos los costos a lo largo de la vida del proyecto. / (Inicio; Costos)

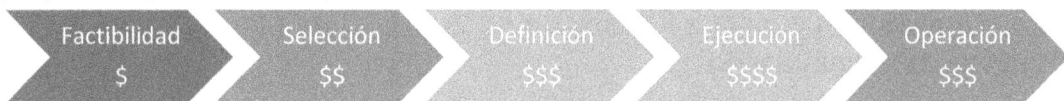

Factibilidad	Selección	Definición	Ejecución	Operación
$	$$	$$$	$$$$	$$$

19.25 B   Adquirir el equipo: se obtienen los recursos humanos necesarios para llevar a cabo las actividades del proyecto. En los grandes proyectos no se contrata a todos los trabajadores antes de comenzar con la ejecución; sino que se planifica con los miembros claves del equipo y durante la ejecución comienzan a incorporarse la gran parte de los trabajadores./ (Ejecución; Recursos)

19.26 C   Se está preguntando por marcar el enunciado "FALSO". / Son verdaderos los siguientes enunciados: "La estructura organizacional impacta a las comunicaciones del proyecto", "El gerente de finanzas se comunicó por e-mail, o sea, de manera escrita informal" y "El gerente funcional no tiene autoridad, seguramente estamos frente a una organización funcional". / Falso: organización matricial. / (Cierre; Comunicaciones)

19.27 B   Se está preguntando por lo MENOS apropiado. Lo peor que podemos hacer es esperar hasta nuestro regreso de vacaciones. Si se activó un disparador de riesgos es porque el problema es de gravedad. No debería esperar demasiado tiempo para implementar alguna acción de mitigación. / Implementar acciones correctivas, preventivas o plan de contingencias son todas respuestas verdaderas. / (Ejecución; Riesgos)

19.28 D   Al finalizar cada fase del proyecto hay que realizar una validación del alcance con el cliente y/o patrocinador. / (Cierre; Alcance)

19.29 C   Depreciación acelerada: se deprecian valores mayores en los primeros años. Por ejemplo, un gobierno que subsidia la compra de bienes de capital, podría permitir una depreciación contable de 50% el primer año, 30% el segundo año y 20% el tercer año. / (Planificación; Costos)

19.30 B   Si usted conoce algún incumplimiento con las normas o leyes de alguna organización, debe comunicar ese ilícito al organismo rector de esas normas. / (Ejecución; Integración)

19.31 A   El peso de localización debe ser 25%, ya que el total de los criterios debe sumar 100%. La calificación ponderada de cada proveedor se presenta a continuación. El proveedor B tiene el mejor puntaje (3,95). / La fórmula de cálculo para el Proveedor B es: 20% x 5 + 30% x 4 + 15% x 3 + 25% x 4 + 10% x 3 = 3,95. / (Planificación; Adquisiciones)

Criterio	Peso	A	B	C	D
Precio	20%	4	5	5	4
Marca	30%	2	4	3	3
Calidad	15%	4	3	5	5
Localización	25%	5	4	3	4
Repuestos	10%	5	3	5	4
TOTAL	100%	3,75	3,95	3,9	3,85

19.32 D   Predictivo: los interesados claves se involucran en hitos específicos; los riesgos y costos se controlan según lo planificado. / Iterativo e Incremental: los interesados se involucran periódicamente; los riesgos y costos se controlan mediante la elaboración progresiva de los planes con nueva información. / Ágil: los interesados claves se involucran continuamente; los riesgos y costos se controlan a medida que surgen los requisitos y limitaciones. (Monitoreo y control; Integración)

19.33 C   Mientras mayor sea el costo total del proyecto, más grande será la comisión para el vendedor (proveedor). Por lo tanto, el vendedor no tiene incentivos en cuidar los costos. / (Monitoreo y control; Adquisiciones)

19.34 B   En la organización matricial los recursos dependen de un departamento funcional. El gerente funcional será quién autorice o preste sus recursos al DP durante el plazo que dure el proyecto. / (Ejecución; Integración)

19.35 A   Utilizar un vocabulario apropiado es correcto. Pero para saber cuál será ese vocabulario, primero debería conocer más sobre la cultura de cada miembro del equipo y la reunión de lanzamiento suele ser un excelente momento para esto. / Destinar más tiempo a la EDT no es necesario en este caso particular. / Codificar todas las comunicaciones no es suficiente para comprender las diferentes culturas. / (Ejecución; Comunicaciones)

19.36 B   Una herramienta para la identificación de riesgos es el análisis de supuestos y restricciones donde se revisan los supuestos utilizados en los planes del proyecto para analizar si están completos y son consistentes. Aquellos casos de inexactitud o inconsistencia en las hipótesis o supuestos suelen ser focos de riesgos potenciales. Por su parte, revisar la validez de las restricciones, ya que si fuera posible levantar alguna restricción, podrían aparecer oportunidades. / La evaluación probabilidad-impacto, detectabilidad y categorización de los riesgos, son herramientas del análisis cualitativo de riesgos. / (Planificación; Riesgos)

19.37 B   En los contratos por tiempo y materiales se paga en relación a las horas trabajadas según el valor hora acordado en el contrato. / (Cierre; Adquisiciones)

19.38 D   El proyecto está retrasado (SPI < 1) y gastando menos de lo estimado (CPI >1). / La actividad valuación gasto más de lo estimado (CV negativo). / Según el plan (PV) se debería haber realizado $6.200 pero se ha trabajado sólo por $4.900 (EV), o sea $1300 menos que lo planificado. / (Monitoreo y control; Costos)

19.39 C   Diagramas de causa y efecto (Ishikawa o espina de pescado): identifica en forma esquemática las causas de los problemas. Se suele utilizar también durante el proceso de planificar la calidad ya que es muy útil para estimular ideas y generar discusión para resolver problemas. / (Ejecución; Calidad)

19.40 C   El plan para la dirección del proyecto es el motivo por el cual existen los DP. Este plan debe ser realista, requiere de la participación de todos los miembros del equipo y es aprobado por los principales interesados. / En una organización funcional, también son los DP los responsables de crear el plan junto a los miembros del equipo. / (Monitoreo y control; Integración)

19.41 B (Monitoreo y control; Integración)

Sistemas de información para la dirección de proyectos

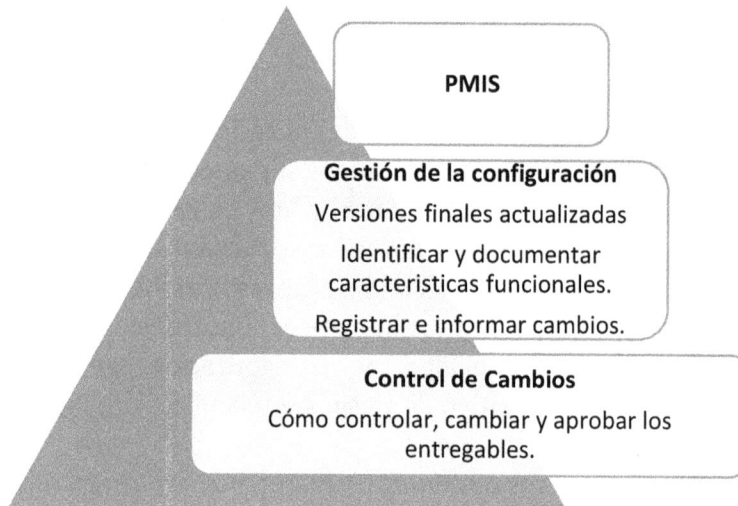

19.42 A (Planificación; Cronograma)

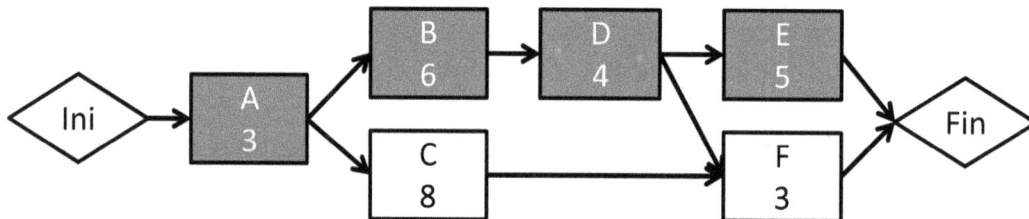

A-B-D-E = 18 (Ruta crítica)
A-B-D-F = 16 (Holgura = 2)
A-C-F = 14 (Holgura = 4)

19.43 A D está sobre la ruta crítica, por lo que no tiene holgura. / (Planificación; Cronograma)

19.44 B Al existir ahora 2 rutas críticas, hay menos actividades con holgura, y el proyecto tiene más riesgo de retraso. (Ejecución; Cronograma)

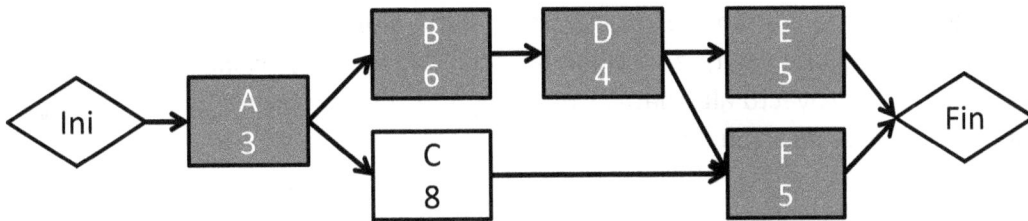

A-B-D-E = 18 (Ruta crítica)
A-B-D-F = 18 (Ruta crítica)
A-C-F = 16 (Holgura = 2)

19.45 B La EDT NO incluye actividades, dependencias, secuencias o fechas. (Ejecución; Alcance)

19.46 C En el contrato de reembolso de costo, no se sabe con exactitud el monto final a pagar hasta que termine el proyecto. Por lo tanto, el riesgo de mayores costos corre por cuenta del comprador. / (Monitoreo y control; Adquisiciones)

19.47 C Los indicadores relacionados con los desvíos de tiempo (SV y SPI) no son exactos para medir retrasos o adelantos con la técnica tradicional del EVM. Además, tienen el problema de que cuando el proyecto o una actividad finaliza, el SV se hace 0 (SPI = 1). No importa si una actividad terminó con retraso, al finalizar, esos indicadores siempre muestran que las actividades terminaron a término. Se puede modificar la forma de cálculo del SV y SPI, mediante la técnica del "cronograma ganado" para eliminar los problemas del EVM tradicional. / (Monitoreo y control; Costos)

19.48 D Acta de constitución: se redactará si el proyecto es aprobado por la alta gerencia. / Valor ganado: no se utiliza para analizar los costos del ciclo de vida. / Estándares de calidad: se realizará más adelante. / Lo primero que debe hacer está relacionado con la estrategia y criterios de selección de proyectos. / (Inicio; Integración)

19.49 D   Línea base del cronograma: sería la respuesta correcta si no existe "compresión". / El listado de actividades ya se creó antes de secuenciarlas. / Crear una cuenta de control: podría ser si no estuviera "compresión". Las cuentas de control seguramente se crean durante el proceso de planificación de costos. / Compresión: El DP es pro-activo y una vez que ya tiene las actividades secuenciadas, debe analizar con el equipo de proyecto alternativas de compresión para obtener la línea base del cronograma. / (Planificación; Cronograma)

19.50 A   Al modificar el alcance del proyecto se está trabajando con una estrategia de evitar el riesgo. / (Monitoreo y control; Riesgos)

19.51 D   Con la simulación de Monte Carlo se puede estimar la probabilidad de cumplir con los costos o el cronograma. Esta herramienta forma parte del análisis cuantitativo del riesgo. (Planificación; Riesgos)

19.52 C   Verdadero: listado de entregables, entregables medibles, EDT para estimar costos. / Los procesos de gestión de la adquisiciones los debería realizar desde el punto de vista del comprador, o sea del proyecto. / (Inicio; Integración)

19.53 C   Hay interesados como el cliente o patrocinador, que aunque no formen parte del equipo de trabajo, pueden cumplir un rol muy importante en la aprobación de varios planes del proyecto. / Acta del equipo: documento con las expectativas de comportamiento de los miembros del equipo. / (Ejecución; Interesados)

19.54 C   Estimaciones por 3 valores: consiste en estimar la duración de una actividad ponderando las estimaciones pesimista, más probable y optimista. Esta técnica también es conocida como PERT: Program Evaluation and Review Technique. / En la técnica PERT, el tiempo de la actividad se considera como una variable aleatoria según una distribución de probabilidad Beta. / PERT = (Peor duración + 4 x Más probable + Mejor duración) / 6. / (Planificación; Cronograma)

19.55 B   Desarrollar el equipo es más beneficioso en las etapas iniciales (inicio y planificación) que es cuando se van armando los equipos. Sin embargo, nuevas personas pueden ingresar en las fases de ejecución y también tendrá que aplicar técnicas para el desarrollo del equipo. / En la práctica el DP tendrá que desarrollar a su equipo a lo largo de todo el proyecto, desde el inicio hasta el cierre. / (Ejecución; Recursos)

19.56 A   En la EDT no hay lugar suficiente para explicitar qué significa cada uno de sus términos. Por tal motivo, es importante que se acompañe con el diccionario de la EDT donde se pueden encontrar con más detalle los términos de cada componente de la EDT. / (Ejecución; Alcance)

19.57 C   Durante la iniciación hay que desarrollar el acta de constitución del proyecto donde se asigna al DP. Por lo general esto ocurre antes de terminar de firmar el acta de constitución, ya que el DP suele participar y colaborar con su patrocinador en el armado del acta de constitución. Por su parte, en algunos proyectos el DP se asigna antes de la iniciación para participar en el análisis del Caso de Negocios. En caso que el proyecto sea aprobado, se formaliza y comunica el DP al resto de la organización con el Acta de Constitución del proyecto. / (Inicio; Integración)

19.58 D   Las estrategias para riesgos negativos son: evitar, transferir, mitigar, aceptar y escalar. / Las estrategias para riesgos positivos son: explotar, compartir, mejorar, aceptar y escalar. / (Monitoreo y control; Riesgos)

19.59 D   Estimación paramétrica: utilizar parámetros basados en información histórica para poder estimar la duración de una actividad futura. / (Planificación; Cronograma)

19.60 B   Enunciado del alcance: si no hay alcance, no hay proyecto, esto se realiza antes de la gestión de riesgos. / Planificación de la respuesta: es muy importante, pero sólo debería invertir tiempo y recursos en aquellos riesgos prioritarios. / Monitoreo y control: es muy importante, pero primero debería tener una clara priorización de los riesgos. / (Planificación; Riesgos)

19.61 C   LS - ES = LF - EF = Holgura; 13 - 3 = LF - 9 = 10; LF = 19. / (Planificación; Cronograma)

19.62 D   Durante el proceso de validar el alcance (ejecución) se envían los entregables al cliente para su aceptación formal. / Re-asignar personal, gestionar los excesos de materiales y transferir el conocimiento, forman parte del cierre del proyecto o fase. / (Cierre; Integración)

19.63 A   Si se tienen sólo $1000, y cada proyecto requiere $500 de inversión, se podrían seleccionar los 2 proyectos de mayor VAN (Valor actual neto). / VAN A = -500 + 300/1,12 + 400/1,12^2 = $ 86,73. / VAN B = -500 + 200/1,12 + 510/1,12^2 = $ 85,14. / VAN C = -500 + 50/1,12 + 670/1,12^2 = $ 78,76. / (Inicio; Costos)

19.64 C Teoría de la Motivación-higiene. Factores motivadores: Que incluye el trabajo en sí mismo, el reconocimiento, la responsabilidad y los ascensos. Todos ellos se relacionan con los sentimientos positivos de los empleados acerca de su trabajo, los que a su vez se relacionan con las experiencias de logros, reconocimiento y responsabilidad del individuo. En conclusión, los motivadores son factores intrínsecos, vinculados directamente con la satisfacción en el trabajo y que pertenecen en gran parte al mundo interno de la persona. Factores de higiene: Incluye las políticas de administración de la organización, la supervisión técnica, el sueldo o salario, las prestaciones, las condiciones de trabajo y las relaciones interpersonales. Todos estos se relacionan con los sentimientos negativos de las personas hacia su trabajo y con el ambiente en el cual éste se realiza. Los factores de higiene son extrínsecos, es decir externos al trabajo, actúan como recompensas a causa del alto desempeño si la organización lo reconoce. Cuando son adecuados en el trabajo, apaciguan a los empleados haciendo así que no estén insatisfechos. / Teoría de la Equidad de Stancey Adams: Afirma que los individuos comparan sus recompensas y el producto de su trabajo con los demás, y evalúan si son justas, reaccionando con el fin de eliminar cualquier injusticia. Cuando existe un estado de inequidad que consideramos injusto, buscamos la equidad. Si estamos recibiendo lo mismo que los demás nos sentimos satisfechos y motivados para seguir adelante, de lo contrario nos desmotivamos, o en ocasiones aumentamos el esfuerzo para lograr lo mismo que los demás. / (Ejecución; Recursos)

19.65 B Los entregables aceptados, acuerdos y el registro de lecciones aprendidas son entradas del proceso para cerrar una fase del proyecto. La transferencia del servicio final al cliente es una salida del proceso de cerrar una fase o el proyecto. / El registro de lecciones aprendidas actualizado sería una salida del cierre de la fase. / (Planificación; Riesgos)

19.66 A Los supuestos, la EDT y los riesgos identificados, son entradas necesarias para poder estimar costos y plazos. / Los procesos para el control de cambios son muy importantes, pero no los va a utilizar al comienzo de la estimación de costos y plazos. / (Planificación; Costos)

19.67 B   Muestreo de aceptación: inspección de una muestra de productos extraídos de un lote con el objetivo de aceptar o rechazar todo el lote. Tiene la ventaja de ahorrar costos al no tener que inspeccionar todos los productos de un lote. La desventaja es que se podrían aprobar productos defectuosos que no fueron revisados dentro del lote aprobado; o rechazar productos en buenas condiciones que estaban dentro de un lote rechazado. / Aceptación por atributos: se toma una muestra aleatoria del lote y a cada producto se califica como aceptado o defectuoso. Si el porcentaje de defectos supera el límite pre-establecido, todo el lote será rechazado. / Aceptación por variables: se toma una muestra aleatoria del lote y a cada producto se le mide una variable (peso, talla, etc.). Con las mediciones de la muestra se calcula la media y la desviación estándar. Luego, se compara esos valores con los límites de aceptación pre-definidos para aceptar o rechazar todo el lote. / Six Sigma: reducir la variabilidad de los procesos que utiliza un rango de 6 desviaciones estándares, con el objetivo de obtener como máximo 4 defectos por millón de eventos. / (Ejecución; Calidad)

19.68 A   El VAN me dice cuánto más rico soy a valor actual, luego de recuperar toda la inversión y el costo de oportunidad de esa inversión. / Si los proyectos no son repetibles, mientras más grande sea el VAN mejor, de manera independiente de la duración del proyecto. / (Inicio; Costos)

19.69 D   Un subsistema del sistema de gestión de la configuración es el sistema de control de cambios, donde se explicita formalmente cómo se controlarán, cambiarán y aprobarán los entregables del proyecto. / (Planificación; Integración)

Sistemas de información para la dirección de proyectos

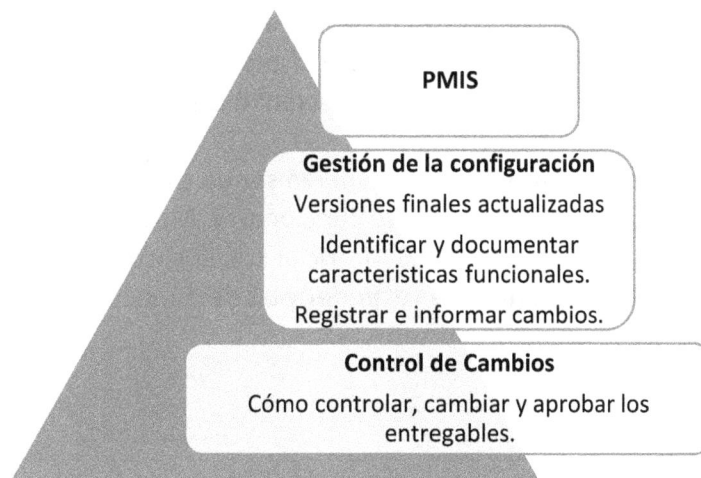

19.70 A EDT y duración de actividades: entradas necesarias para desarrollar el cronograma. / Implementar acciones correctivas: resultado del proceso de dirigir y gestionar la ejecución del proyecto. / Actualizaciones de los requisitos de recursos: es una salida del desarrollo del cronograma. / (Planificación; Cronograma)

19.71 A La matriz de riesgos probabilidad impacto es una herramienta del proceso "análisis cualitativo de riesgos", y puede incluir números. / (Planificación; Riesgos)

19.72 C La línea base de costos será uno de los resultados de la planificación, que todavía no ha comenzado. / (Inicio; Costos)

19.73 A Administración de reclamaciones: gestionar incidentes, reclamos, impugnaciones y apelaciones cuando las partes no están de acuerdo en algún ítem contractual y su respectivo pago. Todos estos reclamos se documentan y si no hay acuerdo entre las partes, se deberá acudir a un árbitro para la resolución del conflicto. / (Ejecución; Adquisiciones)

19.74 A El proyecto A es rentable porque su TIR es mayor al costo de oportunidad del dinero. / El proyecto B no es rentable porque la relación beneficio-costo es menor que 1. / El proyecto C no sabemos si es rentable, ya que a los ingresos hay que descontar los costos operativos e inversiones. / El proyecto D no sabemos si es rentable o no, ya que un corto periodo de recupero no necesariamente da rentabilidad positiva. / (Inicio; Costos)

19.75 D Distribución de probabilidad triangular: se utiliza en aquellos casos donde sólo se tiene información sobre tres escenarios: pesimista, más probable y optimista. / Distribución de probabilidad normal estándar: se basa en la recopilación de datos históricos para dar como resultado la media (o promedio aritmético) y la desviación estándar de la muestra. / (Planificación; Riesgos)

19.76 D Las estructuras matriciales suelen ser de tres tipos: 1 Matricial Fuerte: si el DP tiene más poder que el gerente funcional, 2 Matricial Débil: si el gerente funcional tiene más poder que el DP y 3 Matricial Equilibrada (o balanceada): cuando el DP y el gerente funcional comparten el poder y las decisiones. / (Cierre; Integración)

19.77   B   (Planificación; Riesgos)

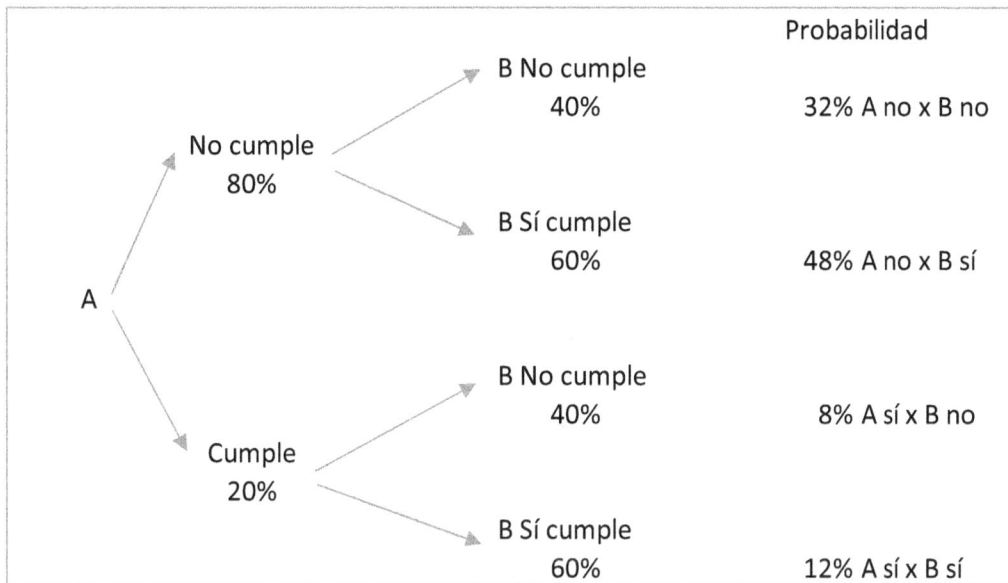

		Probabilidad
	B No cumple 40%	32% A no x B no
No cumple 80%		
	B Sí cumple 60%	48% A no x B sí
A		
	B No cumple 40%	8% A sí x B no
Cumple 20%		
	B Sí cumple 60%	12% A sí x B sí

19.78   B   Entre las habilidades interpersonales más importantes del DP podemos mencionar: liderazgo, trabajo en equipo, motivación, comunicación (que incluye escucha activa), toma de decisiones, conocimientos y negociación. / (Ejecución; Comunicaciones)

19.79   D   No importa cuánto pagó y cuanto resta por pagar, este es un típico ejemplo de costo hundido: haga o no ese proyecto, el estudio de mercado lo deberá pagar igual. / Los costos hundidos no se tienen en cuenta en la decisión de hacer o no el proyecto. / (Inicio; Costos)

19.80   B   Luego de planificar la calidad se obtienen las métricas de calidad, que son parámetros objetivos que se utilizarán para medir la calidad del proyecto. / Las entradas para gestionar la calidad son: plan de gestión de calidad, plan de mejoras del proceso, métricas de calidad y mediciones de control de calidad. / (Ejecución; Calidad)

19.81   D   Valor esperado = probabilidad x impacto = 5% x $300.000 = $15.000. / La prima de seguro de $6.000 es menor al costo esperado de $15.000. / (Planificación; Riesgos)

19.82   C   Abandonar de inmediato a su actual cliente no es apropiado. / Solicitar más dinero mediante una carta documento no es la mejor forma. / Trabajar con la nueva empresa competidora sin notificar a su actual cliente no corresponde. / En este caso particular, solicitar más tiempo para tomar una decisión, sería la mejor alternativa. / (Ejecución; Adquisiciones)

19.83   A   (Inicio; Integración)

Contexto de la dirección de proyectos

Plan
Estratégico
Portafolio
Programas
Proyectos
Sub-proyectos

19.84   A   El plan de comunicaciones forma parte del plan para la dirección de proyectos. / (Monitoreo y control; Comunicaciones)

19.85   C   Al retrasar actividades con holgura, sin utilizar toda la holgura que tenían disponible, no cambia la duración del proyecto y podemos mitigar riesgos climáticos. / GERT (Graphic Evaluation and Review Technique): programación condicional como por ejemplo: reiteraciones entre actividades (looping) o secuencias condicionadas (la actividad A comienza sólo si hay sol). / Método de la cadena crítica: modificar el cronograma del proyecto teniendo en cuenta la restricción de recursos. A la ruta crítica tradicional se la modifica teniendo en cuenta las limitaciones de recursos mediante el agregado de colchones de duración que son actividades que no requieren trabajo y consideran el riesgo de disponibilidad de recursos de cada actividad. / (Planificación; Cronograma)

19.86   A   Los buenos DP invierten la mayor parte de su tiempo a comunicar. / (Ejecución; Comunicaciones)

19.87   D   La estimación ROM es bastante imprecisa con rangos de estimación muy amplios. Por ejemplo, el rango podría estar entre -50% y +200%. En la Guía del PMBOK®, a modo de ejemplo se menciona un rango -25% a +75%. / (Monitoreo y control; Costos)

19.88   B   VME Invertir: -170000 - 25% x 120000 = -200000. / VME No Invertir: 0 - 50% x 500000 = - 250000. / El VME de invertir es mejor al de no realizar la inversión. / (Planificación; Riesgos)

19.89   D   CV positiva, implica eficiencia en costos, se ha gastado menos en relación al trabajo realizado. SV negativa, implica retraso. / Como estamos bien de costos, podríamos invertir en una intensificación (agregar más recursos) para acelerar el proyecto. / (Monitoreo y control; Costos)

19.90   D   Lo primero que debe hacer es informar sobre este problema de calidad al cliente, aunque esto implique un retraso en el envío de ese entregable. / (Monitoreo y control; Alcance)

19.91   C   El diagrama de Quemado (Burndown) se utiliza para saber el tiempo que falta para completar el trabajo. Normalmente se utiliza para saber cuánto falta para terminar las historias comprometidas en un sprint. Es un diagrama de dos ejes, en el eje X el tiempo en días de duración del sprint (o iteración) en el eje Y la cantidad de trabajo comprometida con el cliente durante el sprint. / (Ejecución; Cronograma)

19.92   D   Está en el proceso de planificar las adquisiciones. Salidas: plan adquisiciones, enunciado del trabajo, decisiones de compras, etc. Entrada: requisitos. / (Planificación; Adquisiciones)

19.93   A   Lo primero que debería hacer es evaluar alternativas con la colaboración de los miembros de su equipo. / Luego, podría solicitar la aprobación de la alternativa seleccionada a su cliente y/o patrocinador. (Ejecución; Recursos)

19.94   D   Transaccional: foco en el cumplimiento de objetivos motivando a los miembros del equipo a través de recompensas y castigos. / Transformacional: inspirar con un sentido de propósito a los seguidores para cambiar su comportamiento. Estos líderes suelen ser: Carismáticos (inspirador, energético, con gran confianza en sí mismo), Considerados (tienen gran consideración por cada persona individual) y Estimuladores (gran capacidad para estimular ideas innovadoras). Interaccional o situacional: adaptar o combinar diferentes estilos de liderazgo dependiendo de cada situación (ej. autoritario, democrático, transaccional, transformacional, carismático, etc.). / (Ejecución; Integración)

19.95 B   Lo primero que tenemos que hacer es evaluar los impactos de ese cambio en las restricciones del proyecto: alcance, tiempo, costo, calidad, recursos y riesgos. / Luego, deberá enviar la solicitud de cambio al Comité de cambios para su aprobación o rechazo. / Por último, si el Comité aprueba el cambio, deberá implementar las acciones correctivas. / Nota: objetivos y restricciones no significan lo mismo. En el contexto de esta pregunta, objetivos podrían ser "cumplir con un alcance de calidad, cronograma y presupuesto". / (Ejecución; Interesados)

19.96 A   Los repositorios de información están relacionados con la gestión de la información. / Las actividades de relacionamiento, observación de expertos y comunidades de interés, corresponden a la gestión del conocimiento. / (Ejecución; Integración)

19.97 B   Los criterios de cierre del proyecto o una fase, generalemente se incluyen en el acta de constitución del proyecto. / Las exclusiones, entregables y criterios de aceptación forman parte del enunciado del alcance del proyecto. / (Planificación; Alcance)

19.98 D   Lo primero que debe hacer es evaluar el impacto de ese cambio en el resto de las variables del proyecto: alcance, costo, calidad, recursos y riesgos. / (Ejecución; Integración)

19.99 A   Cuando un cambio es aprobado, se modifica la línea base para que incluya ese cambio. / La línea base no incluye las reservas para imprevistos (riesgos no conocidos). / (Monitoreo y control; Integración)

19-100 A   Iniciación: Recolectar información, Definir los criterios de aceptación. / Planificación: Aprobación del plan de dirección de proyectos. / Cierre: Confirmar que se alcanzaron todos los requisitos para cumplir con los objetivos del proyecto. / (Cierre; Alcance)

19-101 D   No corresponde agradecer a Pablo, ni solicitar la incorporación del nuevo proceso, ni evaluar la relación costo-beneficio, sin investigar primero si corresponde realizar ese cambio. / Lo primero que debe hacer el DP es estudiar el plan para la gestión de calidad y desde allí evaluar la conveniencia o no del nuevo proceso. / (Monitoreo y control; Calidad)

19-102 B   La gestión de los conflictos es una de las cualidades más importantes que debe tener el DP. Los conflictos son inevitables y si esas opiniones contrapuestas son bien manejadas, puede ser algo positivo para el proyecto, ya que habrá mayor creatividad y productividad. / Las principales causas de conflicto se originan por problemas de "agendas", "cambio de prioridades" y "falta de recursos". Lo que suele ocurrir es que debido a estas causas de conflicto, la persona puede tener reacciones que afectan su estado anímico. Deberías tener en cuenta que la última causa de conflicto suele ser la "personalidad". / (Ejecución; Recursos)

19-103 D   Estimación descendente o por analogía: poco precisa, barata y rápida. / Estimación ascendente: la más precisa, lenta y costosa. / (Planificación; Costos)

19-104 B   Los miembros del equipo de trabajo son los que tienen los conocimientos técnicos sobre los requisitos del proyecto para adaptar ese contrato. Sin embargo, el DP y el Dueño del Producto tienen la visión de conjunto para autorizar o no las solicitudes de los miembros de su equipo. / (Planificación; Adquisiciones)

19-105 C   Programar una nueva reunión para discutir los cambios es verdadero, aunque más proactivo es recomendar acciones correctivas al finalizar esa misma reunión. / Actualizar el sistema de autorización del trabajo e informar los impactos a los interesados, vendrán después de haber implementado las acciones correctivas. / (Monitoreo y control; Integración)

19-106 A   Procesos de gestión de riesgos: 1º Planificación - 2º Identificación - 3º Análisis Cualitativo - 4º Análisis Cuantitativo - 5º Plan de respuesta - 6º Monitoreo y control. / (Planificación; Riesgos)

19-107 B   Diagrama de Pareto: se representa la distribución de frecuencias en un histograma con las causas de las fallas del producto. La utilidad de esta herramienta es que se pueden detectar fácilmente cuáles son los factores más importantes que están originando las fallas. En otras palabras, permite separar los "pocos críticos" de los "muchos no críticos". / Ley de Pareto o Principio 80/20: El 80% de los problemas se debe al 20% de las causas. (Monitoreo y control; Calidad)

19-108 B   Querer quedar bien con todos los interesados y sus objetivos es muy riesgoso para terminar con un proyecto exitoso. Hay veces que esto es prácticamente imposible. / Intentar consensuar un único objetivo entre todos los interesados, puede llegar a ser muy complicado. Además, corremos el riesgo de que todos cedan algo y terminamos con un proyecto en donde todos pierden. / Incluir sólo los objetivos del patrocinador no es lo más recomendable. / Siempre debe cumplir con los objetivos de su patrocinador. Pero también hay que considerar los objetivos del resto de los interesados del proyecto y comunicar de manera proactiva en todos aquellos casos que esos objetivos no sean viables. / (Planificación; Interesados)

19-109 B   Siete herramientas básicas de la calidad: Causa-efecto, Flujo, Verificación, Histograma, Pareto, Control y Dispersión. / Muestreo estadístico: seleccionar parte de una población para su análisis, de esa forma se reducen los costos de control de calidad en relación a tener que investigar toda la población. Por ejemplo, seleccionar aleatoriamente 30 productos fabricados para controlar la calidad sobre un total de 200 productos. / (Monitoreo y control; Calidad)

19-110 D $SV = EV - PV = 100 - 120 = -20$. / El proyecto está retrasado. / (Seguimiento; Comunicaciones)

19-111 D   La lógica difusa no tiene ninguna relación con la dependencia entre proyectos. La lógica difusa se basa en lo relativo de lo observado como posición diferencial. Este tipo de lógica toma dos valores aleatorios, pero contextualizados y referidos entre sí. / Lógica blanda: secuencia discrecional. / Lógica dura: secuencia obligatoria. / Secuencias externas: por ej., hasta que no apruebe el permiso la municipalidad, no podemos instalar el gas. / (Ejecución; Cronograma)

19-112 A   Media PERT = $(500 + 4 \times 290 + 200) / 6 = 310$. / Desviación Estándar = $(500 - 200) / 6 = 50$. / Rango 99,73% = Media +- 3 Desviación estándar = $(310 - 3 \times 50 ; 310 + 3 \times 50) = (160 ; 460)$. / (Planificación; Riesgos)

19-113 A   Los límites de control (impuestos por el proyecto) deberían ser un rango menor que los límites de tolerancia (impuestos por el cliente). / (Monitoreo y control; Calidad)

Diagrama de control (X barra)

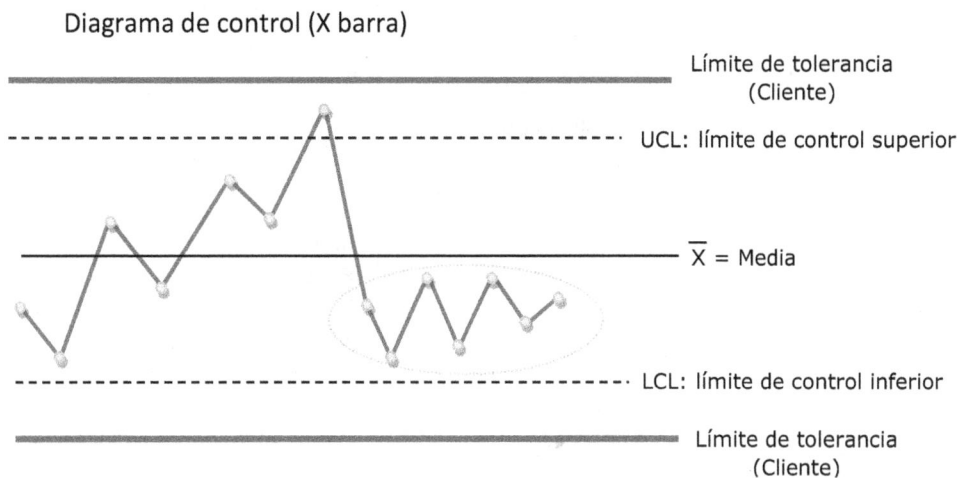

19-114 D   Está trabajando en la planificación de la calidad, que forma parte del plan de dirección de proyectos. / La calidad NO se incorpora al proyecto cuando se encuentra en marcha mediante procesos de inspección. Por el contrario, la calidad se planifica, se diseña y se incorpora antes de que comience la ejecución del proyecto. / (Planificación; Interesados)

19-115 C   Replanificar el proyecto para incluir otro color de pintura es falso. Tener en cuenta que un interesado disconforme no necesariamente significa "el cliente o el patrocinador disconforme". Si cada vez que un interesado está disconforme por algo empezamos a realizar cambios al proyecto, los retrasos y sobrecostos ocurrirían siempre. / Reunirse con el equipo para plantear el problema y buscar una solución no corresponde, que un interesado esté disconforme no hay que magnificarlo como un "problema" para buscar una solución. / Involucrar a los interesados para resolver el problema no corresponde, ya que no parecería que exista un problema en el proyecto, solamente hay un interesado disconforme. / Comenzar con el cierre del proyecto es lo más apropiado, teniendo en cuenta que el cliente ya aceptó formalmente el alcance del proyecto. / (Cierre; Interesados)

19-116 B   Debería ser más proactivo para identificar potenciales problemas que van a venir (identificación de riesgos) en lugar de ser reactivo y resolver problemas una vez que ocurren. / (Ejecución; Riesgos)

19-117 B Reparar inventarios es un costo de falla. / (Ejecución; Calidad)

COSTOS	Tipo	Ejemplos
De Conformidad o cumplimiento	1. Prevenir incumplimientos	Políticas y PROCESOS Mantenimiento Capacitación Estudios
	2. Evaluar conformidad del producto	Supervisión Vigilancia Control Inspección
De Falla o no cumplimiento	3. Fallas internas	Reparar defectos antes de llegar al Cliente Re-procesos y acciones correctivas Trabajar con exceso de inventarios Menor productividad
	4. Fallas externas (Costos de no conformidad)	Defectos detectados ex-post Multas, garantías, devoluciones Descuentos, pérdida de ventas

19-118 B Una vez que el proyecto se encuentra en ejecución, durante la gestión la calidad se verifica que se estén implementando todos los procesos y normas definidas en el plan de calidad. / Para gestionar la calidad se pueden realizar auditorías para dar respuesta a los siguientes interrogantes: ¿Se están aplicando las políticas y normas de calidad?, ¿Son efectivos y eficientes los procesos actuales? / (Ejecución; Calidad)

19-119 D (MC GREGOR, Douglas. 1960. El lado humano de la Empresa). Las personas pertenecen a una de estas dos categorías. Teoría X: incapaz, evita el trabajo, no quiere responsabilidades, debe ser controlado por su superior. Teoría Y: trabaja aunque nadie lo supervise, quiere asumir compromisos y progresar. / (Ejecución; Recursos)

19-120 D (Planificación; Costos)

Actividad	Mes 1	Mes 2	Mes 3	Mes 4	Mes 5
A	30	40	50	60	50
B	40	80	100	100	90
C	200	150	150	200	200
D	120	120	120	120	120
TOTAL	390	390	420	480	460
Línea base	**390**	**780**	**1200**	**1680**	**2140**

19-121 B   Opciones para acortar 3 meses: B + D = 10000 + 6000 = $16000; C + D = 1000 + 6000 = $7000 (la más económica de las opciones); E = $9000. / (Planificación; Cronograma)

19-122 B   Costos directos: se pueden atribuir directamente al proyecto. / Costos indirectos: benefician a varios proyectos y generalmente no se puede identificar con exactitud la proporción que corresponde a cada uno. Por ejemplo los gastos de estructura (contabilidad, luz, teléfono, PMO, etc.). / Costos hundidos o enterrados: costos que ya fueron devengados y no cambiarán con la decisión de hacer o no hacer el proyecto. / (Inicio; Costos)

19-123 D   La estimación de costos más precisa, costosa y lenta es la estimación ascendente donde se estima en detalle el costo de cada una de las tareas y actividades del proyecto. / La estimación menos precisa, pero la más rápida, sería la análoga o descendente que utiliza información de proyectos similares realizados en el pasado. Al ser la naturaleza de cada proyecto única, es poco probable que el nuevo proyecto termine con el mismo costo que el antiguo proyecto. / La estimación paramétrica utiliza datos históricos para estimar valores futuros y suele tener un nivel de precisión y velocidad intermedio entre la análoga y la ascendente. / El método Delphi no se utiliza para estimar el presupuesto del proyecto. / (Planificación; Costos)

19-124 D   Las lecciones aprendidas formarán parte de los activos de los procesos de la organización para utilizarlas en futuros proyectos. / (Cierre; Integración)

19-125 C   Las cuatro opciones podrían ser verdaderas, ya que todas sirven para mejorar la gestión de costos. / Pero la causa raíz suele ser la falta de una EDT. Si no hay EDT, hay mayores riesgos de no realizar una buena estimación de costos y tiempos de las actividades que se deprenderán de la EDT. / (Ejecución; Alcance)

19-126 C   El mayor riesgo de costo para el vendedor es el contrato de precio fijo. / (Planificación; Adquisiciones)

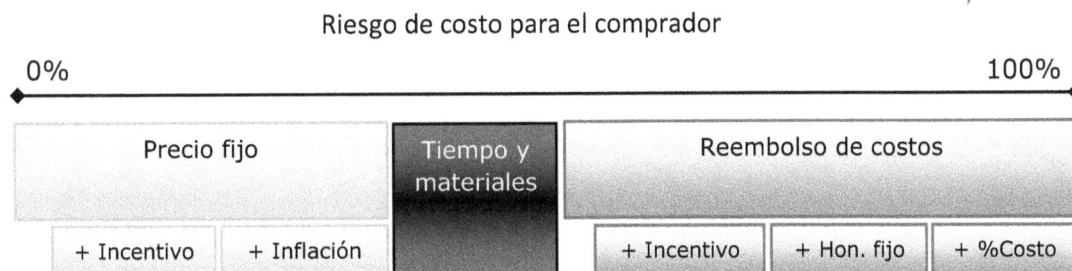

Riesgo de costo para el comprador

0%				100%
Precio fijo		Tiempo y materiales	Reembolso de costos	
+ Incentivo	+ Inflación		+ Incentivo	+ Hon. fijo + %Costo

19-127 C   En el sistema de control de cambios se explicita formalmente cómo se controlarán, cambiarán y aprobarán los entregables del proyecto. / (Monitoreo y control; Alcance)

19-128 C   Gestión de conflictos: gestionar situaciones en la que dos o más personas con intereses contrapuestos entran en confrontación, oposición o emprenden acciones mutuamente antagonistas. / Inteligencia emocional: gestionar las emociones y sentimientos de uno mismo y de los otros miembros del equipo. Por ejemplo: percibir el estado de ánimo de otras personas y adelantarse a los problemas, reconocer las preocupaciones de otras personas, solidarizarse con ellos y lograr una buena empatía, etc. / Influenciar: persuasión, articulación clara para comunicar puntos de vista, escucha activa, considerar diferentes enfoques y puntos de vista, buscar consensos, promover el respeto entre los miembros del equipo, etc. / Liderazgo: comunicar una visión compartida del proyecto inspirando a los miembros del equipo para que hagan bien su trabajo. / (Ejecución; Recursos)

19-129 A   Cuando planificamos las necesidades de recursos para realizar las actividades del proyecto, deberíamos dar respuesta a las siguientes preguntas: ¿Cómo estimar, adquirir y gestionar los recursos físicos y humanos?, ¿Cómo y cuándo se incorporará y desafectará cada recurso?, ¿Cómo asegurar que los recursos sean adecuados para las actividades?, ¿Cuáles serán los roles y responsabilidades de los miembros del equipo?, ¿Cuáles son las necesidades de formación del equipo?, ¿Cómo será el plan de recompensas individual y grupal?, ¿Cómo monitorear la disponibilidad de recursos?, ¿Cómo impacta en otros proyectos la competencia por recursos escasos? / (Planificación; Recursos)

19-130 C   El proceso de validar el alcance forma parte del grupo de procesos de monitoreo y control. Este proceso puede realizarse al finalizar cada entregable importante del proyecto y debe realizarse siempre antes del proceso de cerrar el proyecto o fase. / Entradas del proceso: Documentación de requisitos, matriz de rastreabilidad, Entregables verificados y Datos de desempeño del trabajo. / (Monitoreo y control; Alcance)

19-131 D   En el histograma de recursos se muestra la asignación de personas a través del tiempo. / (Planificación; Recursos)

Histograma de recursos

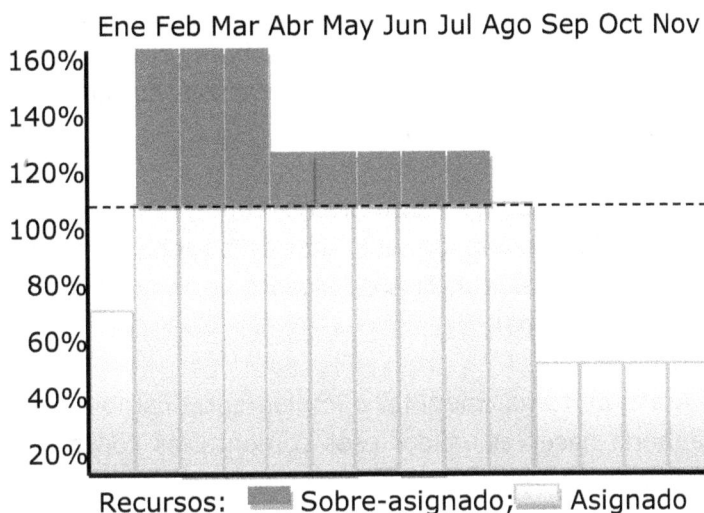

Ene Feb Mar Abr May Jun Jul Ago Sep Oct Nov

Recursos: ■ Sobre-asignado; ☐ Asignado

19-132 B   El monitoreo y control se realiza a lo largo de todos los grupos de procesos: 1º inicio, 2º planificación, 3º ejecución, 4º cierre. El cierre puede ser de una fase del proyecto, que habilita o no a avanzar a la próxima fase. / (Inicio; Integración)

Grupo de procesos de la dirección de proyectos

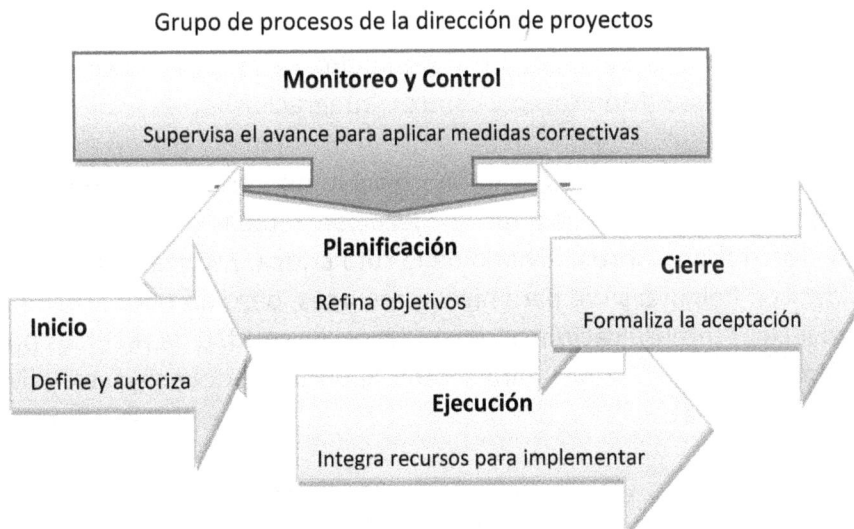

Monitoreo y Control

Supervisa el avance para aplicar medidas correctivas

Planificación

Refina objetivos

Inicio

Define y autoriza

Cierre

Formaliza la aceptación

Ejecución

Integra recursos para implementar

19-133 D   El plan de comunicaciones incluye: Qué información necesitan los interesados, Cuándo necesitarán la información, Cuántos canales hay involucrados, Quién se comunica con quién, Quién recibirá la información, Cómo se distribuirá la información, Quién distribuirá la información, Qué tecnología utilizaremos, Con qué frecuencia será la comunicación. / La organización del proyecto y responsabilidades de los miembros del equipo, se incluye en la matriz de roles y responsabilidades, que forma parte de la planificación de los recursos humanos. / (Planificación; Comunicaciones)

19-134 D   Si el proyecto ya está en ejecución, lo primero que debe hacer es un análisis de riesgos. En función de ese análisis podrá implementar acciones de mitigación como podrían ser: cambios de alcance, cronograma, costos, roles, etc. / (Monitoreo y control; Riesgos)

19-135 D   Antes de tomar medidas o implementar cambios por comentarios, lo primero que debería hacer es validar esos comentarios con mayor información. / (Ejecución; Calidad)

19-136 A   Lo primero que deberían hacer ambas partes es acordar de manera formal (ej. por escrito) los límites de esos reembolsos. Para ello, podrían modificar los términos del contrato. / (Ejecución; Adquisiciones)

19-137 A   El análisis de los interesados se lleva a cabo durante el inicio del proyecto y consiste en identificar los intereses, expectativas y poder de influencia de cada interesado. / Los informes de desempeño se realizan durante la ejecución, monitoreo y control. / (Monitoreo y control; Integración)

19-138 B   Solicitar una extensión: no sería lo más proactivo, teniendo en cuenta que el retraso lo originó su equipo. / Ejecución rápida: sólo sirve para acortar la duración si se trabaja sobre actividad de la ruta crítica. / Retrasar el comienzo de las actividades con holgura: sirve para nivelar recursos, pero no para acortar la duración de un proyecto. / Intensificación: agregar la menor cantidad de recursos posible sobre las actividades de la ruta crítica para acortar la duración del proyecto. / (Monitoreo y control; Cronograma)

19-139 A   CPI = 1,3: eficiencia de costos. Se gasta menos que el valor del trabajo realizado. / CPI = EV / AC = \$1,30 / \$1. Por cada peso gastado (AC), el valor trabajado (EV) es de \$1,30. / (Monitoreo y control; Costos)

19-140 D   Cabe destacar que en ningún lugar de la pregunta se especifica que el contrato menciona que el trabajo se debe llevar a cabo con alguna persona en particular. Aunque el contrato lo mencionara, es inevitable que las personas cambien de trabajo. Solicitar al proveedor que cumpla el contrato o aplicarle sanciones, no será una alternativa proactiva para solucionar el problema. / Contactar a la empresa J no sería la mejor alternativa. / Lo más proactivo sería colaborar con el actual proveedor para buscar alternativas de solución, como por ejemplo evaluar en conjunto a un reemplazante. / (Ejecución; Recursos)

19-141 D   Un riesgo con probabilidad M (3) e impacto B (2), tiene un puntaje de 6 (3 x 2). / Todos los riesgos con puntaje entre 6 y 14, tienen prioridad media. / (Planificación; Riesgos)

19-142 B   1º - Evaluar alternativas para resolver el problema. 2º - Comunicar sobre el problema y alternativas de solución a la alta gerencia. 3º - Evaluar si es necesario actualizar el proceso de gestión de riesgos. / (Ejecución; Riesgos)

19-143 B   Plan para la dirección del proyecto: durante la planificación. / Desempeño del trabajo: durante la ejecución. / Cierre administrativo: Re-integrar los recursos que ya no se utilizarán, Archivar toda la información con índices que faciliten su futura localización, Dejar por escrito las lecciones aprendidas. / (Cierre; Integración)

19-144 B   Factores que influyen para Producción propia: Falta de calidad o confiabilidad en los proveedores, Know-how o experiencia para la producción del insumo, Mantener un nivel mínimo de utilización de la planta, Mantener el control sobre el proceso productivo, Cuidar temas de confidencialidad. / Factores que influyen para Comprar: Especialización y economías de escala, El vendedor es propietario de las licencias, Altos costos de entrada y/o salida. / (Planificación; Adquisiciones)

19-145 C   Autoridad: en una organización matricial fuerte, el nivel de autoridad del DP es mayor que el del gerente funcional. / Dedicación: en la matricial se trabaja más tiempo en proyectos dedicados que en la funcional. / Uno de los problemas de las organizaciones matriciales es que hay que reportar a 2 jefes: DP y Gerente funcional. / Flexibilidad: la matricial es más flexible que la funcional. / (Inicio; Integración)

19-146 A   La TIR podría utilizarse para seleccionar que proyecto ejecutar, pero en este caso los 3 proyectos están en marcha, por lo que no sería un criterio de decisión. / Intensificar significa agregar recursos y dinero para acelerar un proyecto. Se debería seleccionar alguno que tenga SPI menor que 1 (retraso) y sea el más prioritario. / (Monitoreo y control; Costos)

19-147 B   CV = $20.000: eficiencia de costos, el proyecto está gastando menos de lo que ha trabajado. / SPI = 1,3: el proyecto va un 30% más rápido de lo estimado a esa fecha. / Compresión (intensificación o ejecución rápida): técnicas para acortar la duración del proyecto. No sería necesario en este proyecto que va adelantado. / Herzberg (HERZBERG, Frederick. 1975. The motivation to work): Las personas están influenciadas por Factores higiénicos (salario, seguridad, status, condiciones laborales) y Agentes motivadores (Responsabilidad, autoestima, desarrollo profesional, reconocimiento). Si no están cubiertos los factores higiénicos, no puede haber motivación. Sin embargo, si están cubiertos los factores higiénicos no mejora la motivación, ya que para ello hay que trabajar sobre los agentes motivadores. / (Monitoreo y control; Recursos)

19-148 B   Coubicación (collocation en inglés) significa que todos los miembros del equipo serán ubicados en el mismo lugar físico. En este ejemplo, nada nos indica que la coubicación sirva para mejorar el control. / Utilizar un histograma semanalmente, tampoco nos asegura que sea la mejor forma de controlar el proyecto. Esa herramienta solamente nos sirve para analizar la utilización de recursos a través del tiempo. / Reuniones quincenales con la gerencia no siempre es una buena práctica para el monitoreo y control del proyecto. / Hay varias herramientas de comunicación que serían de utilidad para el monitoreo y control del proyecto, como ser: reuniones, teleconferencias, email, webinars, etc. / (Monitoreo y control; Comunicaciones)

Matriz poder – interés

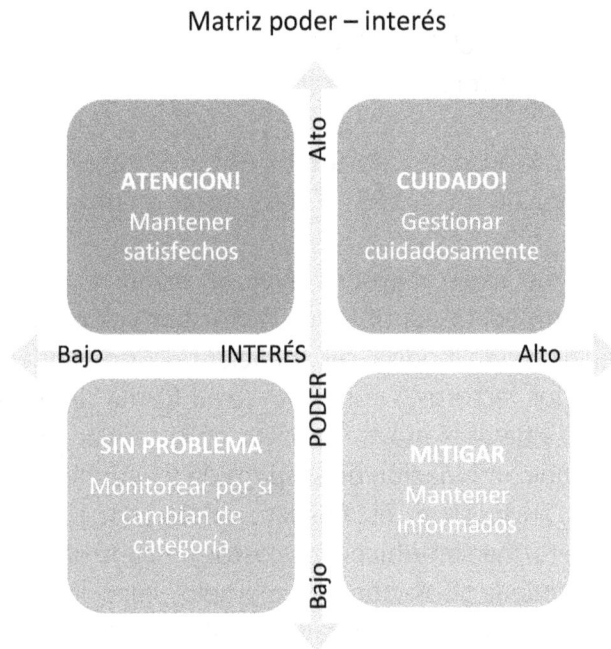

Fuente: Adaptación de la Guía del PMBOK®

19-150 A   Anotar los cambios y entregar la documentación de los cambios al patrocinador son muy importantes, pero primero debería asegurarse que el proceso de gestión de cambios esté comprendido dentro del alcance del proyecto. / Si bien podemos implementar acciones preventivas de mitigación para minimizar ciertos cambios, es prácticamente imposible evitar todos los cambios. Recuerde que la propia naturaleza de los proyectos y las organizaciones lo llevará a tener que gestionar cambios. / Cuando hay proyectos con demasiados cambios, verifique siempre que esté claro como es el proceso de gestión de cambios. / (Monitoreo y control; Alcance)

19-151 C   Realizar un contrato de precio fijo es muy riesgoso si no está bien definido el alcance del proyecto. / No comenzar con el proyecto hasta que el alcance no esté bien definido no es proactivo, muchos proyectos pueden comenzar con información preliminar y se va mejorando el alcance con el proyecto en marcha. / Evitar el proyecto no es proactivo ni eliminará futuros problemas entre las partes. / Un contrato por tiempo y materiales suele ser una buena alternativa cuando no tenemos bien definido el alcance. / (Planificación; Adquisiciones)

19-152 B   En este tipo de ejercicios, si no le dan más información, puede realizar los cálculos globales del proyecto, en lugar de trabajar sobre las actividades individuales. / PV = EV / % avance ; PV total = BAC = $2225 ; AC total = $1502 ; EV total = $1850 ; CPI = EV / AC = 1,231691 ; EAC = PV / CPI = $1806,46 ; Desvío estimado = ETC = EAC - PV = -418,54. / (Monitoreo y control; Costos)

19-153 D   PV = EV / % avance. / PV total = BAC = $2225. / AC total = $1502. / EV total = $1850. / CPI = EV / AC = 1,231691. / (Monitoreo y control; Costos)

19-154 D   Diseño de experimentos: evaluar estadísticamente qué factores mejoran la calidad del proyecto. Cambiar un factor por vez para analizar el impacto sobre la calidad del proyecto podría ser ineficiente. Con modelos estadísticos se pueden cambiar todos los factores de un proceso en forma simultánea y evaluar qué combinación de factores tiene el mayor impacto en la calidad, a un costo razonable. Por ejemplo, evaluar qué combinación de suspensión y neumáticos produce el menor desgaste de cubiertas. / Muestreo estadístico: seleccionar parte de una población para su análisis, de esa forma se reducen los costos de control de calidad en relación a tener que investigar toda la población. Por ejemplo, seleccionar aleatoriamente 30 productos fabricados para controlar la calidad sobre un total de 200 productos. / (Planificación; Calidad)

19-155 D   Recuerda que si te preguntan "que debería hacer" hay que interpretarlo "qué es lo primero que deberías hacer", o "que es lo mejor que podrías hacer". / La ejecución rápida no tendría sentido porque el SPI es mayor que uno. / Verificar que los cambios pasaron por el control integrado de cambio no es pro-activo ni lo primero que deberías hacer, aunque es verdadero. / Desarrollar al equipo para interactuar mejor con el Cliente no es lo primero que debería hacer, tampoco hay información como para afirmar que el equipo necesita mejor interrelación con el Cliente. / Lo primero que deberías hacer es verificar con el cliente sus expectativas y necesidades. / (Monitoreo y control; Interesados)

19-156 A   Compresión del cronograma: consiste en acortar el cronograma del proyecto sin modificar al alcance. Dos de las técnicas más utilizadas para la compresión del cronograma son la intensificación y la ejecución rápida. / Intensificación (Crashing): agregar más recursos al proyecto para acortar la duración. Por lo general, esta técnica implicará mayores costos. La clave aquí será cómo obtener la máxima compresión del cronograma con el mínimo costo posible. / Ejecución rápida (fast-tracking): realizar actividades en paralelo para acelerar el proyecto. Por lo general, esta técnica agrega riesgos al proyecto. / (Monitoreo y control; Cronograma)

19-157 B   Las principales causas de conflicto se originan por problemas de "agendas", "cambio de prioridades" y "falta de recursos". / Lo que suele ocurrir es que debido a estas causas de conflicto, la persona puede tener reacciones que afectan su estado anímico. Deberías tener en cuenta que la última causa de conflicto suele ser la "personalidad". / (Ejecución; Recursos)

19-158 A   A los riesgos no prioritarios, baja probabilidad e impacto, hay que colocarlos en la lista de observación y revisarlos en forma periódica por si cambia su categoría de riesgo. / La estrategia para los riesgos de baja probabilidad e impacto es aceptar, o sea, no cambiar el plan original. Una aceptación activa consiste en dejar establecida una política de cómo actuar en caso que ocurra el evento negativo. Mientras que una aceptación pasiva consiste en no hacer absolutamente nada con algún riesgo identificado. / (Ejecución; Riesgos)

19-159 B   La EDT es un resultado del proceso de planificación, que vendrá luego del inicio y no forma parte del acta de constitución del proyecto. / (Inicio; Interesados)

19-160 C   Solicitar informes de avance diarios o la persuasión para finalizar a tiempo los entregables, no necesariamente evitará los errores. / Cancelar la reunión no es proactivo, si los entregables no tuvieran errores, no habría problema en recibir los entregables a último momento y entregarlo al cliente. / Lo primero que debería hacer para mitigar ese tipo de errores, es asegurarse que Mario tenga las competencias necesarias para realizar ese trabajo. / (Ejecución; Recursos)

19-161 C   Si hay problemas de comunicación entrecortada, lo primero que debería hacer durante esa llamada telefónica es asegurarse que Jacinta está entendiendo su mensaje, por lo que podría solicitar que le repita lo que usted está diciendo. / (Monitoreo y control; Comunicaciones)

19-162 B   El plan de involucramiento de los interesados ya se realizó durante la planificación. El resto de las opciones aplican a la fase de monitoreo del involucramiento de los interesados. / (Monitoreo y control; Interesados)

19-163 B   Si bien las lecciones aprendidas siempre ocurren al finalizar el proyecto (cierre), en proyectos de ciclos iterativos e incrementales se incorpora la retroalimentación y lecciones aprendidas durante el monitoreo y control para favorecer la mejora continua durante cada fase incremental. / (Monitoreo y control; Integración)

19-164 C   Para mantener a los interesados involucrados e informados sobre el proyecto, deberíamos gestionar el flujo de información de manera efectiva (tiempo y forma) y eficiente (a cada interesado lo necesario) según el plan de comunicaciones. / El resto de las respuestas podrían ser correctas si esos temas (Intranet, información confidencial, reuniones cara a cara) estuvieran explicitados en el plan de comunicaciones. / (Monitoreo y control; Interesados)

19-165 C   Puntos de vista sobre los conflictos. Vieja Escuela: la causa de los problemas son la personalidad y falta de liderazgo; los problemas deben ser evitados; hay que separar físicamente a las personas; la alta gerencia debe intervenir para resolver el problema. Gestión Moderna: los problemas son inevitables y se deben a las interacciones de las organizaciones; el problema bien gestionado puede ser beneficioso; se debe identificar la causa raíz del problema y solucionarlo entre los involucrados. Pasos para la resolución de conflictos: 1. Identificar la causa del problema; 2. Analizar el problema ; 3. Identificar alternativas de solución ; 4. Implementar una decisión ; 5. Revisar si esa decisión resolvió el problema. / El enfoque antiguo de resolución de conflictos recomendaba la separación física de las personas en conflicto. En la actualidad, se recomienda juntar a las partes para mejorar la comunicación y resolver los problemas. / (Cierre; Recursos)

19-166 B   Costos indirectos: benefician a varios proyectos y generalmente no se puede identificar con exactitud la proporción que corresponde a cada uno. Por ejemplo los gastos de estructura (contabilidad, luz, teléfono, PMO, etc.). / (Inicio; Costos)

19-167 C   La inspección de calidad consiste en examinar y medir las características de un producto para ver si cumple o no con los requisitos especificados. Con este enfoque no hay prevención para evitar que ocurran los problemas, por lo que no es un enfoque proactivo. / Es preferible prevenir que curar (inspección). / (Ejecución; Calidad)

19-168 C   Como regla general, primero debería mantener reuniones personales con los principales interesados para discutir sus necesidades y objetivos individuales, antes de convocarlos a una reunión grupal. / Si bien es muy importante tener reuniones cara a cara, usted debería conocer las preferencias de comunicación de cada persona en lugar de mantener siempre reuniones diarias. / Documentar los conflictos no necesariamente servirá para mantener las relaciones que su equipo. / El director de proyectos podría tener empatía e inteligencia emocional para involucrarse emocionalmente con los miembros de su equipo. / (Ejecución; Comunicaciones)

19-169 D   Durante el proceso de "Planificar la gestión de las adquisiciones" se documentan las decisiones de adquisiciones (ej. hacer vs comprar) y se identifican a los potenciales vendedores. Esta planificación se realiza antes que el control de las adquisiciones. / Durante el proceso de "Controlar las adquisiciones" se gestionan las relaciones de adquisiciones, se efectúan cambios en los contratos y se cierran los contratos. / (Monitoreo y control; Adquisiciones)

19-170 D   Diagrama de Pareto: se representa la distribución de frecuencias en un histograma con las causas de las fallas del producto. La utilidad de esta herramienta es que se pueden detectar fácilmente cuáles son los factores más importantes que están originando las fallas. En otras palabras, permite separar los "pocos críticos" de los "muchos no críticos". / (Monitoreo y control; Calidad)

19-171 A   Las inspecciones de calidad, diagramas de control y diagramas de comportamiento, son de gran utilidad para detectar los productos fallados. Esto sirve para que los productos con fallas no lleguen al cliente, pero no soluciona la causa raíz de las fallas. / Para intentar tener menos productos con fallas, hay que mejorar el sistema de producción. Googlear el caso "Red Bead Experiment" de Deming. / (Monitoreo y control; Calidad)

19-172 A   Mientras menos avanzado esté el proyecto, más fácil será influir con cambios. / (Inicio; Interesados)

19-173 B   La autoridad del acta de constitución de un proyecto es formal. / Tipos de poder (autoridad). Formal: posición jerárquica en la empresa. Recompensas: autoridad para manejar los premios. Penalidad: autoridad para manejar los castigos. Experto: se lo reconoce por sus conocimientos y formación. No necesariamente está relacionado con la cantidad de años que haya trabajado en una actividad. Podría tener un año de antigüedad y ser experto, o 50 años de antigüedad y no ser reconocido como experto. Referente: viene con cartas de referencia de algún superior u otros colegas. / La firma de un patrocinador en un acta de constitución, asignando a un DP, no significa "referente". / (Inicio; Integración)

19-174 C   En proyectos que utilizan metodologías ágiles existe siempre la posibilidad de obtener beneficios anticipados para el negocio aun en casos de cierre anticipado. El cierre anticipado puede ser porque ya se obtuvieron los beneficios que se pretendían o porque se probó la funcionalidad de un concepto o prototipo. / En metodologías ágiles por lo general no se incurre en altos costos hundidos, sino que se avanza en pequeñas iteraciones con costos que van aumentando en cada iteración. / No siempre se realizan reuniones diarias en proyectos que utilizan metodologías ágiles. / (Cierre; Integración)

19-175 D   Si no se especifica de otra forma, debemos suponer que el DP siempre trabaja en una organización matricial fuerte y tiene autoridad y poder suficiente sobre todos los miembros de su equipo. El poder coercitivo o por penalidad consiste en sancionar a una persona con el objetivo de condicionar su comportamiento (Ej. quitar algún beneficio como trabajar desde su casa). / (Ejecución; Comunicaciones)

19-176 A   Estimaciones por 3 valores (PERT): consiste en estimar la duración de una actividad utilizando las estimaciones pesimista, más probable y optimista. Esta técnica también es conocida como PERT: Program Evaluation and Review Technique. En la técnica PERT, el tiempo de la actividad se considera como una variable aleatoria según una distribución de probabilidad Beta. / PERT no indica interrelación o dependencias entre actividades. / (Planificación; Cronograma)

19-177 C   Durante la fase de cierre del proyecto se suelen utilizar técnicas de análisis de datos como regresión, tendencias y variación. / La matriz probabilidad-impacto será más utilizada durante la planificación de riesgos del proyecto. / (Cierre; Integración)

19-178 D   Informar los graves errores en la reunión no favorece el desarrollo del equipo. Usted debería proteger a los miembros de su equipo y capacitarlos para que ellos puedan corregir los errores, antes de exponerlos en público. / (Ejecución; Comunicaciones)

19-179 B   Emisor: Envía información clara y confirma que la información fue entendida. / Receptor: Se asegura que recibió y comprendió toda la información. / (Ejecución; Comunicaciones)

19-180 D   Cuando las distancias físicas entre los miembros del equipo son grandes, el plan de comunicaciones pasa a ser muy importante. Por ejemplo, en ese plan se deberían planificar teleconferencias y/o webinars para no depender sólo del e-mail. / (Monitoreo y control; Comunicaciones)

19-181 A   Asegurar la calidad consiste en utilizar los procesos necesarios para cumplir con los requisitos del proyecto. En otras palabras, asegurarse que se estén utilizando los planes para la gestión de calidad. El aseguramiento de la calidad forma parte del proceso gestionar la calidad del proyecto. / (Ejecución; Calidad)

19-182 A   La co-ubicación (co-location), los equipos virtuales, el reconocimiento y recompensas, son todas herramientas o técnicas para el desarrollo de equipos. / La co-ubicación consiste en colocar a los miembros de un equipo en un mismo lugar físico. / La matriz RACI (Responsible, Accountable, Consult, Inform) es una herramienta para la planificación de la gestión de los recursos humanos. / (Ejecución; Recursos)

19-183 B   El efecto halo se refiere a un sesgo cognitivo por el cual la percepción de un rasgo particular es influenciada por la percepción de rasgos anteriores en una secuencia de interpretaciones. Por tanto, si nos gusta una persona tendemos a calificarle con características favorables a pesar de que no disponemos de mucha información sobre esa persona. / No confiar en el "Efecto Halo" al momento de incorporar miembros al equipo. Por ejemplo, como fue un buen jugador de fútbol va a ser un muy buen técnico; o como fue un gran ingeniero será un buen DP. / (Inicio; Recursos)

19-184 C   El proyecto se encuentra en la fase de iniciación. / La estimación de costos se obtendrá durante la planificación. / (Inicio; Interesados)

19-185 D   Los interesados de cualquier proyecto que tienen poco interés y bajo poder, suelen ser los grupos que menos problemas deberían traer al proyecto. / (Monitoreo y control; Interesados)

19-186 B   La EDT y su diccionario forman la línea base del alcance. / El último nivel de la EDT son los paquetes de trabajo. De la descomposición de los paquetes de trabajo se obtienen las actividades del proyecto. / (Planificación; Alcance)

19-187 A   Los DP exitosos son aquellos que tienen excelentes capacidades de coordinación general y comunicación, combinando sus conocimientos, su capacidad de gestión y sus habilidades interpersonales. / Entre las habilidades interpersonales más importantes del DP podemos mencionar: liderazgo, trabajo en equipo, motivación, escucha activa, toma de decisiones, conocimientos y negociación. / (Inicio; Comunicaciones)

19-188 D   (Planificación; Calidad)

COSTOS	Tipo	Ejemplos
De Conformidad o cumplimiento	1. Prevenir incumplimientos	Políticas y PROCESOS Mantenimiento Capacitación Estudios
	2. Evaluar conformidad del producto	Supervisión Vigilancia Control Inspección
De Falla o no cumplimiento	3. Fallas internas	Reparar defectos antes de llegar al Cliente Re-procesos y acciones correctivas Trabajar con exceso de inventarios Menor productividad
	4. Fallas externas (Costos de no conformidad)	Defectos detectados ex-post Multas, garantías, devoluciones Descuentos, pérdida de ventas

19-189 C   Lo que están solicitando es un nuevo proyecto. Por lo tanto, lo primero que debe hacer es solicitar el acta de constitución de ese nuevo proyecto. / (Inicio; Integración)

19-190 D   Una cláusula de privacidad es sinónimo a cláusulas de confidencialidad. Se utiliza para proteger información crítica del proyecto. / (Inicio; Adquisiciones)

19-191 C   Cuando descubrimos un error tenemos que reportarlo lo antes posible al cliente. Además, el DP debe hacerse cargo de los errores u omisiones que cometan los miembros de su equipo. / Llamar la atención a Charly por un error o reportarlo con un superior, no motiva el desempeño. / Esperar a la semana próxima no es proactivo. / (Ejecución; Comunicaciones)

19-192 D   Compresión: acortar la duración del cronograma (ej. intensificación o ejecución rápida). / Descomposición: partir un paquete de trabajo en partes menores (actividades). / Nivelación de recursos: redistribución de los recursos del proyecto a través del tiempo. / (Monitoreo y control; Recursos)

19-193 C   Los siete procesos de la gestión de la integración son: Desarrollar el acta de constitución del proyecto (Inicio); Desarrollar el plan para la dirección del proyecto (Planificación); Dirigir y gestionar el trabajo del proyecto (Ejecución); Gestionar el conocimiento del proyecto (Ejecución); Monitorear y controlar el trabajo (Monitoreo y control); Realizar control integrado de cambios (Monitoreo y control); Cerrar el proyecto o la fase (Cierre). / (Ejecución; Integración)

19-194 A   A pesar de tener varias reuniones en ese proyecto, están habiendo fallas de comunicación, por lo que lo más importante sería solicitar la retroalimentación de los miembros del equipo para asegurar que entiendan el mensaje. / En esas reuniones seguramente ya hay bastante comunicación paralingüística (tono de la voz). / La comunicación escrita podría demorar los entregables del proyecto en aquellos casos que se utilizan metodologías ágiles. / Comunicación transcultural: capacidad de enviar y recibir información entre personas con diferentes antecedentes culturales. / (Ejecución; Comunicaciones)

19-195 D   Una orden de compra es un contrato unilateral (firmado por una parte) en lugar de bilateral (firmado por ambas partes). Este tipo de contrato se suele utilizar para comprar bienes y servicios cuyo alcance está bien definido. Las órdenes de compra se vuelven contratos cuando son "aceptadas" por el comprador, por ejemplo mediante un pago o la entrega del bien. / (Monitoreo y control; Adquisiciones)

19-196 B   El proyecto tiene un VNA de $100 ($300 beneficios – $200 costos). Si el flujo de fondos del proyecto es convencional, primero flujos negativos y luego flujos positivos, cuando el VNA es positivo TIR es superior a la tasa de descuento del flujo de fondos del proyecto. / No existe información en este ejercicio para determinar el periodo de recupero de la inversión. / (Inicio; Costos)

19-197 C   Lo primero que debes hacer es informar sobre ese incumplimiento de las normas a algún superior. / (Ejecución; Integración)

19-198 B   Para los riesgos positivos u oportunidades se suelen utilizar las siguientes estrategias o herramientas: explotar, compartir, mejorar, aceptar. / Explotar: realizar acciones para concretar la oportunidad para el beneficio del proyecto. / Compartir: aprovechar las sinergias de otra persona u organización mejor capacitada para capturar las oportunidades del mercado. Por ejemplo, una unión transitoria de empresas. / Mejorar: realizar acciones para aumentar la probabilidad de ocurrencia y/o el impacto. / Aceptar: no cambia el plan del proyecto. / (Planificación; Riesgos)

19-199 B   Intensificación: implica más recursos que la empresa no tiene. / Ejecución rápida: acorta la duración sin agregar más recursos, agrega riesgos. / Recortar el alcance es una opción, pero requiere de la aprobación previa del cliente o patrocinador. / Aumentar holguras en actividades NO críticas, no ayuda a acortar la duración del proyecto. / (Ejecución; Cronograma)

19-200 B   Ejemplos de incentivo: pagar un premio de $100 por cada día de adelanto, repartir 50/50 los ahorros que se consigan al negociar precios de lista con los proveedores, etc. / Con los incentivos ambas partes ganan algo, por lo que sirven para alinear los objetivos de ambas partes. / (Planificación; Adquisiciones)

*****

EXAMEN

20. FINAL 2

Cantidad de preguntas: 200
Tiempo para responder: 4 horas
Puntaje para aprobar: 75% (150 respuestas correctas)

Las preguntas de este examen han sido elaboradas en colaboración con Alfonso Bucero, PMP.

20.1.   Preguntas

20.01   Usted está monitoreando los riesgos climáticos de un proyecto agrícola. ¿Cuál de los siguientes ítems será lo que MENOS realice en esta fase del proyecto?
A   Desarrollar una estrategia de mitigación de riesgos
B   Analizar las reservas de contingencias
C   Identificar nuevos riesgos
D   Monitorear los disparadores del riesgo

20.02   Un director de proyecto quiere averiguar cómo va su proyecto al final del sexto mes. El gasto real total del proyecto fue de $720,000. El presupuesto planificado para estos seis meses era de $600,000. El estado del proyecto es:
A   Por encima del presupuesto
B   No tenemos suficiente información para opinar
C   El proyecto está adelantado
D   El proyecto está bajo control

20.03   Palaciata es una de las mejores programadoras que tiene la empresa S. Por tal motivo fue promovida como directora del próximo proyecto, ya que no hay nadie mejor que ella para comprender los problemas tecnológicos. Durante la ejecución del proyecto, Palaciata está con constantes retrasos para finalizar los entregables parciales y para motivar a los miembros de su equipo. ¿Qué podría estar ocurriendo?

A   Efecto halo
B   Gold plating
C   Recursos pre-asignados
D   Falta de un acta de constitución

20.04   Su organización está gestionando un proyecto de desarrollo tecnológico utilizando ciclos de vida iterativos. Luego de varias iteraciones, el dueño del producto lo felicita por la calidad de sus entregables. ¿Cuál característica tiene este proyecto?

A   El proyecto tiene un bajo costo de calidad
B   La organización utiliza un plan de calidad estándar para todos los proyectos
C   La programación de proyectos de la organización es muy sólida
D   El proyecto tiene altos costos de conformidad

20.05   Usted está estimando la línea base de costos del proyecto para conocer en qué momento ocurrirán los desembolsos a lo largo del ciclo de vida. ¿Cuál de los siguientes ítems será el MENOS relevante para enviar esa línea base para la aprobación de su patrocinador?

A   Planificar los recursos
B   Controlar los costos
C   Estimar los costos de las actividades
D   Determinar el presupuesto

20.06   Usted es el patrocinador de un Proyecto para la instalación de materiales térmicos en un edificio. Está redactando un documento donde se definen los objetivos estratégicos del proyecto, se menciona a los interesados clave y se empodera al director de proyectos para asignar recursos de la organización a las actividades del proyecto. ¿Cuál de los siguientes ítems será el MENOS importante para elaborar este documento?

A   Factores ambientales de la empresa
B   Registro de supuestos
C   Caso de Negocio
D   Plan de gestión de beneficios

20.07   Rogel Route, quien dirige un proyecto de extensión de una autopista, averigua que las barreras para el ruido son un requisito para que el proyecto sea aprobado por las autoridades provinciales antes de comenzar el trabajo. La compañía de Roger tiene un proceso definido y formularios para conseguir la aprobación de ese proyecto. ¿Qué es este proceso definido?

A   Activos de los procesos de la organización
B   Un proyecto
C   Requisito del gobierno
D   Un programa

20.08   Usted ha sido nombrado director de un proyecto donde el alcance está bien detallado en un contrato firmado con el cliente. En la industria donde se desempeña ese proyecto existen otros proyectos similares que han finalizado con éxito. Su cliente le ha aclarado que si no entregan el entregable final dentro del plazo del contrato, los entregables parciales no le agregarán valor. Usted está planificando ese proyecto en base a un ciclo de vida _____

A   Predictivo
B   Adaptativo
C   Incremental
D   Ágil

20.09   Miguel Chiap está coordinando un proyecto para implementar una certificación internacional de manera remota. El proyecto tiene varios patrocinadores y se lleva a cabo en una organización matricial débil. ¿Qué característica tendrá la organización de este proyecto?

A   Miguel está a cargo de los recursos del proyecto
B   Los gerentes funcionales tienen mayor autoridad que Miguel sobre los miembros del equipo de proyecto
C   Sólo Miguel será el responsable del éxito o fracaso del proyecto
D   Los gerentes funcionales no toman decisiones que puedan afectar al proyecto

20.10   Luego de finalizar un proyecto de gestión de voluntarios para reparar zonas dañadas por un terremoto, el director de proyecto junto a los miembros claves de su equipo, están actualizando los activos de los procesos de la organización. ¿Cuál de los siguientes ítems NO formará parte de esas actualizaciones?

A   Conocimiento adquirido en el repositorio de lecciones aprendidas
B   Transferencia del servicio final a la comunidad dañada por el terremoto
C   Documentación de la gestión de cambios
D   Documentación de aceptación del cliente validando el alcance

20.11 Fabiela está teniendo problemas al momento de gestionar a su equipo de proyectos. Hay peleas por quién debería ser responsable en redactar las minutas de las reuniones, cómo definir si se puede hablar por teléfono con el cliente durante las reuniones y si se puede participar de las reuniones de manera remota. Estos asuntos comenzaron como pequeños conflictos que fueron registrados en el registro de incidentes, pero no han sido resueltos y las discusiones son cada vez mayores. ¿Qué podría hacer Fabiela?

A   Utilizar su inteligencia emocional
B   Mantener reuniones cara a cara con cada uno de los miembros de su equipo
C   Crear un acta de equipo
D   Crear un sistema de recompensas

20.12 Diego Grif, director de proyecto en una organización multi-divisional, está construyendo el puente colgante más largo del mundo para unir dos ciudades desconectadas en medio de altas montañosas. ¿Cuál de las siguientes frases de Diego a los miembros de su equipo sería un ejemplo de su poder coercitivo?

A   Por cada semana de adelanto en la finalización del puente, les pagaré un premio de $10.000
B   No les puedo compartir las importantes novedades de nuestro cliente hasta que no finalicen el próximo entregable
C   Si no finalizan el próximo entregable en la fecha pactada, tendré que postergar sus vacaciones
D   Recuerden que ustedes se comprometieron a finalizar el puente en diez semanas, por lo que deben cumplir con su palabra

20.13 Crackniel está planificando el plan de respuesta al riesgo de un proyecto que utilizará drones para reforestar bosques que fueron indiscriminadamente talados por el hombre. Para ello, Crackniel está considerando el grado de incertidumbre que su organización está dispuesta a aceptar para obtener una recompensa a futuro. ¿Qué factor de la actitud frente al riesgo está considerando Crackniel?

A   Respaldo financiero
B   Tolerancia
C   Apetito
D   Diversificación

20.14 Caridade será la directora de un proyecto para cerrar cinco sucursales de un banco debido a la baja demanda. Elixi, patrocinadora del proyecto, está redactando el acta de constitución de ese proyecto con gran nivel de detalle. Elixi comenta a Caridade que sea muy cuidadosa, porque en el cierre de la última sucursal se excedió el presupuesto en un 50% por descuidos que podrían haberse evitado. ¿Dónde podrá encontrar Caridade más información sobre lo que ocurrió en ese otro proyecto similar?

A   Acta de constitución del proyecto
B   Activos de los procesos de la organización
C   Reportes de avance del otro proyecto
D   Matriz de trazabilidad de los requisitos del otro proyecto

20.15 Justo después de recibir la aprobación final del entregable de tu proyecto, fuiste asignado a un nuevo proyecto y te pidieron que te saltases los procesos de cierre del proyecto actual. ¿En qué tipo de proyectos te puedes saltar los procesos de cierre?

A   Proyectos grandes
B   Proyectos administrativos
C   Los procesos de cierre no deberían saltarse en ningún tipo de proyecto
D   Proyectos pequeños

20.16 En su proyecto implementaron varios procesos para mejorar la satisfacción del cliente. Sin embargo, los resultados de las encuestas de satisfacción del cliente permanecieron igual que antes de implementar esos procesos. ¿Cómo pueden analizarse los resultados para averiguar por qué esos procesos no lograron los objetivos que perseguían?

A   Dibujar un diagrama de control para ver cuántos resultados del cuestionario están fuera de los límites
B   Utilizar el análisis causa-raíz para averiguar lo que todavía causa la insatisfacción del cliente
C   Crear un diagrama de Pareto para ver cuál es la mayor insatisfacción del cliente
D   Llevar a cabo una auditoría de calidad para verificar las medidas de calidad

20.17 Eres el tutor de una directora de proyecto nueva que ha empezado recientemente su carrera en dirección de proyectos. Ella quiere saber qué herramientas serán de utilidad para planificar la gestión de los recursos de su proyecto. ¿Cuál será tu recomendación sobre la herramienta MENOS relevante para esto?

A   Estructura de desglose de recursos
B   Matriz RAM
C   Equipos virtuales
D   Plantillas para la descripción de cargos

20.18   Uno de los miembros claves de tu equipo propone un cambio en el cronograma del proyecto que acortará el mismo en una semana. El principal criterio de éxito de tu cliente es el plazo, por lo que ese cambio será muy bien recibido. ¿Qué es lo que deberías hacer?

A   Implementar ese cambio lo antes posible para agregar valor al cliente
B   Enviar una solicitud de cambio al Comité de cambios
C   Evaluar el impacto de ese cambio en las otras variables del proyecto
D   Solicitar al miembro de tu equipo que presente los costos de ese cambio

20.19   Pela Herrera es el director de un proyecto de ampliación de desagües urbanos que están saturados por el crecimiento poblacional. Durante la ejecución del proyecto Pela convoca a una reunión a los miembros claves del equipo debido a los serios problemas ocurridos con otros servicios que están instalados en el mismo lugar del proyecto. Herrera está utilizando su habilidad de escucha activa durante esa reunión. ¿Qué está haciendo?

A   Resumir las conversaciones de los miembros de su equipo
B   Utilizar su lenguaje corporal y expresiones faciales
C   Identificar los ruidos entre emisores y receptores
D   Contacto visual con los miembros del equipo

20.20 Eres el director de proyecto para la sustitución de una red de datos en un edificio de cuarenta plantas bajo un contrato de construcción-operación-transferencia (BOT). Planificas subcontratar a un proveedor para quitar los cables viejos e instalar los nuevos. El trabajo se tiene que hacer de forma que se minimicen las interrupciones en horas de oficina del arrendatario, por lo tanto necesitas contratar una empresa con experiencia y buena reputación. Contactaste al departamento de contrataciones para desarrollar una lista de empresas que tengan la capacidad para hacer el trabajo. ¿Qué estás haciendo?

A   Definir la estrategia de las adquisiciones
B   Recibir propuestas de los proveedores
C   Elaborar los documentos de la licitación
D   Identificar vendedores calificados

20.21 Dr. Cacha está dirigiendo un gran proyecto de investigación médica que se lleva a cabo en cuatro regiones diferentes. ¿En qué momento Cacha va a contratar a los recursos humanos para esa investigación?

A   Inicio
B   Ejecución
C   Planificación
D   Al finalizar con el Acta de Constitución del proyecto

20.22 Su proyecto se está ejecutando mediante una alianza público-privada. Entre el privado y el público están surgiendo varias disputas. ¿Cuál de las siguientes es la secuencia de técnicas desde la más favorable a la menos favorable?

A   Litigación, mediación, arbitrio y confirmación
B   Negociación, mediación, arbitrio y litigación
C   Negociación, escalada, mediación y arbitrio
D   Negociación, arbitrio, mediación y litigación

20.23 Dionisia dirige un proyecto de perforación de un túnel subfluvial y está coordinando el trabajo con más de treinta subcontratistas. Uno de los subcontratistas terminó su trabajo con el entregable Z, por lo que Dionisia está cerrando ese contrato. ¿Cuál de los siguientes ítems seguramente NO formará parte de ese cierre?

A   Finalizar los reclamos pendientes
B   Confirmar la aceptación del trabajo del vendedor
C   Lecciones aprendidas
D   Entregable Z aceptado por el cliente

20.24 Edurne está redactando el informe final de cierre del proyecto con un resumen del desempeño del proyecto. ¿Qué debería hacer Edurne con los beneficios estimados de ese proyecto si todavía no se hubiesen alcanzado?

A   Esperar hasta que se alcancen esos beneficios para poder completar el informe final

B   Indicar el grado en que se alcanzaron los beneficios y cuáles son las estimaciones para la realización de los beneficios en el futuro

C   Indicar el grado en que se alcanzaron y avanzar con el cierre anticipado del proyecto

D   Gestionar de manera proactiva la consecución de los beneficios que faltan, para poder cerrar el proyecto

20.25 Un director de proyecto está gestionando proyectos de forma simultánea. Estos tres proyectos (A, B, C) están relacionados unos con otros. El proyecto A consiste en personalizar una aplicación de software X, el proyecto B consiste en implantar el software X en la organización entera y el proyecto C entrenará a los usuarios de acuerdo con sus roles en X. ¿Cómo describirías la situación?

A   Está gestionando un proyecto que tiene tres fases

B   Esto es un trabajo operacional y no debería ser considerado como proyecto

C   El proyecto B debería empezar después del proyecto A y el proyecto C después del proyecto B

D   Está gestionando un programa con tres proyectos interrelacionados

20.26 El presupuesto de un proyecto aprobado es de $250.000 y el presupuesto planificado hasta la fecha es de $150.000. ¿Cuál será el SV cuando el SPI es 0,8?

A   50000

B   30000

C   -50000

D   -30000

20.27 Encuentras muy valioso asistir a una formación mensual en dirección de proyectos. La mayoría de los directores de proyecto de tu oficina comparten tu visión y hacen el esfuerzo por asistir a estas sesiones. En la última sesión se mencionó que se ha observado una mejora desde que estas sesiones empezaron hace un año. El director de la PMO está bastante satisfecho con estos resultados porque:

A   La formación, el entrenamiento y la tutoría es una de las funciones de la PMO

B   Las revisiones de fase se pueden programar para permitir que los proyectos pasen a la siguiente fase

C   Los recursos pueden ser gestionados por los directores de proyecto

D   Se pueden iniciar más proyectos estratégicos

20.28 A usted lo han contratado para dirigir uno de los proyectos de la empresa Visión Eterna. La empresa tiene un portafolio de proyectos relacionados con la inteligencia artificial para que las computadoras interpreten y comprendan videos e imágenes digitales, superando la capacidad humana para ver detalles. ¿Cuál debería ser su principal responsabilidad?

A   Conseguir el margen de beneficio del proyecto acorde al caso de negocios y plan de gestión de los beneficios

B   Priorizar los proyectos basado en las necesidades del negocio y cambios del mercado

C   Redactar los informes de desempeño de los recursos del proyecto

D   Seleccionar los procesos apropiados para el proyecto

20.29 Juan Barbeit está moderando una reunión con los miembros de su equipo de proyecto. Juan presentó un problema al equipo para que piensen soluciones. Todas las ideas fueron explicadas y se escribieron sobre una pizarra. Juan agrupó las ideas en común y cada persona votó prioridades hasta lograr un consenso grupal. ¿Qué técnica utilizó Juan?

A   Job shadowing (Observación)

B   Sesiones conjuntas de desarrollo (J.A.D.)

C   Grupo nominal

D   Historias de usuarios

20.30 Egle está archivando las lecciones aprendidas y cerrando todas las adquisiciones antes de avanzar con la próxima fase de un gran proyecto. Ella ha contratado a un grupo de expertos para que colaboren durante este proceso. ¿Cuál sería la especialización MENOS importante que buscará Eagle al momento de armar ese equipo de colaboradores?

A   Auditoría

B   Asuntos legales

C   Control de gestión

D   Análisis de riesgo cuantitativo

20.31 Hernán Piment ha identificado un listado de riesgos no prioritarios durante el monitoreo de los riesgos de un proyecto que está cambiando el equipamiento en una fábrica manufacturera. ¿Qué debería hacer Hernán con esos riesgos?

A   Escalarlos a la alta gerencia

B   Redactar las acciones de respuesta al riesgo para cada uno de ellos

C   Aceptarlos

D   Colocarlos en la lista de observación y monitorearlos en forma periódica

20.32 La Directora de un proyecto para mejorar la calidad de los granos de café biodinámico está asegurando que las personas correctas reciban la información apropiada en tiempo y forma. ¿Para qué está haciendo esto?

A	Planificar las comunicaciones
B	Informar en tiempo y forma los avances del proyecto
C	Que los interesados sigan apoyando el proyecto
D	Identificar y gestionar las expectativas de información de los interesados

20.33 La Enterprise PMO le pidió a un director de proyectos hacer una presentación sobre su proyecto a los empleados de la compañía. El director de proyecto hizo el siguiente comentario INCORRECTO sobre el proyecto.

A	Este proyecto va a impactar a proyectos futuros de la organización
B	El plan de dirección de proyectos será elaborado de manera progresiva
C	Si terminamos el proyecto a tiempo y dentro de presupuesto, vamos a satisfacer a todos los interesados
D	Aunque no completemos formalmente el Acta de constitución, podríamos tener éxito en nuestro proyecto

20.34 Eskarne, directora de un proyecto sobre una campaña de marketing, envió el entregable final a su cliente para su aprobación. El cliente rechaza el entregable porque le faltan algunos componentes que se habían acordado de palabra en la última reunión. ¿Qué debería hacer Eskarne?

A	Solicitar a los miembros del equipo que completen los faltantes que solicita el cliente
B	Coordinar una reunión con el cliente para comprender mejor que es lo que está faltando en el proyecto
C	Responder por escrito al cliente que el entregable cumple con todos los requisitos según el contrato firmado entre las partes
D	Iniciar una solicitud formal de cambio para incluir lo acordado de palabra en las líneas bases del proyecto

20.35 Eres el director de un proyecto de construcción de un edificio. Durante las reuniones semanales con tu equipo de proyecto, te informan de cuánto trabajo han completado en las tareas asignadas y cuáles son las medidas de las pruebas de calidad. ¿Estos son ejemplos de?

A	Estimación de tiempo
B	Análisis del Valor Ganado
C	Auditorías de desempeño de la calidad
D	Datos de desempeño del trabajo

20.36 Damián Ilard trabaja en un proyecto de investigación sobre los impactos de las pérdidas de productividad de terrenos como consecuencia del cambio climático. Damián está colocando la documentación a disposición de todos los vendedores para convocarlos a una reunión para responder las dudas que tengan sobre esa investigación. Las preguntas y respuestas serán públicas para que todos los interesados en ese proyecto tengan la misma información y evitar así tratos preferenciales. ¿En qué proceso está trabajando Damián?

A   Controlar las adquisiciones
B   Planificar las adquisiciones
C   Gestionar las comunicaciones
D   Efectuar las adquisiciones

20.37 Estebeni dirige un proyecto tecnológico en una organización matricial reportando directamente a la PMO. Katrin y Jone son miembros claves del equipo de Estebeni que pertenecen al departamento de informática, por lo que también deben reportar a su gerente funcional. Katrin y Jone no se ponen de acuerdo por un problema técnico, lo que está ocasionando retrasos en el proyecto. Katrin tiene un liderazgo autoritario y quiere imponer su solución de manera muy agresiva. Jone tiene un perfil introvertido y prefiere no discutir con Katrin, ella está proponiendo otro tipo de solución. ¿Qué debería hacer Estebeni?

A   Confrontar el problema entre Katrin y Jone aunque Jone no quiera discutir ese asunto
B   Solicitar a Katrin y Jone que logren un acuerdo a la brevedad si quieren cobrar el bono por buen desempeño
C   Recomendar a Katrin y Jone que eleven la discusión técnica a su gerente funcional para que sea el árbitro o mediador
D   Escalar el conflicto al gerente funcional para que tome una decisión

20.38 Lutxi es la directora para la construcción de un hotel de 20.000 metros cuadrados que será 100% sustentable sin emisión de gases contaminantes. Los miembros del equipo de proyecto son de diferentes lugares del mundo con culturas muy diversas. Durante una reunión de avance del proyecto, al finalizar la presentación el ingeniero en sistemas, dos personas de otra división se burlaron por su mal acento y errores gramaticales. ¿Qué debería hacer Lutxi?

A   Llamar la atención durante la reunión a las dos personas que se burlaron para resaltar al equipo que deben respetarse todas las culturas

B   Reportar la situación al gerente de recursos humanos para que haga cumplir las normas de equipo a las personas que se burlaron

C   Contactarse de manera individual con cada uno de los miembros del equipo que se burlaron y organizar una capacitación sobre diferencias culturales

D   Confrontar a las dos personas que se burlaron con el ingeniero en sistemas para que busquen un acuerdo de cómo deberían tratarse

20.39 En tu proyecto se ha terminado el 50% de tus entregables y está en ejecución. Creaste un registro de interesados durante los procesos de iniciación, que se utilizó para crear una estrategia de gestión de interesados. Recientemente te has dado cuenta de que hay un interesado que no se ha identificado en el registro inicial. ¿Qué es lo mejor que puedes hacer?

A   Solicitar al patrocinador que esta persona sea incluida en el registro de interesados

B   Enviar una solicitud al comité de cambios para agregar ese nuevo interesado al proyecto

C   Actualizar el registro de interesados y la estrategia de la gestión de interesados con la nueva información

D   Informar al interesado que ya no podrá involucrarse en el proyecto, pero que lo tendremos en consideración para mantenerlo informado de los avances

20.40 Eres el director de proyecto de la actualización de un sistema informático. Estás estimando los costos de las actividades del proyecto en base a datos históricos y análisis estadístico. ¿Qué técnica estás utilizando?

A   Estimación análoga

B   Estimación de abajo hacia arriba

C   Estimación paramétrica

D   Estimación basada en el riesgo

20.41 Estas trabajando como directora de proyecto para la remodelación de un gimnasio que incluirá juegos de realidad virtual para escalar montañas y practicar boxeo. Cuando el proyecto ya tiene un 95% de avance, el propietario del gimnasio te solicita agregar un nuevo juego. Tu evalúas el impacto de ese cambio y le notificas a tu cliente cuál será el nuevo plazo y costo. Sin embargo, tu cliente te dice que no hay más tiempo para extender la fecha de inauguración del gimnasio y que tampoco podrá pagar más de lo acordado en el contrato inicial. ¿Qué deberías hacer?

A Comenzar con el proceso de control integrado de cambios

B Solicitar a tu patrocinador que se reúna con el cliente para explicar que no podrán cambiar el alcance si no hay más tiempo y presupuesto

C Solicitar una reunión con tu cliente para entender la causa-raíz de ese cambio

D Completar el proyecto lo antes posible en base al plan original

20.42 La programación del proyecto que habías enviado al cliente no es aceptable porque la fecha de entrega del producto es dos meses más tarde de lo que el cliente espera. Tu compañía tiene mucha experiencia en el tema y muchos más recursos están disponibles para involucrarse en el proyecto. ¿Qué harás?

A Intensificación (crashing)

B Ejecución rápida (fast tracking)

C Estimar los recursos de la actividad

D Distribuir los recursos

20.43 Nicolasa ha creado un histograma de recursos y nota que en algunos recursos las barras se extienden por encima de la capacidad máxima de horas disponibles. ¿Qué debería hacer Nicolasa frente a esta situación?

A Disminuir el alcance

B Aumentar la cantidad de recursos

C Nivelación de recursos

D Comprimir el cronograma

20.44 Nico Mastich fue contratado por una organización internacional para gestionar un proyecto de construcción bajo un esquema Diseño-Construcción-Operación-Mantenimiento (DBOM). Esa organización tiene el hábito de utilizar el software X para ese tipo de proyectos. ¿Cómo sería considerado dicho software?

A El software será utilizado para el diseño, construcción, operación y mantenimiento del proyecto

B Factor ambiental de la empresa

C BIM (Modelo de información del edificio)

D Sistema integrado de control de cambios

20.45 Ale Moya está controlando el cronograma de un proyecto que consiste en definir la localización óptima de la tienda de café más grande del mundo. ¿Cuál será la herramienta de MENOR utilidad para el trabajo que está realizando Ale?

A   Análisis PERT

B   Optimización de recursos

C   Compresión del cronograma

D   Revisiones del desempeño

20.46 Benja Rod está trabajando en un proyecto con procesos repetibles. Al finalizar cada proceso, Benja examina los potenciales problemas, las nuevas restricciones y las actividades que no están agregando valor al proceso. De esa forma identifica oportunidades de mejora antes de comenzar con el próximo proceso. ¿Qué está realizando Benja?

A   Asegurar que se estén utilizando de manera eficiente los procesos del proyecto definidos en el plan de la calidad

B   Investigar las razones que causan las variaciones, riesgos o defectos, con el objetivo de solucionar los problemas

C   Análisis del proceso

D   Auditorías de la calidad

20.47 Carlos Rea fue asignado por la PMO de un hospital público como Director de un proyecto para implementar un servicio de mejora en la atención a clientes. ¿Cuál de los siguientes ítems debería ser el MENOS importante para Carlos al momento de gestionar la calidad en ese proyecto?

A   Convertir las necesidades y expectativas de calidad de los interesados en requisitos del proyecto

B   Lograr la satisfacción del cliente cuando el proyecto produzca lo planificado y el producto cubra las necesidades reales

C   Priorizar acciones de inspección de calidad

D   Mejora continua

20.48 Como director de un proyecto de desarrollo de software, recibes noticias del cliente de que a partir de ahora él desea que las facturas estén basadas en entregables. Esto significa que tendrás que monitorear los costos de cada pieza de trabajo que se haga. El sistema dentro de la organización está configurado para que se capturen los costos por recursos, no por entregable, lo que implicará cambios en el sistema de configuración. ¿Qué deberías hacer?

A   Solo monitorear los costos cuando el cliente lo requiera

B   Seguir los procedimientos internos acordados previamente y rechazar la solicitud del cliente

C   Monitorear los costos de ambas formas para cumplir con los requisitos internos y externos

D   Evaluar los impactos de cumplir con la solicitud del cliente

20.49 ¿Cuál de los siguientes documentos proporciona normalmente un resumen del cronograma de hitos?

A   Documento de requisitos del proyecto

B   Caso de negocio

C   Línea base de costos

D   Acta de Constitución

20.50 Pascuala está liderando un proyecto de reconversión de ríos contaminados por la polución para convertirlos en espacios naturales limpios y aptos para la pesca. Durante la ejecución de este proyecto Pascuala reporta de manera diaria sobre los avances de la limpieza del río a su patrocinador. En las últimas semanas, el gerente de medio ambiente ha comenzado a solicitar información semanal sobre los avances del proyecto ¿Qué debería hacer Pascuala?

A   Actualizar el registro de interesados

B   Solicitar al gerente de medio ambiente que solicite los informes de avance del proyecto directamente al patrocinador

C   Seguir enviando los reportes a su patrocinador e ignorar las solicitudes del gerente de medio ambiente

D   Actualizar el plan de comunicaciones

20.51 Chili está a cargo del desarrollo de una fábrica inteligente que producirá 500.000 pares de zapatillas al año utilizando robots, impresoras 3D y sensores automatizados. ¿Qué sería lo más importante para que ese proyecto sea exitoso?

A   Que Chili tenga conocimientos técnicos sobre fábricas inteligentes
B   Que Chili defina claramente los roles y responsabilidades de los miembros de su equipo
C   La co-ubicación de los miembros del equipo
D   El poder situacional que tenga Chili

20.52 Durante el análisis de riesgos para un proyecto que fabrica autos voladores, se está utilizando un árbol de decisión. ¿Qué obtenemos con la utilización de esta herramienta?

A   Reserva para contingencias
B   Valor monetario esperado de cada alternativa
C   Acciones correctivas recomendadas
D   Costo de gestión del riesgo que fue analizado

20.53 Para calcular la estimación a la conclusión (EAC), normalmente se necesita lo siguiente:

A   El índice de desempeño al costo (CPI) y el costo real (AC)
B   El costo real (AC) y la Estimación hasta la conclusión (ETC)
C   El valor ganado (EV) y el costo real (AC)
D   El índice de desempeño del costo (CPI), el costo real (AC) y el valor ganado (EV)

20.54 En una organización funcional, ¿Cuál es el papel del patrocinador del proyecto durante los procesos de ejecución?

A   Gestionar el control integrado de cambios
B   Comunicarse con los interesados claves del proyecto
C   Proporcionar a la alta gerencia el estado de avance del proyecto
D   Colaborar con el director de proyecto a resolver incidencias

20.55 ¿Cuál de los siguientes grupos de interesados aparecen en el Acta de Constitución del proyecto?

A   Los interesados que están muy interesados en el proyecto
B   Principales interesados que estarán involucrados en el proyecto
C   Los principales interesados que se verán afectados por el proyecto o pueden afectar al proyecto
D   Interesados a nivel ejecutivo

20.56 Los interesados del proyecto han sido clasificados de acuerdo a su interés, poder e interés en el proyecto. ¿Qué herramienta se suele utilizar para correlacionar estas tres variables de manera gráfica?

A   Matriz de clasificación de interesados
B   Cubo de interesados
C   Modelo de prominencia
D   Matriz de evaluación del involucramiento de los interesados

20.57 Edu Monet está controlando las adquisiciones de un proyecto de desarrollo de micro baterías para almacenar gran capacidad de energía. El proyecto tiene 10 contratistas y 20 subcontratistas. ¿Qué será lo que MENOS esté realizando Edu?

A   Evaluar si los entregables están alineados a los términos contractuales
B   Responder las preguntas de los posibles vendedores sobre los pliegos de la licitación
C   Gestionar los cambios en el enunciado del trabajo
D   Cerrar los contratos a medida que van terminando

20.58 Estás gestionando un proyecto para que una tubería de gas atraviese un río. El proyecto implica perforar el fondo del río insertando unos pilares para construir un puente donde se instalará la tubería. El mayor riesgo identificado fue el retraso del envío debido a la importación de los pilares de acero desde el extranjero. Se redactó un plan de respuesta para ese riesgo específico. Hubo dos embarques planificados hace unos pocos meses. Todos los equipos y el equipamiento de instalación estuvo listo en el banco sur del río el día que el envío llegó. El envío llegó al destino a tiempo pero al lado norte. Llevaría una semana entera traerlo al lado sur, puesto que el puente que puede aguantar el peso de los "trailers" está muy lejos del lugar de destino. Nadie en el equipo de proyecto había imaginado esto como un riesgo. ¿Cuál será la mejor forma de manejar esta situación?

A   Añadir esto al registro de riesgos, analizar y desarrollar una respuesta al riesgo, luego comunicar para asegurarse de que no se envíen más "trailers" al lado norte
B   Esto debería manejarse como una incidencia y no como un riesgo
C   Evaluar el impacto de esta incidencia en las líneas base del proyecto
D   Analizar este riesgo y usar la reserva de contingencia para riesgos no planificados

20.59 El Municipio de su ciudad llamó a una licitación para la construcción de piscinas públicas flotante en medio del principal río que atraviesa la ciudad. Su empresa ganó esa licitación y acaban de nombrarlo director de proyectos. ¿Cuál de los siguientes documentos será el MENOS utilizado para comenzar a identificar a los interesados?

A   Caso de negocio
B   Plan para la dirección del proyecto
C   Plan de gestión de los beneficios
D   Documentos de la adquisición

20.60 Durante la reunión de avance del proyecto están habiendo demasiados ruidos en las comunicaciones. ¿Cuál de los siguientes ítems NO sería un ejemplo de ruido?

A   Distancia entre emisor y receptor
B   Bloqueadores de la información
C   Hostilidad entre los miembros del equipo
D   Diferencias culturales

20.61 ¿Cuál de los siguientes ejemplos explicaría mejor la diferencia entre aseguramiento de la calidad y control de calidad?

A   Asegurar la calidad: verificar que los límites del diámetro de la rueda se han establecido correctamente. Controlar la calidad: medir el diámetro de la rueda para ver si está dentro de los límites.

B   Asegurar la calidad: asegurar que los errores de deletreo han sido controlados. Controlar la calidad: controlar los errores de deletreo en un manuscrito.

C   Asegurar la calidad: contar el número de títulos al dorso en los libros. Controlar la calidad: contar el número de libros impresos con el título al dorso.

D   Asegurar la calidad: Contar los cajones de libros producidos con defectos. Controlar la calidad: contar los cajones de libros producidos.

20.62 Romana dirige un proyecto para desarrollar auriculares especiales que se integrarán con lentes de realidad aumentada. Velia, quien trabaja en el equipo de Romana, está teniendo una discusión con un gerente de operaciones externo que quiere agregar funcionalidad en el alcance del proyecto sin formar parte del registro formal de interesados. Velia quiere evitar ese alcance adicional porque ocasionará retrasos en la ejecución. ¿Qué debería hacer Romana?

A   Empoderar a Velia para que resuelva el conflicto con el gerente de operaciones

B   Incorporar al gerente de operaciones al registro de interesados, escuchar su propuesta y considerar el inicio de una solicitud de cambio

C   Recomendar a Velia que no invierta más tiempo en discusiones con ese gerente y que se enfoque en el trabajo pendiente del proyecto

D   Persuadir al gerente de operaciones para que no agregue funcionalidad extra al proyecto

20.63 ¿Cuál de los siguientes ítems será el más relevante para desarrollar el enunciado del alcance del proyecto?

A   Documentación de requisitos

B   Matriz de trazabilidad de requisitos

C   Línea base del alcance

D   EDT

20.64 Estás colaborando con tu patrocinador en la redacción del acta de constitución para un proyecto de innovación y desarrollo. El patrocinador te ha solicitado que todo el proyecto se ejecute con los recursos internos de la organización. ¿En qué ítem del acta de constitución capturarás esto?

A   Restricciones

B   Supuestos

C   Entregables

D   Alcance del trabajo

20.65 En un proyecto de desarrollo de un producto sin precedentes en la industria, se están aplicando metodologías ágiles con ciclos de vida adaptativos incrementales. ¿Cuál sería la mejor forma de desarrollar un plan de gestión de calidad para cada iteración?

A   Crear el plan desde cero consultando continuamente a los interesados

B   Utilizar el mismo plan de calidad del último proyecto de desarrollo de producto que tuvo éxito

C   Comenzar con el plan del año pasado y añadir la herramienta de mejora continua en cada iteración

D   Retrasar el plan de calidad hasta la ejecución para asegurar que todos los requisitos están completamente definidos

20.66 Como director de proyecto llevas a cabo el proceso de subcontratación de uno de los entregables del proyecto. Las propuestas de los proveedores potenciales tienen una diferencia significativa en precio. ¿Qué deberías hacer?

A   Verificar si la declaración del trabajo y los términos del contrato están definidos claramente y no son ambiguos

B   Adjudicar el contrato al mejor proveedor

C   Adjudicar el contrato al oferente más bajo

D   Contratar al proveedor de mayor precio en caso que iguale el precio de su competidor

20.67 Durante la planificación de riesgos de un proyecto que quiere ofrecer Internet wifi de manera satelital a todos los países del mundo, Viridiana, directora del proyecto, identifica las regulaciones de telecomunicaciones de cada país como un riesgo. La probabilidad de que el proyecto no obtenga la viabilidad legal es alta y el impacto de ese riesgo sería muy alto. Por tal motivo, Viridiana decide hacer una cancelación anticipada del proyecto y transferir todos los recursos a otro de los proyectos prioritarios de su organización que tiene un mayor presupuesto. ¿Qué estrategia implementó Viridiana?

A   Evitar

B   Transferir

C   Escalar

D   Explotar

20.68   Durante una auditoría de aseguramiento de calidad, el equipo de auditoría se dio cuenta de que ocurrieron errores de codificación significativos durante la fase de pruebas. El código defectuoso se devolvió a los programadores para corregirlo o re-escribirlo. Tres programadores han sido reemplazados desde el comienzo por no ser capaces de corregir el código. Investigando más, el equipo de auditoría encontró que la mayoría de los errores reportados son relativos a la no conformidad con el código estándar de la compañía. También encontraron que existe un curso de capacitación sobre el código estándar de la compañía pero la política de la compañía dice que la capacitación no puede impartirse a los recursos temporales del proyecto y sólo está disponible para los empleados fijos de la compañía. ¿Qué es lo mejor que podemos hacer?

A   Utilizar programadores internos capacitados para este proyecto

B   Preparar una presentación rápida sobre los estándares de codificación de la compañía basada en los errores frecuentes observados y capacitar a los programadores temporales del proyecto

C   Recomendar la revisión de la política de capacitación de la compañía

D   Solicitar que esa capacitación no sea aplicable para los programadores

20.69   Gastón Balta, director de un proyecto de expansión global, perdió a Marcelo Richa, miembro clave de su equipo, debido a una enfermedad repentina. Gastón espera recuperar a Marcelo en tres semanas. Afortunadamente, Marcelo necesitará empezar a trabajar en un entregable del proyecto después de tres semanas. ¿Cuál es la mejor opción para Gastón?

A   Añadir una contingencia de tres semanas al cronograma del proyecto para cubrir la ausencia de Marcelo

B   Pedir el remplazo de Marcelo inmediatamente

C   Seguir en contacto con Marcelo para ver la evolución de su enfermedad

D   Llamar a Marcelo y dejarle saber la importancia de regresar a tiempo a trabajar en el proyecto

20.70 Dino es el director de un proyecto para la organización del asado más grande del mundo. En la empresa internacional que trabaja Dino, cada departamento está separado por regiones y conforman una unidad independiente con autonomía propia. Cada región tiene sus propios departamentos funcionales con su propia identidad, su propia estructura administrativa y un liderazgo independiente. Dino está teniendo problemas de comunicación debido a las diferencias culturales de su equipo en relación a otras regiones de su organización. ¿En qué estructura organizacional se encuentra Dino con este proyecto?

A   Matricial
B   Funcional
C   Multi-divisional
D   Orgánica

20.71 Quintilio Pomier está trabajando para un departamento del Gobierno durante el proceso de selección de recursos. Quintilio anunció en un periódico de gran circulación a un costo muy elevado. Quintilio podría haber invitado a la licitación a los seis proveedores de excelente reputación que han trabajado previamente en su departamento, por un costo cercano a cero. ¿Cuál puede ser la razón de invertir tanto dinero en ese anuncio?

A   Conseguir el mejor proveedor del mercado ampliando la base de potenciales proveedores
B   Quintilio no está al tanto de una solución más barata de anuncio en otros canales más económicos
C   Los recursos que se quieren contratar estarán bajo un contrato por tiempo y materiales
D   La normativa del Gobierno requiere invitación pública a los proveedores para estos contratos

20.72 Rodri Alon dirige un proyecto de desarrollo tecnológico. Rodri quiere utilizar el plan de gestión de calidad de otro desarrollo tecnológico similar que terminó el mes pasado y tuvo mucho éxito con su cliente. ¿Cuál será tu consejo?

A   El dueño del producto debería proporcionar el plan de gestión de calidad porque él conoce los criterios de calidad aceptable
B   Crear un nuevo plan de gestión de calidad para este proyecto, ya que cada proyecto es único
C   Actualizar el plan de gestión de calidad previo, manteniendo la visión de unicidad de este proyecto, los requisitos del cliente y las expectativas
D   Reutilice el plan de gestión de calidad del proyecto anterior para avanzar lo más rápido posible en la implementación de metodologías ágiles

20.73   Usted es el director de un proyecto de desarrollo de un dispositivo portátil para televisores. Durante la ejecución del proyecto descubres que por error el cliente olvidó de incluir uno de los requisitos en la línea base del alcance. ¿Qué deberías hacer?
A   Iniciar una solicitud de cambio
B   Incluir el requisito del cliente
C   Realizar una reparación de defectos
D   Implementar la acción correctiva

20.74   Santi María está elaborando una nueva variedad de vino para un cliente muy demandante y sofisticado. ¿Qué debería hacer Santi para validar el alcance con su cliente?
A   Formalizar la aceptación de los entregables por parte de su cliente
B   Alcanzar los requisitos para entregar los beneficios del negocio
C   Verificar que los entregables cumplan con los requisitos del cliente
D   Asegurar que los miembros del equipo completen todo el alcance acorde a la EDT aprobada por el cliente

20.75   Seba Fuenzal ha trabajado en diferentes proyectos para la organización Potre. En cada uno de esos proyectos, los miembros de su equipo atravesaron por el ciclo formación-turbulencia-normalización-desempeño-disolución. Sin embargo, en su último proyecto para la empresa Potre, los miembros clave del equipo de Seba han estado muy poco tiempo en formación y han saltado directamente a la fase de desempeño. ¿Cuál podría ser el principal motivo de lo que está ocurriendo?
A   Seba ha contratado personas de otras empresas con gran experiencia en el nuevo proyecto
B   Los miembros del equipo ya trabajaron juntos en otros proyectos de la empresa Potre
C   Seba ha buscado a los mejores recursos de la organización Potre, que si bien no se conocen, forman un equipo de alto rendimiento
D   Seba ha aplicado su poder experto para que los miembros del equipo no atraviesen por la fase de turbulencia

20.76 Adalgisa es la directora de un proyecto para implementar un nuevo sistema de reportes de ventas en una empresa de servicios. Acira, una de las programadoras, recomienda agregar una nueva funcionalidad al producto porque podría agregar valor al cliente. ¿Qué debería hacer Adalgisa durante el proceso de controlar el alcance?

A   Aprobar esa funcionalidad adicional para satisfacer al cliente

B   Cambiar la línea base del alcance para agregar esa nueva funcionalidad

C   Solicitar al cliente mayor presupuesto para poder agregar esa funcionalidad

D   Persuadir a Acira para no agregar esa funcionalidad que incrementará el alcance y no fue solicitada por el cliente

20.77 Estuviste gestionando un proyecto donde un proveedor bajo contrato estuvo realizando un trabajo. Debido a incidencias de desempeño decidiste terminar el contrato antes de acabar el trabajo. Esto dispara:

A   El proceso de cierre del proyecto o fase

B   Las disputas

C   El proceso de control de adquisiciones

D   Las negociaciones

20.78 Después de realizar la identificación de riesgos, compruebas que cerca del 50% son riesgos tecnológicos. ¿Qué será lo siguiente que hagas?

A   Cuantificar todos los riesgos, priorizarlos y definir la estrategia y plan de respuesta para cada uno de ellos

B   Priorizar los riesgos tecnológicos y redactar el plan de respuesta al riesgo para cada uno de ellos

C   Adquirir expertos en la materia y recursos altamente cualificados para la gestión de riesgos tecnológicos

D   Realizar un análisis cuantitativo de riesgos para los riesgos tecnológicos, antes de avanzar con la estrategia y planes de respuesta

20.79 Pepa Franches está recopilando los requisitos para el proyecto de elaboración de una nueva variedad de frutas. Durante este proceso ha representado gráficamente a los interesados externos al proyecto y su interrelación con el mismo. ¿Cuál de las siguientes herramientas está utilizando Pepa?

A   Mapeo mental

B   Diagrama de contexto

C   Diagrama de afinidad

D   Historias de usuarios

20.80 Tu cliente te pide un cambio para agregar una nueva funcionalidad en el producto que están desarrollando. Luego de evaluar cuidadosamente el impacto de ese cambio, determinas que el cronograma final no se verá afectado, pero que el presupuesto tendrá un incremento del 50%. ¿Qué es lo próximo que deberías hacer?

A   Solicitar al cliente que aporte un 50% más de presupuesto

B   Persuadir a tu cliente para no agregar esa funcionalidad que será demasiado costosa en relación a los beneficios que agregará

C   Solicitar al cliente que pague los costos de ese cambio más un porcentaje adicional para darle rentabilidad a tu empresa

D   Discutir los impactos de ese cambio con tu patrocinador

20.81 Sergio Rana, director de un proyecto tecnológico, está atravesando por varios cambios en el alcance de su proyecto. La organización de ese proyecto definió un Comité de Cambios compuesto por el cliente, patrocinador, un director comercial y el director de proyectos. ¿Cuál de las siguientes actividades NO llevará a cabo ese Comité?

A   Implementar los cambios aprobados

B   Aprobar los cambios solicitados

C   Rechazar los cambios solicitados

D   Postergar la decisión sobre las solicitudes de cambio

20.82 Roberta Koch, directora de un proyecto para la apertura de franquicias de una pizzería, ha definido junto con los miembros claves de su equipo el plan de respuesta para los principales riesgos individuales de ese proyecto. Roberta ha nombrado a cuatro colaboradores como los dueños de los riesgos más importantes. Por su parte, Roberta será la encargada de gestionar el riesgo global de ese proyecto. ¿A cuál de los siguientes riesgos debería implementar una respuesta Roberta durante la fase de ejecución?

A   Aumento del tipo de cambio que aumenta el costo de los insumos importados

B   Enfermedad de algún miembros del equipo que están trabajando sobre actividades críticas

C   Proveedores que entregan materiales defectuosos que afectan la calidad del proyecto

D   Cambio tecnológico del mercado que afecta la definición del alcance

20.83 Aisha está teniendo dificultades para asegurar que las habilidades y experiencias de todos los interesados del proyecto se utilicen y compartan de manera apropiada. ¿Qué herramienta podría utilizar Aisha para compartir el conocimiento tácito de los miembros de su equipo?

A   Repositorio compartido
B   Socialización
C   Base de datos
D   Registro de lecciones aprendidas

20.84 El proyecto está llegando a su fin y los miembros del equipo están muy preocupados sobre su futuro en esa organización. ¿En qué estructura organizacional es más probable que se encuentre ese proyecto?

A   Matricial débil
B   Funcional
C   Proyectizada
D   Virtual

20.85 Bastiana está controlando los cambios en el alcance en un proyecto estimado en $10.000 millones. ¿Cuál será la mayor preocupación de Bastiana?

A   Solicitudes de cambio rechazadas
B   Implementar planes de respuesta al riesgo
C   Solicitudes de cambio verbales de los interesados
D   Conflictos entre los miembros de su equipo

20.86 Su proyecto finalizó antes de lo previsto porque su cliente cree que no será posible obtener los beneficios que habían estimado antes de comenzar. ¿Qué es lo próximo que debería hacer?

A   Liberar a todos los miembros de su equipo para que puedan ser reasignados a otros proyectos
B   Validar el alcance
C   Documentar las lecciones aprendidas
D   Solicitar a su cliente la extensión del plazo hasta que se puedan reasignar todos los miembros de su equipo a otros proyectos

20.87 Briselda está probando diferentes métodos para hacer una estimación del presupuesto a la finalización del proyecto. ¿Cuál de los siguientes ítems NO será de utilidad para esas proyecciones?

A   Serie de tiempos
B   Ingeniería de sistemas
C   Método ingenuo
D   Econométrico

20.88 Eider es la directora de un proyecto de ley para implementar nuevas regulaciones ambientales en la industria automotriz. Fedora, patrocinadora del proyecto, le ha asignado a Eider los miembros de su equipo. ¿Cuál será la mayor preocupación de Eider?

A   Equipos virtuales
B   Calendario de recursos
C   Horas muertas de los miembros de su equipo
D   Decisiones multi-criterio

20.89 Indivar (Directora del proyecto) está trabajando en conjunto con Kayla (analista de negocios) para la documentación de cómo se realizarán los cambios en los requisitos del proyecto y quiénes deberían aprobar esos cambios. ¿En qué documento estarán registrando esto?

A   Plan de análisis de negocios
B   Plan de gestión del alcance
C   Matriz de trazabilidad
D   Enunciado del trabajo

20.90 Lionel Mes está controlando las adquisiciones para la construcción de un estadio de fútbol con capacidad para 250.000 personas. Hay más de 50 contratistas y subcontratistas en este proyecto. ¿Cuál será la MENOR responsabilidad de Lionel durante esta fase del proyecto?

A   Evaluar si los entregables están alineados a los términos contractuales
B   Gestionar los cambios en el enunciado del trabajo
C   Definir los términos de las contrataciones para un desempeño óptimo por parte del vendedor
D   Cerrar formalmente los contratos a medida que van culminando

20.91 Myrna está dirigiendo un proyecto con varios miembros del equipo contratados temporalmente de manera externa. Durante una de las reuniones de avance del proyecto, Myrna le recuerda a su equipo que vuelvan a leer el documento con la cultura de la organización, las guías de comunicación, el comportamiento durante las reuniones y las guías para la gestión de conflictos. ¿A qué documento se refiere Myrna?

A   Plan de gestión de los recursos

B   Código de ética y conducta profesional

C   Descripción de roles y responsabilidades

D   Acta del equipo

20.92 Opal está preocupada porque los miembros de su equipo no tienen oportunidades para desarrollar su inteligencia emocional interpersonal, lo que está ocasionando problemas de comunicación y retrasos al proyecto. ¿Cuál de los siguientes ítems podría estar ocasionando estos problemas?

A   Organización matricial débil

B   Asignación previa

C   Co-ubicación

D   Equipos virtuales

20.93 Has sido asignado a un proyecto porque el director de proyecto anterior dejó la compañía. Te has encontrado con que la moral del equipo es bastante baja y los miembros del equipo parecen ser un poco reservados. El equipo está teniendo dificultades para terminar los entregables. También hubo algunas pequeñas incidencias. ¿Qué puedes hacer para elevar la moral del equipo y resolver los problemas?

A   Informar a la dirección de que el director de proyecto anterior había fallado en las fases de desarrollo del equipo y que necesitarás tiempo extra para cambiar la actitud del equipo

B   Reconstruir el equipo rehaciendo la EDT con participación activa de todos los miembros del equipo en la re-planificación del proyecto

C   Reemplazar a los miembros clave del equipo por personas nuevas y entusiastas

D   Desarrollar a los miembros del equipo mediante un sistema de recompensas, clarificando sus roles y responsabilidades

20.94   Un proyecto tiene tres recursos planificados para trabajar en el diseño durante seis horas por día, durante doce días consecutivos. ¿Cuál será el valor planificado del trabajo de diseño al final del octavo día?

A   48 horas
B   576 horas
C   144 horas
D   216 horas

20.95   Cuando la mayoría de los miembros del equipo de un proyecto están trabajando de forma remota, los beneficios de "co-ubicación" se pierden. ¿Cuál de las siguientes es la mejor forma de gestionar este tipo de equipos?

A   Usar mensajes instantáneos para discutir en tiempo real
B   Juntar a todos los miembros del equipo en un evento fuera del lugar de trabajo
C   Planificar conferencias diarias con el equipo
D   Pedir a todos que vengan una vez por semana para beneficiarse de estar juntos

20.96   Orion Otto está identificando los riesgos de un proyecto de expedición a uno de los lugares más inhóspitos del planeta. Con estos riesgos identificados, comenzará a elaborar el informe de riesgos con las causas de los principales riesgos individuales. ¿Cuál de las siguientes herramientas será de MENOR utilidad para Orion?

A   Análisis de documentos
B   Análisis de la causa-raíz
C   Análisis de supuestos y restricciones
D   Análisis DAFO

20.97   Eres el director de un proyecto de mejora de procesos de negocio. El entregable final fue rechazado por el cliente. El equipo ha identificado un arreglo para el entregable y ahora está trabajando en ello para que el entregable pueda ser reenviado al cliente para su aceptación. Cuando el entregable sea aceptado por el cliente, ¿Cuál de los siguientes procesos empezarás?

A   Controlar las comunicaciones
B   Validar el alcance
C   Monitoreo y control
D   Cierre

20.98 Estás planificando los costos de en un proyecto con ciclo de vida predictivo. ¿En qué fase del proyecto es más probable que se consuma la mayor parte del presupuesto?

A   Inicio

B   Ejecución

C   Monitoreo y control

D   Proporcional entre planificación, ejecución, monitoreo y control

20.99 Eres el director de un proyecto de construcción de una autopista. El proyecto lleva parado cinco días debido a lluvias continuas y fuertes vientos. Sin embargo, no estás preocupado por ese retraso porque contrataste un seguro contra posibles inclemencias climáticas en tu proyecto. ¿Cómo has gestionado este riesgo?

A   Compartir

B   Aceptar

C   Evitar

D   Transferir

20-100 Usted es el director de un proyecto de servicios en la industria del consumo masivo. Su organización le ha solicitado que aplique estrictamente la norma ISO 21500, ¿Cuál o cuáles son los procesos más utilizados en la fase de inicio según esa norma?

A   Desarrollar el Acta de Constitución

B   Identificar a los interesados

C   Desarrollar el Acta de Constitución e Identificar a los interesados

D   Identificar a los interesados y Desarrollar el plan para la dirección del proyecto

20-101 Estabas gestionando un proyecto farmacéutico cuando el Patrocinador del proyecto, que era el director del laboratorio se fue de la compañía. Inmediatamente la dirección asignó sus responsabilidades a otra persona que se convirtió en el nuevo director del laboratorio, y por defecto se convirtió en el nuevo Patrocinador del proyecto. ¿Cuál es la cosa más efectiva que puedes hacer?

A   Entender las necesidades de comunicación del nuevo patrocinador y actualizar el plan de gestión de las comunicaciones

B   Convocarle a una reunión, presentarte a ti mismo y hacer una revisión detallada del proyecto

C   Darle acceso al repositorio del proyecto y enviarle información de acceso para que pueda revisar los registros del proyecto de acuerdo con su disponibilidad

D   Enviarle los detalles de programación, presupuesto y alcance junto con el último informe de progreso

20-102 Una directora de un proyecto de implantación de portátiles a gran escala está haciendo un análisis de la reserva durante el monitoreo de riesgos. ¿Qué está comparando?

A   Cuánta reserva de gestión se ha gastado comparado con cuánta reserva de contingencia se ha gastado

B   Cuánta reserva de contingencia se ha gastado comparada con cuánto presupuesto le queda al proyecto

C   Cuánta reserva de gestión se gastó en riesgos comparado con cuánto se gastó en otros entregables

D   Cuánta reserva de contingencia queda comparado con cuánta es la cantidad de riesgo restante

20-103 En tu proyecto ya han finalizado con el plan de respuesta a todos los riesgos identificados. Sin embargo, uno de los técnicos del equipo comenta que el año próximo podrían ocurrir nuevos riesgos no identificados hasta el momento y que eso dependerá de los cambios del mercado. ¿Qué proceso deberías implementar para asegurarte de cubrir esos riesgos futuros?

A   Implementar el plan de respuesta al riesgo

B   Monitoreo de riesgos

C   Planificación de riesgos

D   Análisis cuantitativo de riesgos

20-104 Luego de implementar el plan de respuesta para uno de los riesgos positivos de su proyecto, se observa que no se ha podido eliminar todo el riesgo y parte de ese riesgo todavía subsiste. Esto suele ser un ejemplo de _____

A   Síntomas del riesgo

B   Riesgo residual

C   Riesgo secundario

D   Disparador de riesgo

20-105 Eres el director de un proyecto de implantación tecnológica y estás planificando las líneas base de alcance, tiempo y costo. Los miembros de tu equipo ya van por la versión 3 que todavía no ha sido aprobada por el patrocinador. ¿Qué será lo más importante antes de avanzar con la versión 4 de esas líneas base?

A   Solicitar al patrocinador que apruebe la versión 3

B   Verificar con los miembros del equipo que se esté incluyendo solamente el alcance solicitado por el cliente

C   Solicitar al comité de cambios una autorización para cambiar las líneas bases

D   Iniciar el proceso del control integrado de cambios

20-106 Un director de proyecto se fue de la compañía y dejó un proyecto en medio de su ejecución. La compañía asignó un nuevo director de proyecto y éste descubrió que el proyecto se había gestionado sin controles. No existía ninguna organización clara y los entregables no estaban definidos. ¿Qué será lo primero que hará este nuevo director de proyecto?

A   Llevar a cabo un ejercicio de lecciones aprendidas y documentarlo
B   Crear un criterio de aceptación para cada uno de los entregables
C   Identificar el ciclo de vida del proyecto, definir los entregables y elaborar una matriz RAM
D   Convocar una reunión de kick-off para dar claras instrucciones a los miembros de su equipo sobre los entregables que deben completar

20-107 ¿Cuál es el impacto en el desarrollo de un equipo de proyecto en una organización donde el equipo entero reporta a un director funcional?

A   El desarrollo del equipo es tedioso y difícil de gestionar
B   No hay necesidad de desarrollar el equipo en una organización funcional puesto que cada uno en el equipo ya trabaja en el mismo grupo
C   El desarrollo del equipo es un proceso en marcha mucho más simple
D   No hay impacto en el desarrollo del equipo, porque el desarrollo del equipo es independiente de la estructura de que se trate.

20-108 Almudena ha decidido utilizar metodologías ágiles con recursos 100% dedicados para aumentar la probabilidad de acortar la duración del proyecto. ¿Qué tipo de estrategia ha implementado Almudena?

A   Escalar
B   Explotar
C   Mejorar
D   Compartir

20-109 En su organización están elaborando un caso de negocio para un proyecto que involucra varios riesgos. Se ha trabajado con tres escenarios de lo que podría ocurrir con la rentabilidad final del proyecto. Existe un 60% de probabilidad que se ganen $20 millones, un 30% de probabilidad de ganar $50 millones y un 10% de probabilidad de perder $100 millones. ¿Cuál será el valor monetario esperado de ese proyecto?

A   - $30 millones
B $17 millones
C $15 millones
D $20 millones

20-110 Columba está realizando una inspección de los trabajos del contratista en un proyecto de construcción. ¿Qué está haciendo Columba?

A   Revisión formal y sistemática de todos los procesos de las adquisiciones

B   Identificar mejoras y lecciones aprendidas para utilizar en futuros procesos de contrataciones

C   Controlar si se están respetando las políticas y procedimientos de las contrataciones

D   Análisis de cámaras web para comparar los avances de obra con los términos contractuales

20-111 El equipo de dirección del proyecto está aprobando todos los bienes y servicios entregados por el proveedor antes de proceder con el cierre formal del contrato. ¿Cuál de los siguientes ítems será MENOS probable que obtenga como salida del control de las adquisiciones?

A   Adquisiciones cerradas mediante la notificación formal al vendedor

B   Solicitudes de cambio aprobadas

C   Información sobre el desempeño del trabajo del vendedor

D   Actualizaciones de la documentación de las adquisiciones

20-112 En base a los datos de la siguiente tabla, calcula el costo de acortar la programación en siete días.

Actividad	Duración	Predecesora	Costo de Actividad	Costo por día que se acorte	Número días posibles de acortar
A	7		2000	200	0
B	9	A	3000	200	2
C	8	B	2000	300	2
D	9	C	4000	300	3
E	5	C	3000	500	3
F	4	D, E	1000	100	0

A   2500

B   9000

C   1600

D   1900

20-113 Fuensanta está realizando revisiones de calidad en cada iteración del proyecto con el objetivo de mantener la satisfacción del cliente a lo largo de todo el proyecto. Para ello utiliza la retrospectiva analizando primero la causa raíz del problema, luego proponiendo pilotos y finalmente evaluando si esos pilotos resolvieron el problema. ¿Qué tipo de metodologías estará utilizando Fuensanta?

A   Ágil
B   Seis Sigma
C   PDCA (Plan-Do-Check-Act)
D   Lean

20-114 Eguzkiñe está ejecutando un proyecto que consiste en reducir la variabilidad de los procesos con el objetivo de obtener como máximo 3,4 defectos por cada millón de bienes que produce su empresa. ¿Cuál de los siguientes conceptos está alineado con ese proyecto?

A   Six Sigma
B   Ágil
C   Lean
D   TQM (Total Quality Management)

20-115 Goizargi Gotzone está analizando si los desvíos que han ocurrido en el alcance del proyecto son significativos como para recomendar acciones correctivas y de esa forma cumplir con la satisfacción del cliente. ¿Qué está haciendo Goizargi?

A   Controlando el alcance
B   Analizar el desempeño del alcance a través del tiempo para detectar mejoras o deterioro
C   Buscar la aprobación del cliente a medida que se van completando los entregables
D   Asegurar que sólo los cambios solicitados por el cliente se realicen mediante el proceso de control integrado de cambios

20-116 Ivet Izarra está documentando a todas las personas y organizaciones cuyos intereses se verán afectados por el proyecto. ¿A partir de qué momento podría comenzar Ivet a desarrollar esta documentación?

A   Antes de la firma del acta de constitución del proyecto
B   Después de la firma del acta de constitución del proyecto
C   Durante la firma del acta de constitución del proyecto
D   En las fases iniciales de la planificación del proyecto

20-117 Estás trabajando en un proyecto y quieres averiguar la lista de proyectos que están relacionados de forma cercana con tu proyecto y que deberían ser gestionados juntos con tu proyecto. Tú encontrarías esta información en:

A Portafolio
B Programa
C Plan estratégico
D Acta de Constitución del proyecto

20-118 Usted está planificando un proyecto que tiene 7 actividades. El nombre y duración de cada actividad es la siguiente: A 10 días, B 8 días, C 1 día, D 2 días, E 5 días, F 3 días y G 7 días. A continuación, se presenta el diagrama de red con la secuencia entre las actividades. ¿Cuál es la ruta casi crítica?

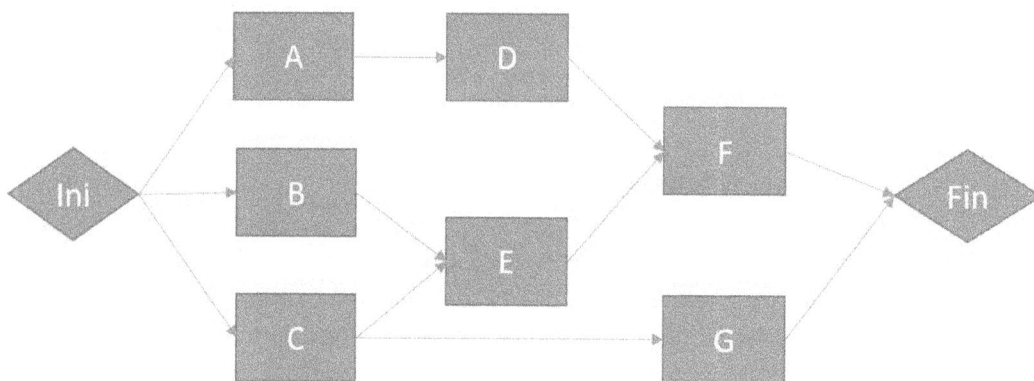

A ADF
B BEF
C CEF
D CG

20-119 Usted está planificando un proyecto que tiene 7 actividades. El nombre y duración de cada actividad es la siguiente: A 10 días, B 8 días, C 1 día, D 2 días, E 5 días, F 3 días y G 7 días. A continuación, se presenta el diagrama de red con la secuencia entre las actividades. ¿Cuál es la holgura total de la actividad C?

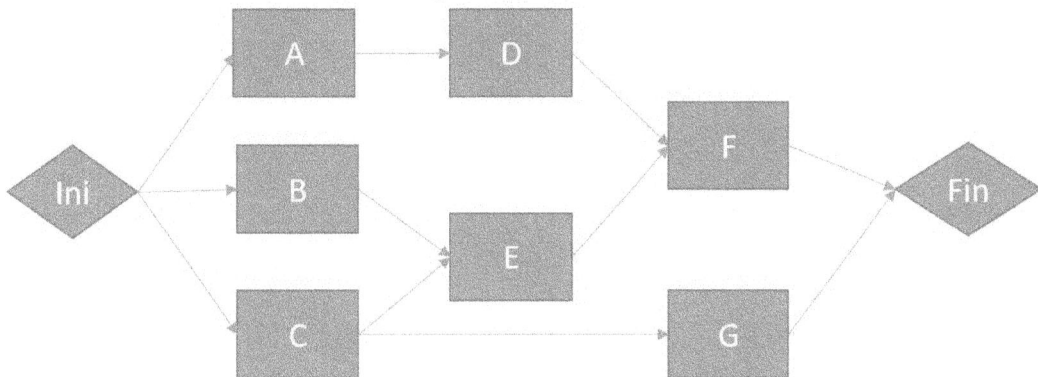

A   1 día
B   0 días
C   8 días
D   7 días

20-120 ¿Cuál de las siguientes herramientas recomendaría utilizar para gestionar los reclamos y apelaciones cuando el comprador y vendedor no se ponen de acuerdo con los pagos de un contrato de precio fijo?
A   ADR
B   SLA
C   MOA
D   ISA

20-121 Ledicia Mesede ha organizado el cronograma del proyecto en una hoja de ruta que incluye sprints de 2 semanas, historias de usuarios en cada sprint y especificaciones para cada historia. Lo único que tiene el alcance definido es el primer sprint, todo el resto se irá definiendo con el avance del proyecto. ¿Qué herramienta está utilizando Ledicia?
A   Planificación ágil de entregas
B   Ejecución rápida (Fast tracking)
C   Intensificación (Crashing)
D   Modelado para la optimización del cronograma

20-122 Una directora de proyecto ha invitado a presentar propuestas a una lista de proveedores cualificados para conseguir unos cuantos entregables de su proyecto. Ella ha creado un criterio de evaluación para comparar las propuestas y seleccionar la mejor. ¿Qué proceso está siguiendo?

A   Efectuar las adquisiciones
B   Iniciar las adquisiciones
C   Controlar las adquisiciones
D   Planificar las adquisiciones

20-123 Katixa está utilizando la técnica del valor ganado para controlar los costos de su proyecto. ¿Que son el EAC y la ETC?

A   Datos de desempeño del costo
B   Datos de desempeño del cronograma
C   Lecciones aprendidas
D   Pronósticos

20-124 Un hospital con poca cultura sobre dirección de proyectos, quiere desarrollar un sistema de información clínica (CIS). Por tal motivo, asigna a Merces Lorenza como directora de proyectos senior durante tres años. Merces trabajará con varios proyectos que comienzan y terminan en diferentes momentos. ¿Qué podría decir Merces a los Directores del hospital en relación a los portafolios, programas y proyectos?

A   No todos los proyectos del hospital pertenecen a un programa o portafolio
B   Todos los portafolios del hospital tienen programas asociados
C   Un gran programa podría tener un único proyecto
D   El hospital ha trabajado con una dirección de proyectos organizacional (OPM)

20-125 Eres un nuevo director de proyecto y has sido asignado para estimar los costos de un proyecto. Vas a ver a un director de proyecto senior que lleva trabajando en la compañía diez años para pedirle consejo. Te recomienda que incrementes tu estimación de costo en un 25% puesto que la dirección siempre recorta el presupuesto un 25% antes de aprobar el proyecto. ¿Qué harás?

A   Inflar la estimación de costo de cada tarea en un 25%
B   Presentar la estimación de costo real y explicar el impacto que tendría en el proyecto un recorte de presupuesto
C   Añadir una reserva de contingencia de un 25% de los costos
D   Presentar la estimación de costo real aclarando que sólo gestionarás el proyecto si el presupuesto se aprueba sin recortes

20-126 Eres el patrocinador de un proyecto para un cliente externo. ¿Cuál de los siguientes ítems NO necesitarás para comenzar a desarrollar el Acta de Constitución donde nombrarás al director de proyectos?

A   Plan de gestión de beneficios

B   Acuerdos

C   Plan de gestión del alcance

D   Caso de negocio

20-127 Machiko está gestionando el involucramiento de los interesados en el proyecto a los fines de satisfacer sus necesidades y mitigar potenciales conflictos. ¿Cuál de los siguientes ítems será de MENOR utilidad para Machiko?

A   Matriz de evaluación del involucramiento de los interesados

B   Conciencia cultural

C   Conciencia política

D   Reglas básicas

20-128 Un índice de desempeño del cronograma (SPI) es 1.05. ¿Cuál es el estado del cronograma del proyecto?

A   El proyecto está adelantado

B   El proyecto va retrasado

C   No puede determinarse sólo con el SPI

D   Según la programación

20-129 Paladia, directora del proyecto, está comparando las duraciones reales de cada actividad en relación a la línea base del cronograma. Paladia quiere evaluar si existen cambios significativos que requieran de alguna acción correctiva. Panphila una de los miembros claves del equipo, le informa a Paladia que todas sus actividades están con un avance del 0%. Paladia está preocupada porque ha visto a Panphila invirtiendo mucho tiempo en esas actividades del proyecto. ¿Qué podría estar ocurriendo?

A   Panphila informa con la regla 0/100

B   Paladia utiliza un diagrama de quemado

C   Panphila no está capacitada para realizar las actividades que le han encomendado

D   Paladia no participó a Panphila para elaborar la línea base del cronograma

20-130 Usted está trabajando en un proyecto con ciclo de vida adaptativo donde su cliente le va a re-integrar el valor de todas las horas de trabajo. Además, si el entregable satisface las expectativas del cliente, le darán $50.000 adicionales. Usted está preocupado porque ese adicional es demasiado subjetivo y no existe la posibilidad de iniciar una demanda judicial. ¿Qué tipo de contrato es el que están utilizando?

A   Al utilizar criterios subjetivos, ese tipo de contrato no existe de manera formal

B   Reembolso de costo más honorario (CPFF)

C   Reembolso de costo más incentivo (CPIF)

D   Reembolso de costo más premio (CPAF)

20-131 Estás gestionando un proyecto de remodelación del espacio de oficina. Estás negociando el contrato con un proveedor potencial. ¿Cuál de los siguientes ítems será tu rol MENOS importante en la gestión de las adquisiciones de este proyecto?

A   Incluir el plazo de contratación en el cronograma del proyecto

B   Comprender perfectamente todos los términos del contrato

C   Negociar el contrato para cuidar la relación con el vendedor y asegurar que el vendedor gane dinero

D   Firmar el contrato

20-132 Una compañía de tecnología está investigando un proyecto cuyo flujo de fondos para los próximos 10 años, descontados a una tasa del 15% anual, está arrojando un Valor actual neto (VNA) de $0. ¿Cuál será la tasa interna de retorno (TIR) de ese proyecto?

A   15%

B   0

C   Mayor a 15%

D   Menor a 15%

20-133 Durante una reunión habitual del proyecto, un miembro del equipo recomienda un cambio en el diseño del producto que parece atractivo pero que no añade valor al cliente. El producto es para uso interno del cliente. El equipo acuerda que si el cliente está de acuerdo con este cambio, no mejorará el producto sino que cambiará el alcance, el tiempo y el costo. Además de eso un beneficio secundario es que la organización conseguirá mayor beneficio del proyecto y todos en el proyecto se involucrarán por más tiempo. Un miembro del equipo dijo: "es una situación ganar-ganar para todos". Tu compañía quiere venderlo al cliente como una oportunidad. ¿Cuál será tu respuesta?

A   Esto es un cambio continúo en el alcance del proyecto, no puedes permitir esa corrupción del alcance

B   Rechaza vender algo que no añade valor al cliente

C   Acuerda una reunión con el cliente para vender ese nuevo diseño

D   Evalúa el impacto en el presupuesto y en cronograma antes de hablar con el cliente

20-134 Quimey está gestionando la calidad de uno de los entregables de su proyecto representando la distribución de frecuencias en un histograma con las causas de las fallas del producto. El objetivo de Quimey es detectar fácilmente cuáles son los factores más importantes que están originando las fallas. ¿Qué herramienta estará utilizando?

A   Diagrama de Control

B   Diagrama de matriz formato L

C   Diagrama de Pareto

D   Diagrama de causa-efecto o espina de pescado

20-135 ¿Cuál de las siguientes estrategias de respuesta al riesgo, solamente aplica a riesgos positivos?

A   Aceptación activa

B   Compartir

C   Aceptación pasiva

D   Escalar

20-136 La tabla siguiente contiene datos del desempeño de un proyecto. ¿Qué actividad tiene el mejor desempeño considerando el cronograma y el presupuesto?

Actividad	Valor planeado (PV)	Costo Actual (AC)	Valor ganado (EV)
A	1200	1000	1100
B	600	500	600
C	300	300	300
D	1800	2000	1800

A   Actividad B
B   Actividad D
C   Actividad A
D   Actividad C

20-137 Usted quiere gestionar un proyecto de manera integral. ¿En cuál de los siguientes grupos tendrá la MENOR cantidad de procesos?
A   Inicio
B   Ejecución
C   Monitoreo y control
D   Cierre

20-138 Rainey trabaja con todos los miembros de su equipo co-ubicados. Sin embargo, está teniendo problemas para desarrollar a su equipo. ¿Cuál de los siguientes ítems será de mayor utilidad para Rainey?
A   Participar de un curso de capacitación para aprender habilidades de comunicación
B   Utilizar modernas herramientas de comunicación virtual
C   Asegurar que todos los miembros del equipo participen en la creación de la EDT
D   Distribuir el número de teléfono celular a todos los miembros de su equipo para facilitar la socialización

20-139 Eres el director de un proyecto de desarrollo de una página web. Se adjudicó un contrato a un proveedor para desarrollar el cuadro de mando para integrar con los otros trabajos de desarrollo de la web. Bajo los términos del contrato, se le pidió al proveedor que preparase un programa de entrevistas con los interesados para clarificar requisitos. El proveedor desarrolló el cuadro de mando sin clarificar requisitos con los interesados y lo envió al comprador para su aprobación. Varios interesados están disconformes con lo ocurrido. ¿Qué recomendarías?

A   Advertir al proveedor que si no clarifica los requisitos inmediatamente el contrato se cancelará

B   Cancelar el contrato y adjudicarlo al segundo mejor proveedor

C   Pedir al proveedor por escrito que pare el trabajo para incluir el programa de entrevistas

D   Crear un cronograma y enviarla al proveedor para mover las cosas hacia adelante

20-140 Un proyecto de renovación de oficina está en marcha. El Patrocinador, que está en el mismo lugar donde se lleva a cabo el proyecto, visita con frecuencia el área de trabajo. Se han renovado 300 de los 400 escritorios que hay que renovar cuando el patrocinador pide instalar otro enchufe en el lado derecho de cada pupitre, además del que ya estaba planificado en el lado izquierdo. Esto es un ejemplo de:

A   Solicitud de cambio

B   Micro gestión

C   Corrupción del alcance

D   Validación del alcance

20-141 Un director de proyecto quiere exceder las expectativas de la alta gerencia. Para conseguirlo, ha desarrollado un cronograma muy agresivo y un presupuesto muy ajustado. ¿Qué es lo que ha realizado?

A   Evitar el riesgo

B   Aceptar el riesgo

C   Transferir el riesgo

D   Agregar riesgos

20-142 Usted está controlando el cronograma del proyecto utilizando el índice SPI. A pesar de que varias actividades han sufrido retrasos en el proyecto, el SPI de esas actividades que ya han finalizado indica un valor de 1. ¿Qué podría utilizar para mejorar la forma de gestionar el estado de avance de las actividades?

A   Prestar mayor atención al SV en lugar del SPI
B   Técnica del cronograma ganado
C   Utilizar la regla 50/50
D   Técnica del valor ganado

20-143 Usted ha llegado a la etapa final de un proyecto que desarrolló componentes para un reloj transparente. ¿Qué será lo último que haga en este proyecto?

A   Transferir el entregable final al cliente
B   Desafectar los recursos asignados al proyecto
C   Actualizar los activos de los procesos de la organización
D   Redactar las lecciones aprendidas

20-144 Un proyecto está evaluando el uso de la tecnología de comunicación. ¿Cuál de los siguientes ítems NO es un factor ambiental que pueda afectar generalmente al proyecto?

A   Distribución geográfica de los miembros del equipo de proyecto
B   Cultura organizacional
C   Políticas de gestión de contrataciones
D   Tolerancia al riesgo del patrocinador

20-145 Un proyecto para la cruza de dos especies de animales en peligro de extinción ha llegado a su fin introduciendo una nueva especie en el ecosistema. ¿Qué será lo último que debería hacer en este proyecto?

A   Buscar la aceptación formal de los entregables por parte del cliente
B   Medir la satisfacción del cliente
C   Transferir el producto final al cliente
D   Cerrar los contratos

20-146 Una vez que se completa el proceso de Control Integrado de Cambios, ¿Qué se hace a continuación?

A   Se recomiendan las acciones correctivas
B   Se publican las acciones preventivas
C   Se cierra la solicitud de cambio
D   Se implementa el cambio aprobado

20-147 Un gran proyecto requiere que se generen documentos de requisitos para cada uno de los 18 departamentos. El equipo de proyecto creó una lista de verificación para controlar la calidad de dichos documentos. La lista de verificación se rellena para cada uno de los documentos que se producen y se aprueba antes de enviarla al equipo de diseño. El equipo de diseño ha detectado problemas en los cuatro documentos que se han producido hasta ahora. ¿Cuál de las siguientes es una acción apropiada que debería llevarse a cabo?

A   Informar al equipo de diseño de que es demasiado tarde para una objeción puesto que los documentos ya han sido aprobados

B   Revisar el plan de gestión de calidad, la lista de verificación y los problemas identificados por el equipo de diseño

C   Reproducir los documentos de requisitos para que las incidencias no se repitan

D   Compartir las listas de verificación completadas con el equipo de diseño para demostrar que se alcanzaron los estándares de calidad establecidos

20-148 Rahue está identificando qué entregables del proyecto podrían adquirirse fuera de la organización y cuáles podrían ser provistos internamente por el equipo de proyecto. Además, Rahue está analizando cuál es el tipo de contrato más conveniente para cada caso en particular y cuáles deberían ser los criterios para la selección de los vendedores. ¿Cuál de los siguientes ítems será un factor importante para que Rahue se decida por la provisión externa de algunos insumos del proyecto?

A   Mantener un nivel mínimo de utilización de recursos

B   Acceso a auditores objetivos

C   Control sobre el proceso productivo

D   Falta de vendedores alternativos

20-149 Un cliente te ha pedido revisar un entregable parcial terminado antes de pasar a la siguiente fase. Tu respuesta será:

A   Por supuesto, todos los entregables completados deberían ser revisados por el cliente

B   Por favor posterguemos esa revisión hasta que no tengamos el entregable final completado

C   Comencemos con el proceso de control integrado de cambios para solicitar autorización formal para enviar ese entregable parcial

D   No puedo enviar ese entregable porque fue completados hace bastante tiempo y ya venció el plazo formal para hacer revisiones

20-150 Otro director de proyecto te pide tu opinión sobre un problema de disciplina que está teniendo en su proyecto. Uno de los miembros de su equipo llega tarde a todas las reuniones y eso está afectando al avance del proyecto. Tu consejo es hablar con esa persona en privado para averiguar cuál es el problema. ¿Qué tipo de poder explica este escenario?

A   Poder del experto
B   Poder formal
C   Poder directivo
D   Poder coactivo

20-151 Ya se ha completado el caso de negocios para un proyecto interno de su organización. El patrocinador lo nombra director de proyectos y le entrega un documento con la descripción detalla del servicio que debe realizar con ese proyecto. ¿Qué será ese documento?

A   Enunciado del alcance del trabajo del proyecto (SOW)
B   Acta de constitución del proyecto
C   Plan de gestión del alcance ®
D   Plan de gestión de los requisitos

20-152 ¿Qué ocurre cuando un director de proyecto involucra a los miembros de su equipo en la planificación del proyecto?

A   Se desarrolla un plan alcanzable más realista
B   Lleva demasiado tiempo planificar el proyecto
C   La definición clara del alcance resulta en un cronograma difícil de llevar a cabo
D   Los miembros del equipo pasarán por la fase de turbulencia

20-153 Al final de cada fase de un proyecto de racionalización de procesos de negocio, el equipo de proyecto lleva a cabo una sesión de lecciones aprendidas. Los resultados de dichas lecciones aprendidas:

A   Se publican en un boletín de la organización para beneficio de todos los interesados
B   Se distribuye a cada interesado que participó en el proyecto para su información y retroalimentación
C   Se pone en los registros de cada miembro del equipo para utilizarse como parte de su evaluación de desempeño
D   Se mantiene confidencial hasta que el proyecto finalice

20-154 El proyecto tuvo seis miembros en su equipo durante la fase de toma de requisitos, pero el número se incrementó a 11 en la fase de diseño. ¿Cuántos canales de comunicación se añadieron en la fase de diseño?

A   40

B   15

C   25

D   55

20-155 Las principales características de los objetivos de un proyecto pueden ser todas las siguientes EXCEPTO:

A   Se perfeccionan durante la Planificación

B   Son SMART

C   Son responsabilidad del Gerente General de la organización

D   Están orientados a resultados

20-156 Te incorporaste recientemente a una empresa donde te pidieron que te hagas cargo de un proyecto que está en ejecución. Lo primero que hiciste fue revisar la documentación del proyecto. Averiguaste que el Acta de Constitución fue aprobada por cuatro Patrocinadores. ¿Cuál será tu preocupación principal?

A   Gestionar el proyecto con múltiples patrocinadores

B   Identificar quién recibirá los informes

C   Identificar quién aceptará los entregables

D   Comunicar en un entorno matricial

20-157 Durante la auditoría de un proyecto en medio de la fase de ejecución el equipo encontró que algunas de las tareas no se hicieron ni en el tiempo ni en la secuencia adecuada. ¿Cuál podría ser la razón de estas anomalías?

A   El sistema de autorización del trabajo no fue establecido o no funcionó adecuadamente

B   El plan de comunicación no existe

C   La coordinación del equipo es pobre

D   La EDT no existe

20-158 Trabajas para un departamento del Gobierno como Director de un proyecto de Tecnología. El Comité de Cambios de tu proyecto se reúne regularmente y procesa todas las solicitudes de cambio enviadas. Este mes has tenido múltiples solicitudes de cambios de varios interesados que impactarán al cronograma y al presupuesto. Afortunadamente de siete cambios solicitados, seis fueron aprobados. ¿Cómo procederás?

A   Monitorizarás los cambios aprobados contra las líneas base de costo y programación

B   Actualizarás el caso de negocio

C   Actualizarás las líneas base de costo y cronograma para reflejar los cambios

D   Utilizarás el sistema de autorización del trabajo para asegurar que las solicitudes de cambio se procesan

20-159 Los procesos de dirección de proyectos difieren de los procesos orientados a producto en que los procesos de dirección de proyectos:

A   Son muchos más complejos que los procesos orientados a producto

B   Aseguran que el proyecto avance gradualmente hasta su terminación

C   Especifican y crean productos del proyecto

D   Tienen un fin y un comienzo claro

20-160 ¿Cuál de las siguientes es la mejor acción para incrementar la probabilidad de que los entregables sean aceptados?

A   Ofrecer un descuento en las tarifas si los entregables se aceptan rápidamente

B   Involucrar a los interesados durante el inicio

C   Enviar una solicitud escrita para aceptar los entregables

D   Pedir a los interesados que definan los entregables

20-161 Malala es la directora de un gran proyecto y reporta de manera directa a Sibila quien es la directora de la PMO. ¿Cómo debería considerar Malala los gastos de oficina donde se encuentra Sibila para monitorear los informes de avance del proyecto?

A   Costo variable

B   Costo directo

C   Costo indirecto

D   Costo hundido

20-162 ¿Cuál de los siguientes procesos incluye identificar nuevos riesgos y monitorear riesgos residuales?
A   Identificar los riesgos
B   Planificar la gestión de riesgos
C   Gestión de riesgos residuales
D   Monitorear los riesgos

20-163 ¿Cuál de las siguientes habilidades es la MENOS importante para trabajar como un director de proyecto efectivo?
A   Lenguaje corporal
B   Escucha activa
C   Negociación
D   Colaboración

20-164 Teresa Simone está recomendando acciones correctivas para eliminar la causa-raíz de algunos problemas. Además, el departamento de Teresa realiza inspecciones para evitar que los errores lleguen al cliente y asegurar que los entregables estén completos y cumplan con las expectativas del cliente. ¿Qué será lo MENOS importante para Teresa y su equipo para llevar a cabo estas actividades?
A   Métricas de calidad
B   Pruebas y evaluación
C   Diseño para servicio
D   Entregables

20-165 Wereburga, en su rol de directora de proyecto, está utilizando el plan de gestión de calidad para cumplir con los objetivos de calidad de los entregables del proyecto. Wereburga, luego de asegurar que se están utilizando los planes de calidad, ha identificado algunos procesos inefectivos que deberían ser mejorados. ¿En qué proceso se encuentra Wereburga?
A   Planificar la calidad
B   Controlar la calidad
C   Gestionar la calidad
D   Aseguramiento de la calidad

20-166 ¿Puedes calcular la variación del costo (CV) de un proyecto si, en un cierto momento en el tiempo, el costo real (AC) es de $19500 y el valor ganado (EV) es $24000? Si la respuesta fuera SI, ¿qué es eso?

A   SI. CV es -$4500
B   SI. CV es 1,23
C   NO. Falta información para calcular el CV
D   SI. CV es $4500

20-167 Eres el director de un proyecto de mejora de una aplicación. Uno de tus diseñadores está trabajando muy cerca con el cliente para asegurar que el diseño alcanza todos los requisitos del cliente. Durante una sesión, dos miembros de tu equipo cambiaron el diseño de un entregable que resultó en la eliminación de otro entregable. Esto supuso unos ahorros significativos para el cliente. No te pareció bien cuando averiguaste este plan de ahorro. ¿Por qué?

A   No estuviste incluido en la toma de decisiones
B   Los entregables no se pueden cambiar una vez establecida la línea base
C   No se respetó el control integrado de cambios
D   Los ahorros de costos solamente beneficiaron al cliente

20-168 A los efectos de poder cumplir con los objetivos del proyecto, Witburga está definiendo todas las necesidades y expectativas de los interesados. Esas necesidades las está documentando para convertirlas en requisitos del proyecto priorizando los mismos mediante votaciones. ¿Cuál de los siguientes ítems NO será una técnica de toma de decisiones para Witburga?

A   Pluralidad
B   Análisis de árbol de decisiones
C   Dictadura
D   Unanimidad

20-169 Usted está dirigiendo un proyecto para la construcción de un transbordador espacial. En una de las reuniones de proyecto el cliente reporta serias fallas con la aerodinámica de algunos componentes. Los miembros del equipo acuerdan que esos errores se pueden evitar fácilmente utilizando un flujograma. Por lo tanto, usted implementa ese flujograma para mitigar ese tipo de errores. ¿Qué es lo que ha implementado?

A   Acción correctiva
B   Acción preventiva
C   Control integrado de cambios
D   Control de calidad

20-170 ¿Cuándo la estimación paramétrica se considera más fiable para estimar el costo de las actividades de un proyecto?

A   Cuando datos históricos estadísticamente significativos se tienen en cuenta

B   Cuando se utiliza el método de los mínimos cuadrados ordinarios

C   Cuando se hace a nivel de actividad y luego se resume a nivel de proyecto

D   Cuando la estimación se hace a alto nivel y se distribuye a nivel de las actividades

20-171 Eres el director de proyecto senior de un proyecto de desarrollo de un nuevo producto. Tu equipo de dirección de proyecto incluye un director de recursos, un director de informes y un responsable de programación. Has aconsejado al responsable de la programación preparar un cronograma con la relación más común entre actividades. ¿De qué estamos hablando?

A   Relación comienzo-comienzo

B   Relación comienzo-fin

C   Relación fin-comienzo

D   Relación fin-fin

20-172 Eres el director de un proyecto de mejora de los procesos de fabricación en una planta de fabricación de piezas de automoción. El tamaño del agujero de una de las piezas era un gran problema de calidad. El equipo de proyecto identificó las causas y las arregló. Ahora deseas inspeccionar las piezas que se están produciendo para ver si los arreglos que se han realizado han tenido éxito o no y las piezas que se están produciendo están dentro de los límites aceptables. ¿Cuál de las siguientes herramientas utilizarás?

A   Diagrama de control

B   Diagrama de espina de pescado

C   Diagrama de Pareto

D   Diagrama de dispersión

20-173 Una matriz de Influencia/Impacto es una herramienta y técnica utilizada en:

A   Identificar a los interesados

B   Planificar el involucramiento de los interesados

C   Gestionar el involucramiento de los interesados

D   Monitorear el involucramiento de los interesados

20-174 ¿Cuál es la herramienta adecuada que utilizaría durante el proceso de gestión de calidad?
A   Benchmarking
B   Inspección
C   Auditorías
D   Modelo lógico de datos

20-175 ¿Cuál de los siguientes ítems NO debería hacer un equipo de proyecto para gestionar las expectativas de los interesados?
A   Determinar las necesidades de los interesados
B   Entender las expectativas de los interesados del proyecto y del equipo
C   Entregar más de lo que los interesados están esperando para superar sus expectativas
D   Identificar los interesados a lo largo de todo el proyecto

20-176 Uno de los miembros de tu equipo de proyecto está confuso sobre los beneficios de la EDT. Tú le explicaste como la EDT es una entrada de muchos procesos de dirección de proyectos. Entonces mencionaste todos los procesos siguientes EXCEPTO:
A   Secuenciar actividades
B   Definir actividades
C   Estimar costos
D   Planificar la Gestión de la Calidad

20-177 Estás gestionando un proyecto para un proveedor cuando recibes una solicitud de modificar el alcance de manera urgente antes de que perdamos al cliente. ¿Qué tipo de comunicación es la opción óptima en estas circunstancias?
A   Comunicación escrita informal
B   Comunicación escrita formal
C   Comunicación de mensajería instantánea
D   Comunicación verbal formal

20-178 Zelmira necesita tomar una decisión entre hacer o comprar uno de los componentes claves que se utilizará para el control del proyecto. ¿Esta decisión será una entrada de qué grupo de procesos?
A   Planificación
B   Monitoreo y control
C   Inicio
D   Ejecución

20-179 Ñakita es la directora de un proyecto donde le reportan de manera directa veinte colaboradores. Ñakita siempre empodera a los miembros de su equipo para que tomen decisiones por sí mismos. ¿Cuál estilo de liderazgo es el que predomina en Ñakita?

A   Paternalista
B   Democrático
C   Transformacional
D   Laissez-faire

20-180 Todos los entregables de tu proyecto tecnológico han sido aceptados por el Patrocinador. Estos entregables aceptados son una entrada del proceso cerrar proyecto o fase. Los entregables fueron aceptados mediante qué proceso:

A   Aceptar el alcance
B   Validar el alcance
C   Cierre Administrativo
D   Control Integrado de cambios

20-181 Durante el proceso de efectuar las adquisiciones, Naschel, directora del proyecto, está coordinando la documentación necesaria que deberá estar a disposición de todos los vendedores para convocarlos a una reunión. ¿Quién acaba poniendo el mayor esfuerzo en la preparación para esa reunión?

A   El patrocinador
B   Los proveedores potenciales
C   Naschel
D   El equipo de proyecto

20-182 Durante el proceso de gestionar la calidad se está utilizando un diagrama de Ishikawa. ¿Cuál será la MENOR utilidad de esta herramienta?

A   Revisar que se estén cumpliendo con los requisitos de calidad
B   Identificar en forma esquemática las causas de los problemas
C   Generar discusión para resolver los problemas
D   Estimular ideas

20-183 ¿Cuál de las siguientes es una mejor práctica al momento de gestionar las adquisiciones del proyecto?

A   Comenzar a planificar las adquisiciones después de finalizar el plan de gestión de riesgos

B   Los proveedores que fallaron en la entrega en el pasado deberían ser descalificados

C   Tomar una decisión de hacer internamente o comprar analizando los riesgos involucrados de cada alternativa

D   Utilizar contratos de precio fijo porque son menos arriesgados para el comprador

20-184 Estás empezando un nuevo proyecto como director de proyecto. Hablando con varios miembros de tu equipo, descubres que Nasia, asignada a tiempo completo en este proyecto, estará de vacaciones cuatro semanas durante la ejecución del proyecto. ¿Qué harás?

A   Notificar al patrocinador del proyecto para que resuelva este problema

B   Actualizar el calendario de recursos con la información

C   Modificar la línea base del cronograma y el camino crítico

D   Solicitar al recurso de que no se tome cuatro semanas de vacaciones en medio del proyecto

20-185 Eres el director de un proyecto de ensayos clínicos. Durante el proceso de planificar la gestión de costos estás documentando los lineamientos necesarios para estimar, presupuestar, gestionar y controlar los costos a lo largo del proyecto. ¿Cuál de los siguientes ítems es MENOS probable que aparezca en ese documento?

A   Nivel de exactitud de las estimaciones

B   Base de las estimaciones

C   Límites de control en las variaciones de costos

D   Estrategias de financiamiento

20-186 Una directora de proyecto se unió a una nueva organización para gestionar un proyecto ya en ejecución, porque el director de proyecto anterior lo dejó repentinamente. Ella revisó toda la documentación del proyecto y no cubría muchos hechos. Una vez consolidadas las actas de reunión, revelaron que se realizaron muy pocas reuniones para actualizar a los interesados sobre el progreso del proyecto. El registro de incidentes mostró muchas incidencias abiertas que no estaban actualizadas. Pudo ver claramente que el proyecto careció de la documentación adecuada. ¿Qué puede hacer para hacer las cosas correctamente?

A   Crear un plan de comunicaciones y luego implementarlo

B   Enviar un correo a todos los interesados pidiéndoles que actualicen el registro de incidentes tan pronto como sea posible

C   Realizar una auditoría para determinar por qué esa carencia de información ha ocurrido en el proyecto

D   Invitar a todos los interesados a una reunión para explicar las malas prácticas realizadas en el pasado

20-187 Laercio está combinando dos técnicas para reducir la duración total del proyecto. ¿Cuáles podrían ser estas herramientas?

A   Nivelación de recursos e intensificación

B   Intensificación y Equilibrio de recursos

C   Nivelación de recursos y ejecución rápida

D   Intensificación y ejecución rápida

20-188 La carencia de información del cliente cuando se mueve de una fase de un proyecto a otra, incrementa el riesgo de errores y de re-trabajo. Esto puede ocurrir cuando las fases son:

A   Iterativas

B   Integradas

C   Secuenciales

D   Solapadas

20-189 Como director de un proyecto nuevo de desarrollo informático estás identificando a los interesados utilizando la dirección de influencia. ¿Qué significa esto?

A	En función de las características identificadas en los interesados, priorizar categorías según su importancia relativa.

B	Clasificación de los interesados según su influencia ascendente, descendente, hacia afuera o lateral

C	Clasificar a los interesados según su preponderancia o rasgo sobresaliente considerando su poder, legitimidad y urgencia

D	Categorizar a los interesados según su poder/influencia

20-190 Una oficina de proyectos en una compañía dinámica busca establecer la práctica de mantener registros históricos de los proyectos pasados para ayudar a mejorar el desempeño de proyectos futuros. La Oficina de proyectos puede mejorar esto ordenando la creación de:

A	Lecciones aprendidas

B	Informes de desempeño del proyecto

C	Plan detallado de gestión del alcance

D	Estimaciones detalladas de costos

20-191 Como director de proyecto trabajando para un proveedor de servicios de desarrollo de aplicaciones, habías preparado una respuesta a una invitación de oferta para llevar a cabo el trabajo. La estimación de costo y de tiempo se basó en la premisa de que se adquirirán ciertos recursos expertos para el proyecto. Después de adjudicado el contrato, cuando empezaste a adquirir el equipo, acabaste por contratar recursos con muy poca experiencia. El comprador tuvo una seria objeción a eso. ¿Qué debería ser lo primero que hagas?

A	Enviar una solicitud de cambio para actualizar las líneas base para reflejar un menor costo y mayor plazo

B	Contratar recursos adicionales para mantener el proyecto bajo control

C	Discutir con el comprador cuál es su preocupación, y asegurar que el proyecto se completará en presupuesto y en tiempo.

D	Evaluar el impacto de la capacidad de esos recursos en el costo y el cronograma del proyecto.

20-192 Los miembros de tu equipo están ejecutando lo explicitado en el plan para la dirección del proyecto. Además, están implementando los cambios aprobados y evaluando el impacto de esos cambios sobre el proyecto. ¿Cuál de los siguientes ítems será MENOS probable que se obtenga como resultado de estas acciones?

A   Solicitud de cambio aprobada
B   Entregables
C   Registro de incidentes
D   Datos de desempeño del trabajo

20-193 Los productos o servicios adquiridos de un proveedor bajo contrato por tiempo y materiales deben cubrir las necesidades del proyecto y también cumplir con la política de adquisiciones del comprador. ¿Quién es el responsable de asegurar este cumplimiento?

A   El director del proyecto
B   El proveedor
C   El patrocinador
D   Un árbitro

20-194 Los miembros del equipo de un proyecto que utiliza un ciclo de vida adaptativo, están discutiendo con el dueño del producto sobre el alcance del producto que están desarrollando. ¿Cuál de los siguientes enunciados sería correcto en relación al alcance de ese producto?

A   Debería incluir los procesos y trabajo necesario para que sea provisto con todas las funciones requeridas
B   Incluye las características y funcionalidad
C   Debería estar explícito en el plan para la dirección del proyecto
D   Alcance del proyecto y del producto suelen ser sinónimos en proyectos que utilizan metodologías ágiles. El equipo de proyecto utiliza el término "alcance del proyecto", mientras que el dueño del producto utiliza el término "alcance del producto".

20-195 ¿Cuál de los siguientes ítems será el MENOS desafiante para el Director de un proyecto de diseño de un producto que trabaja con un equipo virtual?

A   Informes
B   Comunicación
C   Desarrollo de equipo
D   Conflictos

20-196 ¿Quién NO debería autorizar un proyecto?

A   Patrocinador
B   Director de proyecto
C   Director de portafolio
D   Oficina de gestión de proyectos (PMO)

20-197 Estas dirigiendo un proyecto con la participación activa de varios interesados internos y externos a tu organización. Varios grupos de interesados parecería que tienen intereses contrapuestos en el proyecto, por lo que están demandando requisitos muy difíciles de homogenizar como para lograr un proyecto exitoso. ¿Qué podrías hacer?

A   Utilizar tu poder experto para comunicar cuáles serán los requisitos de ese proyecto
B   Organizar grupos focales para analizar en profundidad el conflicto de intereses
C   Desarrollar un proyecto diferente para cada uno de los grupos de interesados en conflicto
D   Aplicar un estilo de liderazgo directivo para priorizar cuáles serán los requisitos que formarán parte del alcance del proyecto

20-198 El director de proyecto acaba de recibir un informe que identifica dos casos donde el plan del proyecto no está siguiendo los estándares de la organización. ¿Qué informe es ese?

A   Informe de control de calidad del proyecto
B   Informe de desempeño del proyecto
C   Informe de aseguramiento de calidad del proyecto
D   Informe ejecutivo

20-199 Estás trabajando en una organización orientada a proyectos. En estos momentos la empresa tiene 12 proyectos y tú eres el director de uno de ellos. Una vez al mes se juntan los 12 directores de proyecto y reportan a la alta gerencia el estado de cada proyecto, ya que varios de ellos tienen sinergias. Uno de tus colegas que dirige otro proyecto complementario al tuyo, viene reportando excelentes indicadores de avance en las últimas reuniones. Tú sospechas de que hay errores en esos reportes, por lo que le consultas a uno de los miembros claves de tu equipo que también trabaja en ese proyecto. El miembro de tu equipo te responde que no son errores, sino que ese director de proyecto tiene su evaluación de desempeño la semana próxima y no quiere que su bono anual se vea afectado. Pero que en la reunión del mes próximo, reportará el verdadero estado del proyecto. A ti te entregan los datos correctos para que no afecte en nada a tu proyecto. Mañana tienes la reunión mensual. ¿Qué harás en relación al reporte erróneo que presentará tu colega?

A   Esperar hasta el mes próximo y si siguen los datos incorrectos, reportarlo a la gerencia que corresponda

B   Informar mañana durante la reunión los datos correctos de ese reporte

C   Reportar hoy mismo sobre la inexactitud de ese reporte a la gerencia que corresponda

D   No intervenir en ese asunto porque no tienes ninguna relación de autoridad sobre tu colega

20-200 Las estimaciones optimista y pesimista para una tarea son 12 y 24 días. ¿Cuál es la desviación estándar típica de esta tarea si utilizamos la técnica PERT?

A   1
B   2
C   12
D   4

*****

20.2.   Respuestas

20.01 A   Las estrategias de gestión de riesgos forman parte de la planificación de riesgos. / Analizar las reservas, identificar nuevos riesgos y monitorear los disparadores de riesgo se llevan a cabo durante el monitoreo de riesgos. / (Monitoreo y control; Riesgos)

20.02 B   No tenemos suficiente información porque para saber el estado del proyecto tendríamos que conocer cuál es el EV (Earned Value) y así calcular el CV, SV, CPI y SPI. / (Monitoreo y control; Costos)

20.03 A   No deberíamos confiar en el "Efecto Halo" al momento de nombrar directores de proyecto. Que una persona sea un excelente programador, no implica que pueda ser una buena directora de proyectos. (Ejecución; Recursos)

20.04 D   Los costos de conformidad o cumplimiento incluyen las inversiones relacionadas con los costos para "prevenir incumplimientos" y los costos para "evaluar la conformidad del producto". / (Ejecución; Calidad)

20.05 B   Entradas para elaborar la línea base de costo: planificar recursos, estimar costos y determinar el presupuesto. / Una vez que ya tenemos la línea base y el proyecto está en ejecución, comenzará con el proceso de controlar costos. / (Planificación; Costos)

20.06 B   El patrocinador está elaborando el Acta de constitución del proyecto. Para ello necesitará el caso de negocio, el plan de gestión de beneficios y los factores ambientales. / El registro de supuestos será una salida o resultado del proceso de desarrollar el acta de constitución. / (Inicio; Integración)

20.07 A   Los formularios son plantillas basadas en la experiencia de la empresa que se consideran Activos de los procesos de la organización. / (Inicio; Integración)

20.08 A   Predictivo: hasta que no finaliza la fase predecesora, no comienza su sucesora. Este ciclo de vida consiste en seguir un plan desde el inicio hasta el cierre del proyecto. En estos casos, el alcance, tiempo y costo están bien definidos en las fases iniciales del proyecto (inicio, planificación). / Adaptativo: al finalizar la fase A comienza B, y al finalizar B comienza nuevamente A, y así sucesivamente de manera iterativa. Este tipo de interrelación es muy utilizado en metodologías ágiles donde se subdivide el proyecto en menores entregables y cada entregable es gestionado como un mini proyecto para ir entregando valor al cliente rápidamente. / (Inicio; Marco conceptual)

20.09 B   La autoridad en una organización matricial débil la tienen los gerentes funcionales, en lugar del DP. / Los miembros del equipo reportarán al director de proyecto y a sus jefes correspondientes (gerentes funcionales). / El DP no está a cargo de los recursos, sino los gerentes funcionales. / Los gerentes funcionales toman decisiones que pueden afectar al proyecto. / Como el DP no tiene autoridad en una organización matricial débil, él solo no puede ser responsable del éxito o fracaso, sino que se comparte esa responsabilidad con los gerentes funcionales. / (Ejecución; Marco conceptual)

20.10 B   La transferencia del servicio final es una salida del proceso de cierre, pero no forma parte de la actualización de los activos de los procesos de la organización. / La actualización de los activos de los procesos de la organización incluye: repositorio de lecciones aprendidas (ej. conocimiento adquirido), documentos del proyecto (ej. gestión de cambios) y documentos de cierre (ej. aceptación del cliente). / (Cierre; Integración)

20.11 C   Todas las respuestas podrían ser verdaderas aunque bastante genéricas. El acta del equipo suele ser una excelente herramienta para buscar consenso sobre las expectativas de comportamiento de los miembros del equipo que podría ayudar a resolver los problemas enunciados en el contexto de la pregunta. / (Ejecución; Recursos)

20.12 C   Tipos de poder. Recompensa: autoridad para manejar los premios (ej. pagar premio); Coercitivo o Penalidad: autoridad para manejar los castigos (ej. postergar vacaciones); Legítimo o Formal: posición jerárquica en la organización; Experto: reconocido por sus conocimientos y formación; Referente: admiración del discípulo para seguir el ejemplo del maestro; De Información: poder de control y distribución de información (ej. compartir novedades); Relacional: relacionarse con interesados y desarrollar alianzas; Gratificación: gratificar a las personas con agradecimientos; Presión: limitar la libertad de elegir; Culpabilidad: imponer una obligación o sentido del deber (ej. deben cumplir con su palabra); Persuasión: convencer a una persona mediante argumentos para que piense de una determinada manera o haga cierta cosa; Evitar: excusarse a participar en la toma de decisiones; Situacional: poder que se obtuvo de una situación anormal (ej. renuncia de un miembro del equipo). / (Ejecución; Integración)

20.13 C   La respuesta de una organización o individuo frente a un riesgo potencial, depende de varios factores que conforman su actitud frente al riesgo. Entre los principales factores podemos mencionar: Apetito: el grado de incertidumbre que estamos dispuestos a aceptar para obtener una posible recompensa a futuro; Tolerancia: qué cantidad de riesgo estamos dispuestos a enfrentar; Respaldo financiero: organizaciones con gran respaldo financiero podrían tolerar más riesgo que aquellas más pobres; Diversificación: si tenemos los huevos en diferentes canastas, podríamos aceptar más riesgo. / (Planificación; Riesgos)

20.14 B   Las lecciones aprendidas forman parte de los activos de los procesos de la organización. / Por lo general un acta de constitución, por más detallada que sea, no incluye lecciones aprendidas. / En los reportes de avance y matriz de trazabilidad, no quedan reflejadas todas las lecciones aprendidas de un proyecto. / (Inicio; Integración)

20.15 C   Todo tipo de proyecto debería finalizar formalmente con el proceso de cierre que incluye las lecciones aprendidas. / (Cierre; Integración)

20.16 B   Análisis causa-raíz: investigar las razones que causan las variaciones, riesgos o defectos, con el objetivo de solucionar los problemas de calidad. / (Monitoreo y control; Calidad)

20.17 C   La estructura de desglose de recursos, matriz de roles y responsabilidades (RAM) y plantillas para la descripción de cargos son herramientas muy utilizadas para planificar los recursos humanos y físicos del proyecto. / Los equipos virtuales es una herramienta que se utiliza durante la adquisición y desarrollo de los recursos humanos, y no aplica a todos los proyectos. / (Planificación; Recursos)

20.18 C   Lo primero que debes hacer antes de iniciar con el control integrado de cambios es evaluar el impacto de ese cambio en las otras variables del proyecto: alcance, costo, calidad, recursos y riesgos. / (Monitoreo y control; Integración)

20.19 A   Escucha activa: compromiso con quien habla, lo que incluye resumir las conversaciones. / Comunicación no verbal: lenguaje corporal, tono de voz, expresiones faciales, contacto visual, etc. / (Ejecución; Comunicaciones)

20.20 D   El listado de empresas con capacidades para hacer ese trabajo forma parte de la identificación de proveedores o vendedores calificados. / (Planificación; Adquisiciones)

20.21 B   Adquirir los recursos ocurre durante la ejecución del proyecto. Sin embargo, el equipo de trabajo es necesario para poder llevar a cabo una buena planificación. ¿Cómo planificamos sin tener los recursos? En los grandes proyectos no se contrata a todos los trabajadores antes de comenzar con la ejecución; sino que se planifica con los miembros claves del equipo y durante la ejecución comienzan a incorporarse la mayoría de los recursos. / (Ejecución; Recursos)

20.22 B   Lo más recomendable es intentar resolver conflictos primero mediante la negociación y como última instancia llegar a la litigación o demanda judicial. / La mediación y el arbitraje son formas de "resolución alternativa de conflictos" que no requieren procedimientos judiciales. La mediación es un procedimiento informal facilitado por un mediador cuya función es ayudar a que las partes negocien y lleguen a un acuerdo. El arbitraje es un procedimiento formal decidido por uno o más árbitros, cuya función es aplicar la ley y se tomará una decisión al respecto. / (Ejecución; Adquisiciones)

20.23 D   Los entregables aceptados por el cliente forman parte del cierre administrativo y suelen ser una entrada necesaria antes de comenzar con el cierre del contrato. / (Cierre; Adquisiciones)

20.24 B   Los beneficios estimados de un proyecto pueden tener un horizonte mayor al ciclo de vida del proyecto. Si los beneficios no se alcanzaron al cierre, debería indicar el grado en que se alcanzaron y cuáles son las estimaciones para la realización de beneficios en el futuro. / (Cierre; Integración)

20.25 A   La interrelación de los tres proyectos en este ejemplo es "secuencial" por lo que sería un ejemplo de fases de un mismo proyecto. / Un programa incluye varios proyectos interrelacionados que persiguen un mismo objetivo estratégico y no necesariamente tienen una lógica secuencial. / (Ejecución; Marco conceptual)

20.26 D   SPI = EV / EV ; 0,8 = EV / 150.000 ; EV = 0,8 x 150.000 = 120.000 ; SV = EV – PV = 120.000 – 150.000 = -30.000. / (Monitoreo y control; Costos)

20.27 A   Entre los principales roles de la PMO sobre la dirección de proyectos se encuentran: 1. Soporte: consultoría, capacitación, plantillas, lecciones aprendidas, etc.; 2. Control: gobernabilidad, implementar metodologías, gestionar interdependencias entre los proyectos, colaborar en la asignación de recursos compartidos, etc.; 3. Directivo: asignar directores de proyectos para la ejecución de los proyectos desde el inicio y ser responsable del éxito o fracaso de los proyectos. / (Ejecución; Marco conceptual)

20.28 D   Priorizar proyectos y conseguir beneficios suelen ser responsabilidades de la alta gerencia. / El DP y analista de negocios deberían colaborar con la alta gerencia para lograr los beneficios del proyecto y gestionar los cambios que sean necesarios para lograr ese objetivo. Sin embargo, el DP podría finalizar su trabajo transfiriendo a la empresa el entregable final (bien o servicio), por lo que no podrá hacer un seguimiento de los beneficios que genere a futuro ese entregable. / Redactar informes suele ser tarea de los miembros del equipo. / El principal rol del DP será seleccionar los procesos necesarios para lograr un proyecto exitoso entregando el bien o servicio en tiempo y forma. / (Inicio; Integración)

20.29 C   Técnica de grupo nominal: 1º - El moderador presenta un problema o pregunta al grupo; 2º - Cada persona piensa ideas y soluciones de manera individual; 3º - Todas las ideas se presentan en un panel; 4º - Los participantes explican sus ideas al resto del grupo; 5º - Se agrupan las ideas en común; 6º - Cada persona vota para priorizar las ideas; 7º - Se busca consenso de las prioridades. / (Ejecución; Alcance)

20.30 D   Al momento de cerrar un proyecto o fase, debería considerar el juicio de expertos con conocimientos especializados en: control de gestión, auditorías, asuntos legales, adquisiciones, legislación y regulaciones. / Si bien el análisis de riesgos es importante, su mayor contribución sería durante la fase de planificación en lugar del cierre. / (Cierre; Integración)

20.31 D   Si son riesgos no prioritarios seguramente tienen una baja probabilidad de ocurrencia y bajo impacto. La estrategia utilizada seguramente fue "Aceptar" sin necesidad de redactar un detalle de las acciones a realizar. / Los riesgos no prioritarios podrían cambiar su estado de probabilidad y/o impacto, por lo que lo más importante es colocarlos en la lista de observación y monitorearlos. / (Monitoreo y control; Riesgos)

20.32 C   Durante el proceso de monitorear las comunicaciones se asegura que los interesados reciban sus requisitos de información en tiempo y forma con el objetivo de que sigan apoyando al proyecto. / Informar avances y gestionar expectativas corresponden al proceso de gestionar las comunicaciones. / (Monitoreo y control; Comunicaciones)

20.33 C   Verdadero: los proyectos impactan a otros proyectos y son de elaboración gradual. / Falso: terminar a tiempo y cumplir costos no es suficiente para satisfacer a todos los interesados. Faltan más restricciones como alcance y calidad. / Los proyectos sin Acta de Constitución formal podrían ser exitosos, aunque no sería lo más recomendable. / (Inicio; Integración)

20.34 B   Lo primero que debería hacer es obtener mayor información de lo que el cliente está reclamando, luego podría evaluar el resto de las opciones. / (Ejecución; Comunicaciones)

20.35 D   Datos de desempeño del trabajo: trabajo completado, indicadores de desempeño, cantidad de defectos, costo y duración actual, grado de cumplimiento del entregable en relación a las métricas de calidad, cantidad y severidad de no conformidades, número de defectos, etc. / (Monitoreo y control; Calidad)

20.36 D   Damián está realizando la conferencia de oferentes, que corresponde al proceso de efectuar las adquisiciones. / (Ejecución; Adquisiciones)

20.37 A   A pesar de que uno de los miembros del equipo no quiera discutir, lo primero que debería hacer es buscar la confrontación entre los miembros involucrados en el conflicto, esa es la mejor forma de intentar encontrar una solución. / (Ejecución; Recursos)

20.38 C   Cualquier tipo de discriminación es inaceptable. Lo primero que debería hacer es hablar de manera privada con las personas que hicieron burla para resaltar las normas de comportamiento que se espera de ellos. / (Ejecución; Recursos)

20.39 C   El DP tiene el rol de actualizar el registro de interesados, no necesita autorización del patrocinador o comité de cambios para eso. Si ese interesado implicara algún cambio en el proyecto (ej: alcance, tiempo, costo, etc.), el DP debería solicitar autorización al comité de cambios antes de implementar ese cambio. / (Ejecución; Interesados)

20.40 C   Estimación paramétrica: utilizar parámetros estadísticos con base en información histórica para poder estimar la duración de una actividad futura. / (Planificación; Costos)

20.41 C   Lo primero que deberías hacer antes de implementar cualquier acción relacionada con ese cambio es obtener mayor información sobre la causa-raíz o necesidad de ese cambio. / (Monitoreo y control; Interesados)

20.42 A   La intensificación (crashing) y ejecución rápida (fast tracking) son respuestas verdaderas. La ejecución implica mayores riesgos. Si hay recursos disponibles, la mejor respuesta sería una intensificación. / (Planificación; Cronograma)

20.43 C   El histograma de recursos forma parte de los datos del cronograma y sirve para detectar sobre-asignación de recursos. Las sobre asignaciones podrían corregirse con más recursos, nivelación de recursos, más plazo, menor alcance, etc. / Lo primero que debería probar es una nivelación de recursos sin disminuir el alcance o agregar más recursos, si no encuentra una solución al problema, podrá probar con el resto de las opciones. / (Planifiación; Cronograma)

20.44 B   Factores ambientales de la empresa: pueden ser factores internos como la cultura, sistemas, competencias de los recursos humanos, etc.; o factores externos como leyes, tendencias del mercado, gustos del cliente, etc. / (Inicio; Integración)

20.45 A   El análisis PERT o estimación por tres valores es una herramienta de mayor utilidad para estimar la duración de las actividades del proyecto durante la planificación. / La optimización de recursos, compresión del cronograma y revisiones de desempeño, suelen ser herramientas utilizadas durante el control del cronograma. / (Monitoreo y control; Cronograma)

20.46 C   Análisis del proceso: examinar potenciales problemas, restricciones y actividades que no agregan valor al proceso, para identificar oportunidades de mejora. / Análisis causa-raíz: investigar las razones que causan las variaciones, riesgos o defectos, con el objetivo de solucionar los problemas. / Auditorías de la calidad: auditores externos al proyecto revisan si las actividades cumplen con las políticas, procesos y procedimientos de calidad. / Aseguramiento de la calidad: Asegurar que se estén utilizando de manera eficiente los procesos del proyecto definidos en el plan de la calidad. / (Ejecución; Calidad)

20.47 C   La gestión de la calidad implica que el proyecto satisfaga las necesidades por las cuales se emprendió. Para ello será necesario: Convertir las necesidades y expectativas de calidad de los interesados en requisitos del proyecto; Lograr la satisfacción del cliente cuando el proyecto produzca lo planificado y el producto cubra las necesidades reales; Priorizar acciones de prevención en lugar de la inspección; Buscar en forma permanente la perfección (mejora continua). / (Ejecución; Calidad)

20.48 D   Lo primero que deberías hacer es evaluar con el cliente el impacto de esa nueva solicitud (nuevo alcance) sobre las variables del proyecto (costo, tiempo, calidad). / (Monitoreo y control; Integración)

20.49 D   En el Acta de Constitución del proyecto se podría encontrar un resumen del cronograma de hitos de alto nivel. / (Inicio; Cronograma)

20.50 D   Lo primero que debería hacer es actualizar el plan de comunicaciones para aclarar qué tipo de información debe recibir quién y cuándo. En ese plan debería incluir las necesidades de comunicación de los interesados (patrocinador, gerentes, etc.). / (Ejecución; Comunicaciones)

20.51 B   Co-ubicación (co-location): colocar a los miembros del equipo en un mismo lugar físico para facilitar las comunicaciones cara a cara y favorecer el trabajo en equipo. No siempre será posible la co-ubicación. / Poder situacional: poder que se obtuvo de una situación anormal (ej. renuncia de un miembro del equipo). / Conocimientos técnicos del DP: son importantes, pero más importante es la comunicación y las habilidades técnicas de los miembros del equipo. / Para que un proyecto sea exitoso será fundamental una clara definición de roles y responsabilidades de los miembros del equipo. / (Planificación; Recursos)

20.52 B   Árbol de decisión: diagrama que describe las implicaciones de elegir una u otra alternativa entre todas las disponibles. Un problema se puede dividir en menores segmentos, ramas del árbol, a los fines de facilitar la toma de decisiones. Esta técnica incorpora probabilidades de ocurrencia y el impacto de cada paso lógico de eventos y decisiones futuras. La resolución del árbol de decisión indica qué alternativa produce el mejor valor monetario esperado para el tomador de decisiones cuando todas las implicaciones, costos y beneficios son cuantificados. / (Planificación; Riesgos)

20.53 B   EAC = AC + ETC. / (Monitoreo y control; Costos)

20.54 D   Gestionar el control integrado de cambios, comunicarse con los interesados y proporcionar informes de avance, están dentro de los roles del DP. / El patrocinador debería colaborar con el director de proyectos cuando éste le solicita ayuda para resolver problemas. / (Ejecución; Comunicaciones)

20.55 C   Interesados son todas aquellas personas u organizaciones que se verán afectadas por el proyecto. Lo que incluye: muy interesados, involucrados y ejecutivos. Todas las opciones son verdaderas. La respuesta que abarca a todas las anteriores es "interesados afectados por el proyecto". / (Inicio; Interesados)

20.56 B   Cubo de interesados: gráfico tridimensional para clasificar a los interesados según su poder (influyente o insignificante), interés (activo o pasivo) y actitud (partidario o bloqueador). / Modelo de prominencia: clasificar a los interesados según su preponderancia o rasgo sobresaliente considerando su poder, legitimidad y urgencia. / Matriz de clasificación de interesados: categorizar a los interesados según su poder/interés, poder/influencia o impacto/influencia. / Matriz de evaluación del involucramiento de los interesados: se compara la participación o compromiso actual de los interesados vs. el compromiso deseado. / (Inicio; Interesados)

20.57 B   Responder preguntas sobre los pliegos de la licitación es algo que ya se realizó durante la conferencia de oferentes (Efectuar las adquisiciones). / El resto de las opciones corresponden al proceso de controlar las adquisiciones. / (Monitoreo y control; Adquisiciones)

20.58 C   Lo primero que debería hacer es evaluar el impacto de ese riesgo imprevisto. / Luego podría analizar planes de respuesta o la necesidad de utilizar la reserva. / Aunque ese incidente sea un imprevisto, también es un riesgo. / (Monitoreo y control; Riesgos)

20.59 B   En la fase de iniciación el plan para la dirección de proyectos todavía no existe. / Caso de negocios: listado preliminar de interesados. / Plan de gestión de beneficios: beneficiarios de los resultados del proyecto. / Acuerdos contractuales: partes interesadas en las adquisiciones. / (Inicio; Interesados)

20.60 B   Ruidos entre emisor y receptor del mensaje: mala codificación, distancias, hostilidad, lenguaje, cultura, etc. / Bloqueadores: personas que se convierten en bloqueadores de la información con frases tales como: "eso es imposible", "lo que intentas es inviable", "ni lo sueñes", "será carísimo", "NO NO NO", etc. / (Ejecución; Comunicaciones)

20.61 A   Controlar la calidad se centra en el producto final, mientras que Asegurar la calidad se centra en el proceso o método a seguir. / Asegurar que errores hayan sido controlados, sería controlar la calidad. / (Monitoreo y control; Calidad)

20.62 B   El gerente de operaciones podría ser un interesado clave del proyecto. Lo primero que debería hacer es incorporarlo en el registro de interesados y escuchar su propuesta. / (Monitoreo y control; Interesados)

20.63 A   La documentación de requisitos es una salida de la recopilación de requisitos y una entrada para definir el alcance durante la planificación. / La matriz de trazabilidad de los requisitos será necesaria durante el monitoreo y control. / La línea base del alcance y la EDT se desarrollarán después de definir el alcance del proyecto. / (Planificación; Alcance)

20.64 A   Restricción: limitación impuesta en el suministro de bienes y servicios, generalmente por escasez de estos. Ejemplo: realizar el proyecto solamente con recursos propios. / (Inicio; Integración)

20.65 C   Si se trata de un nuevo producto sin antecedentes en el mercado, el plan de calidad podría ser desarrollado desde cero con una participación activa de los interesados del proyecto. / También se podría utilizar el antiguo plan de algún proyecto similar y actualizarlo en conjunto con los interesados del proyecto, pero no hay opciones de respuesta para re-utilizar el plan de proyectos similares. / (Planificación; Calidad)

20.66 A   Lo primero que debería hacer en estos casos es verificar que los términos de referencia del contrato no sean un ambiguos. / (Ejecución; Adquisiciones)

20.67 A   Cuando la probabilidad y el impacto de un riesgo son altos, la estrategia recomendada suele ser Evitar. El cierre anticipado de un proyecto debido a un riesgo identificado, sería un ejemplo de evitar. / (Planificación; Riesgos)

20.68 C   Lo más apropiado sería solucionar la causa raíz del problema, revisando la política de la compañía para permitir a los trabajadores externos que puedan capacitarse para mitigar errores. / Preparar presentaciones rápidas sobre los errores frecuentes podría ser correcto, pero no arregla la causa raíz del problema de manera sostenible. / (Monitoreo y control; Calidad)

20.69 C   Como el miembro del equipo no estaba trabajando en una actividad crítica, añadir una contingencia o reemplazarlo no sería lo más apropiado. / Solicitar a esa persona que regrese a tiempo no será de gran utilidad cuando se trata de una enfermedad que la persona no podrá controlar. / Lo más apropiado sería mantener un contacto fluido con la persona en problemas para hacer un seguimiento de la evolución de su enfermedad. (Ejecución; Comunicaciones)

20.70 C   En las estructuras multi-divisionales cada departamento es una unidad independiente que tiene autonomía propia. Las divisiones suelen utilizar diferentes criterios como por ejemplo: regiones, productos, marcas, clientes, etc. Cada división descentralizada suele replicar departamentos funcionales y tiene su propia identidad corporativa y un liderazgo independiente. La comunicación entre las diferentes divisiones puede ser complicada debido a la competencia interna y las diferencias culturales de cada división. Esta organización también cuesta más gestionarla y operarla, porque cada división tiene su propia estructura administrativa. / (Ejecución; Marco conceptual)

20.71 D   Si bien todas las respuestas podrían ser verdaderas, por lo general en algunos proyectos del sector público no se permite una contratación directa y es obligatorio realizar anuncios en medios masivos de comunicación invitando a participar de licitaciones a todos los proveedores. / (Ejecución; Adquisiciones)

20.72 C   El dueño del producto o cliente no tienen la responsabilidad de crear un plan de gestión de calidad. / Aunque cada proyecto sea único, se podrían utilizar planes de proyectos similares y actualizarlos acorde a los nuevos requisitos del cliente. / (Planificación; Calidad)

20.73 A   Durante la ejecución ya se está trabajando en función de la línea base aprobada. Cualquier cambio que afecte la línea base debería pasar por el control integrado de cambios. / (Monitoreo y control; Integración)

20.74 A   El proceso de validar el alcance forma parte del grupo de procesos de monitoreo y control y consiste en formalizar la aceptación de los entregables por parte del cliente o patrocinador. No confundir controlar la calidad para verificar que los entregables cumplan con los requisitos, con validar el alcance donde el cliente acepta esos entregables verificados. / El proceso de controlar el alcance consiste en revisar que se estén realizando los entregables definidos en el enunciado del alcance. / (Monitoreo y control; Alcance)

20.75 B   Fases de desarrollo del equipo de Tuckman. Si los miembros del equipo no se conocen, independientemente de su experiencia o capacidades, lo más probable es que atraviesen por todas las fases: formación-turbulencia-normalización-desempeño-disolución. / En ciertos proyectos suele ocurrir que si el equipo ya ha trabajado junto en otros proyectos similares, podrían saltearse etapas como por ejemplo pasar de la fase de formación a la fase de desempeño. / (Ejecución; Recursos)

20.76 D   El principal rol del DP durante el control del alcance es mitigar una posible "corrupción del alcance" evitando funcionalidades extras que el cliente no ha solicitado. / Si hubiera alguna opción de consultar con el cliente que opina sobre esa nueva funcionalidad, podría ser una opción válida. / (Monitoreo y control; Alcance)

20.77 A   El proceso de "Cierre del proyecto o fase" consiste en completar formalmente una fase, un contrato o el proyecto. Los cierres anticipados, también forman parte de este proceso. / Mientras el cierre integral de los contratos se lleva a cabo en el proceso "Cierre del proyecto o fase", el cierre parcial de los diferentes contratos del proyecto se lleva a cabo a lo largo del ciclo de vida del proyecto en el proceso "Controlar Adquisiciones". (Cierre; Adquisiciones)

20.78 A   Lo primero que tenemos que hacer es cuantificar todos los riesgos (análisis cualitativo y/o cuantitativo), luego priorizarlos desde los más importantes a los menos importantes, para definir la estrategia y plan de respuesta de cada uno de ellos. / (Planificación; Riesgos)

20.79 B   Diagrama de contexto: gráfico que representa los interesados fuera del sistema y su interrelación con el mismo. / Mapeo mental: consolidar todas las ideas en un mapa. / Diagrama de afinidad: agrupa un conjunto de datos verbales (ideas, opiniones) en función de la relación que tienen entre sí. / Historias de usuarios: en las metodologías ágiles se realizan reuniones con el usuario final para entender qué quieren y porqué. / (Planificación; Alcance)

20.80 D   El DP debería comunicar y discutir los impactos de ese cambio con su patrocinador, antes de realizar alguna de las acciones propuestas con el cliente. / (Monitorio y control; Integración)

20.81 A   Durante el control integrado de cambios se revisarán todas las solicitudes de cambio, considerando los riesgos asociados al proyecto, para tomar una decisión sobre: Aprobarlas, Rechazarlas o Postergar la decisión. / Los cambios aprobados deberán implementarse a través de los procesos de ejecución del proyecto; mientras que los cambios rechazados o postergados deberán comunicarse a la persona o equipo que envió la solicitud. / (Monitoreo y control; Integración)

20.82 D   El DP implementa respuestas al riesgo general y asegura que los dueños de cada riesgo implementen las acciones del plan de respuesta a los riesgos individuales. / Los riesgos individuales responden a la pregunta: ¿Cuáles son los riesgos del proyecto? Por ejemplo, aumento del tipo de cambio que impactará en un sobrecosto, enfermedad de trabajadores que impactará en un retraso e insatisfacción del cliente, proveedores que entreguen materiales defectuosos que impactará en el alcance y retrasos por re-procesos, etc. / Por su parte, el riesgo general (o global) responde a la pregunta: ¿Qué tan riesgoso es el proyecto? Por ejemplo, probabilidad de perder dinero con el proyecto, cantidad de dinero que podríamos perder, probabilidad de no cumplir el cronograma, etc. El riesgo general podría ser causado por la sumatoria de los riesgos individuales, o por otros factores externos al proyecto como: volatilidad, complejidad, cambios del mercado (políticos, económicos, sociales, tecnológicos, legales, ambientales, competencia), etc. / (Ejecución; Riesgos)

20.83 B   Conocimiento Explícito (consciente – saber qué): fácil de identificar, codificar, guardar y compartir. Por ejemplo, las palabras, imágenes o números de un libro. El DP debería asegurar el fácil acceso a este conocimiento y mantenerlo actualizado en un repositorio compartido. / Conocimiento Tácito (inconsciente – saber cómo): basado en la intuición, experiencias, creencias, valores, cultura y actitud. Difícil de comunicar. El DP podría transferir este conocimiento a través de la socialización, historias y tutorías con expertos. / (Ejecución; Integración)

20.84 C   En las organizaciones orientadas a proyectos (proyectizada) los miembros del equipo suelen estar trabajando en el mismo lugar físico con directores de proyecto con gran independencia y autoridad. Este tipo de estructuras se observa en empresas que obtienen sus ingresos principalmente de proyectos. Por ejemplo, grandes empresas de consultoría suelen adoptar este tipo de estructura. Al finalizar el proyecto, los miembros del equipo pueden perder su trabajo si es que no fueran asignados a otro proyecto. / (Cierre; Marco conceptual)

20.85 C   Durante el proceso de control del alcance de un gran proyecto, debería intentar que todas las solicitudes de cambio sigan un proceso formal escrito. / Tener solicitudes de cambio rechazadas podría ser normal en grandes proyectos. / Implementar planes de respuesta al riesgo está relacionado a la fase de ejecución del proyecto. / Los conflictos entre miembros del equipo son inevitables. / (Monitoreo y control; Alcance)

20.86 B   Lo primero que debería hacer es validar el alcance de los entregables parciales que hayan quedado sin completar, obteniendo una aprobación formal de su cliente. / (Cierre; Alcance)

20.87 B   Método ingenuo: se asume que la magnitud de demanda será igual a la última medida. / Serie de tiempo: utilizan datos históricos como base para estimar resultados futuros. Se asume que la demanda es función del tiempo, y que además pueden estar involucrados los siguientes componentes: Tendencia, Ciclos, Estacionalidades, Irregularidades. / Métodos causales o econométricos: asumen que es posible identificar los factores subyacentes que pueden tener influencia sobre la variable a pronosticar. Si las causas se entienden, se pueden hacer proyecciones de las variables que influyen, para utilizarlas en la predicción. Algunos métodos causales son: Regresión lineal o no lineal, Modelo autorregresivo de media móvil (ARMA), Modelo Arima y Econometría. / Ingeniería de sistemas: crear y ejecutar un proceso interdisciplinario para asegurar que los requisitos del cliente e interesados se puedan alcanzar de manera eficiente, no es un método para proyecciones. / (Planificación; Costos)

20.88 C   Asignación previa: considerar para la ejecución de actividades los recursos que ya fueron asignados al proyecto. Esos recursos deberían asignarse de tal forma que no tengan horas muertas, caso contrario, es probable que se pague igual un costo fijo por esas horas sin trabajo en el proyecto. (Ejecución; Recursos)

20.89 A   Plan de gestión de requisitos es sinónimo de Plan de análisis de negocios. Documento que incluye los siguientes ítems: ¿Cómo se documentarán, analizarán y gestionarán los requisitos del producto y proyecto?, ¿Cómo será el proceso de monitoreo y control de los requisitos?, ¿Cómo se realizarán cambios en los requisitos?, ¿Quiénes aprobarán esos cambios?, ¿Cómo se priorizarán los requisitos?, ¿Cómo será la estructura de trazabilidad de los requisitos? / (Planificación; Alcance)

20.90 C   Mientras el proyecto está en ejecución es necesario hacer un monitoreo y control de los distintos contratos. Se debe evaluar si los entregables están alineados a los términos contractuales, monitorear si los pagos son acordes al trabajo realizado, gestionar los cambios en el enunciado del trabajo y cerrar formalmente los contratos a medida que van culminando. Además, durante el control de las adquisiciones se lleva a cabo la evaluación del desempeño del vendedor para analizar si tiene las competencias suficientes para seguir siendo un proveedor de bienes y servicios para el proyecto u organización. / Definir los términos contractuales ya fue realizado durante la planificación. / (Monitoreo y control; Adquisiciones)

20.91 D   Acta del equipo: documento con las expectativas de comportamiento de los miembros del equipo. Suele incluir temas tales como: Valores y cultura de la organización, Guías para la comunicación entre los miembros del equipo, Proceso para la resolución de conflictos (ej. reunión cara a cara), Comportamiento durante las reuniones (ej. apagar celular), Códigos de conducta, Guías para gestionar conflicto de intereses, Reglas de etiqueta (ej. no ir a trabajar en ojotas), Normas para el envío de emails, etc. / (Ejecución; Recursos)

20.92 D   Ventajas de equipos virtuales: Acceder a expertos de diferentes regiones, Ahorro en gastos de oficina, Flexibilidad de horarios y días de trabajo, Acceso a personal discapacitado que no puede trasladarse, Ahorro en gastos de traslados (tiempo y dinero), Proximidad a interesados claves (cliente, proveedor, usuario, etc.). / Desventajas de equipos virtuales: Comunicaciones complejas por la falta de reuniones cara a cara, Aislamiento de la persona, lo que dificulta el desarrollo de su inteligencia emocional interpersonal, Dependencia de Internet. / (Ejecución; Recursos)

20.93 D   Lo primero que debería hacer es desarrollar a los miembros del equipo. Definir roles e implementar un sistema de recompensas suele ser útil para aumentar la motivación. / Criticar a un colega no corresponde. / Volver a armar la EDT sería ineficiente. / Reemplazar a miembros claves no es recomendable. / (Ejecución; Recursos)

20.94 C   Horas planificadas para el proyecto: 12 días x 6hs x 3 recursos = 216hs. / Al finalizar el día 8, el valor planificado será: 8/12 días x 216hs = 144hs. / (Planificación; Costos)

20.95 B   Un equipo remoto o virtual debería verse físicamente en algún momento del proyecto, pero no necesariamente cada semana. Lo ideal sería juntar a todos los miembros del equipo en algún evento de socialización. / (Ejecución; Recursos)

20.96 B   Herramientas de identificación de riesgo: análisis de documentos, supuestos/restricciones y DAFO. / Análisis de supuestos y restricciones: revisar los supuestos utilizados en los planes del proyecto para analizar si están completos y son consistentes. Aquellos casos de inexactitud o inconsistencia en los supuestos suelen ser focos de riesgos potenciales. Por su parte, revisar la validez de las restricciones, ya que, si fuera posible levantar alguna restricción, podrían aparecer oportunidades. / Análisis DAFO o FODA (SWOT): identificación de debilidades (riesgos negativos internos), amenazas (riesgos negativos externos), fortalezas (riesgos positivos internos) y oportunidades (riesgos positivos externos). / Análisis de documentos: revisión estructurada de los planes y documentación del proyecto para identificar inconsistencias que puedan dar origen a riesgos potenciales. / El análisis de causa-raíz no es una herramienta muy utilizada al momento de identificar riesgos. / (Planificación; Riesgos)

20.97 D   La transferencia del entregable final al cliente forma parte del proceso de cierre. / (Cierre; Integración)

20.98 B   Por lo general en la fase inicial de un proyecto con ciclo de vida predictivo se utilizan pocos recursos, lo que implica bajos costos; en las etapas intermedias (planificación-ejecución) se consume la mayor parte del presupuesto y en la fase final el costo es relativamente bajo. / (Planificación; Integración)

20.99 D   Contratar seguros suele ser un ejemplo de transferir el riesgo. / (Ejecución; Riesgos)

20-100 C   Según la Parte II de la Guía del PMBOK®, que es considerado un estándar para la dirección de proyectos alineado con la norma ISO 21500, los procesos de inicio son: Desarrollar al Acta de Constitución del proyecto e Identificar a los Interesados. / (Inicio; Interesados)

20-101 A   Lo primero que deberías hacer es entender las necesidades de comunicación y actualizar el plan de comunicaciones. / Realizar una revisión detallada del proyecto no es lo más efectivo porque por lo general, los patrocinadores necesitan menor nivel de detalle. / (Ejecución; Comunicaciones)

20-102 D   Durante el proceso de monitoreo de riesgos, el análisis de reserva consiste en comparar la reserva que está quedando en el proyecto en relación a los riesgos restantes para responder a la pregunta: ¿La reserva restante es suficiente? / (Monitoreo y control; Riesgos)

20-103 B   Durante el proceso de monitoreo de los riesgos, se recopila información y se documentan cambios del estado de los riesgos a través del tiempo. Este seguimiento brinda información actualizada acerca del estado de cada riesgo y permite identificar riesgos nuevos, vigilar el estado de los riesgos residuales y secundarios, y supervisar los cambios en el perfil de riesgos debido a factores exógenos o endógenos. / (Monitoreo y control; Riesgos)

20-104 B   Síntomas o señal de advertencia: evento que indica alguna dificultad en el proyecto. / Disparadores: cuando las variables superan el nivel aceptable (umbral), se implementan los planes de respuesta al riesgo para aliviar el impacto. / Riesgo residual: subsiste después de haber implementado la respuesta. Debe ser aceptado y administrado para verificar que se mantenga dentro de límites aceptables para el proyecto. / Riesgo secundario: es el que se origina como consecuencia directa de la implementación de respuestas a otros riesgos. (Ejecución; Riesgos)

20-105 B   Cualquier implementación de cambio que vaya a modificar alguna línea base (alcance, tiempo, costo, calidad) debería ser aprobada previamente por el patrocinador o Comité de cambios. Sin embargo, aquellos cambios que se realizan en el proyecto durante la fase de planificación, antes de que se hayan aprobado las líneas base, no requieren aprobación del patrocinador o pasar por el control integrado de cambios. / Lo más importante es que el equipo de proyecto verifique que el alcance incluye solo lo solicitado por el cliente para mitigar una posible corrupción del alcance. / (Planificación; Alcance)

20-106 C   Antes de convocar a una reunión, debería identificar el ciclo de vida, definir los entregables y la matriz de roles y responsabilidades (RAM). / (Planificación; Integración)

20-107 C   Si todos los miembros del proyecto reportaran a un mismo jefe del departamento funcional, el desarrollo de los miembros del equipo suele ser más simple. Esto suele ser común en organizaciones funcionales donde hay proyectos en estancos independientes. / (Ejecución; Recursos)

20-108 C   Estrategias para riesgos positivos. / Escalar: si la oportunidad excede los límites del proyecto o autoridad del DP, notificar sobre ese riesgo positivo a un superior. / Explotar: realizar acciones para asegurar que la probabilidad de ocurrencia de esa oportunidad sea 100%. / Compartir: aprovechar las sinergias de otra persona u organización mejor capacitada para capturar las oportunidades del mercado. / Mejorar: realizar acciones para aumentar la probabilidad de ocurrencia y/o el impacto. Por ejemplo, implementar metodologías ágiles con recursos 100% dedicados al proyecto para acortar la duración. / (Planificación; Riesgos)

20-109 B   VME = 60% x $20 + 30% x $50 + 10% x -$100 = $17. / (Inicio; Riesgos)

20-110 D   Auditorías de la adquisición: revisión formal y sistemática de todos los procesos de las adquisiciones, donde se identifican mejoras y lecciones aprendidas para futuros procesos de contrataciones. Por ejemplo, auditar si se están respetando las políticas y procedimientos de las contrataciones. / Inspección: revisión estructurada del trabajo que realiza el contratista. Por ejemplo, visitas al lugar del contratista, análisis de videos de cámaras web para ver los avances de obra, etc. / (Monitoreo y control; Adquisiciones)

20-111 B   Las adquisiciones cerradas, información de desempeño y actualizaciones son salidas del proceso de control de las adquisiciones. / Las solicitudes de cambio aprobadas en el control integrado de cambios son una entrada del control de las adquisiciones. / (Monitoreo y control; Adquisiciones)

20-112 D   Ruta crítica: A-B-C-D-F = 37; Ruta alternativa: A-B-C-E-F = 33; Opciones para acortar duración 7 días: B-C-D = $1900 y B-C-E = $2500. Menor costo: $1900. Este es un ejemplo de intensificación, donde tenemos que acortar la duración al menor costo posible. Luego de acortar el proyecto en 7 días al menor costo posible de $1900, las duraciones de cada camino serían: A-B-C-D-F = 30 días (ruta crítica) y A-B-C-E-F = 29 días. (Planificación; Cronograma)

20-113 A   En metodologías ágiles se realizar revisiones de calidad en cada iteración para mantener la satisfacción del cliente a lo largo de todo el proyecto, buscando la mejora continua mediante la retrospectiva: 1º Analizar la causa-raíz del problema, 2º Proponer soluciones con una prueba piloto, 3º Evaluar si el piloto funciona para su escalabilidad, ajustes o cancelación. / (Ejecución; Calidad)

20-114 A   Six Sigma: reducir la variabilidad de los procesos que utiliza un rango de 6 desviaciones estándares, con el objetivo de obtener como máximo 3,4 defectos por millón de eventos. / (Ejecución; Calidad)

20-115 A   Control del alcance: revisar que se estén realizando los entregables definidos en el enunciado del alcance y asegurar que cualquier cambio se realice a través del control integrado de cambios. / Herramientas para controlar el alcance: Análisis de la variación (estudiar si los desvíos en el alcance comparados con la línea base son significativos como para recomendar acciones correctivas, preventivas o reparación de defectos) y Análisis de tendencias (analizar el desempeño del alcance a través del tiempo para detectar si la situación está mejorando o empeorando). / Validar el alcance: se busca la aprobación del cliente o patrocinador a medida que se completan los entregables. / (Monitoreo y control; Alcance)

20-116 A   Se debe identificar a los interesados desde el comienzo del proyecto para analizar sus expectativas y su poder de influencia. Esta identificación puede ocurrir antes de la firma del acta de constitución o junto con el desarrollo del acta. Además, se deberán seguir identificando interesados a lo largo de todo el ciclo de vida del proyecto. / (Inicio; Interesados)

20-117 B   Portafolio: conjunto de programas y proyectos. / Programa: conjunto de proyectos relacionados que tienen un mismo objetivo estratégico. / En el plan estratégico no siempre encontrará información a nivel de detalle que incluya todos los programas y proyectos de la organización. / El Acta de Constitución del proyecto no siempre incluirá información sobre el resto de los proyectos relacionados. / (Inicio; Integración)

20-118 A   ADF = 15; BEF = 16 (crítica); CEF = 9; CG = 8. / La ruta casi crítica es la de menor holgura, o sea ADF que tiene una holgura de 1 día. / (Planificación; Cronograma)

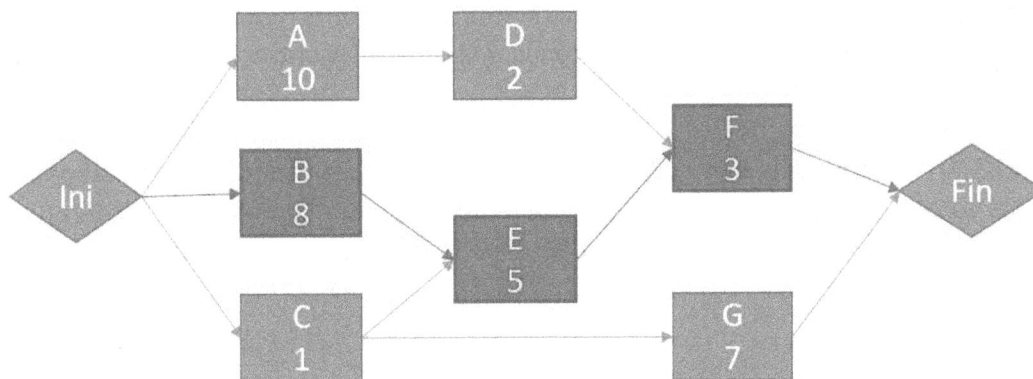

20-119 D   Holgura Total: tiempo que se puede demorar una actividad sin cambiar la duración del proyecto. ADF = 15; BEF = 16 (crítica); CEF = 9; CG = 8. Holgura total de C = Camino crítico – camino más largo con C = 16 – 9 = 7. / (Planificación; Cronograma)

20-120 A   Una de las herramientas del control de adquisiciones es la administración de reclamaciones donde se gestionan incidentes, reclamos, impugnaciones y apelaciones cuando las partes no están de acuerdo en algún ítem contractual y su respectivo pago. Todos estos reclamos se documentan y si no hay acuerdo entre las partes después de negociar, se podría acudir a un mediador o árbitro para una resolución alternativa del conflicto (ADR: alternative dispute resolution). / SLA: service level agreement. / MOA: memoranda of agreement. / ISA: Interconnection security agreement. / (Monitoreo y control; Adquisiciones)

20-121 A   Planificación Ágil de Entregas: en metodologías ágiles el cronograma del proyecto se suele organizar en entregas (hoja de ruta), iteraciones para cada entrega, funcionalidades (historias de usuarios) a trabajar en cada iteración y las tareas específicas a realizar para cada funcionalidad. El contenido de cada entrega e iteraciones podría tener un alcance preliminar o difuso, que se irá definiendo a medida que finalicen las primeras iteraciones. La primera iteración debería tener el alcance definido. En la técnica "Scrum" a cada iteración se la denomina "Sprint", haciendo referencia a carreras cortas donde los atletas corren a máxima velocidad. Cada sprint suele demorar entre 2 y 4 semanas. / (Planificación; Cronograma)

20-122 A   Efectuar las adquisiciones: una vez que el proyecto entra en su fase de ejecución, es necesario contactarse con los proveedores que van a vender bienes y servicios al proyecto. Luego de recibir sus propuestas, se seleccionará un proveedor y se adjudicará el contrato. Los criterios para seleccionar un proveedor dependerán de cada proyecto en particular y podrían incluir ítems tales como: precio, servicio de post-venta, tiempo de entrega, propuesta técnica, respaldo financiero, etc. / (Ejecución; Adquisiciones)

20-123 D   A medida que avanza el proyecto, se puede pronosticar la estimación de los costos a la conclusión (EAC) en base al desempeño del proyecto. El EAC puede diferir del presupuesto original (BAC). ETC es la estimación de los costos hasta la conclusión para el trabajo restante. EAC y ETC son pronósticos. / (Monitoreo y control; Costos)

20-124 A   No todo proyecto pertenece siempre a un programa o portafolio. Por ejemplo, existen proyectos independientes que forman parte de un portafolio sin estar vinculados a un programa; o proyectos transversales a la organización (ej. cambio de un sistema informático) que no pertenecen a ningún portafolio o programa. / Un portafolio puede incluir distintos programas y/o proyectos alineados sobre un mismo objetivo estratégico. O sea, un portafolio podría tener solamente proyectos en lugar de programas. / Un programa es un grupo de proyectos relacionados que se gestionan en conjunto para alcanzar beneficios que no se podrían obtener si se gestionan por separado. Por lo tanto, un programa no puede tener un único proyecto. / Cuando las organizaciones implementan de manera estructurada sus estrategias, a través de proyectos, programas y portafolios, se dice que trabajan con una Dirección de Proyectos Organizacional (OPM). / (Inicio; Integración)

20-125 B   Siempre deberías trabajar con estimaciones reales de costos. Ante cualquier solicitud de cambio, presentar el impacto de ese cambio a tu cliente o patrocinador para evaluar alternativas. / (Planificación; Costos)

20-126 C   Entradas para el Acta de constitución: Caso de negocio, Plan de gestión de los beneficios y Acuerdos (contratos en caso que existan). / El plan de gestión del alcance ocurre durante la planificación. / (Inicio; Integración)

20-127 A   El DP debe comunicarse con los interesados para comprender cuáles son sus intereses e involucrarlos en el proyecto durante la fase de ejecución. / Las habilidades interpersonales como la conciencia cultural (comprender diferencias culturales de los interesados) y conciencia política (comprender las relaciones de poder dentro y fuera de la organización) son herramientas para gestionar el involucramiento de los interesados. / Las reglas básicas definidas en el acta del equipo (valores, cultura, comportamientos, códigos de conducta, reglas de etiqueta, etc.), servirán como guía para gestionar el involucramiento de los interesados. / La matriz de evaluación del involucramiento de los interesados se utiliza para planificar y monitorear el cambio en el involucramiento de los interesados durante las fases de planificación, monitoreo y control. / (Ejecución; Interesados)

20-128 A   SPI mayor que 1 significa que el proyecto está adelantado. / (Monitoreo y control; Costos)

20-129 A   Todas las respuestas podrían ser verdaderas. / Diagrama de quemado: en metodologías ágiles se compara todos los días el estado del trabajo pendiente de cada iteración, con lo que se había planificado. No aplica al contexto de la pregunta. / Panphila no está capacitada. Trate de evitar este tipo de respuestas donde se culpa a miembros del equipo. / Participar a los miembros del equipo a elaborar la línea base es muy importante, pero no aplica al contexto de la pregunta. / Si Panphila ha estado trabajando en esas actividades, lo más probable es que se esté aplicando la regla 0/100. Regla 0/100: solamente se informa 100% al finalizar la actividad, caso contrario la actividad se informa en 0%. / (Monitoreo y control; Cronograma)

20-130 D   Reembolso de costo más premio (CPAF): reintegrar todas las horas de trabajo invertidas más un premio en caso que el entregable final satisfaga las expectativas del cliente. El premio se basa en criterios subjetivos y no podrá tener reclamos legales por parte del vendedor. / Reembolso de costo más incentivo (CPIF): reintegrar todos los gastos más un adicional del X% sobre el ahorro de costos que consiga el contratista. El incentivo se basa en criterios objetivos (ahorro de costos, entrega temprana, etc.) / Reembolso de costo más honorario (CPFF): reintegrar todos los gastos más un honorario de $X por cada semana de trabajo u otro criterio. / (Planificación; Adquisiciones)

20-131 D   Los principales roles del DP en la gestión de las adquisiciones son: Colaborar en la adecuación del contrato a las necesidades del proyecto; Asegurar que el contrato incluya todos los requisitos del alcance; Incluir el plazo de contratación en el cronograma del proyecto; Incorporar acciones de mitigación de riesgos en el contrato; Comprender todos los términos del contrato; Negociar el contrato para cuidar la relación con el vendedor (win-win) ; Administrar el contrato y sus cambios. / En grandes proyectos u organizaciones, por lo general el DP no es quién firma los contratos, ya que éstos pertenecen al departamento de contrataciones de la organización. / (Planificación; Adquisiciones)

20-132 A   La TIR es la tasa de descuento que hace el VAN igual a $0. / (Inicio; Costos)

20-133 B   No debería intentar vender algo a su cliente que no añade valor. / Podría realizar la reunión con el cliente para que opine sobre el nuevo diseño, pero aclarando que será más costoso y que no agrega funcionalidad, por lo que usted considera que no agrega valor. / (Ejecución; Alcance)

20-134 C   Diagrama de Pareto: se representa la distribución de frecuencias en un histograma con las causas de las fallas del producto. La utilidad de esta herramienta es que se pueden detectar fácilmente cuáles son los factores más importantes que están originando las fallas. En otras palabras, permite separar los "pocos críticos" de los "muchos no críticos". Ley de Pareto o Principio 80/20: El 80% de los problemas se debe al 20% de las causas. / (Monitoreo y control; Calidad)

20-135 B   La aceptación (activa y pasiva) y escalar, son estrategias utilizadas para gestionar riesgos negativos y positivos. / Compartir es una estrategia utilizada para gestionar riesgos positivos. / (Planificación; Riesgos)

20-136 A   CPI = EV / AC ; SPI = EV / PV; Actividad A (CPI = 1,1 y SPI = 0,92); Actividad B (CPI = 1,2 y SPI = 1); Actividad C (CPI = 1 y SPI = 1); Actividad D (CPI = 0,9 y SPI = 1). Mientras mayor a 1 sea el CPI y SPI, mejor es el desempeño de la actividad. / (Monitoreo y control; Costos)

20-137 D   En base a la Guía del PMBOK® Sexta Edición existen 49 grupos de procesos. Inicio (2); Planificación (24); Ejecución (10); Monitoreo control (12); Cierre (1). / (Cierre; Integración)

20-138 C   Participar a los miembros del equipo a elaborar la EDT, suele ser una excelente herramienta para desarrollar al equipo. / Distribuir números telefónicos sin la previa autorización de todo el equipo, no es lo más recomendable. / Comunicación virtual al tener un equipo co-ubicado (todos en el mismo lugar físico) sería ineficiente. / La capacitación del DP en habilidades de comunicación no siempre servirá para desarrollar el equipo. / (Ejecución; Comunicaciones)

20-139 C   Ante la confusión de lo que es válido o no, lo más sensato es detenerse, pedir al proveedor que pare de trabajar y buscar llegar a un acuerdo. Los contratos se respetan siempre. / (Ejecución; Adquisiciones)

20-140 A   El patrocinador está solicitando un cambio en el alcance del proyecto. Lo primero que debería hacer es iniciar el proceso de control integrado de cambios antes de ejecutar ese cambio. / (Ejecución; Integración)

20-141 D   Las estrategias de gestión de riesgos negativos son: evitar, transferir, mitigar y aceptar. / La aceptación se suele utilizar en aquellos riesgos de baja probabilidad y bajo impacto. / En este enunciado, si vamos a trabajar con un cronograma y presupuesto ajustados, estaremos con alto riesgo de incumplir con el plazo y costo. En otras palabras estamos agregando o "tomando" riesgos. / (Planificación; Riesgos)

20-142 B   Los indicadores relacionados con los desvíos de tiempo (SV: variación del cronograma y SPI: índice de desempeño del cronograma) no son exactos para medir retrasos o adelantos con la técnica tradicional del valor ganado. Además, tienen el problema de que cuando el proyecto o una actividad finaliza, el SV se hace 0 (SPI = 1). No importa si el proyecto terminó con retraso, al finalizar, esos indicadores siempre muestran que las actividades terminaron a término. Se puede modificar la forma de cálculo del SV y SPI, mediante la técnica del "cronograma ganado" para eliminar los problemas del EVM tradicional. Para ello, se analiza las variaciones del cronograma sobre la variable tiempo, en lugar de medir diferencias de costos como se utiliza en la técnica del EVM. A los nuevos valores de SV y SPI modificados, se los suele llamar SVt y SPIt. / (Monitoreo y control; Cronograma)

20-143 B   Para transferir el entregable final, redactar lecciones aprendidas y actualizar los activos de los procesos de la organización necesitará recursos. / (Cierre; Integración)

20-144 C   La distribución geográfica, cultura y tolerancia al riesgo son ejemplos de factores ambientales que afectarán al proyecto. / La política de gestión de contrataciones también afectará al proyecto, pero es un ejemplo de activos de los procesos de la organización. / (Inicio; Integración)

20-145 B   La satisfacción de su cliente también dependerá de cómo haya gestionado el cierre de los contratos, la aceptación de entregables y la transferencia del producto final. / (Cierre; Integración)

20-146 D   Una vez que un cambio fue aceptado, es necesario implementar ese cambio. / (Monitoreo y control; Integración)

20-147 B   Lo primero que debería hacer es revisar el plan de gestión de calidad para evaluar si es necesario algún cambio para la mejora continua. / (Monitoreo y control; Calidad)

20-148 B   Factores que influyen para la provisión interna: Falta de calidad o confiabilidad en los proveedores; Know-how o experiencia para la producción del insumo; Mantener un nivel mínimo de utilización de la planta; Mantener el control sobre el proceso productivo; Evitar acceso a información confidencial a competidores; Falta de proveedores alternativos si el vendedor no cumple. / Factores que influyen para la provisión externa: Falta de recursos disponibles para la producción propia; No ampliar planta permanente del equipo; Acceso a auditores externos objetivos; Especialización y economías de escala del proveedor; El vendedor es propietario de las licencias; Altos costos de entrada y/o salida. / (Planificación; Adquisiciones)

20-149 A   Validación del alcance. El cliente o patrocinador siempre debería poder revisar los entregables (parciales o finales) para aprobarlos formalmente. / (Monitoreo y control; Alcance)

20-150 A   El poder experto se da cuando una persona es reconocida por sus colegas debido a sus conocimientos y formación. / (Ejecución; Integración)

20-151 A   El SOW incluye el alcance del bien o servicio a producir con el proyecto. / El Acta de constitución no incluye un detalle del alcance. / El plan de gestión del alcance y los requisitos seguramente los creará el DP con los miembros de su equipo. / (Inicio; Alcance)

20-152 A   Para que el plan sea realista, los miembros del equipo deberían participar en la planificación del alcance. / (Planificación; Alcance)

20-153 B   Las lecciones aprendidas se deberían compartir siempre con el equipo de proyecto. / Por lo general las lecciones aprendidas no son confidenciales, no se publican abiertamente y no se utilizan para evaluación de desempeño. / (Cierre; Integración)

20-154 A   Canales = (N x N-1) / 2. Situación base = (6 x 5) / 2 = 15. Nueva situación = (11 x 10) / 2 = 55. Incremento = 55 - 15 = 40. / (Planificación; Comunicaciones)

20-155 C   Las principales características de los objetivos de un proyecto son los siguientes: Se establecen al Inicio; Se perfeccionan durante la Planificación; Son responsabilidad del Director del Proyecto (no del Gerente General); Son SMART (específicos, medibles, alcanzables, orientado a resultados y con fecha límite de ejecución). / (Inicio; Integración)

20-156 A   Si el proyecto lo lanzaron cuatro patrocinadores tendrás que seguir trabajando con ellos. Este sería un ejemplo de trabajar con un "Sponsorship team". / (Ejecución; Integración)

20-157 A   Sistema de autorización del trabajo: se explicitan los procedimientos para notificar al equipo o contratistas cuándo deben comenzar el trabajo a los fines de realizarlos con la secuencia que corresponde y en el tiempo asignado. / (Ejecución; Integración)

20-158 C   Lo primero que hay que hacer luego que un cambio es aprobado es actualizar las líneas base del proyecto. / (Monitoreo y control; Integración)

20-159 B   Los procesos de dirección de proyectos tienen por objetivo que todo proyecto que se inicia se debe planificar, ejecutar, controlar y cerrar. / Si bien el proyecto es un desafío temporal con inicio y fin, no siempre todos los procesos "tienen un claro comienzo y fin". Por ejemplo, algunos procesos podrían implicar iteraciones indefinidas. / (Planificación; Integración)

20-160 B   Mientras más temprano podamos involucrar a los interesados en el proyecto, más altas serán las chances de que luego aprueben los entregables. / (Inicio; Interesados)

20-161 C   Costos variables: dependen del volumen de producción. Por ejemplo, los honorarios de consultores externos varían en función de la cantidad de horas que se contraten. / Costos directos: se pueden atribuir directamente al proyecto. Por ejemplo, los costos de un viaje para presentar el plan de dirección del proyecto a la alta gerencia. / Costos indirectos: benefician a varios proyectos y generalmente no se puede identificar con exactitud la proporción que corresponde a cada uno. Por ejemplo, los gastos de estructura (contabilidad, luz, teléfono, PMO, etc.). / Costos hundidos: costos que ya fueron devengados y no cambiarán con la decisión de hacer o no hacer el proyecto. / (Planificación; Costos)

20-162 D   Durante el proceso de monitoreo de los riesgos, se recopila información y se documentan cambios del estado de los riesgos a través del tiempo. Este seguimiento brinda información actualizada acerca del estado de cada riesgo y permite identificar riesgos nuevos, vigilar el estado de los riesgos residuales y secundarios, y supervisar los cambios en el perfil de riesgos debido a factores exógenos o endógenos. / (Monitoreo y control; Riesgos)

20-163 A   La negociación, la colaboración y la escucha activa son mucho más importantes que el lenguaje corporal para trabajar como un director de proyecto efectivo. Eso no quiere decir que el lenguaje corporal no sea importante, pero esta opción es la menos importante frente a la pregunta. / Cualquier persona discapacitada con problemas motrices que dificultan su lenguaje corporal puede ser un DP efectivo. / (Ejecución; Comunicaciones)

20-164 C   Algunas acciones que se llevan a cabo para controlar la calidad del proyecto son: Recomendar acciones correctivas para eliminar la causa-raíz del problema; Llevar a cabo inspecciones para evitar que los errores lleguen al cliente; Asegurar que los entregables estén completos, sean correctos, sirvan para su uso y cumplan con las expectativas del cliente. / Las entradas para poder controlar la calidad son: Plan de gestión de calidad, métricas de la calidad, pruebas y evaluación, lecciones aprendidas, Solicitudes de cambio aprobadas, Entregables y Datos de desempeño. / El Diseño para servicio (Diseño para X) es una herramienta del proceso Gestionar la calidad. / (Monitoreo y control; Calidad)

20-165 C   Gestionar la calidad consiste en realizar las actividades, según el plan de gestión de calidad, para cumplir con los objetivos de calidad de los entregables del proyecto. En este proceso, también identificaremos aquellos procesos inefectivos que deberían ser mejorados. La gestión de la calidad incluye las actividades relacionadas con el aseguramiento de la calidad. / Gestionar la calidad: Diseñar guías para desarrollar el producto y mejorar los procesos; Invertir en costos de prevención y evaluación; Confirmar que se cumplan los objetivos de la calidad; Mejora continua. / Aseguramiento de la calidad: Asegurar que se estén utilizando de manera eficiente los procesos del proyecto definidos en el plan de la calidad; Asegurar que los interesados cubran sus necesidades, expectativas y requisitos de la calidad. / (Ejecución; Calidad)

20-166 D   CV = EV − AC = 24000 − 19500 = 4500. / (Monitoreo y control; Costos)

20-167 C   Cualquier cambio de alcance debería seguir el proceso formal de control integrado de cambios o control del alcance. / Eliminar entregables para ahorrar costos, podría afectar a la funcionalidad o calidad del producto final. / (Monitoreo y control; Alcance)

20-168 B   Se pueden priorizar los requisitos a través de una votación por: Unanimidad (100% de los votos); Mayoría (+50% de los votos); Pluralidad (seleccionar alternativa con mayores votos); Autocrático o Dictadura (una persona decide por todo el resto). / En ciertas situaciones donde no se logra consenso o los participantes no deciden y el proyecto debe avanzar, la mejor alternativa es una decisión autocrática del DP. / El árbol de decisión no es una técnica utilizada para votaciones. / (Planificación; Alcance)

20-169 A   Se está dando respuesta a una no conformidad del cliente, por lo que se trata de una acción correctiva. / Las acciones preventivas son proactivas y se llevan a cabo antes de que alguna falla llegue al cliente. (Monitoreo y control; Calidad)

20-170 A   Estimación paramétrica: utilizar información histórica para estimar los costos futuros. Podrían ser modelos simples, como por ejemplo, estimar los costos de construcción con base en los valores históricos del costo por m2 construido; o modelos econométricos más complejos donde el costo de construcción depende de varias variables tales como los m2, la localización, el clima, etc. / Lo más importante de este método es tener datos históricos que sean estadísticamente significativos. / (Planificación; Costos)

20-171 C   La relación fin-comienzo para secuenciar actividades suele ser la más utilizada. / Los software más populares para gestionar cronogramas, por default traen una relación fin-comienzo entre las actividades. / (Planificación; Cronograma)

20-172 A   Diagrama de control: se utiliza para evaluar el comportamiento del proceso a través del tiempo. El cliente fija límites de tolerancia (o especificación) y dentro del proyecto se establecen los límites de control. / (Monitoreo y control; Calidad)

20-173 A   La matriz de clasificación de interesados según su poder/interés, poder/influencia e impacto/influencia, suele ser utilizada para clasificar a los interesados durante su identificación. / (Inicio; Interesados)

20-174 C   Una de las herramientas utilizadas durante la gestión de calidad son las auditorías. / Benchmarking y Modelo lógico de datos se utilizan durante la planificación de la calidad. / La inspección se utiliza durante el control de calidad. / (Ejecución; Calidad)

20-175 C   Al cliente hay que entregarle lo que nos pidió, ni más ni menos. / (Ejecución; Interesados)

20-176 A   La EDT es una entrada necesaria para: definir actividades, estimar costos y planificar la calidad. / Para planificar la calidad es necesario el plan de dirección de proyectos con su línea base del alcance que incluye la EDT. / Para secuenciar las actividades no es necesaria la EDT, sino el listado de actividades e hitos del proyecto. / (Planificación; Alcance)

20-177 B   La mejor forma de iniciar una solicitud de cambio es de manera formal escrita. Esto no significa ser burocráticos y demorar el proceso de control integrado de cambios. / (Monitoreo y control; Integración)

20-178 D   La decisión de hacer vs comprar se lleva a cabo durante la planificación de las adquisiciones. Una vez tomada esa decisión, se utilizará como entrada para el proceso de efectuar las adquisiciones durante la ejecución del proyecto. (Ejecución; Adquisiciones)

20-179 D   Dejar hacer (Laissez-faire): empodera a los miembros del equipo para que tomen decisiones por sí mismos. / Paternalista: brinda asistencia y protege a los miembros del equipo. / Democrático: comparte la toma de decisiones con los miembros de su equipo buscando consenso en la resolución de problemas. / Transformacional: inspirar con un sentido de propósito a los seguidores para cambiar su comportamiento. / (Ejecución; Integración)

20-180 B   La aceptación formal de los entregables por parte del cliente o patrocinador corresponde al proceso de validar el alcance. / (Monitoreo y control; Alcance)

20-181 D   Conferencias de oferentes: colocar la documentación a disposición de todos los vendedores y convocarlos a una reunión para responder a las dudas que surjan. / El equipo de proyecto son los que realizarán el mayor esfuerzo porque ellos saben lo que quieren contratar en detalle según el enunciado del alcance del trabajo. / (Ejecución; Adquisiciones)

20-182 A   Diagramas de causa-efecto (Ishikawa o espina de pescado): identifica en forma esquemática las causas de los problemas. Sirve para estimular ideas y generar discusión para resolver los problemas. / Lista de verificación (Checklist): revisar que se estén cumpliendo con los requisitos de calidad. / (Ejecución; Calidad)

20-183 C   Tomar decisiones de hacer vs comprar considerando riesgos es verdadero. / La planificación de ciertas adquisiciones podría comenzar aunque no esté finalizado el plan de gestión de riesgos. / Un proveedor que falló en el pasado podría aprender de las lecciones aprendidas y ser un buen proveedor en el próximo proyecto. / Los contratos de precio fijo no son los más recomendados cuando el alcance no está claro. / (Planificación; Adquisiciones)

20-184 B   Actualizar el calendario: es lo primero que debería hacer. / Notificar al patrocinador: falso, el DP tiene suficiente autoridad para resolver este problema. / Modificar la línea base: falso, la falta de un recurso no siempre implica un cambio en la línea base. / Prohibir vacaciones: falso, no ayuda a la motivación. Además, un mes de vacaciones podría ser relativamente poco si el proyecto dura varios meses. / (Ejecución; Cronograma)

20-185 B   El plan de gestión de costos incluye: nivel de precisión, nivel de exactitud de las estimaciones, enlaces de cada grupo de costos con las cuentas de control de la EDT, límites de control en las variaciones de costos, reglas de medición, estrategias de financiamiento, coberturas ante riesgos cambiarios o inflacionarios, costos del ciclo de vida, etc. / Base de las estimaciones: documento con información de respaldo que justifica las estimaciones de costos de las actividades del proyecto. Este documento es una salida del proceso de estimar los costos. / (Planificación; Costos)

20-186 A   Crear un plan es la respuesta correcta porque se trata de hacerlo bien desde ahora, no de arreglar el pasado. / Realizar una auditoría no sería proactivo. / Criticar las malas prácticas del pasado podría desmotivar a algunos miembros del equipo. Además, una reunión con los interesados claves podría ser más efectiva que una reunión con todos los interesados. / (Ejecución; Comunicaciones)

20-187 D   Compresión del cronograma: acortar el cronograma del proyecto sin modificar al alcance. Dos de las técnicas más utilizadas para la compresión del cronograma son la intensificación y la ejecución rápida. / Intensificación (Crashing): agregar la menor cantidad de recursos posible para acortar la duración. Por lo general, esta técnica implicará mayores costos. / Ejecución rápida (fast-tracking): realizar actividades en paralelo para acelerar el proyecto. Por lo general, esta técnica agrega riesgos al proyecto. / (Planificación; Cronograma)

20-188 D   Ejecución rápida (fast-tracking): realizar actividades en paralelo para acelerar el proyecto. Por lo general, esta técnica agrega riesgos al proyecto. / (Planificación; Cronograma)

20-189 B   Dirección de la influencia: clasificación de los interesados según su influencia ascendente, descendente, hacia afuera o lateral. Ascendente: cliente, alta gerencia, directores. Descendente: equipo de proyecto. Lateral: departamentos funcionales, otros DP, colaboradores. Hacia afuera: proveedores, gobierno, usuarios. / (Inicio; Interesados)

20-190 A   Entre los principales roles de la PMO sobre la dirección de proyectos se encuentran dar soporte mediante lecciones aprendidas. / Los informes de desempeño y planes o estimaciones detalladas, no suelen ser actividades de una PMO. / (Cierre; Integración)

20-191 D   Antes de discutir con el comprador, contratar más recursos o enviar solicitudes de cambio, debería evaluar cuál es el impacto de esos recursos en las líneas base del proyecto. / (Ejecución; Integración)

20-192 A   Las salidas del proceso de dirigir y gestionar el proyecto son: Entregables; Datos de desempeño del trabajo; Registro de incidentes; Solicitudes de cambio y Actualizaciones (al plan y los documentos del proyecto). / Las solicitudes de cambio se aprueban o rechazan durante el Control integrado de cambios. / (Ejecución; Integración)

20-193 A   El DP es el principal responsable de asegurar que los bienes y servicios contratados cubran las necesidades del proyecto y que se respeten las políticas de adquisiciones de la organización. / (Ejecución; Adquisiciones)

20-194 B   Alcance del producto: características y funcionalidad del producto, servicio o resultado que generará un proyecto. / Alcance del proyecto: procesos y trabajo necesario para que ese producto (servicio o resultado) sea provisto con todas las características y funciones requeridas. / Mientras que el alcance del producto suele estar explícito en el plan de gestión de los requisitos, el alcance del proyecto está definido dentro del plan para la dirección del proyecto. / (Planificación; Alcance)

20-195 A   En equipos virtuales será más complicado la gestión de comunicaciones, conflictos y desarrollar al equipo en relación a tener a todo el equipo trabajando en un mismo lugar físico. / La gestión de reportes e informes que utilizan un método formal escrito, no debería ser tan complicado en relación a los otros ítems. / (Ejecución; Comunicaciones)

20-196 B   El patrocinador, director de portafolio y la PMO suelen autorizar los inicios de un proyecto. / El Director de proyecto es contratado para gestionar el proyecto, por lo tanto, no puede ser "juez y parte" autorizando su propio proyecto. / (Inicio; Integración)

20-197 B   Lo primero que deberías hacer es tener mayor información sobre el conflicto de intereses. La herramienta de grupos focales donde un moderador coordina discusiones interactivas entre un panel de expertos, suele ser de utilidad para buscar consenso entre los participantes. / El DP por sí sólo no debería ser quien defina los requisitos del proyecto. / (Planificación; Alcance)

20-198 C El aseguramiento de la calidad forma parte de la gestión del proyecto durante la ejecución. El aseguramiento de la calidad consiste en verificar que se estén utilizando los planes y estándares definidos previamente por la organización. / (Ejecución; Calidad)

20-199 C Siempre tenemos que informar la verdad en cuánto tengamos la información. / Esperar a la reunión para informar de manera pública a todos los interesados no es apropiado. Dado que es un tema sensible, deberías informarlo en privado solamente a la gerencia que corresponda. / (Monitoreo y control; Comunicaciones)

20-200 B Desv Estándar = (Peor duración – Mejor duración) / 6 = (24 -12) / 6 = 2. (Planificación; Cronograma)

* * * *

- - - - -

/////

RECOMENDACIONES

> *El éxito no es para los genios, sino para los perseverantes.*
>
> Paul Leido, Director de Proyectos Argentino (1971 -)

Felicitaciones por haber llegado al final de este libro sin morir en el intento. Ahora sólo te falta el pasito final, profundizar tus estudios y sentarte a rendir para obtener tu certificación PMP®.

Al finalizar este último capítulo habrás aprendido los siguientes conceptos:

- ✓ Qué temas debo estudiar sí o sí
- ✓ Algunos tips para rendir el examen

Recomendaciones para el examen

- ✓ Estudiar pensando en grandes proyectos.
- ✓ Responder según la Guía del PMBOK®, no tu experiencia.
- ✓ <u>LEER LAS 4 OPCIONES</u> antes de contestar.
- ✓ Eliminar rápidamente las respuestas incorrectas.

Los 6 Tips de Paul Leido

☹ Practicar con preguntas de simulación <u>sin descansar</u> durante 4 horas.

☺ Planificar la forma de rendir y luego practicar ese plan. Por ejemplo, tomar un descanso de 3 minutos cada 50 preguntas.

☹ No amargarse con las preguntas imposibles, marcar cualquier letra. No dejes nunca una pregunta sin tildar alguna respuesta. Además, marcas esa pregunta para revisión y vuelves a revisarla antes de entregar tu examen.

☺ Si estudias bien, sólo tendrás dudas en el 20% de las preguntas. Puedes volver al final del examen a revisar sólo esas preguntas ya que estarás más tranquilo porque el restante 80% lo marcaste sin dudar.

☹ No estudiar más nada la noche anterior. Necesitas descansar muy bien para rendir durante 4 horas. Tu cerebro necesita procesar todo lo aprendido y agregar más conceptos la noche anterior puede ser perjudicial.

☺ Si no llegas a una calificación del 80% en las preguntas de simulación, no te angusties. Piensa que la segunda vez que rindas será más barato.

☝ *Si quieres aprobar tu certificación PMP® deberás dominar muy bien los* <u>*procesos*</u> *de la Guía del PMBOK® con sus entradas, herramientas y salidas en preguntas situacionales.*

El día del examen

- ✓ Llevar la carta de autorización del PMI®.
- ✓ Llevar dos identificaciones personales (ej. licencia de conducir y pasaporte).
- ✓ Te darán lápiz y papel, y podrás utilizar únicamente la calculadora simple que posee la computadora.

Si rindes en PC

1º - Tendrás 15 minutos para un tutorial

2º - Tendrás varias instancias para apretar finalizar

3º - Te entregarán impreso un reporte con la calificación de cada grupo de procesos

4º - SERÁS PMP® (No pienses otra cosa)

5º - Me envías un mail para avisarme que somos colegas a pl@pablolledo.com o subes tu comentario en nuestro blog. Si luego nos cruzamos en algún aeropuerto, yo invito tu trago. ☺

Interpretación de los resultados en los exámenes de simulación

0-50%	Estudiar mucho
50-70%	Estudiar
70-80%	Listo para rendir
80-100%	¡Rendir urgente!

> ✎ *Si tus calificaciones superan el 60% deberías anotarte para rendir el examen. Si esperas a estar totalmente preparado, nunca te vas a anotar ya que siempre vas a creer que no estás listo.*

¿Cómo estudiar?

> ✎ *La gota no rompe la piedra por su fuerza, sino por su perseverancia. (Ovidio)*

Preguntas frecuentes sobre la certificación

1. ¿Qué debo hacer para ser miembro del PMI®?

Entrar a la página del PMI®, www.pmi.org y seleccionar "Membership" donde encontrarás toda la información.

Cualquier persona que acepte el código de ética y pague la membresía puede ser miembro del PMI®, no necesita ningún tipo de experiencia, ni certificación, ni estudios.

2. ¿Dónde puedo rendir el examen PMP®?

Generalmente se rinde en cualquier instituto que tenga habilitado el sistema Prometric de exámenes internacionales (ej. TOEFL, GMAT, etc.). Para localizar los centros habilitados puedes ingresar a www.prometric.com/pmi/.

3. ¿Cuánto cuesta rendir el examen PMP®?

Tipo de examen	Status con PMI®	USD
Computadora (CBT)	Miembro	$ 405
Computadora (CBT)	No miembro	$ 555
Rendir nuevamente CBT	Miembro	$ 275
Rendir nuevamente CBT	No miembro	$ 375
Renovación de la credencial cada 3 años	Miembro	$ 60
Renovación de la credencial cada 3 años	No miembro	$ 150
☝ *Estos valores pueden cambiar*		

4. ¿Cómo Certifico las horas de experiencia laboral para poder rendir el examen PMP®?

Deberás completar en el formulario "Experience Verification Form" los datos con tu experiencia laboral. Si tienes título universitario deberás demostrar 4.500 horas de experiencia laboral y si no tienes título deberás demostrar 7.500 horas de experiencia.

Este formulario es una declaración jurada y el PMI® se reserva el derecho de solicitar constancias o referencias que corroboren lo declarado. La experiencia debe necesariamente cubrir las fases de un proyecto: Inicio, Planificación, Ejecución, Control, Cierre.

5. ¿Cuál es el tiempo promedio entre el envío de una solicitud y la aprobación para rendir el examen?

Los candidatos que envíen su solicitud on-line recibirán vía e-mail la notificación de aprobación o rechazo dentro de los 5 días.

6. ¿Cuánto demora recibir el certificado de PMP® una vez que se ha aprobado el examen?

Si rindes en PC el mismo día te enterarás de tu calificación y te llevarás impreso un comprobante. Quienes hayan aprobado el examen recibirán por correo postal su certificado oficial entre 6 y 8 semanas a partir de la fecha del examen.

7. ¿Cuánto dura la certificación?

La certificación como PMP® tiene una vigencia de 3 años. Sin embargo, la certificación podría durar toda la vida si cada 3 años se juntan 60 PDUs (Project Development Units). Las PDUs se pueden acumular asistiendo a los Congresos del PMI®, realizando acciones de voluntariado para el PMI®, con docencia y varias otras alternativas para el desarrollo de la profesión y la mejora continua.

¿Cómo gestionan proyectos los buenos PMP®?

En la tabla a continuación se resumen algunas características de la gestión tradicional de proyectos en comparación con la forma correcta de gestionar proyectos exitosos.

Área	Gestión tradicional	Para ser un buen PMP®
Integración	Improvisación	Estrategias y procesos
Alcance	Omisión de actividades	Distribución efectiva
Cronograma	Fuera de plazo	Plazos predecibles
Costo	Fuera de presupuesto	Eficiencia y control
Calidad	Pobre	Entregar lo solicitado
Recursos	Unipersonal / Autoritario	Equipos comprometidos
Comunicación	Informal	Efectiva
Riesgo	Alto impacto	Prevención
Adquisiciones	Incumplimientos	Contratos ganar-ganar
Interesados	Conflictos	Participación activa
Integración	Alto desgaste	Calidad de vida

*****

Disfruta de los proyectos que hagas...

¡Y realiza los proyectos que más disfrutas!

Te deseo el mejor de los éxitos con tu certificación PMP®

www.pablolledo.com

pablolledó
projectManagement

PREGUNTAS PARA LA CERTIFICACIÓN PMP®

800 preguntas con explicaciones de respuesta

Cada vez existen más organizaciones que requieren que sus administradores de proyectos cuenten con la certificación internacional Project Management Professional (PMP) del PMI®. Al obtener esta certificación, podrás demostrar al mundo que estás capacitado en dirección de proyectos y tu nombre será incluido en un grupo prestigioso de profesionales certificados.

Este libro, alineado con la Guía del PMBOK® 6ta edición, incluye **800 preguntas** con explicaciones detalladas de cada respuesta para practicar la certificación PMP®, lo que lo hace muy útil para tener éxito el día del examen.

Estas preguntas son las mismas que se pueden adquirir en el curso on-line Director de Proyectos (200 preguntas) y el Simulador PMP® (600 preguntas), elaboradas por Pablo Lledó.

Pablo Lledó, MSc, MBA, PMP®, ha escrito más de diez libros sobre Dirección de Proyectos.

El autor afirma que las ventajas de estudiar de este libro son:

- ✓ Aprender qué es lo que no sabes
- ✓ Obtener información y tips del examen
- ✓ Ahorrar tiempo y dinero
- ✓ Quedar a menor distancia para APROBAR la certificación PMP®

www.ingramcontent.com/pod-product-compliance
Lightning Source LLC
Chambersburg PA
CBHW082126210326
41599CB00031B/5881